중학국어 어휘 총정리
한권으로 끝내기

KB085566

하루 1시간 총 26일이면 완전정복

1. 계획적인 공부 계획표를 참고하여 자신에게 맞는 학습 분량을 정해 보세요. 물론 개인의 학습 속도나 상황에 따라 자신만의 스케줄을 짜서 공부해도 됩니다. 중요한 것은 계획이고 꾸준한 공부 습관이니까요. 조금씩이라도 꾸준하고 성실하게 공부해야만 제대로 된 실력을 갖출 수 있어요.

2. 학습체크 정해진 학습 분량을 공부하고 나서는 ☐에 꼭 ✓체크하세요. 부족하다고 생각되는 부분은 어휘 중심으로 다시 한번 살펴보고요. 늘 꾸준한 학습이 필요하다는 것, 잊지 마세요!!

3. 함께 공부하면 더 좋은 『중학국어 문법 총정리』, 『중학국어 비문학 독해』
중학국어 전(全) 과정에서 꼭 알아야 할 국어문법 개념과 문제를 한권으로 끝낼 수 있는 『중학국어 문법 총정리 한권으로 끝내기』, '독해원리'와 '실전문제'의 효율적인 2단 구성을 통해 중학국어 비문학 독해력을 강화할 수 있는 『중학국어 비문학 독해 한권으로 끝내기』!!
'한권으로 끝내기' 시리즈를 통해. 수능 실력의 바탕이 되는 국어 기본기를 다지고 여러분의 국어 실력을 한 단계 더 업그레이드해 보세요.

중학국어
어휘 총정리

한권으로 끝내기

중학국어
어휘 총정리
한권으로 끝내기

중학국어 어휘 총정리

한권으로 끝내기

1판 1쇄 2023년 7월 3일

지은이 문동열·이석호
펴낸이 유인생
편집인 우정아·김명진
마케팅 박성하·심혜영
디자인 NAMIJIN DESIGN
편집·조판 김미수
펴낸곳 (주) 쏠티북스
주소 (04037) 서울시 마포구 양화로 7길 20 (서교동, 남경빌딩 2층)
대표전화 070-8615-7800
팩스 02-322-7732
홈페이지 www.saltybooks.com
이메일 saltybooks@naver.com
출판등록 제313-2009-140호

ISBN 979-11-92967-05-9

중학국어 어휘 총정리

필수어휘편 × 실전문제편

한권으로 끝내기

| 문동열·이석호 지음 |

쏠티북스

구성과 특징

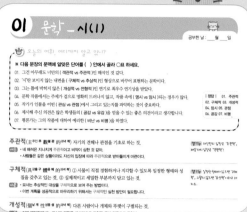

교과서 속 어휘, 나는 얼마나 알고 있을까?
예문과 단어를 통한 어휘 능력 사전 점검

본격적인 어휘 학습 전, 주어진 예문에 들어갈 알맞은 단어를 확인하는 문제를 통해 현재 자신의 어휘 실력을 체크할 수 있도록 하였습니다.

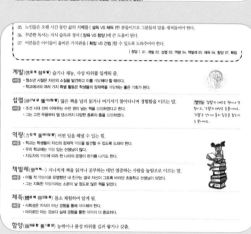

중학국어 9종 교과서 속 필수 어휘를 모두 모았다!
국어 교과서 속 필수 어휘 총정리

중학국어 9종 교과서의 필수 어휘 900여 개를 추출하여 영역별 성취기준에 맞춰 구성하였습니다.

쉽고 친절한 뜻풀이와 다양한 예문을 통해 문장 속 단어의 의미와 쓰임 양상을 확인할 수 있습니다. 또한 '쌤Tip'을 통해 유의어와 반의어 등 연관 어휘를 함께 학습할 수 있도록 하였습니다.

어휘 관련 필수 개념도 놓치지 말자!
학습 어휘와 관련된 필수 개념어 수록

추출된 어휘와 관련된 필수 개념어들을 영역별 성취기준에 따라 유기적으로 조합하여 수록하였습니다.

뿐만 아니라 '문학, 비문학, 듣기·말하기, 문법' 영역별로 시험에 꼭 나오는 개념어를 함께 학습함으로써 학교 내신 시험에도 대비할 수 있도록 하였습니다.

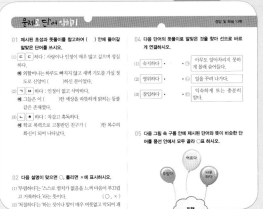

재미있는 어휘 문제는 여기 다 있지!
다양한 문제 유형을 통한 재미있는 어휘 학습

어휘 학습이 지루해지지 않도록 단답형, ○× 선택형, 선 긋기형, 괄호 넣기형, 단어 조합형, 빈칸 채우기형 등 다양한 유형의 문제로 구성하였습니다.
재미있는 문제풀이를 통해 학습에 대한 흥미를 유지하고 어휘 문제 해결 능력을 강화할 수 있습니다.

그동안 공부한 어휘들을 지문형 문제로 확인해 보자!
지문형 문제와 속담, 한자성어 등의 배경지식 수록

필수 어휘와 개념어를 학습한 후 이를 수능형 문제에 적용해 볼 수 있도록, 해당 단어와 개념어가 포함된 지문형 문제를 제시하였습니다.
또한 속담과 한자성어, 관용 표현 등의 배경지식과 관련 문제를 함께 풀어 봄으로써, 종합적인 어휘 능력과 문제 풀이 능력을 키울 수 있도록 하였습니다.

쉽고 친절한 해설로 문제에 대한 궁금증 완벽 해결!
정답 및 해설

정답과 오답의 이유를 쉽고 자세하게 풀이함으로써 어휘 문제의 원리와 해결 방법을 스스로 확인하고 점검할 수 있습니다. 이를 통해 해당 어휘를 완전히 자신의 것으로 소화할 수 있도록 하였습니다.

이 책의 차례

PART Ⅰ 문학

PART Ⅱ 비문학

정답 및 해설(책 속의 책)

문학

오늘의 어휘, 어디까지 알고 있니?

※ 다음 문장의 문맥에 알맞은 단어를 (   ) 안에서 골라 ○표 하세요.

01. 그건 아무래도 너만의 (객관적 vs 주관적)인 해석인 것 같다.

02. '시'란 보이지 않는 내면을 (구체적 vs 추상적)인 형상으로 바꾸어 표현하는 문학이다.

03. 그는 틀에 박히지 않은 (개성적 vs 전형적)인 연기로 최우수 연기상을 받았다.

04. 문학 작품에서는 주제가 겉으로 명확히 드러나지 않고, 작품 속에 (명시 vs 암시)되는 경우가 많다.

05. 작가가 인물을 어떤 (관심 vs 관점)에서 그리고 있는지를 파악하는 것이 중요하다.

06. 제시해 주신 의견은 많은 학생들의 (공감 vs 유감)을 얻을 수 있는 좋은 의견이라고 생각합니다.

07. 평론가는 그의 작품에 대하여 예리한 (비난 vs 비평)을 하였다.

| 정답 | 01. 주관적
02. 구체적 03. 개성적
04. 암시 05. 관점
06. 공감 07. 비평

주관적(主주인 주 觀볼 관 的과녁 적) 자기의 견해나 관점을 기초로 하는 것.

예문 • 네 해석은 지나치게 주관적이고 비약이 심한 것 같아.
• 사람들은 같은 상황이라도 자신의 입장에 따라 주관적으로 받아들이게 마련이다.

> **쌤Tip** 자신만의 입장은 '주관적', 제삼자의 입장은 '객관적'!

구체적(具갖출 구 體몸 체 的과녁 적) ① 사물이 직접 경험하거나 지각할 수 있도록 일정한 형태와 성질을 갖추고 있는 것. ② 실제적이고 세밀한 부분까지 담고 있는 것.

예문 • 묘사는 추상적인 대상을 구체적으로 보여 주는 방법이다.
• 이번 계획을 성공적으로 마무리하기 위해서는 구체적인 실천 방안이 필요합니다.

> **쌤Tip** 일정한 형태가 있으면 '구체적', 그렇지 않으면 '추상적'이라고 하지요.

개성적(個낱 개 性성품 성 的과녁 적) 다른 사람이나 개체와 뚜렷이 구별되는 것.

예문 • 이번 백일장에서는 자신의 경험을 개성적으로 표현한 글이 장원으로 뽑혔다.
• 내 동생은 얼굴이 개성적으로 생겨서 누구든 한번 보면 잊을 수가 없다.

암시(暗어두울 암 示보일 시) ① 명확히 드러내지 않고 넌지시 알림. ② 뜻하는 바를 간접적으로 나타내는 표현법.

예문 • 종례 시간 선생님의 웃음은 뭔가 암시하는 것 같지 않니?
• 드라마 주인공이 갑자기 그릇을 떨어뜨리는 것은 불길한 사건을 암시할 때가 많다.

> **쌤Tip** 내용이나 뜻을 분명하게 드러내거나 보이면 '명시', 반대는 '암시'!

관점(觀볼 관 點점찍을 점) 사물이나 현상을 관찰할 때, 그 사람이 보고 생각하는 태도나 방향 또는 처지.

예문 • 긍정적인 관점으로 쓰인 시어와 부정적인 관점으로 쓰인 시어를 구분할 수 있어야 한다.
• 같은 사건이라도 사람마다 다른 관점에서 바라볼 수 있기 때문에 그에 대한 해석도 제각각일 수 있다.

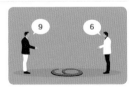

공감(共함께 공 感느낄 감) 남의 감정, 의견, 주장 따위에 대하여 자기도 그렇다고 느낌.

예문 • 그 책은 특히 게임에 빠진 청소년들에게 많은 공감을 불러일으켰다.
• 우리는 날마다 너무 많은 쓰레기를 버리고 있다는 지적에 나 역시 공감이 갔다.

> **쌤Tip** '공감'과 달리 '유감'은 불만스러운 느낌이에요. '유감을 표하다.'와 같이 쓰여요.

비평(批비평할 비 評품평 평) ① 사물의 옳고 그름, 아름다움과 추함 따위를 분석하여 가치를 논함. ② 남의 잘못을 드러내어 이러쿵저러쿵 좋지 아니하게 말하여 퍼뜨림.

예문 • 그녀의 소설은 평론가들로부터 문장이 간결하고 내용이 참신하다는 비평을 들었다.
• 당사자가 없는 자리에서 하는 비평은 정당하지 않다.

※ 다음 문장의 문맥에 알맞은 단어를 (   ) 안에서 골라 ○표 하세요.

01. 가족들마저 자신에게 등을 돌리자, 그는 인생의 (**무상함** vs 무심함)을 절실히 느꼈다.

02. 그녀는 그를 단념시키기 위해 끝내 (무딘 vs **모진**) 말을 하고 말았다.

03. 올해 수확한 밤은 알이 너무 (적어서 vs **잘아서**) 좋은 가격을 받지 못했다.

04. 밥을 먹다 흘리는 모습을 보니 사람이 (**칠칠하지** vs 칙칙하지) 못한 것 같다.

05. 여행을 떠나는 날, 온 가족이 아침부터 (부실하게 vs **부산하게**) 움직이고 있다.

06. 여기저기 눈치를 살피는 모습이 도무지 (**미쁘게** vs 미심쩍게) 보이지 않는다.

07. 그녀는 그를 떠나보내고 가슴을 (**에는** vs 치는) 듯한 슬픔에 빠졌다.

| 정답 | 01. 무상함 02. 모진 03. 잘아서 04. 칠칠하지 05. 부산하게 06. 미쁘게 07. 에는

무상(無없을 무 常항상 상) ① 아무 보람 없이 헛되고 덧없음. ② 일정하지 않고 늘 변함.

쌤Tip 보람이 없는 것은 '무상함', 생각이나 관심이 없는 것은 '무심함' 이에요.

예문 • 그는 인생의 무상함을 극복하기 위해 집을 떠났다.
• "사랑이 어떻게 변해?"라고 했던 그녀가 나를 떠나다니 사랑도 정말 무상하구나.
• 봄날의 날씨가 무상하군.

모질다 ① 마음씨나 기세가 매섭고 독하다. ② 괴로움이나 아픔 따위의 정도가 지나치게 심하다.

쌤Tip 매서운 것은 '모질다', 날카롭지 못하고 둔한 것은 '무디다'!

예문 • 가난이 싫었던 그는 마음을 모질게 먹고 악착같이 공부하여 큰 회사의 대표가 되었다.
• 마음이 모질지 못했던 그는 자신의 계획을 포기할 수밖에 없었다.
• 양부모로부터 모진 학대를 당하는 아이들이 많아 사회에 충격을 주고 있다.

잘다 ① 알곡이나 과일, 모래 따위의 둥근 물건이나 글씨 따위의 크기가 작다. ② 길이가 있는 물건의 몸피가 가늘고 작다. ③ 생각이나 성질이 대담하지 못하고 좀스럽다.

예문 • 전화번호를 깨알처럼 잘게 적어 놓아서 알아볼 수가 없다.
• 감자를 너무 잘게 썰었더니 볶다가 다 부서져 버렸다.
• 그는 됨됨이가 잘고 경망스러워 보인다.

칠칠하다 (주로 '못하다', '않다'와 함께 쓰여) ① 깨끗하고 단정하다. ② 성질이나 일 처리가 반듯하고 야무지다.

예문 • 철수는 칠칠하지 못하게 옷에다 국물을 흘리고 밥을 먹는다.
• 영희는 칠칠하지 못하게 더해야 할 수를 곱해서 엉터리 계산을 했다.

부산 급하게 서두르거나 시끄럽게 떠들어 어수선함.

예문 • 장터에는 아침 일찍부터 자리를 잡은 사람들이 부산하게 움직이고 있었다.
• 선생님이 나가시자 교실은 시끄럽게 떠드는 아이들로 매우 부산하였다.

미쁘다 굳게 믿고 의지할 수 있는 성질이 있다.

쌤Tip '미쁘다'와 '미덥다'는 모두 '믿다'에서 나온 말이에요.

예문 • 우리는 그분의 말을 미쁘다고 생각했다.
• 그는 솜씨가 좋을 뿐 아니라 미쁘고 진실하여 단골손님이 많았다.

에다 ① 칼 따위로 도려내듯 베다. ② 마음을 몹시 아프게 하다.

예문 • 가뜩이나 빈속이 칼로 에는 것처럼 쓰렸다.
• 발표가 끝난 후 선생님의 날카로운 지적은 가슴을 에는 듯한 아픔을 주었다.

※ 다음 문장의 문맥에 알맞은 단어를 ( ) 안에서 골라 ○표 하세요.

01. 할아버지께서 방에 들어오시자 아이들은 (아랫목 vs 윗목)으로 물러나 앉았다.
02. 달빛이 부서지는 호수의 아름다운 (심경 vs 정경)을 시로 노래했다.
03. 외양간 옆에는 볏짚을 썩힌 (두엄 vs 여물) 더미가 쌓여 있어 늘 퀴퀴한 냄새가 난다.
04. 두 사람은 쏟아지는 비를 피해 (차마 vs 처마) 밑으로 뛰어 들어갔다.
05. 급히 외갓집에 다녀오라는 어머니 말씀에 입에서 (단내 vs 탄내)가 나도록 뛰었다.
06. 폭포가 쏟아지는 소리가 마치 (우레 vs 우뢰)가 치는 것처럼 들린다.
07. 열심히 군불을 지피고 나니 얼굴에 (검댕 vs 검불)이 여기저기 묻었다.
08. 창밖에는 봄을 알리는 (장대비 vs 보슬비)가 소리도 없이 내리고 있다.
09. 마지막에 (군짓 vs 군것질)을 덧붙이다가 도리어 일을 망치는 경우가 있다.
10. 그는 여행 중에 (준비 vs 여비)가 떨어지자 식당에서 아르바이트를 했다.

| 정답 | 01. 윗목 02. 정경 03. 두엄 04. 처마 05. 단내 06. 우레 07. 검댕 08. 보슬비 09. 군짓 10. 여비

윗목 온돌방에서 아궁이로부터 먼 쪽의 방바닥. 불길이 잘 닿지 않아 차가운 쪽이다.

예문 • 잠에서 깨어 보니 방 안에는 아무도 없고, 밥상만 윗목에 차려져 있었다.
• 할머니, 윗목은 차가우니 아랫목에 앉으세요.

샘Tip 따뜻한 곳이 '아랫목', 차가운 곳은 '윗목'!

정경(情뜻 정 景경치 경) ① 정서를 불러일으키는 경치. ② 사람이 처해 있는 모습이나 형편.

예문 • 고향 마을의 평화롭고 한가한 정경이 그를 반기는 것 같았다.
• 전쟁터에서 부모를 잃은 아이들의 딱한 정경에 가슴이 먹먹했다.

두엄 풀, 짚 또는 가축의 배설물 따위를 썩힌 거름.

예문 • 봄이면 밭으로 두엄을 져다 나르는 것이 농사꾼의 일이었다.
• 두엄 더미에 자빠진 그의 몸에서는 말할 수 없는 악취가 풍겼다.

샘Tip '거름'은 식물이 잘 자라도록 땅을 기름지게 해 주는 양분을 말해요.

처마 건물의 외벽 바깥쪽으로 빠져나온 지붕의 아랫부분.

예문 • 기와집 처마의 완만하고 부드러운 곡선은 한국 건축물의 특징이다.
• 처마 끝에 달린 풍경이 바람에 흔들리며 그윽하게 울린다.
• 강남 갔다 돌아온 제비가 우리 집 처마 밑에 둥지를 지었다.

단내 ① 높은 열에 눋거나 달아서 나는 냄새. ② 몸의 열이 높을 때 입이나 코 안에서 나는 냄새.

예문 • 감자가 너무 타서 프라이팬에서 단내가 난다.
• 일이 고되어서 입에서 단내가 날 지경이다.

우레 번개가 친 다음에 하늘에 크게 울리는 소리. = 천둥.

예문 • 하늘에서 우레가 치고 나서 곧 세찬 비가 쏟아졌다.
• 연주가 끝나고 그녀는 청중들의 우레와 같은 박수를 받았다.

검댕 그을음이나 연기가 엉겨 생기는, 검은 물질.

예문 • 굴뚝에 검댕이 잔뜩 끼어 있다.
• 모닥불 옆에서 놀던 아이들은 서로의 얼굴에 묻은 검댕을 보고 웃어 댔다.

보슬비 바람이 없는 날 가늘고 드문드문하게 조용히 내리는 비.

쌤Tip '보슬비'와 달리 '장대비'는 굵고 거세게 쫙쫙 내리는 비!

예문
- 보슬비가 내리는 들판이 더 푸르고 싱그러워 보인다.
- 나는 부슬비보다 보슬비라는 이름이 더 예쁘고 정답게 느껴져.

군짓 안 해도 좋을 쓸데없는 짓.

쌤Tip 쓸데없는 행동은 '군짓', 불필요한 음식을 먹는 것은 '군것질'!

예문 아이들이 가만히 있지 못하고 군짓을 하며 몸을 자꾸 움직인다.

여비(旅나그네 **여** 費쓸 **비**) 여행하는 데에 드는 비용.

예문 많지 않은 돈이지만 수학여행 가서 여비로 쓰렴.

🐭 **개념어도 함께 알아봐요**

| 시 개념어 ① – 시의 언어와 표현 방식 |

화자(話말할 **화** 者놈 **자**) 시 속에서 이야기하는 사람.

개념+ 시에서 노래하는 사람을 화자 또는 시적 화자라고 해요. '시적'이라는 것은 '시 속에서'라는 뜻이에요. 그런데 시적 화자는 시인 자신일 수도 있지만, 시인과는 전혀 다른 인물일 수도 있어요. 또, 시에 '나' 또는 '우리'가 나오면 화자가 시 속에 나타나 있다고 해요.

예문 죽는 날까지 하늘을 우러러

한 점 부끄럼이 없기를,

잎새에 이는 바람에도

나는 괴로워했다. — 윤동주, 「서시」
화자=시인

예문 깊은 곳에서 네가 나의 뿌리였을 때

나는 막 갈구어진 연한 흙이어서
화자=흙
너를 잘 기억할 수 있다. — 나희덕, 「뿌리에게」

운율(韻운 **운** 律법 **율**) 시에서 단어의 배열과 글자의 발음, 반복들을 통해 만들어지는 음악성.

개념+ 시는 노래와 같아서 리듬감을 만드는 요소들이 많이 있어요. 같은 글자 수의 반복은 물론이고, 같은 음운(자음과 모음), 단어, 구, 문장 등을 반복하게 되면 자연스럽게 운율이 형성되면서 읽기 쉽고 노래하기 좋은 구조가 돼요.

예문 갈래 갈래 갈린 길 / 길이라도 / 내게 바이 갈 길은 하나 없소. — 김소월, 「길」
'ㄱ'과 'ㄹ'의 음운 반복

함축(含머금을 **함** 蓄쌓을 **축**) 표현의 의미를 한 가지로 나타내지 않고 문맥을 통하여 여러 가지 뜻을 넌지시 알리거나 지니는 일.

개념+ 시에는 사전에 설명된 의미로만 이해할 수 없는 말들이 많이 쓰여요. 바로 그럴 때 함축적 의미를 파악하는 것이 중요하죠. 그런데 같은 시어도 어떤 때는 긍정적인 의미로, 어떤 때는 부정적인 의미로 쓰일 수 있어요. 결국 함축적 의미는 시적 상황, 곧 맥락을 통해서 이해해야 해요.

비	바싹 마른 나뭇가지 사이사이에 / 촉촉한 봄비가 되어 내리자. → 위로가 되는 존재(긍정적 대상)
	저 거센 비가 그치고 무지개 걸리면 / 무지개 따라 너를 만나러 가겠다. → 고통이 되는 존재(부정적 대상)

반어(反돌이킬 **반** 語말씀 **어**) 실제와 반대되는 뜻의 말을 하는 것.

개념+ 약속 시간에 늦은 친구에게 '참 일찍도 오는구나.'처럼 말하는 것이 반어예요. 보통 비꼬아서 이야기하고 싶을 때 사용하는 표현인데, 때로는 자신의 감정이나 처지를 부각하는 효과도 있어요.

역설(逆거스를 **역** 說말씀 **설**) 겉으로 보기에는 말이 안 되지만 그 속에 진실을 담고 있는 표현.

개념+ 체격은 작지만 누구도 해내지 못한 일을 한 위대한 사람을 '작은 거인'이라고 부르곤 해요. 이처럼 논리적으로는 말이 안 되지만, 그 속에 중요한 의미, 즉 진실이나 진리를 담은 표현을 역설이라고 해요. 가장 함축성이 뛰어난 표현으로 시에서 정말 많이 사용돼요.

01 제시된 초성과 뜻풀이를 참고하여, ( ) 안에 들어갈 알맞은 단어를 쓰시오.

(1) ㅁ ㅅ : 아무 보람 없이 헛되고 덧없음.

　🗨 평생을 바쳐 일한 직장에서 하루아침에 쫓겨나다니, 삶이 정말 (　　　)하다.

(2) ㅂ ㅅ : 급하게 서두르거나 시끄럽게 떠들어 어수선함.

　🗨 아침이면 온 가족이 저마다 출근과 등교 준비를 하느라 (　　　)하다.

(3) ㅊ ㅊ 하다 : 깨끗하고 단정하다.

　🗨 중학생이 아직도 (　　　)하지 못하게 콧물을 흘리고 다니니?

02 다음 뜻풀이에 해당하는 단어를 찾아 선으로 바르게 연결하시오.

(1) 자기의 견해나 관점을 기초로 하는 것. ・

(2) 다른 사람이나 개체와 뚜렷이 구별되는 것. ・

(3) 사물이 직접 경험하거나 지각할 수 있도록 일정한 형태와 성질을 갖추고 있는 것. ・

・㉠ 개성적

・㉡ 구체적

・㉢ 주관적

03 다음 설명이 맞으면 ○, 틀리면 ×에 표시하시오.

(1) '처마'는 집을 덮고 있는 지붕의 윗부분을 가리키는 말이다. (○ , ×)

(2) '우레'는 번개가 친 다음에 하늘에 크게 울리는 소리를 가리키며, 유의어로는 '천둥'이 있다. (○ , ×)

(3) '암시'는 명확히 드러내지 않고 넌지시 알리거나, 뜻하는 바를 간접적으로 나타내는 것이다. (○ , ×)

04 제시된 뜻풀이에 해당하는 단어를 〈보기〉의 글자를 조합하여 쓰시오.

〈보기〉

정	관	감	점
평	경	공	비

(1) 사물이나 현상을 관찰할 때, 그 사람이 보고 생각하는 태도나 방향 또는 처지. (　　　)

(2) 남의 감정, 의견, 주장 따위에 대하여 자기도 그렇다고 느낌. (　　　)

(3) 사물의 옳고 그름, 아름다움과 추함 따위를 분석하여 가치를 논함. (　　　)

(4) 정서를 불러일으키는 경치. 또는 사람이 처해 있는 모습이나 형편. (　　　)

05 제시된 단어와 뜻풀이를 고려할 때, 밑줄 친 단어가 제시된 의미로 사용된 것을 골라 ○표 하시오.

(1) 잘다 : 둥근 물건이나 글씨 따위의 크기가 작다.

　㉠ 사람이 잘아서 큰일을 하기는 틀렸다.

　㉡ 알약이 너무 커서 잘게 부순 다음 삼켰다.

(2) 모질다 : 마음씨나 기세가 매섭고 독하다.

　㉠ 어미 소는 젖을 물리는 송아지를 모질게 밀어냈다.

　㉡ 다친 어깨가 모질게 결리지 않아 다행이다.

06 제시된 초성을 참고하여 문장의 빈칸에 들어갈 알맞은 단어를 쓰시오.

서윤 : 그렇게 할 일 없이 (1) ㄱ ㅈ 만 하고 다니면 친구들이 너를 실없는 사람으로 생각해.

상현 : 무슨 소리? 내 친구들은 내 말이 가장 정확하고 (2) ㅁ ㅃ ㄷ 고 하던데.

(1) : ＿＿＿＿＿＿＿ (2) : ＿＿＿＿＿＿＿

07 왼쪽에 제시된 단어와 가장 유사한 의미를 지닌 단어를 오른쪽에서 1개만 찾아 선으로 바르게 연결하시오.

(1) 공감 •

(2) 관점 •

(3) 비평 •

• ㉮ 초점
• ㉯ 평론
• ㉰ 동정
• ㉱ 입장
• ㉲ 질책
• ㉳ 동감

08 다음 제시된 뜻풀이에 해당하는 단어를 퍼즐에서 찾아 동그라미를 치시오.

가	방	포	단	내	바
위	군	비	웃	음	보
몸	짓	누	르	다	검
치	사	구	딩	동	댕
과	외	에	다	고	기

㉠ 물건을 넣어 들거나 메고 다닐 수 있게 만든 용구.
(1) 칼 따위로 도려내듯 베다.
(2) 안 해도 좋을 쓸데없는 짓.
(3) 높은 열에 눋거나 달아서 나는 냄새.
(4) 그을음이나 연기가 엉겨 생기는, 검은 물질.

09 다음 빈칸에 들어갈 단어로 적절하지 **않은** 것은?

> 그 큰 회사가 하루아침에 망하는 것을 보니 세상의 부귀영화가 모두 [ ] 생각된다.

① 덧없게
② 무상하게
③ 부질없게
④ 허무하게
⑤ 무한하게

10 다음 사다리를 타 보고, 단어의 뜻풀이로 알맞은 것을 〈보기〉에서 골라 ( ) 안에 기호를 쓰시오.

(1) 두엄 　(2) 여비 　(3) 보슬비 　(4) 미쁘다

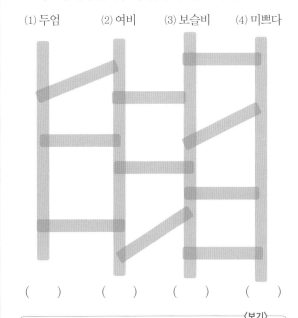

( ) 　( ) 　( ) 　( )

〈보기〉
㉠ 여행하는 데에 드는 비용.
㉡ 굳게 믿고 의지할 수 있는 성질이 있다.
㉢ 풀, 짚 또는 가축의 배설물 따위를 썩힌 거름.
㉣ 바람이 없는 날 가늘고 드문드문하게 조용히 내리는 비.

11 다음 밑줄 친 단어의 쓰임이 적절하지 **않은** 것은?

① 입 안이 바싹바싹 타고 콧구멍에서는 단내가 훅훅 끼친다.
② 사고를 당한 그의 모습은 차마 눈 뜨고는 못 볼 참혹한 정경이었다.
③ 겨울이면 외할아버지 댁 처마 밑에 고드름이 빼죽빼죽 매달려 있었다.
④ 예전에는 집안의 어른에게 윗목의 자리를 양보하는 것이 예절이었다.
⑤ 그녀가 남긴 마지막 말을 떠올릴 때마다 가슴을 에는 듯한 아픔을 느낀다.

| 12~14 | 다음 글을 읽고 물음에 답하시오.

나 보기가 역겨워

가실 때에는

말없이 고이 보내 드리우리다.

영변에 약산

진달래꽃

아름 따다 가실 길에 뿌리우리다.

가시는 걸음걸음

놓인 그 꽃을

사뿐히 즈려밟고 가시옵소서.

나 보기가 역겨워

가실 때에는

죽어도 아니 눈물 흘리우리다.

– 김소월, 「진달래꽃」

12 윗글에 대한 이해로 적절하지 <u>않은</u> 것은?

① 이 시의 화자는 '나'라는 형태로 시 속에 나타나 있군.

② '말없이'에서 임을 무시하는 화자의 태도가 드러나 있군.

③ '진달래꽃'은 화자의 사랑을 함축하고 있는 소재로 볼 수 있겠군.

④ 1, 3, 4연에서 같은 글자 수가 반복되어 낭송할 때 운율이 느껴지는군.

⑤ 1연과 4연에서 똑같은 시구가 일부 반복되고 있는 것도 운율을 형성하겠군.

13 〈보기〉를 바탕으로 화자의 태도를 추론한 내용으로 적절하지 <u>않은</u> 것은?

〈보기〉

　반어법이란 속마음에 있는 내용과 반대되는 내용을 겉으로 표현함으로써 독자에게 강한 인상을 주는 표현법이다. 김소월의 「진달래꽃」은 이별을 맞은 화자의 심리를 반어법을 활용하여 효과적으로 표현한 시라고 평가받고 있다.

겉으로 표현된 심리	화자의 속마음
떠나신다 하면 잡지 않고 보내 드릴게요. ·············· ①	당신이 떠나시는 건 상상할 수 없어요.
당신이 가시는 길을 축복할 거예요.	정말 이렇게까지 가셔야만 하나요? ·············· ②
마음껏 저를 밟고 가셔도 괜찮아요.	앞으로 꽃길만 걸으시길 진심으로 빌어요. ·············· ③
당신이 떠나도 절대 울지 않을 거예요. ·············· ④	당신이 떠나시면 저는 정말 슬플 거예요. ·············· ⑤

14 〈보기〉에 주어진 초성을 참고하여 윗글에 쓰인 표현법이 무엇인지 쓰시오.

〈보기〉

　'사뿐히 즈려밟고 가시옵소서'에서 '사뿐히'는 '가볍게 발을 내디디는 모양'을 의미하고, '즈려밟고'는 '위에서 아래로 힘껏 눌러 밟고'를 의미하는 사투리이다. 때문에 '사뿐히 즈려밟고'는 논리적으로 앞뒤가 맞지 않는 표현이다. 이렇게 보면 3연에서는 ㅇ ㅅ 법을 활용하여 겉으로는 임에게 가라고 말하지만 사실은 임이 가지 않기를 바라는 화자의 간절한 마음을 표현하고 있다고 할 수 있다.

(　　　　　　　　　　　　　　　)

속담, 한자성어, 관용표현으로 한 걸음 더

동물이 주인공인 속담을 살펴봐요

⊙ **까마귀 날자 배 떨어진다**
아무 관계 없이 한 일이 공교롭게도 때가 같아 어떤 관계가 있는 것처럼 의심을 받게 됨을 비유적으로 이르는 말.

⊙ **고래 싸움에 새우 등 터진다**
강한 자들끼리 싸우는 통에 아무 상관도 없는 약한 자가 중간에 끼어 피해를 입게 됨을 비유적으로 이르는 말.

⊙ **가재는 게 편**
모양이나 형편이 서로 비슷하고 인연이 있는 것끼리 서로 잘 어울리고, 사정을 보아주며 감싸 주기 쉬움을 비유적으로 이르는 말.

⊙ **개구리 올챙이 적 생각 못 한다**
형편이나 사정이 전에 비하여 나아진 사람이 지난날의 미천하거나 어렵던 때의 일을 생각지 아니하고 처음부터 잘난 듯이 뽐냄을 비유적으로 이르는 말.

⊙ **어물전 망신은 꼴뚜기가 시킨다**
지지리 못난 사람일수록 같이 있는 동료를 망신시킨다는 말.

---

15 위에 제시된 속담 중, 다음 밑줄 친 부분과 의미가 가장 비슷한 것을 찾아 쓰시오.

(1)
> 상유 : 아빠는 왜 무조건 엄마 말만 옳다고 해요? 항상 양쪽 말 다 들어 봐야 하는 거 모르세요?
> 아빠 : 팔이 안으로 굽지 밖으로 굽니? 아빠는 영원한 엄마 편인 거 몰라?

(   )

(2)
> 선생님 : '이하부정관(李下不整冠)'이라는 말이 있어요. 자두나무 밑에서는 갓을 고쳐 쓰지 않는다는 뜻인데, 이 말에는 어떤 교훈이 담겨 있을까요?
> 서안 : 다른 사람에게 의심 살 만한 일은 아예 하지 말라는 뜻이 아닐까요?

(   )

---

16 위에 제시된 속담 중, 다음 상황을 표현하기에 가장 적절한 것을 찾아 쓰시오.

> 미주 : 넌 세 개나 틀렸네? 난 다 맞았는데. 역시 나는 수학 천재야.
> 찬주 : 뭐래~? 더하기, 빼기도 못해서 날마다 나한테 물어보던 과거는 다 잊어버리셨나 봐.

(   )

😺 오늘의 어휘, 어디까지 알고 있니?

※ 다음 문장의 문맥에 알맞은 단어를 ( ) 안에서 골라 ○표 하세요.

01. 너 이상 서로를 이해힐 수 없었던 두 사람은 끝내 (선별 vs 결별)을 선언했다.

02. 엄마와 아들은 부대 앞에서 (사별 vs 석별)의 눈물을 흘리며 이별을 아쉬워했다.

03. 멀리 전학 가는 동우를 위해 친구들은 아쉬운 (환영 vs 송별)의 시간을 가졌다.

04. 그를 목표 대학에 보내는 것이 온 가족들의 간절한 (염원 vs 응원)이었다.

05. 그분은 일제의 모진 탄압과 (회유 vs 회피)에도 절대 굴하지 않았던 독립투사이다.

06. 내 친구의 말은 한 치의 (포장 vs 과장) 없이 있는 그대로의 사실이다.

| 정답 | 01. 결별 02. 석별 03. 송별 04. 염원 05. 회유 06. 과장

결별 (訣헤어질 결 別 헤다를 별) ① 기약 없는 이별을 함. 또는 그런 이별. ② 관계나 교제를 영원히 끊음.

예문 • 남북의 분단으로 인해 많은 사람들이 가족과 결별하게 되었다.
• 또 다시 다이어트에 도전한 유미는 밤참과의 결별을 선언했다.

쌤Tip '선별'은 가려서 따로 나눔을 뜻하는 말로, 이별과는 관계가 없어요.

석별 (惜아낄 석 別 헤다를 별) 서로 애틋하게 이별함. 또는 그런 이별.

예문 • 성열은 친구들과 일일이 악수하면서 석별의 정을 나누었다.
• 민주는 마지막 치킨을 먹으며, 치킨과의 석별을 아쉬워했다.

쌤Tip '사별'은 죽어서 이별하는 것을 뜻해요.

송별 (送보낼 송 別 헤다를 별) 떠나는 사람을 이별하여 보냄.

예문 • 외국으로 유학을 가는 친구에게 송별의 의미로 반지를 주었다.
• 중국으로 가는 사신들은 성대한 송별의 자리를 마친 후 북경을 향하여 출발했다.

염원 (念생각할 염 願바랄 원) 마음에 간절히 생각하고 기원함.

예문 • 이 시는 광복을 기다리는 작가의 염원과 의지를 드러낸 작품이다.
• 전쟁의 비극을 겪은 사람들은 평화가 오는 것을 염원한다.
• 광화문 일대에서 세계 평화를 염원하는 집회가 열렸다.

회유 (懷품을 회 柔부드러울 유) 어루만지고 잘 달래어 시키는 말을 듣도록 함.

예문 • 조선 시대의 문신 박팽년은 세조의 회유에도 자신의 뜻을 굽히지 않았다.
• 나를 자신들의 편으로 끌어들이기 위한 온갖 회유의 말에 마음이 잠시 흔들렸다.

과장 (誇자랑할 과 張베풀 장) 사실보다 지나치게 불려서 나타냄.

예문 • 이 소설은 우리 주변 사람들의 삶의 모습을 과장 없이 사실적으로 그리고 있다.
• 그 사람의 말은 늘 과장이 심해서, 주변 사람들이 그를 신뢰하지 않는다.

쌤Tip '과장'은 사실보다 부풀리는 것을, '포장'은 겉으로만 그럴듯하게 꾸미는 것을 의미해요.

※ 다음 문장의 문맥에 알맞은 단어를 ( ) 안에서 골라 ○표 하세요.

01. 그는 온갖 어려움에도 불구하고 (의아함 vs 의연함)을 잃지 않았다.

02. 성규는 또래 아이들에 비해 무척 (호젓하게 vs 의젓하게) 행동한다.

03. 전투를 앞둔 소대장은 (비장한 vs 비굴한) 표정으로 병사들을 격려하였다.

04. 수많은 사람들을 구해 낸 그의 (기구한 vs 숭고한) 희생정신을 잊지 말아야 한다.

05. 마지막 안건의 처리 문제를 놓고 학생들의 의견이 (분분했다 vs 분주했다).

06. 꿈과 (폐기 vs 패기)가 있는 젊은이들이 우리나라를 이끌어 가야 한다.

07. 명수는 뛰어난 실력에 지도력까지 (겸비 vs 구비)한 유능한 청년이다.

| 정답 | 01. 의연함 02. 의젓하게 03. 비장한 04. 숭고한 05. 분분했다 06. 패기 07. 겸비

의연하다(毅굳셀 의 然그럴 연—) 의지가 굳세어서 끄떡없다.

예문
- 언제나 제자리에 굳게 서 있는 의연한 산처럼 살고 싶었다.
- 성열은 갑작스러운 상황에서도 당황하지 않고 의연하게 대처하여 사람들의 칭찬을 받았다.

의젓하다 말이나 행동 따위가 점잖고 무게가 있다.

예문
- 형은 의젓하고 부드러운 목소리로 동생을 타이르기 시작했다.
- 그는 나이에 비해 하는 행동이 의젓하지 못하다.

> 쌤Tip '의젓하다'는 점잖고 무게가 있는 것을, '호젓하다'는 고요하거나 쓸쓸한 것을 의미해요.

비장하다(悲슬플 비 壯씩씩할 장—) 슬프면서도 그 감정을 억눌러 씩씩하고 장하다.

예문
- 그는 세계 제일이 아니면 안 된다는 비장한 각오로 사업을 시작했다.
- 그의 두 눈은 반드시 원수를 갚겠다는 비장한 결의로 이글거렸다.

숭고하다(崇높을 숭 高높을 고—) 뜻이 높고 고상하다.

예문
- 그의 죽음이 가져다준 숭고한 교훈은 영원히 잊을 수 없다.
- 그 어떤 아름답고 숭고한 이념도 사람들에게 희생을 강요할 수는 없다.

> 쌤Tip '기구하다'는 세상살이가 순탄하지 못하고 방해받는 것들이 많다는 뜻이에요.

분분하다(紛어지러울 분 紛어지러울 분—) ① 떠들썩하고 뒤숭숭하다. ② 여럿이 한데 뒤섞여 어수선하다. ③ 소문, 의견 따위가 많아 갈피를 잡을 수 없다.

예문
- 경기 불황으로 나라 안팎이 분분하였다.
- 꽃잎이 분분하게 떨어진다. / 낙엽이 분분하게 날리고 있다.
- 그에 대한 소문이 분분했다. / 애국가의 작사가가 누구인지에 대해 의견이 분분하다.

패기(霸으뜸 패 氣기운 기) 어떤 어려운 일이라도 해내려는 굳센 기상이나 정신.

예문
- 자신만만한 그녀의 모습에서 한국 스포츠의 밝은 미래와 젊은 패기를 느낄 수 있다.
- 실패를 거듭한 그의 얼굴에서 지난날의 패기는 더 이상 찾아볼 수 없었다.

> 쌤Tip '폐기'는 '못 쓰게 된 것을 버림'이라는 뜻이에요.

겸비(兼겸할 겸 備갖출 비) 두 가지 이상을 아울러 갖춤.

예문
- 향가는 신라 시대의 학식과 덕망을 겸비한 승려나 화랑 등이 주로 창작하였다.
- 그는 공격력과 수비력을 모두 겸비한 선수이다.
- 이 상품은 실용성과 아름다움을 겸비하고 있어 인기가 높다.

> 쌤Tip '겸비'는 두세 가지 이상을 대등하게 갖춘 것을, '구비'는 있어야 할 것을 빠짐없이 다 갖춘 것을 의미해요.

오늘의 어휘, 어디까지 알고 있니?

※ 다음 문장의 문맥에 알맞은 단어를 ( ) 안에서 골라 ○표 하세요.

01. 우리는 힘이 있는 지도자가 아니라 (덕망 vs 선망)이 있는 지도자를 원한다.

02. 나 하나의 (안부 vs 안위)를 위해 남은 가족들을 고생하게 할 수는 없다.

03. 친구들은 그의 가방 안에 짝사랑이 이루어진다는 (주문 vs 부적)을 붙여 주었다.

04. 김영랑은 맑고 고운 감성을 노래하는 (탐미 vs 탐욕)적 경향의 시를 주로 지었다.

05. 치과 치료에서는 치아의 기능은 물론 (생리직 vs 심미적) 요소까지 고려해야 한다.

06. 나는 "오아시스 없는 사막 같다."라는 표현이 (발랄하고 vs 참신하고) 재미있었어.

07. 칠칠치 못한 나는 (걸핏하면 vs 오죽하면) 넘어져서 흙투성이가 되기 일쑤였다.

08. 비유란 표현하려는 대상을 그와 비슷한 다른 대상에 (뻗대어 vs 빗대어) 말하는 것이다.

09. 이제는 전 세계가 한국 문화를 (수용 vs 순응)할 준비가 되어 있는 것 같다.

10. 내 꿈에 다가가기 위해 두 달 동안의 겨울 방학을 어떻게 (애용 vs 활용)할지 고민했다.

| 정답 | 01. 덕망 02. 안위 03. 부적 04. 탐미 05. 심미적 06. 참신하고 07. 걸핏하면 08. 빗대어 09. 수용 10. 활용

덕망(德덕 **덕** 望바랄 **망**) 어질고 너그러운 행실로 널리 알려진 이름.

예문 • 오늘 새로 부임하신 교장 선생님은 높은 경륜과 덕망을 갖추신 분입니다.
• 남들에게 알려진 덕망과는 달리 옳지 않은 행동을 일삼은 그의 과거가 드러났다.

안위(安편안할 **안** 慰위로할 **위**) 몸을 편안하게 하고 마음을 위로함.

예문 • 탐관오리들은 자신의 승진과 안위를 위해 백성들로부터 엄청난 세금을 거두어들였다.
• 그는 개인의 안위를 마다하고 어두운 시대의 횃불이 되고자 하였다.

> 쌤Tip 동음이의어인 '안위(安危)'는 편안함과 위태로움을 아울러 이르는 말이에요.

부적(符부신 **부** 籍서적 **적**) 잡귀를 쫓고 재앙을 물리치기 위하여 붉은색으로 글씨를 쓰거나 그림을 그려 몸에 지니거나 집에 붙이는 종이.

예문 • 옛날에는 천연두를 쫓는 부적을 대문에 붙여 두었다고 한다.

> 쌤Tip 써 붙이는 것은 '부적', 말로 외는 것은 '주문'!

탐미(耽즐길 **탐** 美아름다울 **미**) 아름다움을 추구하여 거기에 빠지거나 깊이 즐김.

예문 • 탐미주의란 아름다움을 최고의 가치로 여겨 이를 추구하는 예술적 경향을 말한다.
• 그의 시는 독자들에게 많은 사랑을 받았으나 지나치게 탐미적이라는 평론가들의 비판을 받기도 했다.

심미적(審살필 **심** 美아름다울 **미** 的과녁 **적**) 아름다움을 살펴 찾으려는 것.

예문 • 문학은 심미적 체험을 바탕으로 한 체험 활동이다.
• 사람마다 심미적 기준은 모두 다르다.

참신하다(斬벨 **참** 新새로울 **신**―) 새롭고 산뜻하다.

예문 • 그 작품은 그동안 어디에서도 볼 수 없었던 참신한 표현을 사용하였다.
• 그 학생은 참신한 아이디어로 대회의 심사 위원들을 놀라게 하였다.

걸핏하면 조금이라도 일이 있기만 하면 곧.

예문 • 그 당시 몸이 약했던 나는 걸핏하면 길바닥에 주저앉곤 했다.
• 그 친구는 요즘 신경이 예민해졌는지 걸핏하면 성을 낸다.

빗대다 곧바로 말하지 않고 빙 둘러서 말하다.

• 친구들은 구두쇠인 그를 놀부에 빗대었다.
• 우리 조상들은 한반도를 용맹스러운 호랑이에 빗대곤 하였다.

샘 Tip '빗대다'는 다른 것으로 대신하는 것을, '뻗대다'는 고집스럽게 버티는 것을 의미해요.

수용(受받을 **수** 容얼굴 **용**) ① 어떠한 것을 받아들임. ② 예술 작품을 받아들여 즐김.

• 회사에서는 근로자들의 요구를 수용하기로 결정했다.
• 다양한 표현 효과에 대한 이해를 바탕으로 작품을 수용하고 생산할 수 있다.

샘 Tip '수용'은 '○○을 수용하다'의 형태로 쓰이고, '순응'은 '○○에 순응하다'의 형태로 쓰여요.

활용(活살 **활** 用쓸 **용**) 충분히 잘 이용함.

예문 비유는 광고나 노랫말, 영화 대사 등에 자주 활용된다.

| 시 개념어 ② – 비유와 표현법 |

개념어도 함께 알아봐요

비유(比견줄 **비** 喩깨달을 **유**) 어떤 현상이나 사물을 직접 설명하지 않고 다른 비슷한 현상이나 사물에 빗대어서 설명하는 것.

개념➕ 시에서는 더 선명하고 생동감 있는 전달을 위해 비유를 많이 사용한답니다. 그런데 비유를 할 때 중요한 것이 있어요. 원래 말하고자 했던 대상인 원관념과 끌어온 대상인 보조 관념 사이에 유사성(비슷한 점)이 있어야 한다는 거예요.

원관념	원래 표현하고자 하는 실제 대상이나 내용 예 내 마음
보조 관념	원관념의 뜻이나 분위기를 잘 드러내기 위해 끌어온 다른 대상 예 호수

예문 내 마음은 호수요. / 그대 노 저어 오오.　　　　　　　　　　　　　　　　　　　　 – 김동명, 「내 마음은」
　　　원관념　　보조 관념　　비유(은유법)를 통해 '내 마음'이 '호수'와 같이 맑고 잔잔하고 평화로운 상태임을 생생하게 나타냄

직유법(直곧을 **직** 喩깨달을 **유** 法법도 **법**) 연결어를 사용하여 직접 비유하는 방법.

개념➕ 직유법은 '~ 같은', '~같이', '~ 듯이', '~처럼', '~인 양'과 같은 말로 원관념과 보조 관념을 직접 연결하여 비유하는 방법이에요.

은유법(隱숨을 **은** 喩깨달을 **유** 法법도 **법**) 연결어를 사용하지 않고 암시적으로 비유하는 방법.

개념➕ 은유법은 원관념과 보조 관념이 원래 같은 것이었다는 듯이 은근히 비유하는 방법으로, 'A(원관념)는 B(보조 관념)이다' 또는 'A의 B'처럼 표현해요.

예문 길은 한 줄기 구겨진 넥타이처럼 풀어져 / 일광(日光)의 폭포 속으로 사라지고　　　　　　　 – 김광균, 「추일서정」
　　　직유법: 연결어 '~처럼'을 통해 '길'이 '구겨진 넥타　　은유법: 'A의 B' 형식으로 '일광(햇빛)'이 '폭포'와 같
　　　이'와 같이 구불구불한 상태임을 직접 나타냄　　　이 쏟아져 내리고 있음을 은근히 나타냄

의인법(擬헤아릴 **의** 人사람 **인** 法법도 **법**) 사람이 아닌 것을 사람인 것처럼 비유하는 방법.

개념➕ 의인법은 사람이 아닌 대상에 인격을 부여해서 마치 사람이 행동하고 말하는 것처럼 비유하는 방법이에요.

예문 돌담에 속삭이는 햇발같이 / 풀 아래 웃음 짓는 샘물같이　　　　　　　　　　　　　 – 김영랑, 「돌담에 속삭이는 햇발」
　　　'햇발'과 '샘물'을 각각 사람인 것처럼 나타냄

상징(象형상 **상** 徵부를 **징**) 추상적인 사물이나 관념 또는 사상을 구체적인 사물로 나타내는 것.

개념➕ 상징은 추상적인 대상을 구체적인 사물로 대신 표현하는 방법이에요. 빗대어 말한다는 점에서는 비유와 같지만, 원관념을 직접 드러내지 않은 채 보조 관념만으로 의미를 표현한다는 점에서 비유와 다르답니다.

예문 지금은 남의 땅 빼앗긴 들에도 봄은 오는가?　　　　　　　　　　　　 – 이상화, 「빼앗긴 들에도 봄은 오는가」
　　　일제 강점기의 상황에서 '식민지 조국'과 '광복'이라는 원관념을 '빼앗긴 들'과 '봄'으로 나타냄

01 다음 단어의 뜻풀이로 알맞은 것을 찾아 선으로 바르게 연결하시오.

(1) 염원 •

(2) 패기 •

(3) 안위 •

(4) 덕망 •

• ㉠ 어질고 너그러운 행실로 널리 알려진 이름.

• ㉡ 마음에 간절히 생각하고 기원함.

• ㉢ 어떤 어려운 일이라도 해내려는 굳센 기상이나 정신.

• ㉣ 몸을 편안하게 하고 마음을 위로함.

02 제시된 초성과 뜻풀이를 참고하여, ( ) 안에 들어갈 알맞은 단어를 쓰시오.

(1) ㅊ ㅅ 하다 : 새롭고 산뜻하다.
　예 우리 회사는 ( )하고 의욕적인 인재를 모집하고 있습니다.

(2) ㅂ ㅈ 하다 : 슬프면서도 그 감정을 억눌러 씩씩하고 장하다.
　예 마지막 라운드를 남긴 도전자는 ( )한 표정으로 관객석을 돌아보았다.

(3) ㅅ ㄱ 하다 : 뜻이 높고 고상하다.
　예 자식을 위해 희생도 마다하지 않는 어머니의 사랑이야말로 가장 위대하고 ( )한 사랑이다.

03 다음 설명이 맞으면 ○, 틀리면 ×에 표시하시오.

(1) '부적'은 술법을 부리거나 귀신을 쫓을 때 외는 글귀를 가리키는 말이다. (○ , ×)

(2) '탐미'는 아름다움을 추구하여 거기에 빠지거나 깊이 즐김을 뜻하는 말이다. (○ , ×)

(3) '회유'는 '어루만지고 잘 달래어 시키는 말을 듣도록 함'을 뜻하는 말이다. (○ , ×)

04 제시된 뜻풀이에 해당하는 단어를 〈보기〉의 글자를 조합하여 쓰시오.

〈보기〉

수	다	용	심	빗
적	미	활	용	대

(1) 충분히 잘 이용함. ( )

(2) 아름다움을 살펴 찾으려는 것. ( )

(3) 곧바로 말하지 않고 빙 둘러서 말하다.
( )

(4) 어떠한 것을 받아들임. ( )

05 제시된 단어와 뜻풀이를 고려할 때, 문장에서의 쓰임이 적절하지 **않은** 것은?

겸비 : 두 가지 이상을 아울러 갖춤.

① 용맹과 지략을 두루 겸비한 장수.
② 연기력과 가창력을 겸비한 뮤지컬 배우.
③ 모든 필기도구를 빠짐없이 겸비한 문구점.
④ 넓은 매장과 주차 공간을 겸비한 쇼핑센터.
⑤ 굳센 의지와 부드러운 성품을 겸비한 친구.

06 제시된 단어와 뜻풀이를 고려할 때, 밑줄 친 단어가 제시된 의미로 사용된 것을 골라 ○표 하시오.

분분하다 : 소문, 의견 따위가 많아 갈피를 잡을 수 없다.

㉠ 책상 위에는 펼쳐진 공책과 필기도구들이 <u>분분하게</u> 흩어져 있었다.

㉡ 그 영화의 작품성에 대한 논란이 누리 소통망에서 <u>분분하게</u> 지속되었다.

07 다음 왼쪽 그림에 제시된 단어와 뜻이 비슷한 단어를 모두 골라 ○표 하시오.

(1)

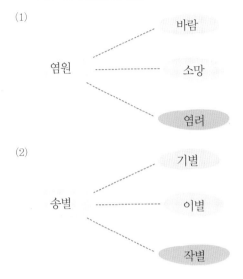

염원 ------- 바람

염원 ------- 소망

염원 ------- 염려

(2)

송별 ------- 기별

송별 ------- 이별

송별 ------- 작별

08 다음 밑줄 친 단어의 쓰임이 적절하지 <u>않은</u> 것은?

① 명수의 늘 당당하고 <u>패기</u> 있어 보이는 모습이 믿음직스러웠다.

② 울지도 않고 자기 힘으로 일어나는 아이의 모습이 <u>의젓</u>해 보였다.

③ 평론가는 이 시의 <u>심미적</u> 요소를 중심으로 작품의 의의를 설명했다.

④ 경찰의 단속에도 불구하고 극장 앞에는 암표상들이 <u>의연</u>하게 진을 치고 있었다.

⑤ 거북이가 오래 살기는 하지만 천 년 이상을 산다는 것은 지나친 <u>과장</u>이다.

09 다음 빈칸에 들어갈 단어로 적절하지 <u>않은</u> 것은?

> 성규는 지키고 싶은 비밀이 생겼기 때문에 별일 없이 [ ] 자기 방에 들어오는 형의 행동이 못마땅했다.

① 걸핏하면   ② 툭하면

③ 제꺽하면   ④ 수시로

⑤ 척하면

10 다음 사다리를 타 보고, 개념어의 뜻풀이로 알맞은 것을 〈보기〉에서 골라 ( ) 안에 기호를 쓰시오.

(1) 원관념   (2) 보조 관념   (3) 비유   (4) 상징

( )   ( )   ( )   ( )

〈보기〉

㉠ 어떤 현상이나 사물을 다른 비슷한 현상이나 사물에 빗대어서 설명하는 것.

㉡ 추상적인 사물이나 관념 또는 사상을 구체적인 사물로 나타내는 것.

㉢ 원래 표현하고자 하는 실제 대상이나 내용.

㉣ 원관념의 뜻이나 분위기를 잘 드러내기 위해 끌어온 다른 대상.

11 다음 문장에 쓰인 표현법을 〈보기〉에서 골라 쓰시오.

〈보기〉

직유법   은유법   의인법   상징

(1) 누구나 자신만의 십자가를 지고 산다.

( )

(2) 푸른 바다가 나를 보고 미소를 보낸다.

( )

(3) 보름달 같은 영희의 얼굴이 떠오른다.

( )

(4) 그리움의 나무는 점점 푸르러만 간다.

( )

(가) 이런들 어떠하며 저런들 어떠하리.

만수산 칡덩굴이 얽혀진들 그 어떠하리.

우리도 이같이 얽혀져 백 년까지 누리리라.

— 이방원

(나) 이 몸이 죽어 죽어 일백 번 고쳐 죽어,

백골(白骨)*이 진토(塵土)* 되어 넋이라도 있고 없고,

임 향한 일편단심(一片丹心)이야 가실 줄이 있으랴.

— 정몽주

* 백골(白骨) : 죽은 사람의 몸이 썩고 남은 뼈.
* 진토(塵土) : 티끌과 흙을 통틀어 이르는 말.

(다) 조선 건국을 준비하던 이성계의 아들 이방원은 고려의 충신 정몽주를 자신들의 편으로 끌어들이려 하였다. 그래서 정몽주의 마음을 떠보기 위해 '칡덩굴'처럼 함께 얽혀서 부귀영화를 누리자는 시조를 읊는다. 정몽주는 이에 대한 대답으로 시조를 짓는데, 자신이 죽고 또 죽어 '진토(먼지와 흙)'가 되어 영혼조차 사라진다 할지라도 고려 왕조를 향한 '일편단심(충성심)'은 변함이 없을 것임을 ⓐ   노래한다. 그리고 이방원을 만나고 돌아가던 정몽주는 이방원이 보낸 자객에 의해 죽임을 당한다.

12 (다)를 참고할 때, 이방원이 (가)를 지은 이유로 가장 적절한 것은?

① 정몽주의 덕망 칭찬
② 정몽주의 입장 수용
③ 정몽주의 패기 강조
④ 정몽주에 대한 회유
⑤ 정몽주와의 송별 암시

13 제시된 초성을 참고하여, 〈보기〉의 빈칸에 들어갈 알맞은 말을 쓰시오.

〈보기〉

(가)의 '만수산 칡덩굴'은 이방원과 정몽주를 ㅂ ㅇ 하여 표현한 것으로 볼 수 있는데, 칡덩굴이 얽혀 있는 것처럼 우리도 얽혀서 한평생을 누려 보자는 이방원의 권유가 담겨 있다. 한편 (나)에서는 '죽고 또 죽어 백 번을 되풀이해서 죽어 백골이 티끌과 흙이 되어 영혼이 있든 없든 임에 대한 마음은 변하지 않을 것'이라고 말하고 있는데, 이는 충성심을 강조하기 위해 심한 ㄱ ㅈ 을 사용한 표현이다.

(1) ㅂ ㅇ : (   )

(2) ㄱ ㅈ : (   )

14 ⓐ에 들어갈 말로 가장 적절한 것은?

① 의젓하게
② 의뭉하게
③ 의지하게
④ 의연하게
⑤ 의탁하게

세상의 이치를 나타내는 속담을 살펴봐요

◉ **콩 심은 데 콩 나고 팥 심은 데 팥 난다**

모든 일은 근본에 따라 거기에 걸맞은 결과가 나타나는 것임을 비유적으로 이르는 말.

◉ **돌다리도 두들겨 보고 건너라**

잘 아는 일이라도 세심하게 주의를 하라는 말.

◉ **원숭이도 나무에서 떨어진다**

아무리 익숙하고 잘 하는 사람이라도 간혹 실수할 때가 있음을 비유적으로 이르는 말.

◉ **서당 개 삼 년에 풍월을 읊는다**

서당에서 삼 년 동안 살면서 매일 글 읽는 소리를 듣다 보면 개조차도 글 읽는 소리를 내게 된다는 뜻으로, 어떤 분야에 대하여 지식과 경험이 전혀 없는 사람이라도 그 부문에 오래 있으면 얼마간의 지식과 경험을 갖게 된다는 것을 비유적으로 이르는 말.

◉ **물은 건너 보아야 알고 사람은 지내보아야 안다**

사람은 겉만 보고는 알 수 없으며, 서로 오래 겪어 보아야 알 수 있음을 이르는 말.

---

15 위에 제시된 속담 중, 다음 밑줄 친 부분과 의미가 가장 가까운 것을 찾아 쓰시오.

(1)

성종 : 선생님, 이 작품의 주제가 '인과응보(因果應報)'라고 하는데, '인과응보'가 무슨 뜻이에요?

선생님 : 원인에 따라 결과가 이루어진다는 의미란다. 착한 흥부가 복을 받고, 못된 놀부가 벌을 받듯이 모든 것은 결국 행한 대로 결실을 얻는다는 뜻이지.

( )

(2)

이 속담은 항상 조심하고 주의해야 한다는 의미도 지니고 있지만, 어떤 사람이라도 완전할 수는 없다는 사실을 깨우쳐 줄 때 사용되는 경우가 많다. 비슷한 의미를 가진 속담이라도, 어떤 교훈을 주는가에 따라 구별해서 써야 한다.

( )

---

16 위에 제시된 속담 중, 다음 상황과 의미가 통하는 속담을 찾아 쓰시오.

동우 : 내가 게임에서 이겼으니까 약속대로 네가 간식 사.

진엽 : 아, 몰라, 처음부터 다시 해. 무조건 다시 해. 이렇게 네가 이기는 게 말이 돼?

동우 : 네가 아까 몰래 내 아이템 하나 가져간 건 말이 되고? 역시 게임을 하니까 인간성이 나오는구나.

( )

오늘의 어휘, 어디까지 알고 있니?

※ 다음 문장의 문맥에 알맞은 단어를 ( ) 안에서 골라 ○표 하세요.

01. 암행어사 박문수는 백성들을 괴롭히는 (청백리 vs 탐관오리)들을 엄벌에 처하였다.

02. 가난한 백성들의 (고름 vs 고혈)을 짜내는 악독한 사또의 횡포에 분노를 참을 수 없었다.

03. 관가에서 빌린 곡식을 갚지 못한 백성들은 온갖 (곤욕 vs 곤장)을 치르기 일쑤였다.

04. 겨우내 할 일 없이 집에서 빈둥거리는 것도 정말 (난관 vs 고역)이었다.

05. 그가 숨겨 둔 비상금이 (빌미 vs 핑계)가 되어 부부 싸움이 시작되었다.

06. 우현은 독서실에서 공부한다는 것을 (가장 vs 빙자)로 집에서 나와 하루 종일 친구들과 놀았다.

07. 정부는 사회의 (부조화 vs 부조리)를 척결하기 위한 특단의 대책을 발표하였다.

| 정답 | 01. 탐관오리 02. 고혈 03. 곤욕 04. 고역 05. 빌미 06. 빙자 07. 부조리

탐관오리(貪탐할 **탐** 官벼슬 **관** 汚더러울 **오** 吏벼슬아치 **리**) 백성의 재물을 탐내어 빼앗는, 행실이 깨끗하지 못한 관리.

예문
- 조선 후기에는 백성들이 탐관오리의 등쌀에 시달리는 일이 많았다.
- 백성들을 괴롭히는 탐관오리를 찾아내어 엄벌에 처하라는 어명이 내려졌다.

> **쌤Tip** '청백리'는 재물에 대한 욕심 없이 곧고 깨끗한 관리를 뜻해요. 그런 관리들이 백성들을 괴롭히지는 않겠죠?

고혈(膏기름 **고** 血피 **혈**) ① 사람의 기름과 피. ② 몹시 고생하여 얻은 이익이나 재산을 비유적으로 이르는 말.

예문
- 백성들의 고혈을 빨아 제 배를 불리는 탐관오리를 징벌해야 한다.
- 그는 돈을 제때 못 갚는 사람들을 죽지 않을 만큼씩 닦달하여 고혈을 짜내는 인간이었다.

곤욕(困괴로울 **곤** 辱욕될 **욕**) 심한 모욕. 또는 참기 힘든 일.

예문
- 조선 후기에는 양반이더라도 가난하여 관아에서 빌린 곡식을 갚지 못하면 곤욕을 치르는 일이 많았다.
- 그는 다른 나라에서 온갖 곤욕을 겪으면서도 자신이 한국인임을 자랑스럽게 생각하였다.

> **쌤Tip** '곤욕'은 심한 모욕이나 참기 힘든 일이고, '곤장'은 예전에 죄인의 볼기를 치던 형벌이에요.

고역(苦괴로울 **고** 役부릴 **역**) 몹시 힘들고 고되어 견디기 어려운 일.

예문
- 그에게는 과한 대접을 받는 것도 여간 고역이 아니었다.
- 이 더위에 에어컨도 없는 방에서 공부를 하는 것만큼 고역은 없다.

빌미 재앙이나 탈 따위가 생기는 원인.

예문
- 관련 서류를 제대로 작성하지 않으면 훗날 소송의 빌미가 될 수 있다.
- 독재자는 결국 이번 사건을 시민 탄압의 빌미로 삼았다.

> **쌤Tip** 안 좋은 문제의 원인은 '빌미', 구차한 변명은 '핑계'!

빙자(憑기댈 **빙** 藉깔개 **자**) ① 남의 힘을 빌려서 의지함. ② 말막음을 위하여 핑계로 내세움.

예문
- 그는 국왕의 명령을 빙자하여 자신에게 불복종한 사령관을 처형하였다.
- 물건을 판다는 빙자로 빈집에 들어가 도둑질을 한 일당이 검거되었다.

부조리(不아닐 **부** 條가지 **조** 理다스릴 **리**) ① 이치에 맞지 아니하거나 도리에 어긋남. ② 올바르지 못한 행위, 즉 '부정행위'를 완곡하게 이르는 말.

예문
- 그 드라마는 사회의 부조리와 극한에 처한 인간의 내면을 보여 주고 있다.
- 그는 고위 공직자의 신분을 이용하여 온갖 부조리를 자행했다.

※ 다음 문장의 문맥에 알맞은 단어를 ( ) 안에서 골라 ○표 하세요.

01. 「박씨전」의 주인공은 결혼 후 남편의 외면으로 오랫동안 (독립생활 vs 독수공방)을 해야만 했다.

02. 오랜만에 만난 사람들과 지난날에 대한 (회포 vs 회담)를 나누며 밤을 지새웠다.

03. 아이들이 무슨 (수단 vs 수작)을 꾸미는지 하루 종일 방에서 나오지 않고 있다.

04. 그는 요새 되는 일이 없다며 한참 동안 나에게 (변두리 vs 넋두리)를 늘어놓았다.

05. 어렵게 용기를 내어 그를 찾아갔는데 (박대 vs 환대)를 받아 너무 서러웠다.

06. 그 회사의 대표는 오랜 시간의 (숙원 vs 숙고) 끝에 신제품 개발에 자금과 인력을 투자하기로 결정하였다.

07. 부디 넓으신 (아량 vs 요량)으로 저희의 잘못을 용서해 주시길 바랍니다.

| 정답 | 01. 독수공방 02. 회포 03. 수작 04. 넋두리 05. 박대 06. 숙고 07. 아량

독수공방(獨홀로 독 守지킬 수 空빌 공 房방 방) ① 혼자서 지내는 것. ② 아내가 남편 없이 혼자 지내는 것.

예문 • 해외에서 근무하는 많은 직원들이 독수공방과 향수병으로 힘들어한다.
• 그녀는 전쟁터에 나간 남편을 기다리며 기나긴 독수공방의 나날을 보냈다.

회포(懷품을 회 抱안을 포) 마음속에 품은 생각이나 정.

예문 • 선생님은 오랜만에 만난 제자와 함께 그간 만나지 못한 회포를 풀었다.
• 장군은 깊은 밤 홀로 누각에 올라 울적한 회포를 시조로 읊었다.

수작(酬술 권할 수 酌따를 작) ① 술잔을 서로 주고받음. ② 서로 말을 주고받음. 또는 그 말. ③ 남의 말이나 행동, 계획을 낮잡아 이르는 말.

예문 • 그와 오래 알고 지내기는 했지만 술집에 마주앉아 수작을 할 만한 사이는 아니다.
• 점순이는 밭일을 하는 나에게 쓸데없는 수작을 붙여 왔다.
• 속이 빤히 들여다보이는 그따위 수작에 내가 넘어갈 것 같니?

넋두리 불만을 길게 늘어놓으며 하소연하는 말.

예문 • 철수는 몸이 아파 시험을 망쳤다며 넋두리를 늘어놓았다.
• 지금은 지난 일에 대한 넋두리만 되풀이하고 있을 때가 아니다.

박대(薄얇을 박 待기다릴 대) ① 정성을 들이지 않고 아무렇게나 하는 대접. =푸대접. ② 인정 없이 모질게 대함.

샘 Tip 인정 없는 대접은 '박대', 정성껏 하는 대접은 '환대'!

예문 • 먼 길을 찾아온 손님을 이렇게 형편없이 박대하다니.
• 단지 신분이 낮다는 이유로 천민들은 사람들로부터 무시와 박대를 받는 경우가 많았다.

숙고(熟익을 숙 考생각할 고) 곰곰 잘 생각함. 또는 그런 생각.

예문 • 그는 결단을 내리기 전에 장기간의 숙고에 들어갔다.
• 진로와 관련된 문제는 오랜 시간 숙고해서 결정을 내려야 한다.

아량(雅아담할 아 量헤아릴 량) 너그럽고 속이 깊은 마음씨.

예문 • 제발 한 번만 아량을 베풀어 주시길 바랍니다.
• 상대를 포용할 수 있는 아량을 갖춘 사람이 진정한 승자이다.

샘 Tip '아량'은 너그러운 마음을 의미하는 것이고, '요량'은 앞일을 헤아려 생각하는 것이에요.

※ 다음 문장의 문맥에 알맞은 단어를 ( ) 안에서 골라 ○표 하세요.

01. 박씨 부인은 적들을 물리치고 (개선장군 vs 독불장군)이 되어 돌아왔다.

02. 덕이 뛰어난 사람을 (군자 vs 부자)라고 한다.

03. 친구의 뻔한 거짓말을 듣자 주영의 입가에 (미소 vs 냉소)가 흘렀다.

04. 내 (깜냥 vs 겨냥)으로는 할 만큼 했다고 생각하는데 결과는 알 수 없다.

05. 그는 (나행 vs 요행)을 바라고 복권을 열 장이나 샀지만 모두 꽝이었다.

06. 소작인에게 소작료를 받으러 다니는 (마름 vs 소작인)이 지주보다 더 위세를 부리는 법이다.

07. 적군은 유엔군 폭격기의 (공습 vs 야습)을 피해 주로 밤에만 차량과 장비들을 이동시켰다.

08. 사람들은 공소 (수효 vs 시효)가 끝날 때까지 사건의 범인을 잡지 못한 검찰의 무능함에 분노했다.

09. 그 그룹이 발표한 노래는 가요계를 넘어 사회 전체에 큰 (반항 vs 반향)을 불러왔다.

10. 그 집 아들들은 서른 살이 넘도록 부모의 (슬하 vs 휘하)를 떠나지 못하고 있다.

11. 고향에서 오늘 아침에 할아버지께서 돌아가셨다는 (보고 vs 부고)가 왔다.

| 정답 | 01. 개선장군 02. 군자 03. 냉소 04. 깜냥 05. 요행 06. 마름 07. 공습 08. 시효 09. 반향 10. 슬하 11. 부고

개선장군 (凱개선할 개 旋돌 선 將장수 장 軍군사 군) 적과의 싸움에서 이기고 돌아온 장군.

예문 국어 시험에서 백 점을 받은 미주의 모습이 마치 개선장군처럼 의기양양하다.

군자 (君임금 군 子아들 자) 행실이 점잖고 어질며 덕과 학식이 높은 사람.

예문 • 소인은 재물을 주고받지만 군자는 아름다운 말을 주고받는다.

• 그 어른은 정말 성인군자와 다를 바 없는 분이시구나.

쌤Tip '군자'의 반대말은 '소인'이에요. 소인은 옹졸하고 간사한 사람을 의미하죠.

냉소 (冷찰 냉 笑웃을 소) 쌀쌀한 태도로 비웃음. 또는 그런 웃음.

예문 • 그녀는 경멸에 가까운 냉소를 노골적으로 드러내었다.

• 이 영화는 우리 사회의 문제점들을 냉소적으로 풍자하고 있다.

깜냥 어떤 일을 스스로 해낼 만한 능력.

예문 • 그는 자신의 깜냥을 너무나도 잘 알고 있었다.

• 너무 무리하지 말고 네 깜냥껏 하면 된다.

요행 (僥바랄 요 倖요행 행) ① 행복을 바람. ② 뜻밖에 얻는 행운.

예문 • 공부를 많이 못 했는데 요행으로 아는 문제만 나와 시험은 잘 보았다.

• 행운은 우연한 요행으로 찾아올 수 있지만, 행복은 꾸준한 노력으로 이루어진다.

쌤Tip 운이 좋음을 뜻하는 '다행'은 '다행을'이라는 형태로는 잘 쓰이지 않아요. '다행으로' 또는 '다행이다'처럼 쓰이죠.

마름 지주(토지의 주인)를 대리하여 소작권(돈을 내고 남의 땅을 빌려 농사짓는 권리)을 관리하는 사람.

예문 점순네는 마름이고 우리는 소작인이어서 늘 점순네에게 굽신거릴 수밖에 없었다.

쌤Tip 땅 주인은 '지주', 땅을 빌려 농사짓는 사람은 '소작인', 지주를 대신해 관리하는 사람은 '마름'이에요.

공습 (空빌 공 襲엄습할 습) '공중 습격(비행기를 이용하여 총격이나 폭격으로써 적을 습격하는 일)'을 줄여 이르는 말.

예문 • 피란길에 폭격기의 공습을 만난 사람들은 혼비백산하여 흩어졌다.

• 공습경보가 울리면 주민들 모두 신속하게 방공호로 대피한다.

시효(時때 **시** 效본받을 **효**) ① 어떤 효력이 지속되는 일정한 기간. ② 권리를 얻거나 잃게 되는 법률적 기간.

예문 • 시효가 지난 약품들은 별도로 모아 폐기해야 한다.
· 공소 시효가 끝나면 죄가 드러나더라도 그 사람을 처벌할 수 없다.

반향(反돌이킬 **반** 響소리 울릴 **향**) 어떤 사건이나 발표 따위가 세상에 영향을 미치어 일어나는 반응.

예문 이번 일이 기사화되면 사회적으로 엄청난 반향을 불러올 것이다.

슬하(膝무릎 **슬** 下아래 **하**) 무릎의 아래라는 뜻으로, 주로 부모의 보호를 받는 테두리 안을 이르는 말.

예문 그는 일찍 아버지를 여의고 홀어머니 슬하에서 힘들게 자랐다.

쌤Tip 부모의 보호 아래는 '슬하', 장군의 지휘 아래는 '휘하'!

부고(訃부고 **부** 告아뢸 **고**) 사람의 죽음을 알림. 또는 그런 글.

예문 빨리 서울에 있는 형에게 할머니의 부고를 보내라.

개념어도 함께 알아봐요

| 소설 개념어 ① – 소설의 기본 구성['발단, 전개, 위기, 절정, 결말'의 5단 구성] |

소설은 갈등의 형성과 해결 과정에 따라 '발단, 전개, 위기, 절정, 결말'의 5단 구성으로 이루어져요. 여기에서는 고전 소설 「흥부전」의 줄거리를 예로 들어 구성의 단계에 대해 살펴봅시다.

발단(發필 **발** 端바를 **단**) 소설에서 이야기의 실마리가 제시되는 단계. 인물과 배경이 소개됨.

전라도와 경상도 어름에 두 형제가 살았는데, 형은 놀부고 동생은 흥부였다. 흥부는 효행이 지극하고 마음이 착하였으나, 놀부는 부모께 불효하고 마음 쓰는 것이 괴상하였다. 놀부는 부모님이 돌아가시자 유산을 독차지하고 흥부를 내쫓는다.

전개(展필 **전** 開열 **개**) 소설에서 사건이 구체화되며 갈등이 표출되는 단계.

가난한 흥부는 먹을 것이 없어 놀부의 집으로 쌀을 구하러 갔으나 매만 맞고 돌아온다. 흥부는 여러 가지 품팔이와 매품팔이까지 해 보지만 가난을 벗어나지 못한 채 살아간다.

위기(危위태할 **위** 機틀 **기**) 소설에서 갈등이 고조·심화되는 단계.

어느 날, 흥부는 다리가 부러진 제비 새끼를 치료해 준다. 이듬해 그 제비가 흥부의 은혜에 보답하고자 박씨 하나를 물어다 준다.

절정(絕끊을 **절** 頂정수리 **정**) 소설에서 갈등이 최고조에 이르는 단계.

제비가 물어다 준 박씨를 심어 수확한 박에서 보물이 쏟아져 나와 흥부는 큰 부자가 된다. 그 소문을 듣고 놀부는 제비 다리를 일부러 부러뜨리고 다시 고쳐 준다. 제비는 놀부에게도 박씨를 물어다 주었으나 놀부의 박에서는 괴물이 쏟아져 나와 놀부는 패가망신한다.

결말(結맺을 **결** 末끝 **말**) 소설에서 갈등이 해소되고 이야기가 마무리되는 단계. 주인공의 운명이 결정됨.

개념＋ '결말'은 고조되었던 갈등이 해소되고 인물의 운명이 결정되는 부분이에요. 현대 소설의 결말은 다양한 형태로 나타나지만, 고전 소설은 대부분 '행복한 결말'로 끝난다는 특징이 있죠.

흥부는 놀부가 패가망신했다는 소식을 듣고 놀부에게 재물을 나누어 준다. 그 뒤 놀부는 개과천선하여 형제가 화목하게 살았다.

01 제시된 초성과 뜻풀이를 참고하여, ( ) 안에 들어갈 알맞은 단어를 쓰시오.

(1) ㅎ ㅍ : 마음속에 품은 생각이나 정.

  예 우리 오랜만에 만났으니 오늘은 아무 걱정 없이 마음껏 (   )를 풀어 보자.

(2) ㅂ ㅈ : 말막음을 위하여 핑계로 내세움.

  예 김 과장은 거래처 방문을 (   )하여 회사에서 일찍 퇴근했다.

(3) ㄴ ㄷ ㄹ : 불만을 길게 늘어놓으며 하소연하는 말.

  예 친구가 늘어놓는 (   )를 매일 들어 주는 것도 보통 힘든 게 아니다.

(4) ㄱ ㅅ ㅈ ㄱ : 적과의 싸움에서 이기고 돌아온 장군.

  예 아버지는 훈장을 주렁주렁 단 (   ) 보다 더 당당하고 영광스러운 표정이셨다.

02 다음 단어의 뜻풀이로 알맞은 것을 찾아 선으로 바르게 연결하시오.

(1) 깜냥 ・ 　・㉠ 정성을 들이지 않고 아무렇게나 하는 대접.

(2) 반향 ・ 　・㉡ 어떤 사건이나 발표 따위가 세상에 영향을 미치어 일어나는 반응.

(3) 부고 ・ 　・㉢ 어떤 일을 스스로 해낼 만한 능력.

(4) 박대 ・ 　・㉣ 사람의 죽음을 알림. 또는 그런 글.

03 다음 설명이 맞으면 ○, 틀리면 ×에 표시하시오.

(1) '슬하'는 무릎의 아래라는 뜻으로, 군사들이 장군의 지휘 아래 있는 것을 가리키는 말이다. (○ , ×)

(2) '독수공방'은 혼자서 지내는 것, 또는 아내가 남편 없이 혼자 지내는 것을 가리키는 말이다. (○ , ×)

04 제시된 뜻풀이에 해당하는 단어를 〈보기〉의 글자를 조합하여 쓰시오.

〈보기〉

고	습	곤	숙
아	량	공	욕

(1) 곰곰 잘 생각함. 또는 그런 생각.

(   )

(2) '공중 습격'을 줄여 이르는 말.

(   )

(3) 너그럽고 속이 깊은 마음씨.

(   )

(4) 심한 모욕. 또는 참기 힘든 일.

(   )

05 제시된 초성을 참고하여 빈칸에 공통으로 들어갈 알맞은 단어를 쓰시오.

유교 경전의 하나로 공자와 그 제자들의 이야기를 담고 있는 『논어』에는 ㄱ ㅈ 와 소인을 비교한 내용이 여러 차례 실려 있다. 그중 하나로 ㄱ ㅈ 는 도를 따르므로 더욱 훌륭하게 되고, 소인은 이익을 추구하므로 더욱 타락하게 된다는 내용을 들 수 있다.

(   )

06 제시된 단어와 뜻풀이를 고려할 때, 밑줄 친 단어가 제시된 의미로 사용된 것을 골라 ○표 하시오.

(1) 수작 : 남의 말이나 행동, 계획을 낮잡아 이르는 말.

  ㉠ 오늘은 자네와 수작이라도 해 보고 싶어서 찾아왔네.
  ㉡ 네놈이 나를 속이기 위해 번번이 수작을 부리는구나.

(2) 시효 : 권리를 얻거나 잃게 되는 법률적 기간.

  ㉠ 시효가 소멸되기 전에 서둘러서 보험금을 청구해야 합니다.
  ㉡ 어머니는 냉장고에서 시효가 지난 유제품을 발견하고 아까워하셨다.

07 다음 밑줄 친 단어의 쓰임이 적절하지 않은 것은?

① 네가 그 큰일을 해낼 수 있는 <u>깜냥</u>이 된다고 생각하니?
② 아인슈타인의 상대성 이론은 과학계에 큰 <u>반향</u>을 일으켰다.
③ 인간은 때로 실패를 도약의 <u>빌미</u>로 삼아 발전하기도 한다.
④ 재미없는 친구의 농담에 날마다 웃어 주는 것도 정말 <u>고역</u>이다.
⑤ 총알이 <u>요행히</u> 심장과 폐를 피했기 때문에 목숨을 건질 수 있었다.

08 다음 빈칸에 들어갈 단어로 적절하지 않은 것은?

> 옹고집은 시주를 부탁하는 스님들을 [   ] 하며 집 밖으로 내쫓았다.

① 박대
② 냉대
③ 천대
④ 우대
⑤ 푸대접

09 다음은 소설의 일부분이다. 제시된 초성을 참고하여 빈칸에 들어갈 알맞은 말을 쓰시오.

> 설혹 주는 감자를 안 받아먹는 것이 실례라 하면 주면 그냥 주었지 '늬 집엔 이거 없지?'는 다 뭐냐. 그렇잖아도 저희는 ㅁㄹ 이고 우리는 그 손에서 배재를 얻어 땅을 부치므로 일상 굽실거린다. 우리가 이 마을에 처음 들어와 집이 없어서 곤란으로 지낼 제 집 터를 빌리고 그 위에 집을 또 짓도록 마련해 준 것도 점순네의 호의였다.
>
> – 김유정, 「동백꽃」

(   )

10 왼쪽에 제시된 단어와 가장 유사한 의미를 지닌 단어를 오른쪽에서 1개만 찾아 선으로 바르게 연결하시오.

(1) 냉소 •

(2) 부조리 •

(3) 곤욕 •

• ㉮ 헛웃음
• ㉯ 찬웃음
• ㉰ 불합리
• ㉱ 불규칙
• ㉲ 탐욕
• ㉳ 모욕

11 〈보기〉는 다음 소설을 읽고 구성 단계를 파악하는 과정을 나타낸 것이다. 제시된 초성을 참고하여 〈보기〉의 빈칸에 들어갈 알맞은 말을 쓰시오.

> 여름 장이란 애시당초에 글러서, 해는 아직 중천에 있건만 장판은 벌써 쓸쓸하고 더운 햇발이 벌여 놓은 전 휘장 밑으로 등줄기를 훅훅 볶는다. 마을 사람들은 거지반 돌아간 뒤요, 팔리지 못한 나무꾼 패가 길거리에 궁싯거리고들 있으나, 석유병이나 받고 고깃마리나 사면 족할 이 축들을 바라고 언제까지든지 버티고 있을 법은 없다. 춥춥스럽게 날아드는 파리 떼도, 장난꾼 각다귀들도 귀찮다. 얼금뱅이요 왼손잡이인 드팀전의 허 생원은 기어코 동업의 조 선달을 나꾸어 보았다.
> "그만 걷을까?"
> "잘 생각했네. 봉평 장에서 한 번이나 흐붓하게 사 본 일 있었을까? 내일 대화 장에서나 한몫 벌어야겠네."
>
> – 이효석, 「메밀꽃 필 무렵」

〈보기〉

> 여름 장날이라는 배경이 자세히 묘사되고, '허 생원'과 '조 선달'이라는 등장인물이 소개되는 것으로 보아, 소설의 구성에서 ㅂㄷ 단계라고 할 수 있다.

(   )

[앞부분 줄거리] 기녀의 딸인 춘향과 남원 사또의 아들인 이몽룡은 서로 사랑하는 사이가 된다. 그러나 이몽룡은 높은 관직으로 승진한 아버지를 따라 한양으로 떠나고, ㉠춘향은 이몽룡을 기다리며 홀로 외롭게 지낸다. 남원에 새로 부임한 ㉡변 사또는 춘향을 괴롭히며, 백성들에게 가혹한 세금을 거두어 화려한 생활을 한다. 암행어사가 된 이몽룡은 신분을 감춘 채 거지꼴로 변 사또의 생일잔치에서 시를 짓게 된다.

이때 이몽룡이 하는 말이,
"걸인이 어려서 한시 깨나 읽었더니 좋은 잔치를 맞아 그냥 가기 민망하니 한시 한 수 짓겠소."
운봉 영장*이 반겨 듣고 붓과 벼루를 내어 주니, 순식간에 글 두 귀를 지었으되, 백성들의 형편을 생각하고 변 사또의 횡포를 감안하여 지었것다.

금동이의 아름다운 술은 일만 백성의 ㉢피요.
옥 소반의 아름다운 안주는 일만 백성의 ㉣기름이라.
촛불 눈물 떨어질 때 백성 눈물 떨어지고
노랫소리 높은 곳에 원망 소리 높았더라.

이렇듯이 지었으되 변 사또는 몰라보는데 운봉 영장은 글을 보며 속으로,
'아뿔싸! 일이 났다.'
이때 이몽룡이 하직하고 간 연후에 각 아전들에게 분부하되,
"야야, 일이 났다."

– 작자 미상, 「춘향전」

* 영장 : 조선 시대에 둔, 각 진영의 으뜸 벼슬로 지방 군대를 관리함.

12 윗글의 구성 단계에 대한 설명으로 가장 적절한 것은?

① 이몽룡에 대해 소개하고 있는 것을 보니, 발단에 해당하겠군.
② 이몽룡과 춘향의 갈등이 시작되는 것을 보니, 전개에 해당하겠군.
③ 이몽룡과 백성들의 갈등이 점차 고조되는 것을 보니, 위기에 해당하겠군.
④ 암행어사인 이몽룡이 곧 변 사또의 횡포를 벌하려는 것을 보니, 절정에 해당하겠군.
⑤ 이몽룡과 변 사또의 갈등이 마무리되고 두 사람의 운명이 결정되는 것을 보니, 결말에 해당하겠군.

13 ㉠의 상황을 뜻하는 4음절의 단어와, ㉡ 같은 행동을 하는 관리를 가리키는 4음절의 단어를 쓰시오.

(1) ㉠ : (   )
(2) ㉡ : (   )

14 ㉢과 ㉣을 함께 이르는 단어로 가장 적절한 것은?

① 출혈(出血)
② 지혈(止血)
③ 유혈(流血)
④ 선혈(鮮血)
⑤ 고혈(膏血)

속담, 한자성어, 관용표현으로 한 걸음 더

꾸준한 노력의 중요함을 나타내는 속담을 알아봐요

⊙ **천 리 길도 한 걸음부터**
무슨 일이나 그 일의 시작이 중요하다는 말. 또는 너무 급하게 서두르면 오히려 이루기 어려움을 뜻하기도 함.

⊙ **티끌 모아 태산**
아무리 작은 것이라도 모이고 모이면 나중에 큰 덩어리가 됨을 비유적으로 이르는 말.

⊙ **시작이 반이다**
무슨 일이든지 시작하기가 어렵지 일단 시작하면 일을 끝마치기는 그리 어렵지 아니함을 비유적으로 이르는 말.

⊙ **낙숫물이 댓돌을 뚫는다**
작은 힘이라도 꾸준히 계속하면 큰일을 이룰 수 있음을 비유적으로 이르는 말.

⊙ **초년고생은 사서라도 한다**
젊은 시절의 고생은 장래 발전을 위하여 중요한 경험이 되므로 그 고생을 달게 여기라는 말.

---

15 위에 제시된 속담 중, 다음 ( ) 안에 들어가기에 가장 적절한 것을 찾아 쓰시오.

(1)
( )이라고, 하루에 500원씩만 저금해도 1년이면 20만 원 가까이 모을 수 있어.

(2)
동우 : 다리를 다쳐서 입원하는 바람에 시험공부를 못 했어. 어떡하지?
성규 : 걱정만 하지 말고 일단 교과서를 펴 봐. ( )라는 말도 있잖아? 지금부터라도 공부를 시작하면 금방 진도를 따라잡을 수 있을 테니까 힘내서 공부해 보자.

---

16 위에 제시된 속담 중, 다음 밑줄 친 부분과 의미가 가장 가까운 것을 찾아 쓰시오.

(1)
성열 : 선생님, 단기간에 '몸짱'이 될 수 있는 좋은 방법은 없나요?
트레이너 : 회원님, 어떤 일이든 시작이 중요합니다. 너무 급하게 서두르면 오히려 건강을 해칠 수 있어요. 운동도 조금씩 꾸준히 노력하는 것이 중요해요.

( )

(2)
선생님 : '마부위침(磨斧爲針)'이라는 말이 있어요. 도끼를 갈아서 바늘을 만든다는 뜻으로, 아무리 어려운 일이라도 끊임없이 노력하면 언젠가는 이룰 수 있다는 의미예요. 공부도, 성공도, 결국은 마찬가지겠죠?

( )

공부한 날 : _____월_____일

오늘의 어휘, 어디까지 알고 있니?

※ 다음 문장의 문맥에 알맞은 단어를 (   ) 안에서 골라 ○표 하세요.

01. 그는 그녀의 이야기를 다 들은 후에도 (가타부타 vs 따따부따) 아무런 말을 하지 않았다.

02. 출근길 도로의 (고전적 vs 고질적)인 교통 정체를 피하기 위해 오늘도 새벽에 집을 나서야 했다.

03. 쉬는 시간이 되자마자 매점에 제일 먼저 달려간 것은 (한사코 vs 단연코) 성규였다.

04. 아들의 사고 소식을 들은 어머니는 병원으로 (득달같이 vs 철석같이) 달려왔다.

05. (모름지기 vs 막무가내)였던 어머니의 반대가 형의 설득 끝에 조금씩 풀어졌다.

06. 효정은 이미 모든 것을 돌이킬 수 없다는 걸 깨닫고 (부질없이 vs 변함없이) 눈물만 흘렸다.

07. 그는 논리적인 설명 대신 (마음가짐 vs 우격다짐)으로 우리를 윽박질렀다.

| 정답 | 01. 가타부타
02. 고질적 03. 단연코
04. 득달같이 05. 막무가내
06. 부질없이 07. 우격다짐

가타부타(可옳을 가_ 否아닐 부_) 어떤 일에 대하여 옳다느니 그르다느니 함.

[예문] • 동생이 하루 종일 게임만 하고 있는데도 어머니는 가타부타 내색이 없으셨다.

• 가타부타 말을 하지 않으니 어디 속을 알 수가 있어야지.

> 쌤Tip '가타부타'는 옳다느니 그르다느니 말하는 것이고, '따따부따'는 딱딱한 말씨로 따지고 다투는 거예요.

고질적(痼고질 고 疾병 질 的과녁 적) ① 오랫동안 앓고 있어 고치기 어려운 것. ② 오래되어 바로잡기 어려운 것.

[예문] • 그 선수는 이번 시즌 내내 고질적인 허리 부상에 시달렸다.

• 지역감정이라는 우리 사회의 고질적인 병폐를 뿌리 뽑아야 한다.

단연코(斷끊을 단 然그럴 연_) 두말할 것도 없이 매우 분명하게.

[예문] • 맹세하는데, 단연코 그런 일은 없었다.

• 다른 사람들을 이유 없이 차별하는 것에는 단연코 반대합니다.

> 쌤Tip '단연코'는 '매우 분명하게'라는 의미이고, '한사코'는 '상대방의 뜻에 반대하여 몹시 자기의 고집을 세워'라는 의미예요.

득달같이 잠시도 머뭇거림이 없이.

[예문] • 성열은 맡은 일은 언제나 득달같이 해치우는 성격이었다.

• 그는 아내가 과일이 먹고 싶다고 하자 득달같이 가게에 가서 과일을 사 왔다.

막무가내(莫없을 막 無없을 무 可옳을 가 柰어찌 내) 한번 굳게 고집하면 도무지 어찌할 수 없음.

[예문] • 끝까지 붙잡았지만 그 남자는 막무가내로 떠나고 말았다.

• 준석은 변신 로봇을 사 달라며 엄마에게 막무가내로 떼를 썼다.

> 쌤Tip '막무가내'는 '달리 어찌할 수 없음'이라는 의미이고, '모름지기'는 '이치를 따져 보건대 마땅히'라는 의미예요.

부질없이 대수롭지 아니하거나 쓸모가 없이.

[예문] • 이제는 부질없이 헛된 꿈만 꾸지 말고 성실하게 살도록 하게.

• 잘못을 반성하지 않고 부질없이 변명만 늘어놓다 더 야단을 맞았다.

우격다짐 억지로 우겨서 남을 굴복시킴. 또는 그런 행위.

[예문] • 그는 구경하는 손님에게 우격다짐으로 물건을 파는 무서운 장사꾼이었다.

• 그는 상대방과 대화를 하다 말문이 막히면 그저 우격다짐으로 상대를 억누르려 했다.

※ 다음 문장의 문맥에 알맞은 단어를 ( ) 안에서 골라 ○표 하세요.

01. 요즘 유행하는 '반삼십'이라는 말은 삼십 세가 (거지반 vs 거의) 되었다는 의미이다.

02. 엉엉 울던 아이는 초콜릿이라는 엄마의 말에 (계속 vs 금세) 울음을 그쳤다.

03. (무려 vs 무릇) 학생이라면 배움에 힘쓰고 주어진 일에 최선을 다해야 한다.

04. 아버지는 아들에게 (바투 vs 멀찌감치) 다가와 어깨를 도닥여 주었다.

05. 친구들의 부탁을 거절할 수 없어 (부득불 vs 부단히) 발표를 맡게 되었다.

06. 두 사람이 사귄다는 소문이 (삽시간 vs 매시간)에 아이들 사이에 퍼졌다.

07. (설핏 vs 설령) 명수가 거짓말을 했다 할지라도 나는 명수를 미워하지 않는다.

| 정답 | 01. 거지반 02. 금세 03. 무릇 04. 바투 05. 부득불 06. 삽시간 07. 설령

거지반(居살 거 之갈 지 半반 반) 거의 절반. 거의 절반 가까이.

예문
- 군것질을 하다가 한 달 용돈을 거지반 써 버렸다.
- 그는 노름으로 집안 재산을 거지반 탕진하였다.
- 아버지는 달이 거지반쯤 차올라서야 집에 돌아오셨다.

금세 얼마 되지 않는 짧은 시간 안에. '금시(今이제 금 時때 시)'가 줄어든 말.

예문
- 동우는 그 많던 밥을 금세 먹어 치웠다.
- 안 좋은 소문일수록 금세 퍼진다.

무릇 대체로 헤아려 생각하건대.

예문
- 무릇 모든 사물은 그에 맞는 쓰임이 있는 법이다.
- 무릇 사람은 사람다워야 하고, 꽃은 꽃다워야 한다.

쌤 Tip '무려'는 어떤 수가 생각했던 것보다 훨씬 많을 때 쓰는 말이에요. '무려 100명이나 참가함!'처럼 쓰이죠.

바투 ① 두 대상이나 물체의 사이가 썩 가깝게. ② 시간이나 길이가 아주 짧게.

예문
- 나는 꽃에 얼굴을 바투 갖다 대고 향기를 맡았다.
- 발표 날짜를 너무 바투 잡은 탓에 준비할 시간이 부족했다.
- 손톱을 너무 바투 깎았더니 손끝이 아프다.

부득불(不아니 부 得얻을 득 不아니 불) 하지 않을 수 없어. 또는 마음이 내키지 아니하나 마지못하여.

예문
- 집안 형편이 어려워져 부득불 집을 옮길 수밖에 없었다.
- 잘 곳을 찾지 못한 우현은 부득불 막차를 타고 돌아와야 했다.

삽시간(霎가랑비 삽 時때 시 間사이 간) 매우 짧은 시간.

예문
- 구경꾼들이 점점 더 늘어나 삽시간에 양쪽 인도를 가득 채웠다.
- 저수지가 터지자 근처의 논과 밭이 삽시간에 물바다가 되고 말았다.

쌤 Tip '삽시간'은 '아주 짧은 시간'이라는 뜻이고, 매시간은 한 시간 한 시간의 모든 시간이라는 뜻이에요.

설령(設베풀 설 令명령할 령) (뒤에 오는 '-다 하더라도' 따위와 함께 쓰여) 가정해서 말하여. 주로 부정적인 뜻을 가진 문장에 씀.

예문
- 설령 이번 일이 잘 안 된다 하더라도 너무 실망하지 마라.
- 설령 실수로 그런 것이라 하더라도 잘못을 했으면 책임을 져야 한다.

쌤 Tip '설핏'은 잠깐 나타나거나 떠오르는 모양을 뜻하는 단어에요.

※ 다음 문장의 문맥에 알맞은 단어를 ( ) 안에서 골라 ○표 하세요.

01. 갑자기 안개가 끼고 하늘이 어두워져서 (기척 vs 지척)을 분간할 수 없었다.

02. 동생은 배고픈데 왜 빵을 못 먹게 하냐고 (푸념 vs 단념)을 하였다.

03. 그는 애송이 같은 놈들에게 반말 지거리와 (힐난 vs 수난)을 들은 것이 너무나 분했다.

04. 성종은 쏟아지는 비를 (소란스레 vs 고스란히) 맞으며 거리에 서 있었다.

05. 우리 넘은 그동안 (누누이 vs 낱낱이) 지적받아 온 약점을 끝내 보완하지 못해 경기에서 지고 말았다.

06. 문제가 발생한 원인을 (긴밀히 vs 면밀히) 조사해야 정확한 대책을 세울 수 있다.

07. 그렇게 (우호적 vs 모멸적)으로 아랫사람을 대해서는 안 된다.

08. 명수는 (애당초 vs 마침내) 연기에 뜻이 있었기 때문에 드라마 출연 제의를 받아들였다.

09. 결승 골이 터지는 순간 (엉겁결 vs 바람결)에 옆에서 응원하던 사람을 끌어안았다.

10. 그 작품은 물방울이 떨어지는 순간의 (영구적 vs 찰나적)인 아름다움을 생생하게 표현하고 있다.

11. 어려운 이웃을 위해 써 달라며 큰돈을 건네고 (소홀히 vs 홀연히) 사라진 할머니가 화제가 되고 있다.

| 정답 | 01. 지척 02. 푸념 03. 힐난 04. 고스란히 05. 누누이 06. 면밀히 07. 모멸적 08. 애당초 09. 엉겁결 10. 찰나적 11. 홀연히

지척(咫짧은길이 **지** 尺자 **척**) 아주 가까운 거리.

예문 • 구름과 안개가 가득하여 지척을 분간하지 못할 지경이었다.
• 우리 서로 몸은 지척인데 마음은 천 리 밖에 있는 것 같다.

> 쌤Tip '지척'은 아주 가까운 거리, '기척'은 누군가 있는 줄을 알 수 있게 하는 소리나 기색이라는 뜻이에요.

푸념 마음속에 품은 불평을 늘어놓음. 또는 그런 말.

예문 친구 때문에 기분이 상한 미애는 동생에게 주저리주저리 푸념을 늘어놓았다.

힐난(詰꾸짖을 **힐** 難어려울 **난**) 트집을 잡아 거북할 만큼 따지고 듦.

예문 그놈을 잡아서 힐난을 한댔자 달라지는 것은 없을 것 같았다.

고스란히 건드리지 않아 조금도 줄거나 변하지 않고 그대로 온전히.

예문 • 그는 수입이 있을 때마다 한 푼도 쓰지 않고 고스란히 저축했다.
• 아이는 속이 안 좋았는지 저녁 먹은 것을 고스란히 토해 냈다.

> 쌤Tip '고스란히'는 그대로 온전한 것, '소란스레'는 시끄럽고 어수선한 것!

누누이(屢자주 **누** 屢자주 **누**–) 여러 번 자꾸.

예문 • 선생님은 아이들이 해야 할 일을 누누이 강조하셨다.
• 그는 재물에 대한 욕심이 없음을 그동안 누누이 밝혀 왔다.

면밀히(綿이어질 **면** 密빽빽할 **밀**–) 자세하고 빈틈이 없이.

예문 • 경찰은 그가 실종되기까지의 행적을 면밀히 조사했다.
• 환경 단체들은 신흥 공업국들의 환경 문제를 면밀히 관찰하고 있다.

모멸적(侮업신여길 **모** 蔑업신여길 **멸** 的과녁 **적**) 업신여기고 얕잡아 보는 느낌이 있는 것.

예문 그는 자신의 외모에 대해 모멸적인 댓글을 단 사람들을 고소했다.

> 쌤Tip '우호적'은 서로 사이가 좋은 것을 의미해요.

애당초(–當마땅할 **당** 初처음 **초**) 일의 맨 처음이라는 뜻으로, '당초'를 강조하여 이르는 말.

예문 그런 일은 애당초에 거절을 했어야 했다.

엉겁결   미처 생각하지 못하거나 뜻하지 아니한 순간.

예문 나는 너무 놀라서 엉겁결에 비명을 질렀다.

찰나적(刹절찰 那어찌나 的과녁적)   매우 짧은 시간에 이루어지는 것.

예문 찰나적인 쾌락만을 추구하는 사람에게 미래는 없다.

> **쌤Tip** '찰나적'은 매우 짧은 시간을, '영구적'은 오래도록 변하지 아니하는 것을 의미해요.

홀연히(忽소홀히할 홀 然그럴 연ー)   뜻하지 아니하게 갑자기.

예문 그는 온다 간다 인사도 없이 홀연히 우리 곁을 떠났다.

> **쌤Tip** '소홀히'는 '예사롭게 여겨 정성이나 조심하는 마음이 부족하게'라는 의미예요.

| 소설 개념어 ② – 소설의 시점 |

어떤 소설이든 이야기를 독자에게 전달해 주는 사람이 있는데, 이를 '서술자'라고 해요. 그리고 서술자가 이야기를 서술해 나가는 방식이나 관점을 '시점'이라고 해요. 각 시점의 특징을 이해해 봅시다.

1인칭 주인공 시점   작품 안의 주인공 '나'가 직접 자신의 이야기를 서술하는 시점.

개념+ 등장인물인 '나'가 직접 자신의 이야기를 하므로, 주인공의 내면 심리를 효과적으로 전달할 수 있어요. 주로 주인공이 다양한 경험을 통해 성숙해지는 내용을 담은 소설에 많이 쓰여요.

예문 나는 비슬비슬 일어나며 소맷자락으로 눈을 가리고는, 얼김에 엉 하고 울음을 놓았다. 그러다 점순이가 앞으로 다가와서
  주인공
"그럼 너, 이담부턴 안 그럴 테냐?" 하고 물을 때에야 비로소 살 길을 찾은 듯싶었다.
                                         '나'의 변화된 심리를 구체적으로 보여 줌   – 김유정, 「동백꽃」

1인칭 관찰자 시점   작품 안의 인물 '나'가 주인공의 이야기를 서술하는 시점.

개념+ '나'가 작품에 등장하기는 하지만 주인공이 아니라 관찰자예요. 따라서 주인공의 심리나 상황을 '나'가 직접 알지 못하는 경우가 많아 서술에 제약이 많은 시점이랍니다.

예문 나는 그 아저씨가 어떠한 사람인지는 몰랐으나 첫날부터 내게는 퍽 고맙게 굴고, 나도 그 아저씨가 꼭 마음에 들었어요. 어른들
  관찰자   주인공
이 저희끼리 말하는 것을 들으니까, 그 아저씨는 돌아가신 우리 아버지와 어렸을 적 친구라고요.   – 주요섭, 「사랑손님과 어머니」
'나'가 직접 알기 어려운 내용을 주변 인물에게 들은 것으로 처리함

3인칭 관찰자 시점(작가 관찰자 시점)   작품 밖 서술자가 인물과 사건을 관찰하여 서술하는 시점.

개념+ 작품 밖에 있는 서술자가 작품 속 인물의 대화와 행동을 있는 그대로 서술하는 시점으로, 주인공의 심리와 상황에 대해서는 독자가 알아서 판단해야 해요. 이 시점의 서술자 역시 '관찰자'이기 때문에 인물의 심리 등을 샅샅이 알 수는 없어요.

예문 소녀가 울창한 나무 그늘에 앉아 책을 읽고 있었다. 바람이 살랑 일어 소녀의 머리카락을 흔들었다. 소년은 운동장 건너편에서
  주인공   주인공
소녀의 머리카락이 흩날리는 것을 물끄러미 바라보았다.
'소년'이 '소녀'에게 관심이 있음을 독자가 판단하게 됨

3인칭 전지적 작가 시점   작품 밖 서술자가 전지적인 위치에서 인물의 상황과 심리까지 서술하는 시점.

개념+ 작품 밖에 있는 서술자가 전지전능한 신처럼 인물의 내면 심리, 과거 행적, 사건 전개 방향 등 모든 것을 아는 상태에서 서술하는 시점이에요. 전지적 작가 시점도 서술자가 작품 안에 있지 않기 때문에 3인칭 시점이라고 할 수 있어요.

예문 별별 생각이 다 나서 영신은 그날 밤 잠을 잘 자지 못하고, 이튿날 새벽밥을 지어 달래서 먹고는 길을 떠났다. 이십 리는 평탄한
                      주인공
신작로지만 나머지는 가파른 고개를 넘느라고 발이 부르트고 속옷은 땀에 젖었다. 영신과 주재소 주임 사이에 주고받은 대화나
                                                   서술자가 독자에게 중요 상황을 직접 설명하는 듯한 느낌을 줌
그 밖의 이야기는 기록하지 않는다.   – 심훈, 「상록수」

문제로 단어 익히기

01 제시된 초성과 뜻풀이를 참고하여 ( ) 안에 들어갈 알맞은 단어를 쓰시오.

(1) ㄱ ㅅ : 얼마 되지 않는 짧은 시간 안에.
　예 서먹했던 사이라도 자주 만나서 이야기를 나누다 보면 (　　) 친해지는 법이다.

(2) ㅁ ㄹ : 대체로 헤아려 생각하건대.
　예 (　　) 실패는 성공의 어머니이니 쉽게 포기하지 마라.

(3) ㅁ ㅁ ㅎ : 자세하고 빈틈이 없이.
　예 바이러스의 감염 및 전파 경로를 (　　) 조사하여 보고했다.

02 제시된 단어의 뜻풀이로 알맞은 것을 찾아 선으로 바르게 연결하시오.

(1) 단연코 ・　・㉠ 오래되어 바로잡기 어려운 것.

(2) 고질적 ・　・㉡ 업신여기고 얕잡아 보는 느낌이 있는 것.

(3) 찰나적 ・　・㉢ 매우 짧은 시간에 이루어지는 것.

(4) 모멸적 ・　・㉣ 두말할 것도 없이 매우 분명하게.

03 제시된 초성을 참고하여 문장의 빈칸에 들어갈 알맞은 말을 쓰시오.

'왈가왈부(曰可曰否)'는 '옳은 것과 옳지 않은 것', 즉 '가부(可否)'에 대해 이러쿵저러쿵 이야기를 한다는 뜻으로, 'ㄱ ㅌ ㅂ ㅌ'와 비슷한 말이다.

(　　　　　)

04 제시된 뜻풀이에 해당하는 단어를 〈보기〉의 글자를 조합하여 쓰시오.

〈보기〉
고 없 란 우 지 격 짐 홀 반
이 연 스 다 부 히 거 질 히

(1) 거의 절반 가까이. (　　　　)
(2) 억지로 우겨서 남을 굴복시킴. 또는 그런 행위. (　　　　)
(3) 대수롭지 아니하거나 쓸모가 없이. (　　　　)
(4) 건드리지 않아 조금도 줄거나 변하지 않고 그대로 온전히. (　　　　)
(5) 뜻하지 아니하게 갑자기. (　　　　)

05 다음 사다리를 타 보고, 단어의 뜻풀이로 알맞은 것을 〈보기〉에서 골라 ( ) 안에 기호를 쓰시오.

(1) 푸념　(2) 엉겁결　(3) 누누이　(4) 막무가내

(　) (　) (　) (　)

〈보기〉
㉠ 한번 굳게 고집하면 도무지 어찌할 수 없음.
㉡ 여러 번 자꾸.
㉢ 미처 생각하지 못하거나 뜻하지 아니한 순간.
㉣ 마음속에 품은 불평을 늘어놓음. 또는 그런 말.

06 다음 왼쪽 그림에 제시된 단어와 뜻이 비슷한 단어를 모두 골라 ○표 하시오.

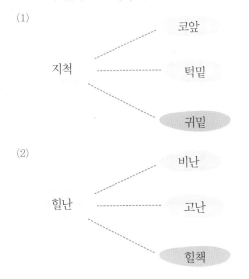

(1)

지척 — 코앞
지척 — 턱밑
지척 — 귀밑

(2)

힐난 — 비난
힐난 — 고난
힐난 — 힐책

07 다음 빈칸에 들어갈 단어로 적절하지 <u>않은</u> 것은?

> 시험을 보다가 긴가민가하여 고민 끝에 답을 바꿀 때가 있는데, 사실은 □□□□ 에 고른 답이 정답일 때가 많다.

① 처음　　　　　　② 당초
③ 애초　　　　　　④ 당최
⑤ 애당초

08 제시된 초성을 참고하여 빈칸에 공통으로 들어갈 알맞은 단어를 쓰시오.

> (가) 성규는 과학 경시 대회에서 입상하지 못해 풀이 죽은 채 책상에 앉아 있었다. 어머니께서는 성규에게 ㅂㅌ 다가가 두 손을 잡고 "열심히 노력했으면 그걸로 된 거야. 기운 내렴."이라고 말씀하셨다.
> (나) 명수 : 동아리 모임을 이번 주 수요일에 하기로 했어.
> 성열 : 뭐? 날짜를 그렇게 ㅂㅌ 잡으면 어떻게 해? 당장 내일모레잖아. 준비할 시간도 필요한데.
> 명수 : 시험이 다음 주부터라 어쩔 수 없었어. 미안.

(　　　　　　)

09 왼쪽에 제시된 단어와 가장 유사한 의미를 지닌 단어를 오른쪽에서 1개만 찾아 선으로 바르게 연결하시오.

(1) 설령 ·
(2) 부득불 ·
(3) 삽시간 ·

· ㉮ 설욕
· ㉯ 설사
· ㉰ 불가불
· ㉱ 불가능
· ㉲ 매시간
· ㉳ 순식간

10 다음 밑줄 친 단어의 쓰임이 적절하지 <u>않은</u> 것은?

① 경찰들은 도망가는 소매치기를 <u>득달같이</u> 쫓아가기 시작했다.
② 마음이 <u>지척</u>이면 비록 천 리를 떨어져 있어도 곁에 있는 느낌이다.
③ 나는 벌레를 보고 너무 놀라서 <u>엉겁결</u>에 바닥에 주저앉고 말았다.
④ 이 신문의 3면에는 독자들의 시나 수필 등 문학 작품이 <u>고질적</u>으로 실린다.
⑤ 집에 돌아오면 꼭 손부터 씻으라고 <u>누누이</u> 말씀하셔서 귀에 딱지가 앉을 지경이다.

11 다음 설명이 맞으면 ○, 틀리면 ×에 표시하시오.

(1) '1인칭 주인공 시점'은 작품 안에 있는 주인공 '나'가 직접 자신의 이야기를 서술하는 시점이다. (○ , ×)
(2) '전지적 작가 시점'은 서술자가 인물의 내면 심리와 사건이 전개되는 모든 상황을 다 알고 있는 시점이다. (○ , ×)
(3) '3인칭 관찰자 시점'은 작품 안에 있는 서술자가 인물과 사건을 관찰하여 독자에게 전달하는 시점이다. (○ , ×)

[앞부분 줄거리] '나'는 점순이와 결혼시켜 준다는 말을 믿고 3년 7개월째 점순이네 집에서 데릴사위로 일을 하고 있다. 그러나 장인이 될 사람은 점순이가 아직 키가 작다는 이유로 성례를 미루며 공짜로 '나'를 부려 먹기만 한다. '나'는 답답한 마음에 얼른 점순이의 키가 크기를 빌기도 하고 일을 게을리해 보기도 하지만, 영 뜻대로 되지 않는다. 그러던 어느 봄날, 밥을 가져다주던 점순이가 '나'에게 ⟨ ㉠ ⟩ 을 한다.

고개를 푹 숙이고 밥 함지에 그릇을 포개면서 날더러 들으래는지 혹은 제 소린지
"밤낮 일만 하다 말 텐가?"
하고 혼자서 종알거린다. 고대 잘 내외하다가 이게 무슨 소린가 하고 난 정신이 얼떨떨했다. 그러면서도 한편 무슨 좋은 수나 있는가 싶어서 나도 공중을 대고 혼잣말로
"그럼 어떡해?"
하니까,
"성례시켜 달라지 뭘 어떡해."
하고 되알지게 쏘아붙이고 얼굴이 발개져서 산으로 그저 도망질을 친다.
나는 잠시 동안 어떻게 되는 심판인지 맥을 몰라서 그 뒷모양만 덤덤히 바라보았다.
봄이 되면 온갖 초목이 물이 오르고 싹이 트고 한다. 사람도 아마 그런가 부다 하고 며칠 내에 부쩍(속으로) 자란 듯 싶은 점순이가 여간 반가운 것이 아니다.
이런 걸 멀쩡하게 안즉 어리다구 하니까……

– 김유정, 「봄·봄」

12 ⟨보기⟩를 참고할 때, 윗글의 시점이 무엇인지 쓰시오.

⟨보기⟩
이 소설의 '나'는 장인의 욕심 때문에 점순이와 성례를 이루지 못하는 자신의 답답한 상황을 서술하고 있다.

( )

13 윗글의 서술자에 대한 설명으로 적절하지 <u>않은</u> 것은?

① 작품 안에 등장하여 작중 상황을 서술하고 있다.
② 인물의 대화와 행동을 독자에게 보여 주고 있다.
③ 주인공인 서술자가 자신의 이야기를 하고 있다.
④ 서술자의 판단을 독자에게 직접 드러내고 있다.
⑤ '나'와 '점순이'의 내면 심리를 제시하고 있다.

14 ㉠에 들어갈 말로 가장 적절한 것은?

① 묵념   ② 잡념   ③ 집념
④ 체념   ⑤ 푸념

'모든 세상일이 내 마음대로 되지는 않음'을 나타내는 속담을 살펴봐요

⊙ **품 안의 자식**

자식이 어렸을 때는 부모의 뜻을 따르지만 자라서는 제 뜻대로 행동하려 함을 비유적으로 이르는 말.

⊙ **게 등에 소금 치기**

아무리 해도 쓸데없는 짓을 이르는 말.

⊙ **울며 겨자 먹기**

맵다고 울면서도 겨자를 먹는다는 뜻으로, 싫은 일을 억지로 마지못하여 함을 비유적으로 이르는 말.

⊙ **내 코가 석 자**

내 사정이 급하고 어려워서 남을 돌볼 여유가 없음을 비유적으로 이르는 말.(1자는 약 30cm이다.)

⊙ **등잔 밑이 어둡다**

대상에서 가까이 있는 사람이 도리어 대상에 대하여 잘 알기 어렵다는 말.

야옹이가 안 보이네.

⊙ **꿩 대신 닭**

꼭 적당한 것이 없을 때 그와 비슷한 것으로 대신하는 경우를 비유적으로 이르는 말.

---

15 위에 제시된 속담 중, 다음 밑줄 친 속담과 의미가 가장 가까운 것을 찾아 쓰시오.

> 서윤 : 엄마, 제 머리 끈 못 보셨어요? 조금 전까지 있었는데.
> 엄마 : <u>업은 아이 삼 년 찾는다</u>더니, 네 손목에 있는 건 뭐니?

( )

16 위에 제시된 속담 중, 다음 상황과 의미가 통하는 속담을 각각 찾아 쓰시오.

(1)
> 엄마 : 방이 이게 뭐니? 빨리 정리하지 못해? 냄새 나는 양말은 당장 내놓고.
> 우현 : 이 방에는 제 나름대로의 질서가 있어요. 양말은 내일 또 신을 거고요. 잔소리 좀 그만하세요.
> 엄마 : 어렸을 때는 엄마 말 잘 듣더니 조금 컸다고 내 말은 귓등으로도 안 듣는구나.

( )

(2)
> 명수 : 동우야, 나 오늘 중요한 약속이 있어서 그러는데, 과제 좀 도와주면 안 될까?
> 동우 : 잠깐만, 나 수행 평가 세 개, 학교 과제와 학원 과제, 그리고 토론 대회 준비만 하면 되는데, 조금만 기다려 줄래? 참, 동아리 연습도 있으니까 내가 더 빨리 해 볼게.

( )

공부한 날 : ___월 ___일

 오늘의 어휘, 어디까지 알고 있니?

※ 다음 문장의 문맥에 알맞은 단어를 ( ) 안에서 골라 ○표 하세요.

01. 성규는 한 예능 프로그램에서 재치 있는 말들로 남다른 입담을 (과시 vs 과장)했다.

02. 삼촌은 계속 (관망 vs 관전)하고 있던 주식이 폭락하자 이성을 잃고 말았다.

03. 시험이 내일로 (출두 vs 박두)했지만 동생은 공부를 하나도 하지 않고 놀고만 있다.

04. 바이러스 확산에 대한 불안감이 (피습 vs 엄습)하자 사람들은 여행 계획을 취소했다.

05. 새해가 되면 삼촌은 매번 (뜬금없이 vs 속절없이) 나이만 먹는다며 우울해했다.

06. 나가지 말라고 (애걸 vs 구걸)하는 아이의 눈빛이 내 발걸음을 무겁게 했다.

07. 그는 불만이 있을 때면 혼잣말로 똑같은 말을 계속 (뇌까리고는 vs 떠벌리고는) 했다.

| 정답 | 01. 과시 02. 관망 03. 박두 04. 엄습 05. 속절없이 06. 애걸 07. 뇌까리고는

과시(誇자랑할 과 示보일 시) 자랑하거나 뽐내어 보임.

예문
• 그는 자신의 힘을 과시라도 하듯이 커다란 바위를 번쩍 들어 올렸다.
• 성열은 최근 한 남성지에서 오랜 운동으로 다져진 근육질 몸매를 과시했다.

관망(觀볼 관 望바랄 망) ① 한발 물러나서 어떤 일이 되어 가는 상황을 바라봄. ② 풍경 따위를 멀리서 바라봄.

예문
• 여론이 좋지 않을 때는 한발 물러나서 상황을 관망하는 게 나을 수도 있다.
• 이 쉼터는 지역 주민의 휴식과 관망을 위해 지은 것이다.

쌤Tip '관망'은 상황을 바라본다는 뜻이고, '관전'은 운동 경기나 바둑 등을 구경한다는 뜻이에요.

박두(迫닥칠 박 頭머리 두) 예정된 사건이나 시기가 가까이 닥쳐옴.

예문
• 크리스마스가 박두했지만 거리는 한산하기 짝이 없었다.
• 영화의 예고편은 개봉 박두를 알리는 동시에 관객들의 관심을 불러일으킨다.

쌤Tip '박두'는 기한이 가까이 닥쳐오는 것을, '출두'는 관청 같은 곳에 직접 나가는 것을 의미해요.

엄습(掩닫을 엄 襲엄습할 습) ① 뜻하지 아니하는 사이에 갑자기 습격함. ② 감정, 생각, 감각 따위가 갑작스럽게 들이닥치거나 덮침.

예문
• 매복해 있던 적군이 갑자기 우리 부대를 엄습해 왔다.
• 20년 만에 찾아온 한파의 엄습으로 모든 강물이 얼어붙었다.

속절없다 단념할 수밖에 달리 어찌할 도리가 없다.

예문
잃어버린 젊음을 다시 찾겠다는 생각은 속절없는 것이다.

쌤Tip '뜬금없이'는 갑작스럽고도 엉뚱하다는 뜻이에요.

애걸(哀슬플 애 乞빌 걸) 소원이나 요구 따위를 들어 달라고 애처롭고 간절하게 빎.

예문
• 도둑질을 하다 잡힌 그는 한 번만 용서해 달라고 애걸했다.
• 그들은 살려 달라고 애걸하는 양민들을 무자비하게 학살했다.

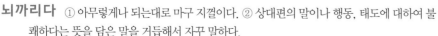

뇌까리다 ① 아무렇게나 되는대로 마구 지껄이다. ② 상대편의 말이나 행동, 태도에 대하여 불쾌하다는 뜻을 담은 말을 거듭해서 자꾸 말하다.

예문
• 그는 가끔 뚱딴지같은 소리를 뇌까려서 사람들을 당황시켰다.
• 그는 늘 다른 사람들에 대한 불평을 뇌까리는 나쁜 버릇이 있다.

쌤Tip '뇌까리다'는 아무렇게나 말하거나 같은 말을 자꾸 하는 것, '떠벌리다'는 과장하여 말하는 것이에요.

※ 다음 문장의 문맥에 알맞은 단어를 ( ) 안에서 골라 ○표 하세요.

01. 병아리의 암수를 (감시 vs 감별)하는 일은 쉽지 않다.

02. 그 식당은 가격이 저렴한 곳을 (수색 vs 물색)하다 발견한 최고의 '맛집'이었다.

03. 학교 앞에서 어린 학생들의 돈을 (갈취 vs 착취)하던 불량배 일당이 체포되었다.

04. 윤봉길 의사는 체포되면서 "일본 제국주의를 (타격 vs 타도)하자."라고 외쳤다.

05. 그런 것도 모르냐며 (빈정대는 vs 투덜대는) 친구의 말을 듣자 화가 치밀어 올랐다.

06. 통신사는 인터넷 장애 사태를 (회복 vs 무마)하기 위해 개인당 보상금을 지급했다.

07. 그는 확실한 해명 없이 어물쩍 (눙치고 vs 놓치고) 넘어가려는 듯한 태도를 보였다.

| 정답 | 01. 감별 02. 물색 03. 갈취 04. 타도 05. 빈정대는 06. 무마 07. 눙치고

감별(鑑거울 **감** 別다를 **별**) ① 잘 살펴보고 구별함. ② 예술 작품이나 골동품 따위의 가치나 진위를 판단함.

예문 • 용의자의 필적을 감별한 결과가 곧 나올 예정이다.
• 시청자가 가지고 나온 골동품을 각 분야의 전문가들이 감별하였다.

물색(物만물 **물** 色빛 **색**) ① 물건의 빛깔. ② 어떤 기준을 가지고 그에 알맞은 사람이나 물건, 장소를 찾거나 고름. ③ 일의 까닭이나 형편.

예문 • 물색이 고운 한복을 차려입었다.
• 그 사건의 용의자가 수요일 밤마다 범행 대상을 물색했다는 사실이 밝혀졌다.
• 자세한 물색도 모르고 나서지 마라.

갈취(喝꾸짖을 **갈** 取취할 **취**) 남의 것을 강제로 빼앗음.

예문 • 조직폭력배가 시장 상인들을 협박하여 금품을 갈취하고 있다.
• 김 씨는 얼마 전 사기꾼에게 수백 만 원을 갈취당했다.

쌤Tip '갈취'는 물건 등을 빼앗는 것, '착취'는 노동의 성과를 빼앗는 거예요.

타도(打칠 **타** 倒넘어질 **도**) 어떤 대상이나 세력을 쳐서 거꾸러뜨림.

예문 • 친일파와 민족 반역자를 타도하자고 외치는 시민들의 목소리가 거리를 가득 메웠다.
• 아직도 세계 곳곳에서 독재자 타도 운동이 벌어지고 있다.

쌤Tip '타도'는 대상이나 세력을 물리치는 것, '타격'은 때리고 치는 것!

빈정대다 남을 은근히 비웃는 태도로 자꾸 놀리다.

예문 • 그는 나에게 겨우 그런 학교에 입학했느냐고 빈정대면서 나를 무시하였다.
• 언제부터 그렇게 공부를 열심히 했냐며 빈정대는 말을 듣자 그의 얼굴이 금세 빨개졌다.

쌤Tip '빈정대다'와 '빈정거리다'는 같은 말이에요.

무마(撫누를 **무** 摩갈 **마**) ① 분쟁이나 사건 등을 어물어물 덮어 버림. ② 타이르고 얼러서 마음을 달램.

예문 • 회사가 공식적으로 피해자들에게 사과했지만, 이미 악화될 대로 악화된 여론을 무마하기는 쉽지 않았다.
• 감정 때문에 일을 그르쳐서는 안 된다고 중간에서 그들을 무마하느라 몹시 힘들었다.

눙치다 ① 마음 따위를 풀어 누그러지게 하다. ② 어떤 행동이나 말을 문제 삼지 않고 넘기다.

예문 • 재희가 화난 친구를 눙치는 능력은 정말 놀라웠다.
• 그는 지금까지 한 말을 그냥 없었던 것으로 눙치려고 했다.

오늘의 어휘, 어디까지 알고 있니?

※ 다음 문장의 문맥에 알맞은 단어를 ( ) 안에서 골라 ○표 하세요.

01. 자신의 주장을 억지로 (관철 vs 관찰)하려는 태도로는 다른 사람의 공감을 얻을 수 없다.

02. 선생님은 새로운 단원을 시작할 때마다 학생들의 흥미를 (유지 vs 유발)할 수 있는 자료를 준비하셨다.

03. 지치고 고단할 때마다 '이 또한 지나가리라.'라는 말을 (되감으며 vs 되뇌며) 힘을 내곤 했다.

04. 그 작가는 자신의 원고를 모두 모닥불에 (구르며 vs 사르며), 다시는 글을 쓰지 않겠다고 결심했다.

05. 나의 고막을 완전히 (매료 vs 치료)시키는 독특한 음색의 가수를 발견했다.

06. 할머니는 집에서 밥만 (축내고 vs 퍼내고) 있는 삼촌에게 잔소리를 퍼부었다.

07. 단골손님을 (대접 vs 푸대접)하는 식당은 점점 손님이 줄어들 수밖에 없다.

08. 선비는 우물가에서 물을 (걷는 vs 긷는) 아낙네에게 물 한 바가지를 얻어 마셨다.

09. 가게 안은 이미 비를 (긋고 vs 맞고) 있는 사람들로 가득했다.

10. 만화책을 보다가 점심시간을 모두 (준비 vs 허비)하고 말았다.

11. 언니는 부모님께 (사직 vs 하직)하고 미국으로 유학의 길을 떠났다.

| 정답 | 01. 관철 02. 유발 03. 되뇌며 04. 사르며 05. 매료 06. 축내고 07. 푸대접 08. 긷는 09. 긋고 10. 허비 11. 하직

관철(貫꿸 관 徹통할 철) 어떤 주장이나 방침, 일 등을 끝까지 밀고 나가 끝내 이룸.

예문 • 우리들의 요구가 관철될 때까지 물러서지 말고 한마음 한뜻으로 싸워야 합니다.
• 그는 동료들을 설득해서 결국 자신의 계획을 관철시켰다.

쌤Tip '관철'은 끝까지 밀고 나가 이루는 것, '관찰'은 자세히 살펴보는 것!!!

유발(誘꾈 유 發필 발) 어떤 것이 다른 일을 일어나게 함.

예문 • 풍자는 비판하려는 대상을 우스꽝스럽게 표현하여 독자의 웃음을 유발하는 표현 기법이다.
• 대부분의 무좀은 심한 가려움증을 유발한다.

되뇌다 같은 말을 되풀이하여 말하다.

예문 성열은 '나는 할 수 있어.'라는 말을 속으로 되뇌며 면접 시험장의 문을 열었다.

사르다 ① 불에 태워 없애다. ② 어떤 것을 남김없이 없애 버리다.

예문 • 그에게서 온 편지를 모두 불에 살라 버렸다.
• 명수는 머릿속의 헛된 생각들을 살라 버리기 위해 혼자 여행을 떠났다.

쌤Tip '사르다'는 '불사르다'와 같은 말이에요. '낙엽을 불사르다'와 같이 쓰이죠.

매료(魅도깨비 매 了마칠 료) 사람의 마음을 완전히 사로잡아 홀리게 함.

예문 • 날렵하고 절도 있는 태권도 시범단의 공연이 프랑스 관중들을 매료하였다.
• 관중들은 선수들의 박진감 넘치는 경기에 완전히 매료되었다.

축내다 ① 일정한 수나 양에서 모자람이 생기게 하다. ② 몸이나 얼굴 따위에서 살이 빠지게 하다.

예문 • 그는 창가에 앉아 하릴없이 시간만 축내고 있었다.
• 밥도 안 먹고 시험공부 하느라 몸 축내지 말고 끼니라도 챙겨 먹어라.

푸대접(－待기다릴 대 接접할 접) 정성을 들이지 않고 아무렇게나 하는 대접.

예문 십여 년 만에 만난 친구를 이런 식으로 푸대접할 줄은 몰랐네.

긷다 우물이나 샘 따위에서 두레박이나 바가지 따위로 물을 떠내다.

예문 할아버지께서는 매일 새벽 약수터에서 물을 길어 오신다.

긋다 ① 비가 잠시 그치다. ② 비를 잠시 피하여 그치기를 기다리다.

예문 • 비가 긋는 것도 잠깐, 곧이어 다시 굵은 빗줄기가 쏟아졌다.
　　 • 우리는 우산이 없어서 남의 처마 밑에서 비를 그어야 했다.

허비(虛빌 **허** 費쓸 **비**) 헛되이 씀. 또는 그렇게 쓰는 비용.

예문 아군은 별다른 성과도 없이 화약과 포탄만 허비하였다.

하직(下아래 **하** 直곧을 **직**) ① 먼 길을 떠날 때 웃어른께 작별을 고하는 것. ② 어떤 곳에서 떠남.

예문 • 형은 아침 일찍 부모님께 하직하고 입대를 위해 집을 나섰다.
　　 • 고향을 하직하고 서울에 온 지 10년 만에 첫 귀향이었다.

샘Tip '하직하다'는 웃어른께 작별 인사를 올리는 것, '사직하다'는 맡은 직무를 내놓고 물러나는 것!

| 소설 개념어 ③ |

🐭 **개념어도 함께 알아봐요**

소재(素흴 **소** 材재목 **재**) 글의 내용이 되는 재료.

개념+ 이야기 속에 등장하는 모든 대상을 가리키는데, 그중에서도 중요한 소재는 인물의 심리나 성격을 보여 주기도 하고, 갈등 유발이나 해소의 장치로 쓰이기도 해요. 때로는 사건의 전개 방향을 암시하거나 주제를 상징적으로 드러내기도 한답니다.

예문 언제 구웠는지 아직도 더운 김이 홱 끼치는 <u>굵은 감자 세 개</u>가 손에 뿌듯이 쥐었다. / "느 집엔 이거 없지?" / 하고 생색 있는 큰
　　　　　　　　　　　　　　　　　　　_{'나'에 대한 점순의 마음을 표현하는 소재}
소리를 하고는, 제가 준 것을 남이 알면 큰일 날 테니 여기서 얼른 먹어 버리란다.
　_{점순}
　　　　　　　　　　　　　　　　　　　　　　　　　　　　　　　　　　　　　　– 김유정, 「동백꽃」

배경(背등 **배** 景경치 **경**) 주제를 뒷받침하거나, 사건이 발생하는 시간·공간·사회 등의 구체적인 환경.

개념+ 소설의 배경은 자연적 배경과 사회적 배경으로 나눌 수 있어요. 자연적 배경은 사건 및 인물의 행동이 일어나는 구체적 환경을 가리키는 것으로, 다시 시간적 배경과 공간적 배경으로 나뉘죠. 사회적 배경은 인물을 둘러싼 사회 현실과 시대적 상황을 가리키는 것으로, 시대적 배경이라고도 해요.

예문 길은 지금 <u>긴 산허리에 걸려 있다.</u> <u>밤중을 지난 무렵인지</u> 죽은 듯이 고요한 속에서 짐승 같은 달의 숨소리가 손에 잡힐 듯이 들
　　　　　　_{공간적 배경}　　　　　　_{시간적 배경}
리며, 콩 포기와 옥수수 잎새가 한층 달에 푸르게 젖었다. 산허리는 온통 메밀밭이어서 피기 시작한 꽃이 소금을 뿌린 듯이 흐뭇
한 달빛에 숨이 막힐 지경이다.
　　　　　　　　　　　　　　　　　　　　　　　　　　　　　　　　　　　　　　– 이효석, 「메밀꽃 필 무렵」

갈등(葛칡 **갈** 藤등나무 **등**) 인물의 내면이 대립하거나, 인물과 인물 또는 인물과 환경이 서로 모순과 대립을 일으키는 상태.

개념+ 갈등은 인물의 마음속에서 서로 다른 욕구가 대립하거나, 인물이 바라는 것과 인물을 둘러싼 환경이 서로 충돌하는 상태를 말해요. 이러한 갈등으로부터 사건이 발생하고 이야기가 전개되기 때문에 소설을 '갈등의 문학'이라고도 하지요.

내적 갈등	인물의 내면에서 대립되는 심리로 인해 생기는 갈등.
외적 갈등	• 인물과 인물의 갈등 : 주동 인물(주인공)과 반동 인물(주인공에게 대립하는 인물)이 대립하여 발생하는 갈등. • 인물과 사회의 갈등 : 인물과 그 인물을 억압하는 사회 제도·관습 등이 충돌하여 발생하는 갈등. • 인물과 운명의 갈등 : 인물과 그 인물에게 주어진 운명의 제약이 대립하여 발생하는 갈등.

예문 **[앞부분의 줄거리]** 일제 강점기 때 농촌 마을에서 아이들에게 한글 강습을 하던 영신은 일본 순사로부터 교육받는 인원을 절반으로
줄이라는 협박을 받는다.
　_{영신과 일본 순사 사이의 외적 갈등}

"난 못하겠다! 차라리 예배당 문에 못질을 하는 한이 있드래도 내 손으로 차마 그 노릇은 못 하겠다!" 하고 영신은 부르짖으며 방
바닥에 가 쓰러져 버렸다. <u>한참 동안이나 엎치락뒤치락하며 홀로 고민을 하였다.</u>
　　　　　　　　　　　　　　_{영신의 내적 갈등}　　　　　　　　　　　　　　　　　　　　　– 심훈, 「상록수」

01 제시된 뜻풀이에 해당하는 단어를, 주어진 초성을 참고하여 쓰시오.

(1) 예정된 사건이나 시기가 가까이 닥쳐옴.

ㅂ ㄷ : _____

(2) 같은 말을 되풀이하여 말하다.

ㄷ ㄴ ㄷ : _____

(3) 어떤 행동이나 말을 문제 삼지 않고 넘기다.

ㄴ ㅊ ㄷ : _____

(4) 아무렇게나 되는대로 마구 지껄이다.

ㄴ ㄲ ㄹ ㄷ : _____

02 다음 단어의 뜻풀이로 알맞은 것을 찾아 선으로 바르게 연결하시오.

(1) 감별 • | • ㉠ 자랑하거나 뽐내어 보임.

(2) 타도 • | • ㉡ 예술 작품이나 골동품 따위의 가치나 진위를 판단함.

(3) 과시 • | • ㉢ 어떤 대상이나 세력을 쳐서 거꾸러뜨림.

(4) 관망 • | • ㉣ 한발 물러나서 어떤 일이 되어 가는 상황을 바라봄.

03 제시된 뜻풀이에 해당하는 단어를 〈보기〉의 글자를 조합하여 쓰시오.

〈보기〉

| 료 | 무 | 관 | 갈 |
| 철 | 마 | 취 | 매 |

(1) 남의 것을 강제로 빼앗음. ( )

(2) 어떤 주장이나 방침, 일 등을 끝까지 밀고 나가 끝내 이룸. ( )

(3) 사람의 마음을 완전히 사로잡아 홀리게 함. ( )

(4) 분쟁이나 사건 등을 어물어물 덮어 버림. ( )

04 다음 설명이 맞으면 ○, 틀리면 ×에 표시하시오.

(1) '긷다'는 지하수를 기계로 끌어 올리는 것을 가리키는 말이다. (○ , ×)

(2) '긋다'는 비를 잠시 피하여 그치기를 기다리는 것을 가리키는 말이다. (○ , ×)

05 제시된 초성과 뜻풀이를 참고하여, ( ) 안에 들어갈 알맞은 단어를 쓰시오.

(1) ㅇ ㅅ : 감정, 생각, 감각 따위가 갑작스럽게 들이닥치거나 덮침.
⑩ 나를 ( )하는 이 고독감의 정체가 무엇인지 알 수 없었다.

(2) ㅇ ㅂ : 어떤 것이 다른 일을 일어나게 함.
⑩ 방송국에서는 시청자들의 흥미를 ( )하는 다양한 프로그램을 제작하고 있다.

(3) ㅁ ㅅ : 어떤 기준을 가지고 그에 알맞은 사람이나 물건, 장소를 찾거나 고름.
⑩ 회사에서는 여러 조건을 따져 가며 그 자리에 맞는 적임자를 ( )하기로 했다.

06 제시된 단어와 뜻풀이를 고려할 때, 밑줄 친 단어가 제시된 의미로 사용된 것을 골라 ○표 하시오.

(1)
사르다 : 불에 태워 없애다.

㉠ 친구들의 힘찬 응원이 그의 두려움을 살라 버렸다.
㉡ 그 화가는 완성된 그림을 화로에 던져 살라 버렸다.

(2)
축내다 : 일정한 수나 양에서 모자람이 생기게 하다.

㉠ 매일 집에서 쌀만 축내지 말고 어디라도 취직할 생각을 해라.
㉡ 되지도 않을 사업 한다고 봄만 축내지 말고 집안일이나 도와라.

07 다음 빈칸에 들어갈 단어로 적절하지 <u>않은</u> 것은?

> 동생에게 방을 치우라고 조금만 잔소리를 하면, 동생은 '눼눼~'라는 대답과 함께 [   ] 듯한 표정으로 입을 삐죽거린다. 어떻게 하면 동생의 버릇을 고칠 수 있을까?

① 놀리는   ② 비꼬는
③ 꾸짖는   ④ 빈정대는
⑤ 비아냥대는

08 다음 빈칸에 들어갈 단어로 가장 적절한 것은?

> 무섭게 확산되는 바이러스 때문에 거리의 식당들은 [   ] 가게 문을 닫을 수밖에 없었다.

① 숨김없이   ② 난데없이
③ 본데없이   ④ 사정없이
⑤ 속절없이

09 다음 밑줄 친 단어의 쓰임이 적절하지 <u>않은</u> 것은?

① 그는 화가 난 상대를 <u>눙치는</u> 솜씨가 대단한 사람이었다.
② 민수는 친구에게 두고 보라고 <u>뇌까리며</u> 문을 박차고 나갔다.
③ 적들을 <u>타도하기</u> 위해서는 지금의 조직을 재정비할 필요가 있다.
④ 노는 데에 시간을 <u>허비하지</u> 않았다면 숙제를 끝낼 수 있었을 것이다.
⑤ 육교 위에서 한 걸인이 지나가는 사람들에게 돈을 <u>애걸</u>하고 있었다.

10 다음 주어진 단어와 뜻이 비슷한 단어를 모두 골라 ○ 표 하시오.

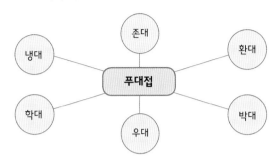

11 다음 글을 읽고, 밑줄 친 단어를 통해 알 수 있는 배경의 종류로 알맞은 것을 찾아 선으로 바르게 연결하시오.

> 가뜩이나 후락한 <u>예배당</u> 안은 콩나물을 기르는 것처럼 아이들로 빽빽하다. 선생이 부비고 드나들 틈이 없을 만치 꼭꼭 찼다. 아랫반에서,
> "'가' 자에 ㄱ 허면 '각' 허구."
> "'나' 자에 ㄴ 허면 '난' 허구."
> 하면서 다리도 못 뻗고 들어앉은 아이들은 고개를 들고 칠판을 쳐다보면서 제비 주둥이 같은 입을 일제히 벌렸다 오므렸다 한다. (중략)
> 그러다가 어느 날 <u>저녁때</u>였다. 영신의 신변을 노상 주목하고 다니던 <u>순사</u>가 나와서 다짜고짜,
> "주임이 당신을 보자는데, 내일 아침까지 주재소로 출두를 하시오."
> 하고 한마디를 이르더니 말대답을 들을 사이도 없이 자전거를 되짚어 타고 가 버렸다.
>   – 심훈, 「상록수」

(1) 예배당 •   • ㉮ 시대적 배경
(2) 저녁때 •   • ㉯ 시간적 배경
(3) 순사 •   • ㉰ 공간적 배경

[앞부분 줄거리] ⊙홍 판서와 종의 사이에서 태어난 길동은 당시의 사회 제도에 따라 홍 판서의 아들로 인정받지 못한다. 이로 인해 아버지 홍 판서를 대감이라 불러야 하고, 본부인의 아들을 형이 아닌 도련님이라 불러야 했던 길동은 서러움을 참지 못한다. 이때 길동을 미워하는 홍 판서의 첩 초란이 길동을 죽이려 하고, 길동은 자객을 처치한 후 집을 떠나려 한다.

"소인이 일찍 부모님께서 낳아 길러 주신 은혜를 만분의 일이나마 갚을까 하였더니, 집안에 옳지 못한 사람(초란)이 있어 상공(홍 판서)께 모힘을 하고 소인을 죽이고자 하기에, 겨우 목숨은 건졌으나 상공을 모실 길이 없기로 오늘 상공께 하직을 고하옵니다."

하기에, 공이 크게 놀라 물었다.

"너는 무슨 일이 있어서 어린아이가 집을 버리고 어디로 가겠다는 거냐?"

길동이 대답했다.

"날이 밝으면 자연히 아시게 되려니와, 소인의 신세는 뜬구름과 같사옵니다. 상공의 버린 자식이 어찌 갈 곳이 있겠습니까?"

길동이 ⓒ두 줄기의 눈물을 감당하지 못해 말을 이루지 못하자, 공은 그 모습을 보고 불쌍한 마음이 들어 타일렀다.

"내가 너의 품은 한을 짐작하겠으니, 오늘부터는 아버지를 아버지라 부르고 형을 형이라 불러도 좋다."

길동이 절하고 아뢰었다.

"소자의 한 가닥 지극한 한(恨)을 아버지께서 풀어 주시니 죽어도 한이 없습니다. 엎드려 바라옵건대, 아버지께서는 만수무강하십시오."

이렇게 말하고   ⓒ   , 공이 붙잡지 못하고 다만 무사하기만을 당부하더라.

– 허균, 「홍길동전」

12 다음 중 ⊙에서 두드러지게 나타나는 갈등으로 가장 적절한 것은?

① 인물의 내적 갈등   ② 인물과 인물의 갈등

③ 인물과 사회의 갈등   ④ 인물과 운명의 갈등

⑤ 인물과 자연의 갈등

13 ⓒ의 의미와 역할로 적절하지 않은 것은?

① 길동의 마음을 홍 판서에게 전하는 수단이 된다.

② 길동이 겪어 온 서러움을 드러내는 장치가 된다.

③ 홍 판서가 길동의 한을 풀어 주는 계기가 된다.

④ 홍 판서가 길동을 불쌍히 여기는 이유가 된다.

⑤ 길동과 홍 판서가 갈등하게 되는 원인이 된다.

14 ⓒ에 들어갈 단어로 가장 적절한 것은?

① 눙치니   ② 되뇌니   ③ 하직하니

④ 관철하니   ⑤ 애걸하니

속담, 한자성어, 관용표현으로 한 걸음 더

사람의 어리석음을 꼬집는 속담을 살펴봐요

⊙ **가랑비에 옷 젖는 줄 모른다**

가늘게 내리는 비는 조금씩 젖어 들기 때문에 여간
해서도 옷이 젖는 줄을 깨닫지 못한다는 뜻으로,
아무리 사소한 것이라도 그것이 거듭되면 무시하
지 못할 정도로 크게 됨을 비유적으로 이르는 말.

⊙ **소 잃고 외양간 고친다**

소를 도둑맞은 다음에서야 빈 외양간의 허물어진
데를 고치느라 수선을 떤다는 뜻으로, 일이 이미 잘
못된 뒤에는 손을 써도 소용이 없음을 비꼬는 말.

⊙ **토끼 둘을 잡으려다가 하나도 못 잡는다**

욕심을 부려 한꺼번에 여러 가지 일을 하려 하면
그 가운데 하나도 이루지 못한다는 말.

⊙ **우물에 가 숭늉 찾는다**

모든 일에는 질서와 차례가 있는 법인데 일의 순서
도 모르고 성급하게 덤빔을 비유적으로 이르는 말.

⊙ **언 발에 오줌 누기**

언 발을 녹이려고 오줌을 누어 봤자 효력이 별로
없다는 뜻으로, 그 순간은 도움이 될지 모르나 결국
에는 상황이 더 나빠짐을 비유적으로 이르는 말.

⊙ **급히 먹는 밥이 목이 멘다**

너무 급히 서둘러 일을 하면 잘못하고 실패하게 됨
을 비유적으로 이르는 말.

---

15 다음 중 위에 제시된 '언 발에 오줌 누기'라는 속담과 의미가 가장 가까운 것은?

① 가는 날이 장날
② 모난 돌이 정 맞는다
③ 불난 집에 부채질한다
④ 개똥도 약에 쓰려면 없다
⑤ 윗돌 빼서 아랫돌 괴고 아랫돌 빼서 윗돌 괴기

---

16 위에 제시된 속담 중, 다음 빈칸에 들어갈 말로 가장 적절한 것을 찾아 쓰시오.

> 명수 : 성규야, 이 책은 단 한 권으로 어휘력과 문제 해결 능력을 모두 기를 수 있는 교재야.
> 성규 : 정말? 그러면 '⬚⬚⬚⬚⬚⬚'라는 속담은 이제 틀린 말이 되는 거네?

( )

---

17 위에 제시된 속담 중, 다음 밑줄 친 부분과 의미가 가장 가까운 것을 찾아 쓰시오.

> 선생님 : '사후 약방문(死後藥方文)'이라는 말을 들어 봤나요? 사람이 죽은 다음에야 약을 구한다는 뜻으로, 이미 때가
> 늦어서 소용없게 되었다는 뜻이죠. 우리는 어떤 일이 일어나기 전에 미리미리 대책을 세울 줄 아는 현명한 사람이
> 되어야 한답니다.

( )

공부한 날 : ___월___일

오늘의 어휘, 어디까지 알고 있니?

※ 다음 문장의 문맥에 알맞은 단어를 ( ) 안에서 골라 ○표 하세요.

01. 우리는 누군가에게 사랑과 미움이라는 (조화로운 vs 모순되는) 감정을 동시에 느낄 수도 있다.

02. 최근 이 지역에서 도난 사고가 (빈번하게 vs 뻔뻔하게) 발생하여 경찰의 순찰이 강화되었다.

03. 여러 영화제에서 여우 주연상을 수상한 그녀는 자신에게 (과분한 vs 가뿐한) 상이라며 겸손하게 말했다.

04. (남루한 vs 지루한) 차림의 할아버지가 그 큰 건물의 주인이라는 사실에 깜짝 놀랐다.

05. 어머니만큼은 나에게 남과 다른 (평범한 vs 비범한) 능력이 있다는 걸 끝까지 믿어 주셨다.

06. 명수는 초등학생답지 않은 (명랑한 vs 맹랑한) 질문으로 선생님을 당황하게 만들었다.

07. 사또에게 감히 그런 식으로 말하다니 (방자하기 vs 굉장하기) 이를 데 없구나.

| 정답 | 01. 모순되는 02. 빈번하게 03. 과분한 04. 남루한 05. 비범한 06. 맹랑한 07. 방자하기

모순(矛창 **모** 盾방패 **순**) 어떤 사실의 앞뒤, 또는 두 사실이 이치상 어긋나서 서로 맞지 않음을 이르는 말. 중국 초나라의 상인이 창과 방패를 팔면서 창은 어떤 방패로도 막지 못하는 창이라 하고 방패는 어떤 창으로도 뚫지 못하는 방패라 하여, 앞뒤가 맞지 않은 말을 하였다는 데서 유래함.

> **쌤Tip** '모순'은 앞뒤가 안 맞는 것, '조화'는 모순됨이 없는 것!

예문
- 지금 네가 한 말은 앞뒤가 모순된다고 생각하지 않니?
- 그 영화는 인간이 지닌 모순된 본성을 날카롭게 파헤치고 있다.

빈번하다(頻자주 **빈** 繁많을 **번**−) 어떤 일이 일어나는 횟수가 매우 잦다.

예문
- 최근 편의점에서 도난 사고가 빈번하게 발생하고 있다.
- 건조한 날씨에는 평소에 비해 산불 발생이 빈번하다.

과분하다(過지날 **과** 分나눌 **분**−) 분수에 넘쳐 있다.

> **쌤Tip** '과분한 것'은 분수에 넘치는 것이고, '가뿐한 것'은 가볍고 상쾌한 것이에요.

예문
- 지금까지 널 위해 용기를 낸 나를 생각하면, 난 너한테 과분하다.
- 당연히 할 일을 한 건데 너무 과분한 칭찬이십니다.

남루하다(襤누더기 **남** 樓누더기 **루**−) 옷 따위가 낡아 해지고 차림새가 너저분하다.

예문
- 변 씨는 남루한 행색의 허생에게 아무 말 없이 만 냥을 빌려주었다.
- 옷차림이 남루하다는 이유로 사람을 함부로 대해서는 안 된다.

비범하다(非아닐 **비** 凡무릇 **범**−) 보통 수준보다 훨씬 뛰어나다.

예문 율곡은 어릴 때부터 총명함이 비범하여 사람들의 주목을 받았다.

맹랑하다(孟맏 **맹** 浪물결 **랑**−) ① 생각과 달리 허망하다. ② 하는 짓이 만만히 볼 수 없을 만큼 똘똘하고 깜찍하다. ③ 처리하기가 어렵고 묘하다.

> **쌤Tip** '명랑하다'는 유쾌하고 활발한 것!

예문
- 노력한 보람도 없이 일이 맹랑하게 끝나 버렸다.
- 그 꼬마는 아이답지 않게 아주 맹랑하다.
- 일이 갈수록 맹랑하게 되어 간다.

방자하다(放놓을 **방** 恣방자할 **자**−) 어려워하거나 조심스러워하는 태도가 없이 무례하고 건방지다.

예문 그의 교만 방자한 태도에 사람들은 불쾌함을 느꼈다.

※ 다음 문장의 문맥에 알맞은 단어를 ( ) 안에서 골라 ○표 하세요.

01. 물어물어 찾아간 아저씨 집은 귀신이라도 나올 것처럼 (아리송했다 vs 을씨년스러웠다).

02. 음주 운전을 한 윤 모 씨는 자필로 반성문을 올렸지만 여론은 그에게 (냉담 vs 냉대)했다.

03. 그들은 마치 처음 본 사람처럼 서로 (데굴데굴 vs 데면데면) 굴었다.

04. 그 코미디언은 (천연덕스러운 vs 천부당만부당한) 바보 연기로 인기를 끌었다.

05. 지갑이 없어졌다고 화를 내던 친구가 가방 속을 확인하더니 (계면쩍게 vs 수상쩍게) 웃었다.

06. 그는 (괴팍한 vs 실팍한) 행동과 성격 탓에 친구를 쉽게 사귀지 못한다.

07. 너를 생각해서 하는 이야기니까 너무 (가깝게 vs 고깝게) 여기지 않았으면 좋겠다.

| 정답 | 01. 을씨년스러웠다 02. 냉담 03. 데면데면 04. 천연덕스러운 05. 계면쩍게 06. 괴팍한 07. 고깝게

을씨년스럽다 날씨나 분위기 따위가 몹시 쓸쓸하고 으스스하다.

예문 • 금방이라도 눈이 쏟아질 듯 하늘이 우중충하고 을씨년스러웠다.
• 앙상한 가지만 남은 나무들의 모습이 을씨년스럽기만 했다.

쌤 Tip '을씨년스럽다'는 쓸쓸하고 으스스한 것, '아리송하다'는 분간하기 어려운 것!

냉담(冷찰 냉 淡묽을 담) ① 태도나 마음씨가 동정심 없이 차가움. ② 어떤 대상에 흥미나 관심을 보이지 않음.

예문 • 그는 여자 친구의 냉담한 태도에 기분이 상했다.
• 정부에서는 여러 가지 해결책을 제시했지만 시민들의 반응은 냉담할 따름이었다.

데면데면 ① 사람을 대하는 태도가 친밀감이 없이 예사로운 모양. ② 성질이 꼼꼼하지 않아 행동이 신중하거나 조심스럽지 않은 모양.

예문 • 비대면 수업만 하다가 친구들을 직접 만나자 무척 데면데면하게 느껴졌다.
• 그는 성격이 데면데면하여 실수를 자주 하는 편이다.

천연덕스럽다(天하늘 천 然그럴 연—) 시치미를 떼고 아무렇지도 않은 것처럼 꾸미는 태도가 있다.

예문 • 남자 친구의 천연덕스러운 거짓말에 그녀는 이별을 결심했다.
• 그는 마치 화장실에 가는 것처럼 천연덕스럽게 나가서 그길로 사라졌다.

쌤 Tip '천부당만부당하다'는 어림없이 사리에 맞지 아니한 것을 뜻해요.

계면쩍다 쑥스럽거나 미안하여 어색하다.('겸연(慊然)쩍다'의 발음이 변한 말)

예문 • 별것도 아닌 걸 가지고 친구에게 화를 낸 것이 계면쩍었다.
• 노래를 마친 청년은 사람들의 반응이 없자 계면쩍은 표정을 지었다.

괴팍하다(乖어그러질 괴 愎괴팍할 팍—) 붙임성이 없이 까다롭고 별나다.

예문 • 주인공의 괴팍한 성격이 오히려 반전 매력으로 시청자들을 사로잡았다.
• 나는 그를 만나기 전까지는 소문만 듣고 그가 괴팍한 사람일 거라고 생각했다.

쌤 Tip '괴팍하다'는 성격이 까다롭고 별난 것이고, '실팍하다'는 사람이나 물건이 매우 실한 것을 의미해요.

고깝다 섭섭하고 야속하여 마음이 언짢다.

예문 • 친했던 친구가 갑자기 나를 본체만체하는 것이 고까웠다.
• 자신에 대한 남들의 객관적인 평가를 고깝게 받아들이면 안 된다.

※ 다음 문장의 문맥에 알맞은 단어를 (　) 안에서 골라 ○표 하세요.

01. 국어 선생님께서 수행 평가 점수를 (박하게 vs 후하게) 주셔서 정말 행복하다.

02. 심청이는 팔자가 (기겁하여 vs 기박하여) 태어나자마자 어머니를 잃고 젖동냥으로 자랐다.

03. 민수는 러닝셔츠 차림의 삼촌과 같이 걷는 것이 어쩐지 (남성스러웠다 vs 남세스러웠다).

04. 할머니께서는 요즘 젊은이들의 옷차림이 너무 (망측스럽다 vs 망신스럽다)며 혀를 끌끌 차셨다.

05. 며칠 월세가 밀리사 집주인은 세입자에게 딩징 방을 빼리며 (옹골차게 vs 야멸차게) 말하였다.

06. 갈 곳이 없어진 그는 공원의 벤치 위에 (인색한 vs 옹색한) 잠자리를 마련했다.

07. 형은 어제부터 추가 합격자 연락을 기다리며 (안절부절하고 vs 안절부절못하고) 있다.

08. 이 시는 처음 보는 (생생한 vs 생경한) 한자어들만 나열해 놓은 느낌이다.

09. 삼촌은 배춧값이 폭락하는 바람에 (생뚱맞은 vs 생때같은) 배추들을 다 묻었다고 한다.

10. 「적성의전」의 주인공은 자신을 해치려는 형의 (불측한 vs 불편한) 음모에 희생될 뻔했다.

11. 놀이터에는 모처럼 자유 시간을 즐기는 아이들의 웃음소리가 (자자했다 vs 낭자했다).

12. 죽음 앞에서는 어떤 권력과 재산도 모두 (허탈하게 vs 허망하게) 생각되었다.

| 정답 | 01. 후하게 02. 기박하여 03. 남세스러웠다 04. 망측스럽다 05. 야멸차게 06. 옹색한 07. 안절부절못하고 08. 생경한 09. 생때같은 10. 불측한 11. 낭자했다 12. 허망하게

후하다(厚두터울 후―) 마음 씀씀이나 태도가 너그럽다.

예문 우리 엄마는 인심이 후해서 이웃들에게 음식을 자주 나누어 주신다.

기박하다(奇기이할 기 薄얇을 박―) 팔자, 운수 따위가 사납고 복이 없다.

예문 박 처사는 "네 기박한 운명은 하늘에 달린 것이라 나의 힘으로 어쩔 수 없구나."라고 말했다.

> 쌤Tip '기겁하다'는 갑자기 겁을 내며 놀라는 것을 의미해요.

남세스럽다 남에게 놀림과 비웃음을 받을 듯하다.

예문 다 떨어진 운동화를 남세스러워서 어떻게 신고 나가라고?

망측스럽다(罔그물 망 測잴 측―) 정상적인 상태에서 어그러져 어이가 없거나 차마 보기가 어려운 데가 있다.

예문 에구머니, 망측스러워서 볼 수가 없네.

> 쌤Tip '망신스럽다'는 자신이 망신을 당하는 느낌이 드는 거예요.

야멸차다 ① 자기만 생각하고 남의 사정을 돌볼 마음이 거의 없다. ② 태도가 차고 아무지다.

예문 • 그는 자신에게 도움이 안 된다 싶으면 누구든 야멸차게 외면해 버리는 사람이었다.
　　 • 그는 독하다는 말을 들을 정도로 야멸찬 사람이었다.

> 쌤Tip '옹골차다'는 실속 있게 속이 꽉 찬 것!

옹색하다(壅막을 옹 塞막힐 색―) ① 형편이 넉넉하지 못하여 생활에 필요한 것이 없거나 부족하다. ② 집이나 방 따위의 자리가 비좁고 답답하다. ③ 변명할 여지나 어찌할 도리가 없어 난처하다.

예문 • 다 해진 옷이 그의 옹색한 형편을 말해 주는 듯했다.
　　 • 방 안은 두 사람이 눕기에도 옹색하였다.
　　 • 그 후보는 기자들의 질문에 옹색한 변명만 거듭했다.

> 쌤Tip '옹색한' 것은 형편이 넉넉하지 못하거나 비좁은 것을, '인색한' 것은 재물을 지나치게 아끼는 것을 의미해요.

안절부절못하다 마음이 초조하고 불안하여 어찌할 바를 모르다.

예문 동생은 엄마에게 한 거짓말이 들통날까 봐 안절부절못하고 있다.

> 쌤Tip '안절부절하다'는 잘못된 표현이에요.

생경하다(生날 생 硬굳을 경—) ① 익숙하지 않아 어색하다. ② 글의 표현이 세련되지 못하고 어설프다.

예문 • 10년 만에 돌아온 고향의 모습은 마치 처음 와 본 곳처럼 생경한 느낌이었다.
• 이 소설에는 잘 와 닿지 않는 생경한 표현이 너무 많다.

쌤Tip '생생하다'는 산뜻하거나 기운이 왕성한 것!

생때같다(生날 생—) ① 아무 탈 없이 멀쩡하다. ② 공을 많이 들여 매우 소중하다.

예문 • 그녀는 생때같은 아들이 죽었다는 말을 믿을 수가 없었다.
• 주식이 폭락하는 바람에 생때같은 내 돈을 다 날렸다.

쌤Tip '생뚱맞다'는 상황에 맞지 않고 엉뚱한 것을 뜻해요.

불측하다(不아닐 불 測잴 측—) ① 미루어 헤아릴 수 없다. ② 생각이나 행동 따위가 괘씸하고 엉큼하다.

예문 • 요즘은 날씨가 너무 불측하여 소풍 날짜를 정하기가 어렵다.
• 그놈들은 천하의 불측한 무리이니까 조심해야 한다.

낭자하다(狼이리 낭 藉깔개 자—) ① 여기저기 흩어져 어지럽다. ② 왁자지껄하고 시끄럽다.

예문 • 교통사고 현장에 사람들이 흘린 피가 낭자했다.
• 서로 경쟁이라도 하듯이 매미들이 낭자하게 울어 댄다.

쌤Tip '자자하다'는 많은 사람의 입에 오르내려 떠들썩하다는 의미예요.

허망하다(虛빌 허 妄허망할 망—) ① 거짓되고 망령되다. ② 어이없고 허무하다.

예문 • 허망한 소문 하나 때문에 그 남자는 결국 자리에서 물러나게 되었다.
• 아버지가 돌아오실 것이라는 내 기대는 전화 한 통에 허망하게 무너졌다.

쌤Tip '허탈하다'는 기운이 빠지고 정신이 멍하다는 뜻이에요.

🐭 개념어도 함께 알아봐요

| 소설 개념어 ④ |

재구성(再다시 재 構얽을 구 成이룰 성) 한 번 구성하였던 것을 다시 새롭게 구성함.

개념+ 문학 작품의 재구성이란 어떤 작품(원작)의 내용, 표현, 형식, 매체 등을 바꾸어 쓰는 것을 말해요. 웹소설을 영화로 만드는 것이라고 하면 이해가 쉽죠? 소설이나 시 등을 주로 노래, 그림, 만화, 연극, 영화, 드라마 등의 다른 갈래로 바꾸게 되는데, 이때 새로운 관점이나 상상력이 더해져서 또 다른 가치를 지닌 작품이 만들어진다고 볼 수 있어요.

해학(諧고를 해 謔희롱할 학) 익살스럽고 우스꽝스러운 말이나 행동을 통해 웃음을 유발함.

개념+ 해학은 인물의 과장된 행동이나 대화 등을 통해 웃음을 유발하는 표현 방법인데, 단순히 우습고 재미 난 상황만은 아닐 때가 많아요. 특히 고전 소설에 나타나는 해학적인 장면들을 보면, 슬프고 힘든 인물의 상황을 오히려 우스꽝스럽게 표현하는 경우일 때가 많죠. 결국 해학은 독자들에게서 대상에 대한 연민과 공감을 이끌어 내는 표현 방법이에요.

예문 한 손에 막대 잡고 또 한 손에 가시 쥐고
└── 늙음을 막기 위한 도구
늙는 길 가시로 막고 오는 백발 막대로 치렸더니
└── 늙음을 피하고 싶은 간절한 마음과 과장된 행동 → 해학적 성격
백발이 제 먼저 알고 지름길로 오더라
└── 늙음을 피할 수 없다는 탄식 → 해학적 성격
– 우탁

풍자(諷욀 풍 刺찌를 자) 대상의 결점이나 잘못을 다른 것에 빗대어 비웃으면서 비판함.

개념+ 풍자는 해학과 달리 웃음을 통해 대상을 날카롭게 비판하는 표현 방법이에요. 다만 직접 비판하는 것이 아니라, 다른 것에 빗대어 표현하거나 돌려서 말함으로써 웃음을 유발하는 방법이에요.

예문 탐관오리 백성
두꺼비 파리를 물고 두엄 위에 치달아 올라
└── 두꺼비의 행동 → 백성을 괴롭히는 탐관오리의 횡포 풍자
건넛산 바라보니 백송골이 떠 있거늘 가슴이 끔찍하여 풀쩍 뛰어 내닫다가 두엄 아래 자빠졌구나.
└── 두꺼비보다 힘이 센 중앙 관리   └── 두꺼비의 우스꽝스러운 모습 → 강자 앞에 약한 탐관오리의 부정적 성격 풍자
마침 날랜 나였기에 망정이지 피멍들 뻔하였다.
└── 두꺼비의 말 → 끝까지 체면을 지키려는 탐관오리의 허세 풍자
– 작자 미상

01 제시된 초성과 뜻풀이를 참고하여 ( ) 안에 들어갈 알맞은 단어를 쓰시오.

(1) ㄴ ㅅ 스럽다 : 남에게 놀림과 비웃음을 받을 듯하다.

예 두 사람의 연애편지는 애틋하면서도 왠지 ( ) 스러운 표현으로 가득 차 있었다.

(2) ㅁ ㅊ 스럽다 : 정상적인 상태에서 어그러져 어이가 없거나 차마 보기가 어려운 데가 있다.

예 깊은 바다에 사는 생물 중에는 외계 생명체인가 싶을 만큼 ( )스럽게 생긴 동물들이 있다.

(3) ㅇ ㅆ ㄴ 스럽다 : 날씨나 분위기 따위가 몹시 쓸쓸하고 으스스하다.

예 관광객들이 썰물처럼 빠져나간 해안 도시의 풍경은 ( )스럽기 그지없었다.

(4) ㅊ ㅇ ㄷ 스럽다 : 시치미를 떼고 아무렇지도 않은 것처럼 꾸미는 태도가 있다.

예 우리 집 고양이는 벽지를 다 찢어 놓고도 ( )스럽게 우리를 반겼다.

02 다음 설명이 맞으면 ○, 틀리면 ×에 표시하시오.

(1) '안절부절못하다'는 초조하고 불안하지 않은 상태를 가리키는 말이다. (○ , ×)

(2) '데면데면'은 특별히 다정하게 상대를 대하는 모양을 가리키는 말이다. (○ , ×)

03 제시된 뜻풀이에 해당하는 단어를 〈보기〉의 글자를 조합하여 쓰시오.

〈보기〉			
박	허	낭	생
망	기	경	자

(1) 팔자, 운수 따위가 사납고 복이 없다. (☐☐ 하다)

(2) 익숙하지 않아 어색하다. (☐☐ 하다)

(3) 여기저기 흩어져 어지럽다. (☐☐ 하다)

(4) ① 거짓되고 망령되다. ② 어이없고 허무하다. (☐☐ 하다)

04 다음 단어의 뜻풀이로 알맞은 것을 찾아 선으로 바르게 연결하시오.

(1) 빈번하다 •

(2) 과분하다 •

(3) 방자하다 •

(4) 괴팍하다 •

• ㉠ 분수에 넘쳐 있다.

• ㉡ 붙임성이 없이 까다롭고 별나다.

• ㉢ 어떤 일이 일어나는 횟수가 매우 잦다.

• ㉣ 조심스러워하는 태도가 없이 무례하고 건방지다.

05 다음 빈칸에 들어갈 단어로 가장 적절한 것은?

길동이 자라 여덟 살이 되자 하나를 가르치면 열을 아니, 그 ☐☐☐ 이 더욱 두드러졌다.

① 비범함 ② 비참함
③ 분별함 ④ 망측함
⑤ 생경함

06 제시된 단어와 뜻풀이를 고려할 때, 밑줄 친 단어가 제시된 의미로 사용된 것을 골라 ○표 하시오.

(1)

옹색하다 : 형편이 넉넉하지 못하여 생활에 필요한 것이 없거나 부족하다.

㉠ 그래도 벌이가 옹색하지 않을 정도는 되는 편입니다.

㉡ 그의 방 안은 두 사람이 앉아 있기도 옹색할 지경이었다.

(2)

불측하다 : 미루어 헤아릴 수 없다.

㉠ 그놈은 성품이 워낙 불측한 탓에 언제나 음모를 꾸미고 있었다.

㉡ 복이 화가 되고 또 화가 복이 되는 것은 그 변화가 불측하여 누구도 결과를 알 수 없다.

07 다음 밑줄 친 단어의 쓰임이 적절하지 <u>않은</u> 것은?

① 그 회사는 월급이 <u>후해서</u> 지원자들에게 인기가 많은 편이다.
② 이것이 이번 시즌 우리 회사에서 <u>야멸차게</u> 내놓은 신형 모델이다.
③ 부모가 되어서 <u>생때같은</u> 자식들을 굶길 수 없어 시작한 일입니다.
④ 그는 자신의 관심사가 아닌 분야에는 <u>냉담하게</u> 반응하기 일쑤였다.
⑤ 온 국민의 영웅이었던 챔피언이 그처럼 <u>허망하게</u> 무너질 줄은 정말 몰랐다.

08 다음 ( ) 안에 공통으로 들어갈 단어로 가장 적절한 것은?

> 철수 : 복잡한 상황에서 누구도 피해를 입지 않는 해결책을 내놓으신 거 보면, 우리 선생님이야말로 진짜 ( )하신 거 같아요!
> 엄마 : 선생님이 ( )하다고? 너야말로 ( )하구나! '( )하다'는 '하는 짓이 만만히 볼 수 없을 만큼 똘똘하고 깜찍하다.'라는 뜻이어서 윗사람에게는 쓰지 않는단다.

① 옹색
② 불측
③ 맹랑
④ 방자
⑤ 괴팍

09 다음 빈칸에 들어갈 단어로 적절하지 <u>않은</u> 것은?

> 학교 앞 떡볶이 가게는 늘 배고픈 아이들로 가득하다. 적은 돈으로도 늘 배부르게 떡볶이를 먹을 수 있기 때문이다. 이 가게는 '착한 식당'으로 몇 번이나 뉴스에 보도되었는데, 그때마다 사장님은 "그냥 분량 조절에 실패한 거예요."라고 말씀하시며 [   ] 하실 뿐이다.

① 겸연쩍어
② 쑥스러워
③ 계면쩍어
④ 미심쩍어
⑤ 부끄러워

10 다음 이야기의 빈칸에 들어갈 알맞은 단어를 쓰시오.

> 초나라 때 창과 방패를 파는 상인이 오른손에 방패를 들고 큰 소리로 외쳤다. "이 방패는 아주 견고하여 어떤 창이라도 막을 수 있습니다." 그런 다음 왼손으로 창을 들어 올리며 외쳤다. "이 창의 예리함은 어떤 방패라도 단번에 뚫어 버립니다."
> 그러자 구경꾼 중 어떤 사람이 물었다. "그 예리한 창으로 그 견고하기 이를 데 없는 방패를 찌르면 도대체 어떻게 되는 거요?" 이 말을 들은 상인은 말문이 막혀 눈만 굴리다가 도망가고 말았다.
> 이처럼 어떤 사실의 앞뒤, 또는 두 사실이 이치상 어긋나서 서로 맞지 않음을, 창과 방패를 뜻하는 한자를 이용하여 [ ][ ]이라고 말하게 되었다.

(   )

11 다음 빈칸에 들어갈 단어로 가장 적절한 것은?

> 가난이 싫어 도망치듯 집을 나온 지 몇 년이나 지난 지금, 과거와 다를 바 없는 [   ] 옷차림에 다 떨어진 신발을 신은 거지꼴로 어머니를 뵈러 갈 수는 없지 않은가.

① 빈번한
② 허망한
③ 남루한
④ 괴팍한
⑤ 과분한

12 다음 설명이 맞으면 ○, 틀리면 ×에 표시하시오.

(1) '해학'은 인물의 말이나 행동을 과장하거나 우스꽝스럽게 표현하여 독자의 웃음을 유발한다. (○ , ×)
(2) '풍자'는 인간의 특성을 동물이나 식물에 빗대어 표현하여 독자의 공감을 이끌어 낸다. (○ , ×)

그는 이야기를 펼쳐 놓았다.

총수의 자택에 연못이 생긴 것은 그 며칠 전의 일이었다. 뜰 안에다 벽이고 바닥이고 시멘트를 들어부어 만들었으니 연못이라기보다는 수족관이라고 하는 편이 알맞은 시설이었다. 시멘트가 굳어지자 물을 채우고 울긋불긋한 비단잉어들을 풀어 놓았다.

비단잉어들은 화려하고 귀티 나는 맵시로 보는 사람마다 탄성을 자아내게 하였으나, 그는 처음부터 ⑦흘기눈을 떴다. 비행기를 타고 온 수입 고기라서가 아니었다. 그 회사 직원의 몇 사람 치 월급을 합쳐도 못 미치는 상식 밖의 몸값 때문이었다.

"대관절 월매짜리 고기간디 그려?"

내가 물어보았다.

"마리당 팔십만 원쓱 주구 가져왔댜."

그 회사 직원들의 봉급 수준을 모르기에 내 월급으로 계산을 해 보니, 자그만치 3년 4개월 동안이나 봉투째로 쌓아야 겨우 한 마리 만져 볼까 말까 한 값이었다.

"웬 늠으 잉어가 사람버덤 비싸다냐?"

내가 기가 막혀 두런거렸더니,

"보통 것은 아닐너면 그려. 뻴어내벤또(베토벤)라나 뭐라나를 틀어 주면 또 그 가락대루 따라서 허구, 차에코풀구싶어(차이콥스키)라나 뭐라나를 틀어 주면 또 그 가락대루 따라서 허구, 좌우간 곡을 틀어 주는 대루 못 추는 춤이 없는 순전 딴따라 고기닝께. 물고기두 꼬랑지 흔들어서 먹구사는 물고기가 있다는 건 이번에 그 집에서 츰 봤구먼."

– 이문구, 「유자소전」

13 다음은 윗글에 대한 설명이다. 제시된 초성을 참고하여 빈칸에 들어갈 알맞은 말을 쓰시오.

이 소설은 시멘트로 연못을 만들고 그곳에 직원 몇 사람의 월급을 합친 것보다 비싸다는 비단잉어를 기르는 재벌 총수의 이야기를 통해, 1970년대 상류층의 사치와 허영심을 ㅍ ㅈ 하고 있다.

( )

14 윗글에서 〈보기〉의 설명에 해당하는 말을 찾아 쓰시오.(2개)

〈보기〉

비슷한 발음의 말을 이용한 말장난으로, 클래식 음악에 맞춰 춤을 춘다는 비싼 비단잉어에 대한 반감을 드러내는 해학적 표현이다. 한편으로는 우아한 클래식 음악과 거리가 먼 서민들의 처지에 대한 서글픔이 담긴 표현으로도 볼 수 있다.

(▢▢▢▢▢ . ▢▢▢▢▢▢▢)

15 ⑦과 바꿔 쓸 수 있는 말로 가장 적절한 것은?

① 생경하게 느꼈다.　　　　　　　② 고깝게 생각했다.

③ 옹색하게 느꼈다.　　　　　　　④ 과분하게 생각했다.

⑤ 남세스럽게 느꼈다.

속담, 한자성어, 관용표현으로 한 걸음 더

세상의 이치를 담고 있는 속담들을 살펴봐요

◉ **무는 개를 돌아본다**
너무 순하기만 하면 도리어 무시당하거나 관심을 끌지 못함을 비유적으로 이르는 말.

◉ **메뚜기도 유월이 한철이다**
누구나 한창 활동할 수 있는 시기는 얼마 되지 아니하니 그때를 놓치지 말라는 말.

◉ **비 온 뒤에 땅이 굳어진다**
비에 젖어 질척거리던 흙도 마르면서 단단하게 굳어진다는 뜻으로, 어떤 시련을 겪은 뒤에 더 강해짐을 비유적으로 이르는 말.

◉ **이 없으면 잇몸으로 산다**
요긴한 것이 없으면 안 될 것 같지만 없으면 없는 대로 그럭저럭 살아 나갈 수 있음을 이르는 말.

◉ **입술이 없으면 이가 시리다**
서로 밀접한 관계에 있어서 하나가 망하면 다른 하나도 망하게 되는 경우를 비유적으로 이르는 말.

---

16 다음 빈칸에 들어갈 속담으로 가장 적절한 것은?

> 등굣길에 편의점에서 빵을 하나 샀는데, 나중에야 유통기한이 지났음을 알게 되었다. 집에 가는 길에 편의점에 가서 빵을 바꿔 달라고 말씀드렸지만, 사장님은 영수증이 없다며 빵도 안 바꿔 주고 환불도 안 해 주셨다. 속상한 마음으로 집에 돌아와 형에게 투덜거렸더니, 형은 [   ] 법이라며 험악하게 인상 쓰는 연습을 하고는 편의점에 가서 빵을 바꾸어 왔다. 똑같은 말이어도 어린 내가 하면 믿어 주지 않는 것 같아 화가 났다.

① 무는 개를 돌아보는
② 발 없는 말이 천 리 가는
③ 호랑이도 제 말 하면 오는
④ 달면 삼키고 쓰면 뱉게 되는
⑤ 먹을 때는 개도 때리지 않는

---

17 위에 제시된 속담 중, 밑줄 친 부분과 의미가 가장 가까운 것을 찾아 쓰시오.

> 진행자 : A 씨, 요즘 인기가 굉장하신데요. 새로 찍은 광고만 벌써 10개째라고요?
> 인기 가수 A : 네. 저도 조금씩 하고 싶은데요. 소속사 사장님께서 <u>물 들어올 때 노 저어야 한다</u>고 하시더라고요.

(   )

---

18 위에 제시된 속담 중, 다음 상황과 관련이 가장 깊은 것을 찾아 쓰시오.

> 진나라의 헌공은 괵나라를 치러 가기 위해 그 길목에 있는 우나라에 길을 빌려줄 것을 요청하였다. 괵나라가 망하면 우나라도 무사하지 못할 것을 걱정한 신하들이 이를 반대했지만, 우나라의 우공은 헌공이 약속한 많은 재물이 탐나 결국 길을 빌려주었다. 우나라는 그 길을 이용해 괵나라를 정복하고 돌아가던 진나라 군사들에게 정복당하고 말았다.

(   )

공부한 날 : ___월 ___일

 오늘의 어휘, 어디까지 알고 있니?

※ 다음 문장의 문맥에 알맞은 단어를 ( ) 안에서 골라 ○표 하세요.

01. 선수들은 이번 경기에서만큼은 반드시 이기겠다며 (결의 vs 결투)를 다졌다.

02. 별다른 수가 없다면 구조대가 올 때까지 기다리는 것이 (실책 vs 상책)이다.

03. 저렇게 무리하게 반칙을 하다가는 심판에게 경고를 받기 (십상 vs 일상)이다.

04. 무언가에 대한 (통찰 vs 통용)은 대상을 유심히 관찰하는 것에서 시작된다.

05. 아버지는 라면에 대해서만큼은 당신만의 (말참견 vs 일가견)이 있으시다.

06. 아이돌 그룹 (일색 vs 각색)인 가요계에서 다양한 장르의 가수들이 인기를 끌면서 새바람을 일으키고 있다.

07. 사촌 형은 (자극적 vs 자조적)인 웃음을 지으며 이번에도 대학 입시에 실패했다고 말했다.

| 정답 | 01. 결의 02. 상책 03. 십상 04. 통찰 05. 일가견 06. 일색 07. 자조적

결의(決결정할 결 意뜻 의) 뜻을 정하여 굳게 마음을 먹음. 또는 그런 마음.

예문 • 회장 선거에서 아깝게 떨어진 철수의 마음에서는 다음 회장 선거에 다시 도전하겠다는 결의가 솟구쳤다.
• 큰형은 열심히 일해서 집안을 다시 일으킬 것을 마음속 깊이 결의하였다.

상책(上위 상 策꾀 책) 가장 좋은 대책이나 방책.

예문 • 나쁜 일들은 빨리 잊는 것이 상책이다.
• 도저히 못 이길 것 같으면 삼십육계 줄행랑이 상책이다.

십상(十열 십 常항상 상) 열에 여덟이나 아홉 정도로 거의 예외가 없음.

예문 • 계획이 잘못되면 일을 그르치기 십상이다.
• 아무 준비 없이 여행을 떠났다가는 밥도 제대로 못 먹기 십상이다.

샘Tip '십상'은 '십상팔구(=십중팔구)'가 줄어든 말이에요.

통찰(洞꿰뚫을 통 察살필 찰) 예리한 관찰력으로 사물을 꿰뚫어 봄.

예문 • 선생님의 말씀에는 사회 현실에 대한 진지한 통찰이 담겨 있었다.
• 이 수필에서는 삶에 대한 작가의 깊은 통찰을 엿볼 수 있다.

샘Tip '통찰'은 사물을 꿰뚫어 보는 것을, '통용'은 일반적으로 두루 쓰는 것을 의미해요!

일가견(─하나 일 家집 가 見볼 견) 어떤 문제에 대하여 일정한 경지에 오른 체계적인 견해.

예문 • 그 후보는 자신의 이력을 부풀리는 데 일가견이 있는 사람이다.
• 그는 춤꾼이라 불릴 정도로 댄스에는 일가견이 있는 사람이었다.

일색(─하나 일 色빛 색) ① 한 가지의 빛깔. ② 한 가지로만 이루어진 특색이나 정경. ③ 뛰어난 미인.

예문 • 회색빛 일색의 도시가 삭막해 보였다.
• 봄비가 내린 후여서인지 산과 들이 초록 일색이었다.
• 황진이는 인물도 일색이요, 글재주 또한 뛰어난 기녀였다.

샘Tip '각색'은 갖가지 빛깔이나 온갖 종류!

자조적(自스스로 자 嘲비웃을 조 的과녁 적) 자기를 비웃는 듯한 것.

예문 • 김수영 시인의 시에는 소시민의 삶에 대한 자조적 태도가 두드러지게 나타난다.
• 그는 '흙수저'라는 자조적인 표현으로 자신의 지난날을 묘사했다.

※ 다음 문장의 문맥에 알맞은 단어를 ( ) 안에서 골라 ○표 하세요.

01. 정재영 씨는 (숲속 vs 세속)을 벗어나 이 산에서 산 지 벌써 5년째라고 말했다.

02. 딸린 (식솔 vs 일손)도 없이 자연인으로 살아가는 삶이 행복하다고 그는 말한다.

03. 그의 방에 (가구 vs 가재도구)라고는 이부자리 한 채, 냄비 한 개, 젓가락 한 벌이 전부였다.

04. 그는 대대로 남의 땅을 (소작 vs 자작)으로 부처 먹고 살아온 가난한 농부의 아들이었다.

05. 걸핏하면 산에서 내려온 멧돼지들이 고구마밭을 (난장판 vs 놀이판)으로 만들었다.

06. 그에게는 아버지의 (임종 vs 일정)을 하지 못했다는 사실이 평생의 한으로 남아 있다.

07. 그는 아버지의 제사를 지내며 마치 (기백 vs 혼백)에게 말을 건네듯 이야기를 했다.

| 정답 | 01. 세속 02. 식솔 03. 가재도구 04. 소작 05. 난장판 06. 임종 07. 혼백

세속(世세대 세 俗풍속 속) ① 사람이 살고 있는 모든 사회를 통틀어 이르는 말. ② 세상의 일반적인 풍속. ③ 불교에서, 불교의 세계가 아닌 일반 사회를 이르는 말.

예문 • 세속에 물들지 않은 이곳의 아름다운 경치는 사람들을 시인으로 만든다.
• 시대가 달라지면 세속도 변하기 마련이다.
• 세속의 덧없음을 깨달은 그는 머리를 깎고 출가하였다.

식솔(食먹을 식 率거느릴 솔) 한집안에 딸린 구성원.

예문 • 어머니께서는 혼자서 많은 식솔을 먹여 살리느라 온갖 고생을 다 하셨다.
• 갑자기 식솔이 늘어나는 바람에 쌀독이 금세 비었다.

가재도구(家집 가 財재물 재 道길 도 具갖출 구) 집안 살림에 쓰는 여러 물건.

예문 • 그들은 변변한 가재도구도 하나 없이 신혼살림을 시작했다.
• 불어 넘친 강물에 온 마을의 가재도구들이 둥둥 떠내려왔다.

소작(小작을 소 作지을 작) 일정한 대가를 지불하며 다른 사람의 농지를 빌려 농사를 짓는 일.

예문 • 평생 소작만 부쳐 왔던 그가 알뜰하게 모은 돈으로 작은 논을 장만했다.
• 지주는 자신의 요구가 통하지 않자 박 씨가 소작하던 논을 다른 사람에게 넘겼다.

샘Tip '소작'은 다른 사람의 땅을 빌려서 농사짓는 것, '자작'은 자기 땅에 직접 농사짓는 것을 의미해요.

난장판(亂어지러울 난 場마당 장─) 여러 사람이 어지러이 뒤섞여 떠들어 대거나 뒤엉켜 뒤죽박죽이 된 곳. 또는 그런 상태.

예문 • 흥분한 관중들이 뛰어드는 바람에 경기장은 난장판이 되었다.
• 처음에는 논리적인 주장이 오가던 토론이 점점 감정싸움으로 번져 난장판이 되었다.

임종(臨임할 임 終마칠 종) ① 죽음을 맞이함. ② 부모가 돌아가실 때 그 곁에 지키고 있음.

예문 • 할아버지의 임종이 다가오자 아버지는 삼촌들에게 급하게 연락했다.
• 아버지의 임종을 위해 아들딸이 빠짐없이 모였다.

혼백(魂넋 혼 魄넋 백) 사람의 몸에 있으면서 몸을 거느리고 정신을 다스리는 비물질적인 것. 몸이 죽어도 영원히 남아 있다고 생각하는 초자연적인 것이다. =넋.

예문 • 폭격으로 자식을 잃은 그녀는 혼백이 나간 듯 멍하니 주저앉아 있었다.
• 그는 억울하게 죽은 이의 혼백을 위하여 조용히 기도를 하였다.

※ 다음 문장의 문맥에 알맞은 단어를 ( ) 안에서 골라 ○표 하세요.

01. 현수는 마음이 급해지자 (맞대결 vs 무심결)에 사투리가 튀어나왔다.

02. 바람에 실려 오는 라일락 향기에 (불현듯 vs 번듯번듯) 예전 남자 친구가 떠올랐다.

03. 오늘처럼 함박눈이 내리는 날이면 눈 쌓인 고향 집의 모습이 (공연히 vs 선연히) 떠오른다.

04. 참석자 여러분, (막간 vs 약간)을 이용해서 잠시 안내 말씀을 드리겠습니다.

05. 어쩔 수 없는 (사실 vs 사유)로 더 이상 모임에 참석할 수 없게 되었습니다.

06. 사회 현상에 대한 올바른 시각을 갖기 위해서는 인문학적 (소양 vs 수양)이 필요하다.

07. 힘든 이웃을 돕는 것은 (은덕 vs 악덕)을 베푸는 것이 아니라 시민의 의무라고 생각한다.

08. 아버지께서 십 (리 vs 자)는 약 4km의 거리에 해당한다고 가르쳐 주셨다.

09. 외국인과 달리 (외계인 vs 이방인)이라는 말에는 상대를 우리와 구별하려는 느낌이 있다.

10. 나의 꿈은 아무도 가 본 적 없는 (오지 vs 요지)를 찾아다니는 탐험가가 되는 것이었다.

11. 어느 시대든 무당의 굿과 점에 (영혼 vs 영험)이 있다고 믿는 사람들이 있다.

| 정답 | 01. 무심결 02. 불현듯 03. 선연히 04. 막간 05. 사유 06. 소양 07. 은덕 08. 리 09. 이방인 10. 오지 11. 영험

무심결(無없을 무, 心마음 심-) 아무런 생각이 없어 스스로 깨닫지 못하는 사이.

예문 명수는 무심결에 정아에게 자신의 감정을 고백하고 말았다.

샘Tip '맞대결'은 서로 맞서서 대결하는 것!

불현듯 ① 불을 켜서 불이 일어나는 것과 같다는 뜻으로, 갑자기 어떤 생각이 걷잡을 수 없이 일어나는 모양. ② 어떤 행동을 갑작스럽게 하는 모양.

예문 • 불현듯 내일까지 숙제를 해야 한다는 사실이 떠올랐다.
• 그는 화가 났는지 불현듯 자리를 박차고 토론장을 나가 버렸다.

선연히(鮮고울 선 然그럴 연-) 실제로 보는 것같이 생생하게.

예문 내가 어릴 적 유난히 좋아했던 원피스는 지금도 그 색이며 모양이 선연히 떠오른다.

샘Tip '공연히'는 아무 까닭이나 실속이 없게!

막간(幕막 막 間사이 간) ① 어떤 일의 한 단락이 끝나고 다음 단락이 시작될 동안. ② 연극에서, 한 막이 끝났을 때부터 다음 막이 시작될 때까지의 시간.

예문 • 성종아, 막간을 이용해서 매점에 다녀오지 않을래?
• 무대 장치가 바뀌는 막간에는 2막의 분위기를 암시하는 경쾌한 음악이 나왔다.

사유(事일 사 由말미암을 유) 일의 까닭.

예문 정당한 사유가 없는 조퇴는 인정되지 않는다.

소양(素흴 소 養기를 양) 평소 닦아 놓은 학문이나 지식.

예문 어렸을 때부터 피아노 연주를 좋아했던 그는 음악적 소양이 풍부하다.

샘Tip '소양'은 평소 닦아 놓은 학문이나 지식을, '수양'은 몸과 마음을 갈고 닦는 것을 의미해요.

은덕(恩은혜 은 德덕 덕) 은혜와 덕. 또는 은혜로운 덕.

예문 할머니는 쌍둥이 형제가 무사히 태어난 것이 부처님의 은덕이라고 생각하신다.

샘Tip '악덕'은 도덕에 어긋나는 나쁜 마음!

리(里마을 리) 거리의 단위. 1리는 약 0.393km에 해당한다.

예문 • '무궁화 삼천리 화려 강산'이라는 표현이 딱 맞는 풍경이었다.
• 그는 그녀를 만난다는 기쁨에 들떠 백 리 길을 멀다 않고 달려왔다.

샘Tip '리'는 약 400m의 거리를, '자'는 약 30.3cm의 길이를 뜻해요.

이방인 (異다를 이 邦나라 방 人사람 인) 다른 나라에서 온 사람.

예문
· 전통 의상을 입고 축제를 벌이는 그곳에서 나는 이방인일 수밖에 없었다.
· 먼 타국에서 명수는 이방인으로서의 외로움과 소외감을 떨치기 어려웠다.

오지 (奥아랫목 오 地땅 지) 해안이나 도시에서 멀리 떨어진 대륙 내부의 땅.

예문 그들은 산골 오지에서 길을 잃고 구조만을 기다리고 있었다.

샘Tip '오지'는 정치나 교통 따위의 핵심이 되는 곳!

영험 (靈신령 영 驗시험 험) 바라는 바를 들어주는 신령한 힘이 있음.

예문 옆 마을에 영험한 점쟁이가 있다는 소문이 퍼졌다.

개념어도 함께 알아봐요

| 극·수필 개념어 ① |

희곡 (戱놀 희 曲굽을 곡) 공연을 목적으로 하는 연극의 대본.

개념+ 희곡은 연극의 대본으로, 공연(무대 상연)을 목적으로 하는 문학이에요. 서술자에 의해 사건이 전달되는 소설과 달리, 등장인물의 대사와 행동만으로 사건을 보여 주지요. 따라서 독자는 앞뒤 상황을 통해 인물의 행동과 대사에 담긴 의미를 스스로 파악해야 해요. 희곡은 '해설', '지시문', '대사'의 3요소로 이루어지는데, 이 중 '해설'은 첫머리에서 무대 장치, 등장인물, 시간적·공간적 배경 등에 대해 설명하는 부분을 말합니다.

지시문 (指가리킬 지 示보일 시 文글월 문) 희곡에서, 몸짓이나 무대의 장치, 분위기 따위를 나타내는 부분. =지문.

개념+ 지시문은 무대 장치나 등장인물의 행동을 독자에게 설명하는 부분이에요. 무대 지시문과 행동 지시문으로 나뉘지요.

| 무대 지시문 | 막이 오른 후의 무대 장치와 분위기 등을 제시하는 부분으로 대사와 대사 사이에 줄글로 서술됨. |
| 행동 지시문 | 등장인물의 행동, 표정, 말투와 퇴장 시기 등을 지시하는 부분으로, 주로 대사의 앞에 괄호를 하여 표시함. |

대사 (臺돈대 대 辭말씀 사) 연극이나 영화에서 배우가 하는 말.

개념+ 대사는 등장인물이 무대에서 하는 말로, 인물의 심리와 갈등을 드러내는 가장 중요한 요소예요. 희곡에서는 다른 시간이나 공간에서 벌어지는 무대 밖의 사건도 대사를 통해 전달되며, 말하는 상황에 따라 대화, 독백, 방백으로 나뉘어요.

대화	등장인물끼리 주고받는 대사로, 대사의 대부분에 해당함.
독백	등장인물이 무대에서 상대방 없이 혼자 하는 대사로, 주로 무대 위에 혼자 등장하여 하는 말.
방백	관객에게는 들리지만 무대 위의 다른 등장인물에게 들리지 않는 것으로 약속된 말.

예문

등장인물 : 명수, 명수의 형, 동네 사람들 1, 2 / 장소 : 바닷가

무대 뒤쪽에 바닷가 풍경을 그린 커다란 걸개그림이 걸려 있다. 화창한 날, 하얀 구름, 새파란 바다, 바위에 닿아 하얗게 부서지는 파도 등과 같은 아름다운 풍경이다. **해설 – 희곡의 첫머리에 제시됨**

막이 오른다. 명수와 형, 바닷가에서 그림을 그리고 있다. 형은 무대의 오른쪽에서, 명수는 왼쪽에서 열심히 붓을 놀린다. 둘 다 환한 표정으로, 신나는 곡조의 노래를 흥얼거린다. 형, 명수에게 다가가서 그림을 바라본다.
무대 지시문 – 막이 오른 후 무대 배치와 분위기 제시

형 : 와, 대단한데? 언제 이렇게 실력이 늘었지? (중략)

명수 : 에이, 그래도 형 솜씨를 따라갈 수는 없지. / 형 : 아냐, 이제 내가 너를 따라가기 힘들겠는걸. **대화 – 주고받는 대사**

명수 : (형의 그림 쪽으로 와서 그림을 보며 감탄한다.) 이쪽이 훨씬 멋있어요! / 형 : (즐거워하며) 진심이지?
행동 지시문 – 인물의 행동과 태도 지시 / **행동 지시문 – 인물의 말투 지시**

01 제시된 초성과 뜻풀이를 참고하여, ( ) 안에 들어갈 알맞은 단어를 쓰시오.

(1) ㅅ ㅊ : 가장 좋은 대책이나 방책.

　예 소나기와 피로는 맞서지 말고 피하는 것이 (　　) 이라고 의사 선생님이 말씀하셨다.

(2) ㄱ ㅇ : 뜻을 정하여 굳게 마음을 먹음. 또는 그런 마음.

　예 그들은 결코 조국의 영토를 침략자들에게 내주지 않겠다는 (　　)를 다졌다.

(3) ㅅ ㅈ : 일정한 대가를 지불하며 다른 사람의 농지를 빌려 농사를 짓는 일.

　예 그는 혼자 농사짓기가 벅차다 보니 텃밭만 남기고 나머지 땅은 다른 사람에게 (　　)을 맡겼다.

02 다음 단어의 사전적 의미를 찾아 선으로 바르게 연결하시오.

(1) 무심결 •

(2) 일가견 •

(3) 사유 •

(4) 막간 •

• ㉠ 일의 까닭.

• ㉡ 어떤 일의 한 단락이 끝나고 다음 단락이 시작될 동안.

• ㉢ 아무런 생각이 없어 스스로 깨닫지 못하는 사이.

• ㉣ 어떤 문제에 대하여 일정한 경지에 오른 체계적인 견해.

03 제시된 뜻풀이에 해당하는 단어를 〈보기〉의 글자를 조합하여 쓰시오.

〈보기〉

| 솔 | 난 | 혼 |
| 장 | 백 | 식 | 판 |

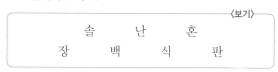

(1) 한집안에 딸린 구성원. (　　　　　)

(2) 사람의 몸에 있으면서 몸을 거느리고 정신을 다스리는 비물질적인 것. (　　　　　)

(3) 여러 사람이 어지러이 뒤섞여 떠들어 대거나 뒤엉켜 뒤죽박죽이 된 곳. (　　　　　)

04 다음 사다리를 타 보고, 단어의 뜻풀이로 알맞은 것을 〈보기〉에서 골라 ( ) 안에 기호를 쓰시오.

(1) 리　　(2) 오지　　(3) 은덕　　(4) 이방인

(　　)　　(　　)　　(　　)　　(　　)

〈보기〉

㉠ 다른 나라에서 온 사람.

㉡ 거리의 단위. 약 0.393km에 해당한다.

㉢ 해안이나 도시에서 멀리 떨어진 대륙 내부의 땅.

㉣ 은혜와 덕. 또는 은혜로운 덕.

05 다음 밑줄 친 단어의 뜻풀이가 맞으면 ○, 틀리면 ×에 표시하시오.

(1) 우리는 결혼을 앞두고 새로 살 집에 놓을 가재도구를 장만했다.

　→ 집안 살림에 쓰는 여러 물건. (○, ×)

(2) 어린 시절의 친구를 만나자 잊고 있었던 마을 풍경이 눈앞에 선연히 떠올랐다.

　→ 분명하지 아니하고 어렴풋하게. (○, ×)

(3) 아무리 세속적 욕망을 버렸다고 하더라도 욕심이 없는 삶을 살기는 쉽지 않다.

　→ 세상의 일반적인 풍속. (○, ×)

06 다음 빈칸에 들어갈 알맞은 단어를 쓰시오.

> 오늘날 우리가 '켜다'라고 쓰는 말은 옛날에 '혀다'였다. 그래서 불을 켜면(혀면) 주변이 갑자기 환해지는 것처럼, 어떤 일이나 생각이 느닷없이 일어나는 것을 '☐☐☐'이라고 하게 된 것이다.

(   )

07 제시된 초성을 참고하여 다음 빈칸에 들어갈 알맞은 단어를 쓰시오.

> 현진건의 소설 「할머니의 죽음」은 죽음을 앞둔 할머니의 ㅇ ㅈ 을 지키기 위해 모인 가족들이 이기적이고 위선적으로 행동하는 모습을 그린 작품이다.

(   )

08 다음 빈칸에 들어갈 단어로 가장 적절한 것은?

> 제법 오랫동안 내린 봄비가 그친 후 나가 보니 황톳빛 ☐☐☐이었던 들판에 어느새 새싹들이 올라와 푸릇푸릇 기지개를 켜고 있었다.

① 기색   ② 난색
③ 명색   ④ 일색
⑤ 본색

09 다음 밑줄 친 단어의 쓰임이 적절하지 <u>않은</u> 것은?

① 이렇게 놀다가는 이번 학기 시험도 망하기 <u>십상</u>이다.
② 그 연극은 무대 위에 홀로 남은 배우의 <u>독백</u>으로 끝났다.
③ 바른 삶을 위해서는 자기 자신에 대한 <u>소양</u>이 필요하다.
④ 그녀를 처음 만났던 날, 그녀가 신고 있던 하얀 운동화가 지금도 <u>선연히</u> 떠오른다.
⑤ 이 바위는 한 번 쓰다듬기만 해도 시험에 합격할 만큼 <u>영험</u>하다고 알려져 있다.

10 다음 빈칸에 들어갈 단어로 가장 적절한 것을 골라 ○ 표 하시오.

> 「슬견설」은 '이[슬(蝨)]'와 '개[견(犬)]'의 죽음에 대한 이야기로, 고려 시대 문인인 이규보가 지은 고전 수필이다. 글쓴이는 '이'처럼 작고 하찮은 동물이든 '개'처럼 큰 동물이든 생명은 그 자체로 가치 있음을 말하면서, 삶과 사물에 대한 깊은 ☐☐☐을 바탕으로 선입견이나 편견을 버려야 사물의 본질을 꿰뚫어 볼 수 있음을 깨우쳐 준다.

☐ 마찰   ☐ 사찰   ☐ 통찰   ☐ 통보

11 다음 밑줄 친 부분에 나타난 글쓴이의 태도를 표현한 단어로 가장 적절한 것은?

> 박완서의 「죽은 새를 위하여」라는 수필에서 글쓴이는 새로 집을 지을 때 자연 친화적인 집을 지으려 애썼다고 한다. 그런데 밤나무 숲을 보려고 낸 큰 유리창에 새들이 와서 부딪혀 죽자, '자연 친화적 좋아하네.'라며 <u>스스로를 비웃는다.</u> 이어서 자신의 욕심 때문에 새들을 위험에 빠뜨렸음을 깨닫고 이러한 인간 중심적 태도를 반성하게 된다.

① 자발적   ② 자립적
③ 자율적   ④ 자조적
⑤ 자족적

12 다음 설명이 맞으면 ○, 틀리면 ×에 표시하시오.

(1) 희곡에서 무대 장치나 등장인물의 행동을 설명하는 부분을 '지시문' 또는 '지문'이라고 한다.   (○ , ×)
(2) 희곡에서 등장인물이 하는 말을 '대화'라고 하며, 등장인물끼리 주고받는 대화를 '대사'라고 한다.   (○ , ×)

다음 글을 읽고 물음에 답하시오.

[앞부분 줄거리] 빈털터리인 '남자'는 커다란 저택과 집 안의 화려한 [　㉮　], 의복 그리고 하인 등 모든 것을 빌린 후 '여자'와 맞선을 본다. '남자'는 '여자'에게 사랑을 느끼지만, 빌린 것들을 돌려줘야 하는 시간이 점점 다가온다.

　남자는 일어나 넥타이를 풀어 그것을 빌렸던 남성 관객에게 가서 되돌려 준다. 그의 눈은 물기에 젖어 있다.

남자 : 빌린 건 돌려드립니다. 시간은 정확하게 지켰습니다. 그런데 왠지 모르게 슬퍼진 건 무슨 까닭일까요? ㉠ (관객석을 거닐며 그는 자기에게 들려주듯 중얼거린다.) 넘, 뎀, 딤, 난 당신을 사랑해. 뎀, 뎀, 난 당신을 사랑해…….

여자 : ⓐ 거기서 뭘 하시죠?

남자 : (계속 혼잣말처럼) ⓑ 뎀, 난 당신을 사랑해…….

　여자, 남자에게 다가온다.

여자 : ⓒ 뭘 하고 계세요?

남자 : ⓓ 뎀……. 저어, 내 재산이 얼마쯤 될까, 그걸 생각하고 있었습니다.

여자 : ⓔ 하필 이럴 때 그런 걸 생각하세요?

남자 : 부자의 인색한 버릇입니다. 그런데 난 재산이 너무 많아서 차라리 생각지도 말자, 그렇게 마음먹었습니다. 이젠 됐습니까?

　여자, 남자의 어깨에 기댄다. 사이. 하인, 위압적으로 한 걸음씩 남자에게 다가온다. 두려워지는 남자, 그 꼴을 여자에겐 보이고 싶지 않다.

– 이강백, 「결혼」

---

13 윗글의 ㉮에 들어갈 단어로 가장 적절한 것은?

① 필기도구　　　　　② 세면도구　　　　　③ 가재도구
④ 취사도구　　　　　⑤ 생산 도구

14 ㉠과 관련하여, 다음 빈칸에 들어갈 알맞은 말을 쓰시오.

　희곡에서 지시문은 무대 장치나 인물의 행동 및 말투 등에 대한 정보를 독자에게 제시하는 역할을 한다. 지시문은 크게 무대 장치와 분위기 등을 제시하는 무대 지시문과, ㉠과 같이 인물의 행동과 표정, 말투 등을 지시하는 [　][　][　][　][　]으로 나눌 수 있다.

　　　　　　　　　　　　　　　　　　　　　　　　　　　　　　　（　　　　　　　　　　　）

15 ⓐ~ⓔ 중, 〈보기〉에서 설명한 '방백'의 예로 가장 적절한 것은?

〈보기〉
　희곡의 대사 중, 무대 위에 등장인물이 혼자 등장하여 말하는 '독백'과 달리, '방백'은 무대 위에 다른 등장인물이 있지만 그들에게는 들리지 않고, 관객에게만 들리는 것으로 약속된 말이다. 대개 다른 인물이 들어서는 안 되는 속마음을 관객에게 직접 전달하는 역할을 한다.

① ⓐ　　　　　　　　② ⓑ　　　　　　　　③ ⓒ
④ ⓓ　　　　　　　　⑤ ⓔ

말에 대한 속담을 살펴봐요

◉ **말 한마디에 천 냥 빚도 갚는다**

말만 잘하면 어려운 일이나 불가능해 보이는 일도 해결할 수 있다는 말.

18세기 쌀 한 섬 = 5냥	현재 쌀 한 섬 = 35만 원 정도	**말 = 천 냥** = 7,000만 원 정도

◉ **고기는 씹어야 맛이요, 말은 해야 맛이라**

고기의 참맛을 알려면 겉만 핥을 것이 아니라 자꾸 씹어야 하듯이, 하고 싶은 말이나 해야 할 말은 시원히 다 해 버려야 좋다는 말.

◉ **입은 비뚤어져도 말은 바로 해라**

상황이 어떻든지 말은 언제나 바르게 하여야 함을 이르는 말.

◉ **가는 말이 고와야 오는 말이 곱다**

자기가 남에게 말이나 행동을 좋게 하여야 남도 자기에게 좋게 한다는 말.

◉ **발 없는 말이 천 리 간다**

말은 비록 발이 없지만 천 리 밖까지도 순식간에 퍼진다는 뜻으로, 말을 삼가야 함을 비유적으로 이르는 말.

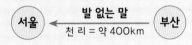

◉ **말 속에 말 들었다(말 뒤에 말이 있다)**

말 속에 드러나지 아니한 깊은 뜻이 있다는 말.

---

16 다음 중, '말 한마디에 천 냥 빚도 갚는다'와 같이 '말'의 긍정적 기능을 강조하는 속담은?

① 혀 밑에 죽을 말 있다

② 웃느라 한 말에 초상난다

③ 말은 할수록 늘고 되질은 할수록 준다

④ 쌀은 쏟고 주워도 말은 하고 못 줍는다

⑤ 말이 고마우면 비지 사러 갔다가 두부 사 온다

---

17 다음 중, '고기는 씹어야 맛이요, 말은 해야 맛이라'와 의미가 가장 가까운 속담은?

① 말이 씨가 된다

② 말 많은 집은 장맛도 쓰다

③ 말 안 하면 귀신도 모른다

④ 말이 많으면 쓸 말이 적다

⑤ 호랑이도 제 말 하면 온다

---

18 위에 제시된 속담을 활용하여, 다음 밑줄 친 부분을 다른 표현으로 바꾸어 쓰시오.

> 수연 : 그럼 발표 전날 저녁에 모여서 각자 연습한 부분을 맞춰 보기로 하자.
>
> 진수 : 나 그날은 친구 생일이라 좀 어려운데?
>
> 수연 : 아, 그래? 하긴 하찮은 과제보다는 우정을 지키는 게 훨씬 중요하지.
>
> 진수 : 말 속에 뼈가 느껴지는데? 그러지 말고 시간을 좀 조정해 보면 안 될까?

(   )

08 문학 _ 극·수필(2)

오늘의 어휘, 어디까지 알고 있니?

※ 다음 문장의 문맥에 알맞은 단어를 ( ) 안에서 골라 ○표 하세요.

01. 우현아, 우리 마음을 툭 터놓고 (진솔한 vs 쓸쓸한) 이야기를 한번 해 보자.

02. 친구와의 관계를 (두둑하게 vs 돈독하게) 만드는 비결은 상대에 대한 배려이다.

03. 세상인심이 (각박해질수록 vs 급박해질수록) 서로 정을 나누면서 살아야 합니다.

04. 힘든 일이 있어도 (냉담 vs 낙담)하지 않는 사람들은 문제를 배움의 기회로 생각한다.

05. 나와 게임을 하면 친구가 맨날 지기만 해서 미안하긴 했지만 게임의 세계는 (냉혹한 vs 고혹한) 것이니 어쩔 수 없다.

06. 인생이 이토록 (덧없는 vs 더없는) 것이라는 것을 그녀와 헤어진 다음에야 알게 되었다.

07. 어떻게 해야 끝까지 현재의 자리를 (차지할 vs 부지할) 수 있느냐의 고민이 그를 괴롭혔다.

| 정답 | 01. 진솔한 02. 돈독하게 03. 각박해질수록 04. 낙담 05. 냉혹한 06. 덧없는 07. 부지할

진솔하다(眞참 진 率거느릴 솔—) 진실하고 솔직하다.

예문 • 글을 쓸 때에는 자신의 생각과 경험을 진솔하게 드러내야 한다.
   • 수학여행에서 한 방을 쓰게 된 친구들은 밤새 진솔한 대화를 나누었다.

돈독하다(敦도타울 돈 篤도타울 독—) 사랑이나 인정이 매우 많고 깊으며 성실하다.

예문 • 명수는 우리 반에서 교우 관계가 가장 돈독한 학생이다.
   • 김 씨네 형제들은 효성도 지극하지만 형제간의 우애도 아주 돈독하다.

> **쌤 Tip** '돈독하다'는 도탑고 성실한 것이고, '두둑하다'는 두껍거나 넉넉한 것이에요.

각박하다(刻각박할 각 薄엷을 박—) 인정이 없고 삭막하다.

예문 • 경제 상황이 어렵다 보니 사람들의 인심이 점점 각박해지는 것 같다.
   • 도시 사람들은 다 메마르고 각박한 줄 알았는데 모두 그렇지는 않네요.

낙담(落떨어질 낙 膽쓸개 담—) 바라던 일이 뜻대로 되지 않아 마음이 몹시 상함.

예문 • 대학에 떨어진 형은 몹시 낙담하여 한동안 아무 말도 하지 않았다.
   • 그렇게 낙담할 만큼 이 세상에 희망이 없지는 않습니다. 우리가 희망이니까요.

냉혹하다(冷찰 냉 酷혹독할 혹—) 차갑고 혹독하다.

예문 • 귀여운 고양이도 쥐를 잡는 순간만은 냉혹한 맹수의 모습을 보이곤 한다.
   • 냉혹한 국제 사회에서 살아남기 위해서는 나라의 힘을 길러야 한다.

> **쌤 Tip** '고혹하다'는 아름다움이나 매력에 홀려서 정신을 못 차린다는 뜻이에요. 주로 '고혹적'이라고 쓰죠.

덧없다 ① 보람이나 쓸모가 없어 헛되고 허전하다. ② 알지 못하는 가운데 지나가는 시간이 매우 빠르다.

예문 • 한평생 앞만 보고 달려온 내 인생이 한없이 덧없게 느껴졌다.
   • 할머니의 흰머리가 늘어난 것을 보니 덧없는 세월이 야속하기만 하다.

> **쌤 Tip** '덧없다'는 헛되고 허전한 것, '더없다'는 더 이상 좋을 수가 없는 것!

부지하다(扶도울 부 持가질 지—) 상당히 어렵게 보존하거나 유지하여 나가다.

예문 • 조선 시대의 왕자들은 목숨을 부지하기 위해 정치를 외면한 채 살기도 하였다.
   • 올해도 큰 흉년이 들어 백성들은 풀뿌리로 목숨을 부지할 수밖에 없었다.

※ 다음 문장의 문맥에 알맞은 단어를 ( ) 안에서 골라 ○표 하세요.

01. 그녀는 세상이 버린 나를 (더듬어 vs 보듬어) 준 유일한 사람이었다.

02. 하루하루가 (버겁고 vs 즐겁고) 모든 것을 내려놓고 싶어질 만큼 힘든 때가 있었다.

03. 도덕 선생님께서는 (순찰 vs 성찰)하는 사람만이 한 단계 더 성장할 수 있다고 말씀하셨다.

04. 그 사람은 원래 성품이 (조신한 vs 참신한) 편이라 늘 차분한 태도를 잃지 않는다.

05. 판매가 부진해 사장에게 (자책 vs 질책)을 들은 직원들의 얼굴에 불만의 빛이 가득했다.

06. 1등급을 받기 위해서는 친구들과의 경쟁이 (불가피하다는 vs 불가능하다는) 사실이 슬프다.

07. 시청자들은 (불미스러운 vs 불만스러운) 사건에 휘말린 배우의 드라마 하차를 요구했다.

| 정답 | 01. 보듬어 02. 버겁고 03. 성찰 04. 조신한 05. 질책 06. 불가피하다는 07. 불미스러운

보듬다 사람이나 동물을 가슴에 닿도록 꼭 안거나 포근히 얼싸안다.

예문 • 30년 만에 만난 자매는 서로를 보듬으며 눈물을 흘렸다.
• 막냇동생은 진아가 보듬어 주자 금세 잠이 들었다.

버겁다 물건이나 세력 따위가 다루기에 힘에 겹거나 벅차다.

예문 • 짐이 무거워 혼자 들기에는 너무 버겁다.
• 지난 시즌 최우수 선수였던 정○○은 초보가 맞붙기에는 너무 버거운 상대이다.

성찰 (省살필 성 察살필 찰) 자기의 마음이나 지난 일을 반성하고 살핌.

예문 • 윤동주 시인의 시에는 자신을 성찰하는 화자가 주로 등장한다.
• 시련이 크면 클수록 자기 자신에 대한 성찰은 깊어질 수 있다.

쌤Tip '성찰'은 자기의 마음을 살피는 것, '순찰'은 여러 곳을 다니며 사정을 살피는 것!

조신하다 (操잡을 조 身몸 신―) 몸가짐이 조심스럽고 얌전하다.

예문 • 어른들 앞에서는 몸가짐을 조신하게 해야 한다.
• 형은 교장 선생님의 물음에 공손하고 조신하게 대답했다.

쌤Tip '조신하다'는 조심스럽고 얌전한 것이고, '참신하다'는 새롭고 산뜻한 것이에요.

질책 (叱꾸짖을 질 責꾸짖을 책) 잘못을 꾸짖어 나무람.

예문 • 선생님께서는 제멋대로 행동하는 반장을 호되게 질책하셨다.
• 예정되어 있던 행사가 아무 이유 없이 취소되자 담당자에게 많은 질책이 쏟아졌다.

불가피하다 (不아닐 불 可옳을 가 避피할 피―) 피할 수 없다.

예문 • 환자를 치료하기 위해서는 수술이 불가피합니다.
• 같은 잘못을 반복해서 저지른 경우에는 엄벌이 불가피하다고 생각한다.

불미스럽다 (不아닐 불 美아름다울 미―) 아름답지 못하고 추잡한 데가 있다.

예문 • 그 남자는 불미스러운 일로 마을에서 추방되었다.
• 다시는 이러한 불미스러운 일이 일어나지 않도록 직원 교육을 철저히 하겠습니다.

쌤Tip '불미스럽다'는 추잡한 데가 있는 것, '불만스럽다'는 마음에 차지 않아 언짢은 데가 있는 것이에요.

※ 다음 문장의 문맥에 알맞은 단어를 ( ) 안에서 골라 ○표 하세요.

01. 그 마을 주민들은 난민들이 편하게 (기거할 vs 은거할) 수 있도록 세심하게 배려해 주었다.

02. 조선 후기 어지러운 현실에 울분을 느낀 선비들은 (낙향 vs 낙하)하여 세상을 등지고 살기도 하였다.

03. 친구들에게 시간을 꼭 지키라고 해 놓고 내가 시간을 어기다니, (무료해서 vs 무렴해서) 어쩔 줄 몰랐다.

04. 어린아이가 할아버지의 수염을 잡다니, 정말 (발칙하기 vs 발랄하기) 그지없구나.

05. 평소에 보이스 피싱 대처 요령을 (숙련하고 vs 숙지하고) 있어야 피해를 막을 수 있다.

06. (억척스럽게 vs 억지스럽게) 생존해 온 이민자의 삶을 그린 드라마가 사람들에게 감동을 주고 있다.

07. 나도 남들처럼 휴가도 가고 문화생활도 (영위하며 vs 영입하며) 행복하게 살고 싶었다.

08. 그는 도통 자신의 시커먼 속마음을 내보이지 않는 (음산한 vs 음흉한) 사람이었다.

09. 그 부대는 적의 본거지에 (잠입하여 vs 잠적하여) 적군을 무장 해제시켜 버렸다.

10. 전쟁으로 파괴된 도시의 모습은 (착잡하기 vs 참담하기) 그지없었다.

11. 음주 운전으로 인한 교통사고 현장에서 부상자들의 (처절한 vs 처량한) 절규가 터져 나왔다.

| 정답 | 01. 기거할 02. 낙향 03. 무렴해서 04. 발칙하기 05. 숙지하고 06. 억척스럽게 07. 영위하며 08. 음흉한 09. 잠입하여 10. 참담하기 11. 처절한

기거하다(起일어날 **기** 居살 **거**—) 일정한 곳에서 먹고 자고 하는 따위의 일상적인 생활을 하다.

예문 • 다섯 식구가 방 한 칸에서 기거하는 것이 너무 안돼 보였다.
• 바로 이 집이 김 선생님이 작품을 쓰실 때 기거하시던 곳이다.

낙향(落떨어질 **낙** 鄕시골 **향**) 시골로 거처를 옮기거나 이사함.

예문 • 오랜 회사 생활에 지친 아버지는 낙향하여 농사를 지으며 살겠다고 선언하셨다.
• 큰아버지는 사업에 실패한 후 낙향하여 할머니를 모시고 산다.

무렴하다(無없을 **무** 廉청렴할 **렴**—) 스스로 염치가 없음을 느껴 마음이 부끄럽고 거북하다.

예문 • 돈을 빌려 달라는 나의 말에 친구의 얼굴빛이 달라지자, 무렴하여 더 이상 말을 하지 못했다.

> **쌤Tip** '무렴하다'는 마음이 부끄러운 것이고, '무료하다'는 심심하고 지루한 것이에요.

발칙하다 하는 짓이나 말이 매우 버릇없고 막되어 괘씸하다.

예문 • 이런 발칙한 놈, 감히 어느 앞이라고 입을 함부로 놀리느냐!
• 앞으로 그런 발칙한 놈들과는 어울려 다니지 마라.

> **쌤Tip** '발칙하다'는 버릇없고 막된 것, '발랄하다'는 표정이나 행동이 밝고 활기 있는 것!

숙지하다(熟익을 **숙** 知알 **지**—) 익숙하게 또는 충분히 알다.

예문 • 그동안 교과 과정을 숙지한 학생들은 무난히 좋은 성적을 거둘 것이다.
• 모든 전자 제품은 사용 방법을 충분히 숙지하고 나서 사용하는 것이 좋다.

억척스럽다 어떤 어려움에도 굴하지 아니하고 몹시 모질고 끈덕지게 일을 해 나가는 태도가 있다.

예문 • 오늘날 그의 성공은 부지런하고 억척스러운 성격 덕분이었다.
• 박 씨는 삯일을 하면서도 아내의 병구완까지 억척스럽게 해 왔다.

영위하다(營경영할 **영** 爲할 **위**—) 일을 꾸려 나가다.

예문 • 건강을 지키는 것이 행복한 삶을 영위하기 위한 첫걸음이다.

> **쌤Tip** '영입하다'는 회사나 조직에서 사람을 그 일원으로 받아들인다는 뜻이에요.

음흉하다(陰그늘 음 |凶흉할 흉—) 겉으로는 부드러워 보이나 속으로는 엉큼하고 흉악하다.

예문 • 그는 눈빛이 음흉한 남자였다.
• 겉과 속이 다른 음흉한 사람은 늘 조심해야 한다.

쌤Tip '음흉한' 것은 엉큼하고 흉악한 것, '음산한' 것은 날씨가 흐리고 으스스한 것!

잠입하다(潛잠길 잠 入들 입—) 아무도 알아차리지 못하게 몰래 숨어들다.

예문 백제의 서동은 신라에 잠입하여 아이들에게 마를 나누어 주면서 선화 공주에 대한 노래를 부르게 했다.

참담하다(慘참혹할 참 憺담백할 담—) ① 끔찍하고 절망적이다. ② 몹시 슬프고 괴롭다.

예문 • 태풍과 홍수가 휩쓸고 간 마을의 모습은 너무나 참담했다.
• 전쟁터에서 어린 자식을 잃은 부모의 통곡은 창자를 끊는 듯 참담했다.

처절하다(悽슬퍼할 처 絕끊을 절—) 몹시 처참하고 끔찍하다.

예문 양민들이 군인들에게 학살당하는 모습은 눈 뜨고 볼 수 없을 정도로 처절했다.

| 극·수필 개념어 ② |

개념어도 함께 알아봐요

시나리오(scenario) 영화를 만들기 위하여 쓴 각본.

개념+ 희곡이 연극을 위한 대본인 것처럼, 시나리오는 드라마나 영화를 위한 대본이에요. 장면 단위로 구성되며, 배우의 행동이나 대사 등을 상세하게 표현하죠. 또한 촬영을 위해 다양한 시나리오 용어가 사용된답니다.

시나리오 용어	
NAR. (Narration)	내레이션. 말하는 모습이 화면에 나타나지 않은 상태에서 줄거리나 사건의 의미를 해설하는 일.
E.(Effect)	효과음. 극의 실감을 돋우기 위한 음향(사람의 말을 제외한 모든 소리)이나 화면 밖에서 들리는 인물의 대사.
O.L.(Over Lap)	한 화면의 끝과 다음 화면의 시작이 겹치면서 부드럽게 화면이 바뀌는 기법. 과거 회상 장면에 많이 쓰임.
C.U.(Close Up)	어떤 대상이나 인물을 확대하여 보여 주는 기법.
Ins.(Insert)	장면과 장면 사이에 특정 장면을 끼워 넣는 기법.
몽타주(Montage)	각각 다른 배경의 사건을 따로 촬영하여 한 장면으로 결합하는 기법. 한 장면이 지니고 있는 복합적인 상황과 의미를 표현할 때 쓰임.

장면(場마당 장 面낯 면) 영화를 구성하는 극적 단위의 하나. 같은 장소, 같은 시간 내에서 일련의 행동이나 대사가 이루어지는 부분이다.

개념+ 장면은 영화를 이루는 기본 단위로, 동일한 시간과 공간에서 전개되는 하나의 사건을 의미해요. 시나리오에서는 장면 번호를 의미하는 'S#(Scene Number)'로 구분되는데, 장면 번호가 바뀌면 시간적·공간적 배경이 바뀌면서 다른 사건이 전개돼요. 몇 초밖에 안 되는 긴박하고 짧은 장면도 있고, 몇 분 이상 지속되는 장면도 있답니다.

예문 S#. 90 학교 – 교실, 낮
장면 번호 90. – 공간적 배경 '교실', 시간적 배경 '낮'에 일어난 사건
　지소가 표지에 "개를 훔치는 완벽한 방법"이라고 써 놓은 공책을 열고, 그 공책을 적어 놓은 글을 쳐다본다. "개를 훔친다. → 전단을 발견한다. → 개를 데려다준다. → 돈을 받는다. → 행복하게 끝!"이라는 글이 보인다. '돈을 받는다.' 부분 시유(C.U.).
클로즈 업 - 공책의 특정 구절을 확대하여 보여 줌
　지소(내레이션) : 하지만 인생은 목표를 이룬다고 끝나는 게 아니었다. 전세 오백만 원짜리 집에 사는 걸 목표로 혹은 그 집에서 생
지소가 말을 하는 모습을 보여 주지 않은 상태에서 지소의 내면 심리를 제시함
일 파티를 하는 걸 목표로 산다는 게 어쩌면 끔찍한 일인지도 모른다.

　지소는 '돈을 받는다.' 부분에 연필로 줄을 긋는다.

　채랑 : (지소의 행동을 보더니 작은 소리로) 왜? / 지소 : 너 말이야. 내가 계속 차에서 살아도 친구 할 거야?

　채랑 : 응, 당연하지. 너랑 노는 거 재밌어. 학원도 막 빼먹고. 근데 드디어 어제 엄마한테 걸렸어.

– 바바라 오코너 원작, 김성호·신연식 각본, 「개를 훔치는 완벽한 방법」

01 제시된 초성과 뜻풀이를 참고하여 ( ) 안에 들어갈 알맞은 단어를 쓰시오.

(1) ㄷ ㄷ 하다 : 사랑이나 인정이 매우 많고 깊으며 성실하다.

  ㉔ 외할머니는 하루도 빠지지 않고 새벽 기도를 가실 정도로 신앙이 (　　　)하신 분이었다.

(2) ㄱ ㅂ 하다 : 인정이 없고 삭막하다.

  ㉔ 그들은 이 (　　　)한 세상을 따뜻하게 밝히는 등불 같은 존재였다.

(3) ㄴ ㅎ 하다 : 차갑고 혹독하다.

  ㉔ 학교 폭력으로 고통받던 친구가 (　　　)한 복수의 화신이 되어 나타났다.

02 다음 설명이 맞으면 ○, 틀리면 ×에 표시하시오.

(1) '무렴하다'는 '스스로 염치가 없음을 느껴 마음이 부끄럽고 거북하다.'라는 뜻이다. (○ , ×)

(2) '처절하다'는 '하는 짓이나 말이 매우 버릇없고 막되어 괘씸하다.'라는 뜻이다. (○ , ×)

03 제시된 뜻풀이에 해당하는 단어를 〈보기〉의 글자를 조합하여 쓰시오.

〈보기〉

| 거 | 척 | 흉 | 음 |
| 억 | 기 | 미 | 불 |

(1) 아름답지 못하고 추잡한 데가 있다. (　　　)스럽다)

(2) 어떤 어려움에도 굴하지 아니하고 몹시 모질고 끈덕지게 일을 해 나가는 태도가 있다. (　　　)스럽다)

(3) 일정한 곳에서 먹고 자고 하는 따위의 일상적인 생활을 하다. (　　　)하다)

(4) 겉으로는 부드러워 보이나 속으로는 엉큼하고 흉악하다. (　　　)하다)

04 다음 단어의 뜻풀이로 알맞은 것을 찾아 선으로 바르게 연결하시오.

(1) 숙지하다 •

(2) 영위하다 •

(3) 잠입하다 •

• ㉠ 아무도 알아차리지 못하게 몰래 숨어들다.

• ㉡ 일을 꾸려 나가다.

• ㉢ 익숙하게 또는 충분히 알다.

05 다음 그림 속 구름 안에 제시된 단어와 뜻이 비슷한 단어를 풍선 안에서 모두 골라 ○표 하시오.

06 제시된 단어와 뜻풀이를 고려할 때, 밑줄 친 단어가 제시된 의미로 사용된 것을 골라 ○표 하시오.

(1)

  덧없다 : 보람이나 쓸모가 없어 헛되고 허전하다.

  ㉠ 건강을 잃고 나니 돈도 명예도 덧없게 생각되었다.

  ㉡ 자네 흰머리를 보니 세월이 참 덧없게 느껴지는군.

(2)

  참담하다 : 몹시 슬프고 괴롭다.

  ㉠ 또다시 불합격 통보를 받고 나니 참담한 심정을 감출 수 없었다.

  ㉡ 불에 타 버린 마을은 잿빛 하늘 아래 참담한 모습을 드러내고 있었다.

07 다음 밑줄 친 단어의 쓰임이 적절하지 <u>않은</u> 것은?

① 강도에게 돈을 다 빼앗겼지만 목숨은 <u>부지</u>했으니 다행이다.

② 그 남자에 대한 나쁜 소문이 <u>음흉</u>하게 마을에 퍼지고 있었다.

③ 그녀의 <u>진솔</u>한 이야기에 사람들은 조금씩 마음을 열기 시작했다.

④ 이 문제는 여러 개념이 섞여 있어 중학생에게는 꽤 <u>버거운</u> 편이다.

⑤ 힘들어도 서로 <u>보듬어</u> 주며 살다 보니 어느덧 결혼 30주년이 되었다.

08 다음 밑줄 친 말과 바꾸어 쓰기에 가장 적절한 것은?

어름에 등산을 하다 보면 갑작스레 소나기나 폭우를 만날 수 있다. 이때 침착성을 잃고 허둥대면 불의의 사고를 당할 수 있으므로, 사전에 기상 악화에 대처하는 방법을 <u>충분히 잘 알고</u> 있어야 한다.

① 숙성하고 　　　　② 숙면하고
③ 숙청하고 　　　　④ 숙지하고
⑤ 숙박하고

09 다음 밑줄 친 말의 쓰임이 적절하면 ○, 적절하지 않으면 ×에 표시하시오.

(1) 어른에게 대들며 반말지거리를 하는 그런 <u>발칙한</u> 놈들과는 어울려 다니지 마라. 　　　　　　(○ , ×)

(2) 시험에서 아쉽게 떨어진 형은 몹시 <u>낙담</u>하여 한동안 자기 방에서 나오지 않았다. 　　　　(○ , ×)

(3) 그 노인은 서울에 사는 딸의 초청으로 <u>낙향</u>을 하는 길이었다. 　　　　　　　　　　　(○ , ×)

(4) 문이 열리자 취재 기자들이 서로를 밀치며 사무실로 우르르 <u>잠입</u>하였다. 　　　　　　(○ , ×)

10 제시된 초성을 참고하여 빈칸에 공통으로 들어갈 단어를 쓰시오.

한 예능 프로그램에서 'ㅈ ㅅ 한 남자'가 자신의 이상형이라는 여성 연예인의 말이 시청자들의 웃음을 유발한 것은, ㅈ ㅅ 하다는 말이 여성에게만 어울린다는 편견이 우리에게 있었기 때문이다.

(　　　　　　　)

11 다음 빈칸에 들어갈 단어로 가장 적절한 것은?

제과 업체들은 밀가루와 설탕 등 주요 재료 가격이 상승하여 과잣값 인상이 [　　　　　]하다는 입장을 내놓았다.

① 불가결 　　　　② 불가피
③ 불가근 　　　　④ 불가능
⑤ 불가해

12 〈보기〉에서 알 수 있는 화자의 태도로 가장 적절한 것은?

〈보기〉

나는 무얼 바라
나는 다만, 홀로 침전(沈澱)*하는 것일까?

인생은 살기 어렵다는데
시(詩)가 이렇게 쉽게 씌어지는 것은
부끄러운 일이다. 　　　　– 윤동주, 「쉽게 씌어진 시」

* 침전(沈澱) : 밑바닥에 가라앉음.

① 자신을 순찰하고 있다.
② 자신을 관찰하고 있다.
③ 자신을 성찰하고 있다.
④ 자신을 진찰하고 있다.
⑤ 자신을 시찰하고 있다.

[앞부분 줄거리] 3세 때 조로증* 판정을 받고 증상이 악화되어 병원에 있는 아름은, 실제 나이는 16세이지만 신체 나이는 80세의 소년이다. 아름은 자신이 출연한 프로그램을 보고 전자 우편을 보내 온 서하의 사진을 보고 싶어 한다.

S# 49. 아름이의 병실 / 밤

아름이가 서하의 사진을 보고 싶다는 내용의 전자 우편을 보낸 뒤로 서하에게서는 답장이 없다.

잠들지 못하고 기력 없는 모습으로 이리저리 뒤척이는 아름이.

아름이, 결국 일어나 앉아 베개 밑에서 태블릿 컴퓨터를 꺼낸다.

⊙ 여전히 전자 우편함에 새 편지가 0통임을 확인하는 아름이의 모습이 반복된다.

Cut to.* 습관처럼 전자 우편함을 확인하던 아름이. 드디어 전자 우편의 수신을 알리는 소리가 울린다. 아름이가 벌떡 일어난다. 서하의 편지다.

떨리는 손으로 전자 우편을 여는 아름이.

서하 : ⓛ (소리*) 답장이 늦어 미안해. 사실 많이 고민했어……. 사진……. 하지만 나만 네 얼굴을 아는 건 불공평하겠다 싶어. 난 네 부모님 얼굴까지 알고 있으니까. 맘에 안 들지도 모르지만 한 장을 보내.

첨부된 사진을 여는 아름이. 화면 가득 키워서 본다. 싱그러움이 느껴지는 소녀의 손.

그 사진에서, 차마 아픈 모습을 보여 주고 싶지 않은 사춘기 소녀의 마음이 느껴진다.

− 김애란, 최민석, 「두근두근 내 인생」

* 조로증 : 인간 노화의 모든 단계가 10년 미만의 기간 동안 나타나는 병.
* Cut to. : 같은 장소에서 시간의 경과를 나타냄.
* 소리 : 화면 밖에서 들리는 등장인물의 대사.

13 다음 ㉮와 ㉯에 들어갈 알맞은 말을 쓰시오.

시나리오는 '장면' 단위로 구성되어 있다. 장면은 같은 시간과 공간에서 벌어지는 하나의 사건을 담게 되는데, 'S# 49'의 경우 공간적 배경은 (㉮)이며 시간적 배경은 (㉯)이다.

(1) ㉮ : _____ (2) ㉯ : _____

14 ㉠에서 알 수 있는 '아름'의 심리를 표현하는 말로 가장 적절한 것은?

① 무렴하다 ② 음흉하다 ③ 낙담하다
④ 참담하다 ⑤ 처절하다

15 ⓛ의 대사가 나올 때 제시되는 화면으로 가장 적절한 것은?

① 서하가 작은 목소리로 말하는 모습 ② 아름을 바라보는 서하가 웃는 모습
③ 서하의 손 사진에 놀라는 아름의 모습 ④ 컴퓨터 모니터를 보고 있는 아름의 모습
⑤ 서하의 손만 찍힌 사진이 크게 확대된 모습

'행동의 중요성'을 나타내는 속담을 살펴봐요

- ⊙ **말로는 못 할 말이 없다**

  실지 행동이나 책임이 뒤따르지 아니하는 말은 무슨 말이든지 다 할 수 있다는 말.

- ⊙ **열 번 갈아서 안 드는 도끼가 없다**

  무슨 일이나 꾸준히 공을 들이면 기대한 바대로 성과를 거두게 됨을 이르는 말.

- ⊙ **고기도 먹어 본 사람이 많이 먹는다**

  무슨 일이든지 늘 하던 사람이 더 잘한다는 말.

- ⊙ **고양이 목에 방울 달기**

  실행하기 어려운 것을 실속 없이 의논함을 이르는 말.

- ⊙ **부뚜막의 소금도 집어넣어야 짜다**

  가까운 부뚜막에 있는 소금도 넣지 아니하면 음식이 짠맛이 날 수 없다는 뜻으로, 아무리 좋은 조건이 마련되었거나 손쉬운 일이라도 힘을 들이어 이용하거나 하지 아니하면 안 됨을 비유적으로 이르는 말.

16 다음 중, 위에 제시된 '부뚜막의 소금도 집어넣어야 짜다'라는 속담과 의미가 가장 가까운 것은?

① 쇠뿔도 단김에 빼라
② 강물이 돌을 굴리지 못한다
③ 돌다리도 두들겨 보고 건너라
④ 구슬이 서 말이라도 꿰어야 보배
⑤ 자라 보고 놀란 가슴 솥뚜껑 보고 놀란다

17 위에 제시된 속담 중, 다음 빈칸에 들어가기에 가장 적절한 것을 찾아 쓰시오.

성열 : 동우가 드디어 오디션에 합격했대! 몇 달 동안 하루도 쉬지 않고 연습한 보람이 있네.
우현 : [   ]더니 꾸준히 노력하니까 좋은 결과가 나오는구나. 정말 장하다!

(   )

18 위에 제시된 속담 중, 밑줄 친 부분을 나타내기에 가장 적절한 것을 찾아 쓰시오.

성종 : 형은 어떻게 국어 시험에서 늘 100점을 받아? 비결이 뭐야?
명수 : 난 다양한 기출문제를 계속 풀어 봐.
성종 : 문제만 많이 풀면 돼? 기본 개념이 중요한 거 아냐?
명수 : 물론 기본 개념도 중요하지. 그렇지만 싸움도 많이 해 본 사람이 잘한다고, 공부도 그런 것 같아. 문제를 많이 풀다 보면 어떤 문제가 시험에 나올지 감이 오더라고.

(   )

PART II

비문학

오늘의 어휘, 어디까지 알고 있니?

※ 다음 문장의 문맥에 알맞은 단어를 ( ) 안에서 골라 ○표 하세요.

01. 꾸준히 자기 (계발 VS 계량)을 해야 꿈을 이룰 수 있다.

02. 그 사람은 우리나라 예술 영화의 대부분을 (수렵 VS 섭렵)한 전문가로 통한다.

03. 그는 우수한 (역량 VS 아량)을 인정받아 대학을 졸업하기도 전에 원하는 회사에 취직하였다.

04. 내 동생은 어릴 때부터 노는 것보다 책 읽는 것을 좋아하는 (책벌레 VS 책갈피)였다.

05. 노인들은 오랜 시간 동안 삶의 지혜를 (설득 VS 체득)한 분들이므로 그분들의 말을 새겨들어야 한다.

06. 꾸준한 독서는 지식 습득과 정서 (양육 VS 함양)에 큰 도움이 된다.

07. 어른들은 아이들이 올바른 가치관을 (확립 VS 건립)할 수 있도록 도와주어야 한다.

| 정답 | 01. 계발 02. 섭렵 03. 역량 04. 책벌레 05. 체득 06. 함양 07. 확립

계발(啓열 계 發필 발) 슬기나 재능, 사상 따위를 일깨워 줌.

예문
• 청소년 시절은 자신의 소질을 발견하고 이를 계발해야 할 때이다.
• 학교에서의 여러 가지 특별 활동은 학생들의 잠재력을 계발하는 좋은 기회가 된다.

섭렵(涉건널 섭 獵사냥할 렵) 많은 책을 널리 읽거나 여기저기 찾아다니며 경험함을 이르는 말.

예문
• 조선 시대 선비 이덕무는 수만 권이 넘는 책을 섭렵하였다고 한다.
• 그는 고전 무용부터 탭 댄스까지 다양한 종류의 춤을 섭렵하였다.

샘Tip '섭렵'의 대상은 책이나 경험이고, '수렵'의 대상은 동물이에요. '수렵'은 산이나 들의 짐승을 잡는다는 뜻이에요.

역량(力힘 역 量헤아릴 량) 어떤 일을 해낼 수 있는 힘.

예문
• 학교는 학생들이 자신의 잠재적 역량을 발견할 수 있도록 도와야 한다.
• 우리 학교에는 역량 있는 선생님이 많다.
• 지도자의 역량에 따라 한 나라의 운명이 판가름 나기도 한다.

책벌레(冊책 책–) 지나치게 책을 읽거나 공부하는 데만 열중하는 사람을 놀림조로 이르는 말.

예문
• 어릴 적 책벌레로 유명했던 내 친구는 결국 자신이 그토록 바라던 초등학교 선생님이 되었다.
• 그는 지독한 책벌레라는 소문이 날 정도로 많은 책을 읽었다.

체득(體몸 체 得얻을 득) 몸소 체험하여 알게 됨.

예문
• 사회성은 지식이 아닌 경험을 통해 체득해야 한다.
• 머리로만 아는 것보다 실제 경험을 통한 체득이 더 중요하다.

함양(涵젖을 함 養기를 양) 능력이나 품성 따위를 길러 쌓거나 갖춤.

예문
• 어른들과 함께하는 밥상머리에서는 올바른 식습관 형성과 인성 함양이 저절로 이루어졌다.
• 나눔과 봉사를 실천하는 동아리 활동을 통해 공동체 의식을 함양할 수 있다.

확립(確굳을 확 立설 립) 체계나 생각, 조직 따위가 굳게 섬. 또는 그렇게 함.

예문
• 어린이들은 학교생활을 하면서 집단 구성원으로서의 정체성을 확립할 수 있다.
• 교통질서 확립을 위해서는 시민들의 자발적 참여가 필요하다.

샘Tip '건립'은 새로 만들어 세운다는 의미가 강하고, '확립'은 기존에 있던 것을 더 굳게 한다는 의미가 강해요.

※ 다음 문장의 문맥에 알맞은 단어를 ( ) 안에서 골라 ○표 하세요.

01. 그들은 태권도를 통해 강인한 체력을 (연마 VS 연출)하였다.

02. 사람들 앞에서 발표를 하기 전에는 발표문의 (요구 VS 요지)를 다시 한번 정리하는 게 좋다.

03. 어떤 일이든 처음에는 (정석 VS 정곡)대로 하는 것이 가장 효율적이다.

04. 허준은 여러 의학책들을 (집중 VS 집대성)하여 백성들이 쉽게 활용할 수 있는 『동의보감』을 만들었다.

05. 그가 여러 논문을 (짜깁기 VS 짜임새)하여 보고서를 작성했다는 사실이 밝혀졌다.

06. 사전을 (편승 VS 편찬)하는 데에는 엄청난 시간과 비용이 소요된다.

07. 전국 대회에서 대상을 받은 그림이 다른 작품을 (표방 VS 표절)한 것이라는 의혹이 일고 있다.

| 정답 | 01. 연마 02. 요지 03. 정석 04. 집대성 05. 짜깁기 06. 편찬 07. 표절

연마(研갈 연 磨갈 마) ① 주로 돌이나 쇠붙이, 보석 따위의 고체를 갈고 닦아서 표면을 반질반질하게 함. ② 학문이나 기술 따위를 힘써 배우고 닦음.

예문
• 금속이나 보석을 연마할 때에는 안전 장비를 잘 갖추어야 한다.
• 자신의 꿈을 이루려면 필요한 기량을 연마해야 한다.
• 그는 자신의 학문을 더욱 연마해 사회에 공헌하려 하였다.

요지(要중요할 요 旨뜻 지) 말이나 글 따위에서 핵심이 되는 중요한 내용.

예문
• 시간이 없으니 요지만 간단히 말해.
• 다음 글의 요지를 파악하여 한 문장으로 쓰시오.
• 우리 모둠이 발표한 내용의 요지는 다음과 같다.

샘Tip '요구'는 '요청'으로, '요지'는 '요점'으로 바꾸어 쓸 수 있어요.

정석(定정할 정 石돌 석) 사물의 처리에 정하여져 있는 일정한 방식.

예문
• 과연 정석에 가까운 젓가락질을 해야만 밥을 잘 먹을 수 있을까?
• 수학 문제는 공식을 적용하며 계산 순서대로 푸는 것이 정석이다.

샘Tip '정석'은 '일정한 방식', '정곡'은 '가장 중요한 핵심'이라는 의미예요.

집대성(集모을 집 大큰 대 成이룰 성) 여러 가지를 모아 하나의 체계를 이루어 완성함.

예문
• 정약용은 실학사상을 집대성한 인물로 평가되고 있다.
• 우리나라는 남북한의 어휘를 통합하고 집대성하기 위해 노력하고 있다.

짜깁기 ① 직물의 찢어진 곳을 원래대로 흠집 없이 짜서 꿰매는 일. ② 기존의 글이나 영화 따위를 편집하여 하나의 완성품으로 만드는 일.

예문
• 바지의 해어진 곳을 짜깁기하였더니 감쪽같이 새 옷이 되었다.
• 보고서를 작성할 때에는 기존의 자료를 짜깁기하거나 조사 결과를 변형해서는 안 된다.
• 이 글은 인터넷 자료를 짜깁기한 것에 불과하다.

편찬(編엮을 편 纂모을 찬) 여러 가지 자료를 모아 체계적으로 정리하여 책을 만듦.

예문
• 정부는 남북한 공통 국어사전의 편찬 작업을 오랫동안 진행하고 있다.
• 글쓴이는 머리말에서 이 책을 편찬한 동기를 밝히고 있다.
• 그녀는 아이들이 부르는 동요를 모아 책을 편찬하였다.

표절(剽빠를 표 竊훔칠 절) 시나 글, 노래 따위를 지을 때에 남의 작품의 일부를 몰래 따다 씀.

예문
• 어릴 때의 '숙제 베끼기'가 나중에 '논문 표절'로 이어질 수 있다.
• 다른 사람의 창작물을 표절하는 것은 범죄 행위이다.

샘Tip '표방'은 어떤 명목을 붙여 주의나 주장 또는 처지를 앞에 내세우는 것이고, '표절'은 남의 작품의 일부를 몰래 가져다 쓰는 거예요.

※ 다음 문장의 문맥에 알맞은 단어를 ( ) 안에서 골라 ○표 하세요.

01. 교사는 학생들이 올바른 (가치관 VS 선입관)을 형성할 수 있도록 도와주어야 한다.

02. 뷔페에서는 각자 (기호 VS 우호)에 맞는 음식을 골라 먹을 수 있다.

03. "엄마가 좋아? 아빠가 좋아?" 같은 질문은 어린이들을 (딜레마 VS 스캔들)에 빠지게 한다.

04. 목표를 이루기 위해서는 헛된 (가상 VS 망상)에 사로잡히지 말고 구체적인 계획을 세워야 한다.

05. 달콤한 음식을 먹는 순간만큼은 마음속의 (번뇌 VS 세뇌)가 사라지는 느낌이다.

06. 일제는 우리 민족의 (널 VS 얼)을 없애기 위해 한글 사용을 금지하였다.

07. 요즘 예능 프로그램 자막에 맞춤법 (오류 VS 오해)가 많아 문제가 되고 있다.

08. 외래문화를 무비판적으로 수용하면 우리 고유의 문화적 (정당성 VS 정체성)을 잃을 수도 있다.

09. 원시 시대에는 (과학적 VS 주술적) 의미를 담아 신체에 그림을 그리기도 했다.

10. 미래에 대한 진지한 고민 없이 돈을 많이 버는 것만을 (지양 VS 지향)하는 태도는 좋지 않다.

| 정답 | 01. 가치관 02. 기호 03. 딜레마 04. 망상 05. 번뇌 06. 얼 07. 오류 08. 정체성 09. 주술적 10. 지향

가치관(價값 가 値값 치 觀볼 관) 사람이 자기를 포함한 세계나 사물의 쓸모에 대해 갖는 근본적 태도나 방향.

예문 • 사회 변화 속도가 너무 빠르면 가치관의 혼란이 나타나기도 한다.
• 사람들은 자신의 고유한 가치관과 경험을 바탕으로 현실 상황에 대응한다.

> 쌤Tip '가치관'은 대상을 바라보는 '관점'이나 '기준'이라는 의미가 강해요.

기호(嗜즐길 기 好좋을 호) 즐기고 좋아함.

예문 • 많은 사람이 커피를 기호 식품으로 즐기고 있다.
• 사람들은 각자의 기호에 따라 물건을 선택한다.
• 청소년들의 기호에 맞는 다양한 놀이들이 만들어져야 한다.

딜레마(dilemma) 선택해야 할 길은 두 가지 중 하나로 정해져 있는데, 그 어느 쪽을 선택해도 바람직하지 못한 결과가 나오게 되는 곤란한 상황.

예문 • 우리는 현재 어느 한쪽도 지지할 수 없는 딜레마에 빠져 버렸다.
• 많은 지역에서 길거리에 쓰레기통을 설치하는 문제로 딜레마를 겪고 있다.
• 그는 그녀에게 고백을 해야 하나 말아야 하나에 대한 딜레마에 빠져 버렸다.

> 쌤Tip '딜레마'는 '진퇴양난'이라는 사자성어와 바꾸어 쓸 수 있어요.

망상(妄허망할 망 想생각 상) 이치에 맞지 않는 허황된 생각을 함. 또는 그 생각.

예문 • 그는 걸핏하면 자신이 우주에서 온 외계인이 아닐까 하는 망상에 빠지곤 했다.
• 노력도 하지 않으면서 언젠가 크게 성공할 것이라는 생각은 망상일 뿐이다.
• 그는 몇 년째 누군가 자기를 감시하고 있다는 망상에 시달리고 있다.

> 쌤Tip 실현 가능성이 없는 생각을 '망상'이라고 해요.

번뇌(煩괴로워할 번 惱괴로워할 뇌) ① 마음이 시달려서 괴로워함. 또는 그런 괴로움. ② 불교에서, 마음이나 몸을 괴롭히는 노여움이나 욕망 따위의 생각.

예문 • 그녀는 근심과 번뇌가 있을 때마다 책을 읽으며 마음을 다스렸다.
• 그 스님은 번뇌를 끊고 깨달음을 얻기 위해 노력하였다.

얼 정신의 줏대(사물의 가장 중요한 부분). = 넋, 혼(魂)

예문 • 한국인의 얼은 젓가락이 아니라 숟가락에 담겨 있다.
• 한 나라의 말에는 그 민족의 얼이 담겨 있는 법이다.
• 선생님의 육신은 떠나셨지만 그 얼은 학생들의 마음속에 남아 있습니다.

오류(誤그릇할 오 謬그릇될 류) 그릇되어 이치에 맞지 않는 일.

쌤Tip 이치에 맞지 않으면 '오류', 어떤 것을 잘못 이해하면 '오해'!

예문 • 근거에서 주장을 이끌어 내는 과정에 오류가 없어야 한다.
• 편견에 사로잡히면 오류에 빠질 가능성이 높으므로 주의해야 한다.
• 작은 부분에 집착하다 보면 전체를 보지 못하는 오류를 범할 수 있다.

정체성(正바를 정 體몸 체 性성품 성) 변하지 아니하는 고유한 본디의 성질이나 모습.

예문 • 무분별한 외국어 사용은 우리말의 정체성을 흔들 수 있다.
• 사람은 누구나 저마다 고유한 정체성을 가지고 있다.
• 청소년기는 자신의 정체성을 확립해 가는 시기이다.

주술적(呪빌 주 術재주 술 的과녁 적) 신과 같은 초자연적인 존재의 힘을 빌려 불행이나 재해를 막으려고 주문을 외거나 술법을 부리는 것.

예문 • 줄다리기에는 한 해 농사의 풍년과 복을 기원하는 주술적 성격이 깃들어 있다.
• 무당이 굿을 하는 것은 주술적 행위이다.
• 서낭당의 오색 끈은 주술적인 의미를 담고 있다.

지향(志뜻 지 向향할 향) 어떤 목표로 뜻이 쏠리어 향함. 또는 그 방향이나 그쪽으로 쏠리는 의지.

쌤Tip '지양'은 그것을 하지 않으려는 것이고, '지향'은 그것을 하려는 것이에요.

예문 • 이 책을 통해 바른 것을 지향하는 정의로운 마음을 배웠다.
• 올림픽은 인류의 평화와 공존을 지향하는 지구촌 축제이다.

| 독서의 종류 ① |

개념어도 함께 알아봐요

음독(音소리 음 讀읽을 독) 글을 소리 내어 읽음.

개념+ 어린아이가 읽기를 배울 때에는 소리 내어서 음독을 하는 것이 좋아요. 그리고 책의 내용을 외울 때에도 음독을 하는 것이 좋지요. 그래서 옛날 선비들은 책을 읽을 때 리듬을 넣어서 읽는 음독(낭독)을 많이 했어요.

묵독(默조용할 묵 讀읽을 독) 소리를 내지 않고 속으로 글을 읽음.

개념+ 독서에 능숙한 사람은 대개 묵독을 하는 경우가 많아요. 그러나 글의 어떤 부분이 잘 이해되지 않을 때에는 글의 뜻을 파악하기 위해서 음독을 하기도 해요. 역사적으로 묵독은 책이 일반인들에게 널리 퍼지기 시작하면서 나타난 독서 방법이에요.

속독(速빠를 속 讀읽을 독) 글을 빠른 속도로 읽음.

개념+ 속독은 책이나 글의 중요한 정보를 중심으로 빠르게 읽는 거예요. 그러므로 책이나 글을 꼼꼼하게 읽을 시간이 부족하거나 요점만 우선 파악해야 할 때 사용하면 좋아요.

정독(精찧을 정 讀읽을 독) 뜻을 새겨 가며 글을 자세히 읽음.

개념+ 정독은 글의 의미를 하나하나 새겨 가면서 꼼꼼하게 읽는 거예요. 글의 세부 내용을 상세하고 깊이 있게 이해하려고 할 때 사용하면 좋아요.

01 제시된 초성과 뜻풀이를 참고하여, ( ) 안에 들어갈 알맞은 단어를 쓰시오.

(1) ㄱ ㅂ : 슬기나 재능, 사상 따위를 일깨워 줌.

예 학교는 학생들이 타고난 소질이나 잠재력을 (   ) 할 수 있도록 이끌어 주어야 한다.

(2) ㅁ ㅅ : 이치에 맞지 않는 허황된 생각을 함. 또는 그 생각.

예 꿈이 현실과 너무 동떨어져 있으면 (   )이 될 가능성이 높다.

(3) ㅈ ㄷ ㅅ : 여러 가지를 모아 하나의 체계를 이루어 완성함.

예 이 책은 우리나라의 도깨비 관련 설화를 (   ) 하였다는 평가를 받고 있다.

(4) ㄷ ㄹ ㅁ : 선택해야 할 길은 두 가지 중 하나로 정해져 있는데, 그 어느 쪽을 선택해도 바람직하지 못한 결과가 나오게 되는 곤란한 상황.

예 우리는 철수와 영희 중에서 그 누구도 선택하기 어려운 (   )에 빠져 있다.

02 제시된 초성을 참고하여 문장의 빈칸에 들어갈 알맞은 단어를 쓰시오.

(1) 선진국일수록 국민의 복지를 우선시하는 복지 국가를 ㅈ ㅎ 한다.   (   )

(2) 우리의 전통문화 속에는 우리 민족의 ㅇ 이 깃들어 있다.   (   )

03 다음 밑줄 친 말과 바꾸어 쓸 수 있는 단어를 〈보기〉에서 찾아 빈칸에 쓰시오.

〈보기〉
연마   표절   함양   섭렵

(1) 조선 시대의 학자 이덕무는 여러 분야의 책을 두루 읽은 것으로 유명하다.   → ☐☐ 한

(2) 그동안 갈고닦은 실력을 이번 기회에 모두 발휘해 보아라.   → ☐☐ 한

(3) 다른 사람이 만든 것을 몰래 베끼는 것은 비윤리적인 행위이다.   → ☐☐ 하는

(4) 아르바이트는 용돈을 버는 것 외에도 사회성을 기르는 데 큰 도움이 된다.   → ☐☐ 하는

04 제시된 뜻풀이에 해당하는 단어를 〈보기〉의 글자를 조합하여 쓰시오.

〈보기〉
기   뇌   득   류   번
석   오   정   체   호

(1) 즐기고 좋아함.   (   )
(2) 몸소 체험하여 알게 됨.   (   )
(3) 그릇되어 이치에 맞지 않는 일.   (   )
(4) 사물의 처리에 정하여져 있는 일정한 방식.
(   )
(5) 마음이 시달려서 괴로워함. 또는 그런 괴로움.
(   )

05 다음 단어와 그 뜻풀이가 맞으면 ○, 틀리면 ×에 표시하시오.

(1) 책벌레 : 지나치게 책을 읽지 않는 사람을 놀림조로 이르는 말.   (○ , ×)

(2) 짜깁기 : 글, 이론 따위의 내용이 앞뒤의 연관과 체계를 제대로 갖춘 상태.   (○ , ×)

(3) 가치관 : 사람이 자기를 포함한 세계나 사물의 쓸모에 대해 갖는 근본적 태도나 방향.   (○ , ×)

(4) 주술적 : 신과 같은 초자연적인 존재의 힘을 빌려 불행이나 재해를 막으려고 주문을 외거나 술법을 부리는 것.
(○ , ×)

06 다음 밑줄 친 단어의 쓰임이 적절하면 ○, 틀리면 ×에 표시하시오.

(1) 나는 도무지 그가 하는 말의 요지를 이해할 수 없었다.
(○ , ×)

(2) 우리 학교는 개교 100주년을 맞이하여 기념관을 확립하였다.   (○ , ×)

(3) 그 정치인은 항상 권력자에게 편찬하여 개인적 이익을 챙겼다.   (○ , ×)

(4) 너무 어린 나이에 해외 유학을 하면 문화적 정체성에 혼란이 생길 수도 있다.   (○ , ×)

(5) 그녀는 넓은 역량으로 부하 직원의 잘못을 용서하였다.
(○ , ×)

07 다음 문장의 빈칸에 들어갈 알맞은 단어를 찾아 선으로 바르게 연결하시오.

(1) 그의 주장 자체는 옳지 만 근거 자료에 몇 가지 □□가 있다. • • ㉠ 섭렵

(2) 우리 누나는 바이올린부 터 피아노까지 다양한 악 기를 □□하였다. • • ㉡ 오류

(3) 우리의 모든 □□을 발 휘하여 이번 일에 꼭 성공 하자. • • ㉢ 표절

(4) 유명 가수의 신곡이 외 국 노래를 □□하였다는 의혹을 받고 있다. • • ㉣ 역량

08 다음 밑줄 친 단어의 문맥적 의미로 적절한 것을 골라 ○표 하시오.

(1)
> 옛날에는 수정을 <u>연마</u>하여 안경알로 사용하기도 하였다.

㉠ 주로 돌이나 쇠붙이, 보석 따위의 고체를 갈고 닦아서 표면을 반질반질하게 함.
㉡ 학문이나 기술 따위를 힘써 배우고 닦음.

(2)
> 대부분의 회사는 예상 소비자들의 <u>기호</u>를 먼저 조 사한 뒤에 그것에 맞추어 상품을 개발한다.

㉠ 어떠한 뜻을 나타내기 위하여 쓰이는 부호, 문자, 표 지 따위를 통틀어 이르는 말.
㉡ 즐기고 좋아함.

09 다음 밑줄 친 단어와 문맥상 뜻이 가장 비슷한 단어를 골라 ○표 하시오.

(1)
> 그의 주장은 현실성이 없는 <u>망상</u>에 불과하다.

☐ 군소리　☐ 깨달음　☐ 헛생각　☐ 지레짐작

(2)
> 전 국민의 <u>힘</u>이 하나로 모여야 국가적 위기를 극 복할 수 있다.

☐ 근력　☐ 역량　☐ 가치관　☐ 정체성

10 다음은 독서의 종류와 관련된 내용이다. 해당하는 개 념어를 찾아 선으로 바르게 연결하시오.

(1) 글을 소리 내어 읽 음. • • ㉠ 정독

(2) 소리를 내지 않고 속 으로 글을 읽음. • • ㉡ 음독

(3) 뜻을 새겨 가며 글을 자세히 읽음. • • ㉢ 묵독

11 다음 밑줄 친 부분과 바꾸어 쓰기에 가장 적절한 것을 고르시오.

(1)
> 전에 건성으로 읽었던 소설을 다시 <u>자세히 읽으니</u> 내용이 새롭게 다가왔다.

① 낭독하니　② 묵독하니　③ 속독하니
④ 음독하니　⑤ 정독하니

(2)
> 책이나 글을 <u>빨리 읽으면</u> 시간을 아낄 수 있지만 내용을 깊이 이해하기 어려울 수 있다.

① 묵독하면　② 속독하면　③ 낭독하면
④ 음독하면　⑤ 정독하면

창의적 사고는 기존의 사고방식을 벗어나는 데서 출발한다. 즉, 남들과는 다른 시각으로 사물이나 현상을 바라보고, 그것을 뚜렷하고 분명하게 표현해 내는 것이 창의적 사고의 시작점이다. 이러한 창의적 사고의 연습을 꾸준히 하면, 기존의 이론이나 법칙, 통념 등을 비판적으로 살펴보고 자신만의 독창적인 생각을 만들어 낼 수 있게 된다.

이러한 창의적 사고는 단순히 개인의 타고난 ㉠역량에서만 비롯되는 것은 아니다. 창의력은 사회·문화적 환경이 갖추어지고 적절한 교육이 이루어진다면 충분히 ㉡계발할 수 있다. 다시 말해 누구나 적절한 환경에서 열심히 노력하면 얼마든지 창의력을 높일 수 있는 것이다.

학교에서 학생들의 창의력을 ㉢함양하기 위해서는 창의적 사고가 가능한 수업 환경을 먼저 만들어야 한다. 특히 수업 시간에 교사가 이미 대답이 정해져 있는 질문을 하기보다는, 학생들의 자유로운 생각을 유도하는 질문을 적극적으로 하는 것이 필요하다. 하지만 실제로는 학생 개개인의 창의적 생각은 단순히 '정답이 아닌 것'으로 여겨지는 것이 현실이다. 이런 상황이 반복되면 학생들은 창의적 사고를 멈춰 버리고 교사가 미리 정답으로 정해 둔 대답만 찾게 된다. 그러므로 학생들이 자신의 생각을 자유롭게 표현할 수 있는 환경을 만들어 주는 것이 아주 중요하다.

이와 함께 학생들이 다양한 분야의 책을 ㉣섭렵할 수 있도록 하는 것도 필요하다. 하나의 주제와 관련된 책들을 다양하게 읽고 자유롭게 상상하며 자신만의 생각을 세울 수 있도록 해야 하는데, 이때 현실을 무시해서는 안 된다. 현실과 지나치게 동떨어진 사고는 자칫 ㉤망상으로 이어질 수 있기 때문이다. 이와 같은 독서 교육이 꾸준하게 이루어지면, 학생들이 독창적인 관점으로 상황을 바라보는 데 도움이 된다.

12 윗글의 내용과 일치하지 <u>않는</u> 것은?

① 창의력은 선천적 역량 외에 후천적 교육을 통해 얼마든지 기를 수 있다.
② 평소에 다양한 분야의 책을 꾸준히 읽으면 창의력을 높이는 데 도움이 된다.
③ 창의적 사고를 위해서는 남들과 다른 관점에서 대상을 바라볼 수 있어야 한다.
④ 학생들의 창의성을 자극하려면 자유로운 대답이 가능한 질문을 하는 것이 좋다.
⑤ 현실에서 벗어난 자유로운 상상만이 문제 상황을 창의적으로 해결하는 바탕이 된다.

13 ㉠~㉤의 뜻으로 적절하지 <u>않은</u> 것은?

① ㉠ : 어떤 일을 해낼 수 있는 힘.
② ㉡ : 슬기나 재능, 사상 따위를 일깨워 줌.
③ ㉢ : 능력이나 품성 따위를 길러 쌓거나 갖춤.
④ ㉣ : 많은 책을 널리 읽거나 여기저기 찾아다니며 경험함을 이르는 말.
⑤ ㉤ : 사실이 아니거나 사실 여부가 분명하지 않은 것을 사실이라고 가정하여 생각함.

14 다음은 윗글의 요지를 정리한 것이다. 주어진 초성을 참고하여 빈칸에 들어갈 알맞은 단어를 순서대로 쓰시오.

창의력을 ㄱㅂ 하려면 창의적 사고가 가능한 ㅎㄱ 을 먼저 만들어야 한다.

(   )

속담·한자성어·관용표현으로 한 걸음 더

학문·독서와 관련된 한자성어를 살펴봐요

⊙ **독서삼매(讀書三昧)**
다른 생각은 전혀 아니 하고 오직 책 읽기에만 파묻히는 경지.

⊙ **등화가친(燈火可親)**
등불을 가까이할 만하다는 뜻으로, 서늘한 가을밤은 등불을 가까이 하여 글 읽기에 좋음을 이르는 말.

⊙ **주경야독(晝耕夜讀)**
낮에는 농사짓고, 밤에는 글을 읽는다는 뜻으로, 어려운 환경에서도 꿋꿋이 공부함을 이르는 말.

⊙ **형설지공(螢雪之功)**
반딧불·눈과 함께 하는 노력이라는 뜻으로, 고생을 하면서 부지런하고 꾸준하게 공부하는 자세를 이르는 말.

⊙ **수불석권(手不釋卷)**
손에서 책을 놓지 아니하고 늘 글을 읽음.

⊙ **위편삼절(韋編三絕)**
공자가 『주역』을 즐겨 읽어 책의 가죽끈이 세 번이나 끊어졌다는 뜻으로, 책을 열심히 읽음을 이르는 말.

---

15 위에 제시된 한자성어 중, 다음 이야기와 관련 있는 것을 찾아 쓰시오.

중국 진나라 사람 손강은 집안이 가난하여 등불을 켤 기름을 살 돈이 없었다. 그래서 겨울밤에는 눈빛에 비추어 책을 읽었다. 이런 노력의 결과로 손강은 관직에 나아갔고 벼슬이 어사대부에 이르렀다. 진나라 사람 차윤 또한 집안이 가난하여 등불을 켤 기름이 떨어지는 경우가 많았다. 그래서 여름철에는 명주 주머니에 수십 마리의 반딧불이를 넣어 그 빛으로 밤에도 책을 읽었다. 그 또한 벼슬에 나아갔고, 이름이 널리 알려졌다.

(   )

---

16 위에 제시된 한자성어 중, 다음 밑줄 친 부분을 표현하기에 가장 적절한 것을 찾아 쓰시오.

(1)
우리 어머니께서는 두메산골에서 태어나 중학교만 겨우 마치셨다. 이 때문에 어머니께서는 장사를 하시면서도 늘 못다 한 공부에 아쉬움을 갖고 계셨다. 그러다가 몇 년 전부터 장사를 마친 밤에 방송 강의를 들으며 공부를 시작하셨다. 그런 노력 끝에 어머니는 작년에 고졸 검정고시를 통과하고, 올해는 드디어 대학교에 진학하셨다.

(   )

(2)
명수는 마음에 드는 책을 늘 가지고 다니면서 여러 번 반복해서 읽는 습관이 있다. 이 때문에 명수가 좋아하는 책들은 대부분 표지가 너덜너덜하다.

(   )

10 비문학 - 인문 (2)

공부한 날 : ___월 ___일

  오늘의 어휘, 어디까지 알고 있니?

※ 다음 문장의 문맥에 알맞은 단어를 ( ) 안에서 골라 ○표 하세요.

01. 위기에 처한 나라를 지켜 온 이들은 이름 없는 (민초 VS 잡초)들이었다.

02. 옛날에는 부모가 죽으면 자식들이 3년 동안 (제복 VS 상복)을 입었다.

03. 우리 조상들은 음력 12월인 (섣달 VS 정월)을 가장 춥고 긴 달로 여겼다.

04. 옛날부터 전해 내려오는 고전에는 (소인 VS 성현)들의 삶의 교훈이 담겨 있다.

05. 나이가 많은 사람들은 음력으로 생일을 (쇠는 VS 쉬는) 경우가 많다.

06. 나의 (선산 VS 선친)께서는 생전에 이웃을 돕고 살아야 한다고 입버릇처럼 말씀하셨다.

07. 입춘은 봄이 시작되는 (명절 VS 절기)로, 대개 2월 4일 전후이다.

| 정답 | 01. 민초 02. 상복 03. 섣달 04. 성현 05. 쇠는 06. 선친 07. 절기

민초(民백성 민 草풀 초) '백성'을 질긴 생명력을 가진 잡초에 비유하여 이르는 말.

예문 • 옛 풍속화에서는 민초들이 숟가락으로만 밥을 먹는 모습을 쉽게 볼 수 있다.
• 이 소설은 험난한 시대를 살아온 민초들의 삶을 감동적으로 그리고 있다.

> **쌤Tip** '민초'는 사람을 뜻하고, '잡초'는 풀을 뜻해요. '民(민)'이 '백성'이라는 뜻이죠.

상복(喪죽을 상 服입을 복) 죽은 사람의 가족들이 장례 중에 입는 옷.

예문 • 아버지의 장례를 치른 지 얼마 되지 않은 그는 여전히 상복 차림이었다.
• 장례식장 밖에는 상복을 입은 사람들이 군데군데 모여 이야기를 나누고 있었다.

섣달 음력으로 한 해의 맨 끝 달.

예문 • 섣달이 되면 궁궐 사람들은 제사 준비로 정신이 없었다.
• 동생의 생일이 섣달그믐날이라서 생일을 챙기기가 쉽지 않다.

> **쌤Tip** 음력으로 한해의 마지막날은 '섣달그믐', 새해 첫날은 '정월 초하루'예요.

성현(聖성인 성 賢어질 현) 지혜와 덕이 매우 뛰어나 길이 우러러 본받을 만한 사람[성인]과 어질고 총명한 사람[현인]을 아울러 이르는 말.

예문 • 요즘 젊은이들은 옛 성현의 생각이 담긴 책들을 멀리하는 경향이 있다.
• 성현들의 말씀을 깊이 새기며 우리의 현실을 생각해 보자.

쇠다 명절, 생일, 기념일 같은 날을 맞이하여 지내다.

예문 • 우리 조상들은 음력 9월 9일을 중양절이라고 부르며 오랫동안 큰 명절로 쇠어 왔다.
• 우리 집은 매년 설날마다 시골에 있는 큰집에 가서 설을 쇤다.

선친(先먼저 선 親친할 친) 남에게 돌아가신 자기 아버지를 이르는 말.

예문 • 나도 열여섯에 선친을 여의어 자네의 슬픔을 조금이나마 짐작한다네.
• 오늘은 선친의 제삿날이라 집에 일찍 들어가야 합니다.

절기(節마디 절 氣기운 기) 한 해를 스물넷으로 나누어 정한, 계절의 표준이 되는 것.

예문 • 옛날에는 달력에 적힌 절기에 맞추어 한 해 농사를 지었다.
• 가을이 시작된다는 절기인 입추가 지났는데도 여전히 덥다.

> **쌤Tip** 우리나라의 24절기는 계절을 세분한 것으로, 대략 15일 간격으로 이어져요.

※ 다음 문장의 문맥에 알맞은 단어를 ( ) 안에서 골라 ○표 하세요.

01. 군인의 (본분 VS 연분)은 나라를 지키는 것이다.

02. 어머니께서는 공무원을 (천직 VS 취직)으로 여기고 평생을 청렴하게 일하셨다.

03. 경찰은 사건 당시 용의자의 (추적 VS 행적)을 조사하기로 하였다.

04. 어디서든 다른 사람들에게 폐가 되지 않게 (처신 VS 대신)해야 한다.

05. 한 분야에서 오랫동안 일한 사람들의 (연륜 VS 연령)을 무시해서는 안 된다.

06. 흉년이 들면 사람들은 나무껍질을 뜯어 먹으며 (연명 VS 임명)하기도 하였다.

07. 그 사람은 온갖 (역경 VS 절경)을 이겨 내고 마침내 성공하였다.

| 정답 | 01. 본분 02. 천직 03. 행적 04. 처신 05. 연륜 06. 연명 07. 역경

본분(本근본 **본** 分나눌 **분**) 마땅히 지켜 행하여야 할 도리나 기본적인 의무.

예문
- 학생의 본분은 공부이지만 학생들이 자유롭게 놀 수 있는 시간과 공간도 필요하다.
- 그의 행동은 의료인의 본분과는 너무나 동떨어진 것이었다.

천직(天하늘 **천** 職벼슬 **직**) 타고난 직업이나 마땅히 해야 할 일.

예문
- 최 교수는 자신의 천직을 찾은 것이 어릴 때 읽은 한 권의 책 때문이라고 하였다.
- 선생님께서는 교직을 천직으로 여기시고 후진 양성에 힘쓰고 계신다.

쌤Tip '취직'은 직업을 구하는 것이고, '천직'은 직업을 평가하는 말이에요.

행적(行다닐 **행** 跡자취 **적**) ① 행위로 인해 이룬 실적이나 자취. ② 평생 동안 한 일이나 업적. ③ 나쁜 행실로 남긴 흔적.

예문
- 사람들은 선거에 출마한 후보자의 과거 행적을 인터넷에서 검색해 보기도 한다.
- 빚 독촉에 시달리던 그는 어느 날 갑자기 행적을 감췄다.
- 그는 음악계에 커다란 행적을 남겼다.
- 일제 강점기에 친일 행적을 일삼았던 정치인과 공무원들을 심판해야 한다는 목소리가 높다.

처신(處곳 **처** 身몸 **신**) 세상을 살아가는 데 가져야 할 몸가짐이나 행동.

예문
- 물려받은 유산을 제대로 관리하기 위해서는 늘 지혜롭게 처신해야 한다.
- 그는 어린 아들에게 어른 앞에서는 처신을 잘해야 한다고 타일렀다.
- 나는 이 문제에 관하여 원칙대로 처신할 것이다.

연륜(年해 **연** 輪바퀴 **륜**) 여러 해 동안 쌓은 경험에 의하여 능숙해진 정도.

예문
- 교육 사업을 하기에는 아직 내 연륜이 짧으니 훗날로 미루기로 하자.
- 사람은 연륜이 쌓이면서 마음도 점점 여유로워지는 법이다.
- 가수로서의 연륜이 깊은 그녀는 갑작스러운 정전에도 당황하지 않고 노래를 이어 갔다.

쌤Tip '연륜'은 식물의 나이테를 가리키는 말로, 경험이 조금씩 쌓이거나 늘어나는 것에 초점을 둔 말이에요.

연명(延끌 **연** 命목숨 **명**) 목숨을 겨우 이어 살아감.

예문
- 대부분 밥과 국만으로 연명한 조선 민중에게 젓가락은 호사스러운 물건이었다.
- 사람들은 산나물과 나무 열매 등을 먹으며 하루하루 연명해 갔다.
- 연명 의료란 치료 효과는 없지만 환자가 목숨을 이어 가도록 하는 처치나 시술 따위의 조치를 뜻한다.

역경(逆거스를 **역** 境지경 **경**) 일이 순조롭지 않아 매우 어렵게 된 처지나 환경.

예문
- 우리 역사를 보면 백성들과 함께 고난과 역경을 이겨 낸 왕들이 많다.
- 그녀는 어린 시절을 가난과 역경 속에서 보냈으나 이를 이겨 내고 결국 성공하였다.

쌤Tip '절경'은 사람들이 보고 싶어 하는 경치이지만, '역경'은 사람들이 겪고 싶어 하지 않는 상황!

※ 다음 문장의 문맥에 알맞은 단어를 (   ) 안에서 골라 ○표 하세요.

01. 자신의 꿈을 이루기 위해 (분투 VS 분노)하는 청년의 모습에서 감동을 받았다.

02. 책의 앞부분에 있는 (서문 VS 산문)을 읽으면 책의 전체적인 내용을 이해하는 데 도움이 된다.

03. 그녀의 시는 요즘 보기 드물게 (격조 VS 격차)가 높다는 평을 받는다.

04. 외모를 (잣대 VS 솟대)로 삼아 그 사람의 모든 것을 판단해서는 안 된다.

05. 올해 우리 학교 축제는 학생회가 (객체 VS 주체)가 되어 직접 모든 행사를 진행하였다.

06. 광고는 생산자와 소비자를 (매개 VS 소개)하는 역할을 한다.

07. 전 재산을 바쳐 우리의 문화재를 지킨 그의 노력은 사람들에게 널리 (회자 VS 투자)되고 있다.

08. 한평생 온갖 (세파 VS 인파)를 다 겪어 온 그의 얼굴에는 주름만이 가득하였다.

09. 부부는 주말을 맞아 아이들과 (법석 VS 적막)을 떨며 대청소를 하였다.

10. 내 친구는 옷을 고르는 (안목 VS 면목)이 뛰어나다.

| 정답 | 01. 분투 02. 서문 03. 격조 04. 잣대 05. 주체 06. 매개 07. 회자 08. 세파 09. 법석 10. 안목

분투(奮떨칠 분 鬪싸움 투) 있는 힘을 다하여 싸우거나 노력함.

예문 • 우리 모둠은 영상을 제작하기 위해 서로 격려하며 분투하였다.
　　• 눈물겨운 분투에도 불구하고 우리 팀은 경기에서 지고 말았다.

> 쌤Tip '분투'가 들어가는 말로, 남의 도움을 받지 아니하고 힘에 벅찬 일을 잘해 나가는 것을 뜻하는 '고군분투(孤軍奮鬪)'가 있어요.

서문(序차례 서 文글월 문) 책이나 논문 따위의 첫머리에 내용이나 목적 따위를 간략하게 적은 글.

예문 • 책을 읽기 전에 작가가 쓴 서문을 보면 책의 내용을 대강 짐작할 수 있다.
　　• 세종 대왕이 한글을 만든 동기는 『훈민정음』 서문에 잘 드러나 있다.

격조(格격식 격 調고를 조) 사람이나 예술 작품 등이 지니고 있는 고상한 품격과 취향.

예문 • 혼란한 세상에서 바르게 살려면 옛 선비와 같은 격조와 정신을 갖춰야 한다.
　　• 격조 높은 말씨를 사용하고 상황에 맞는 예절을 갖추어야 좋은 평판을 얻을 수 있다.

잣대 ① 자로 쓰는 막대기. ② 어떤 현상이나 문제를 판단할 때 근거로 하는 기준을 비유적으로 이르는 말.

예문 • 선을 대충 그리지 말고 잣대를 이용해서 긋도록 해라.
　　• 다른 사람의 잣대에 흔들리지 말고 자신만의 생각을 뚜렷하게 가져야 한다.
　　• 학력만을 그 사람의 능력을 측정하는 잣대로 삼는 것은 옳지 않다.

주체(主주인 주 體몸 체) 어떤 단체나 물건, 작용이나 행동의 중심이 되는 것.

예문 • 마을 주민이 주체가 되어 마을 아이들을 위한 교육 시설을 만들었다.
　　• 그녀는 역사를 이끌어 온 주체를 민중으로 보아야 한다고 주장한다.

매개(媒중매 매 介끼일 개) 둘 사이에서 양편의 관계를 맺어 줌.

예문 • 독서는 책을 매개로 하여 독자와 작가가 간접적으로 대화를 나누는 과정이다.
　　• 문학은 우리 두 사람 사이를 이어 주는 매개 역할을 하고 있다.

> 쌤Tip '소개'는 의도적으로 사람과 사람을 이어 주는 것이고, '매개'는 의도와 무관하게 둘 사이가 이어지는 것!

회자(膾회 회 炙구울 자) 회와 구운 고기라는 뜻으로, 칭찬을 받으며 사람의 입에 자주 오르내림을 이르는 말.

예문 • 모든 일에 최선을 다하는 그는 후배들 사이에서 본받을 만한 선배로 회자된다.
　　• 김소월의 시는 오늘날에도 많은 사람들 사이에 널리 회자되고 있다.

> 쌤Tip 회와 구운 고기를 사람들이 모두 좋아하듯이, '회자'는 긍정적인 의미로 사람들의 입에 오르내리는 경우에 쓰는 말이에요.

세파(世세대 세 波물결 파) 모질고 거센 세상의 어려움.

예문 • 그는 부유한 부모님의 보살핌 속에서 자라 세파에 시달려 본 경험이 없었다.
• 그는 온갖 세파를 겪으면서 어린 시절의 순수함을 잃어버렸다.
• 웬만한 일은 웃어넘길 줄 알아야 험한 세파를 헤치고 살아갈 수 있지 않겠니?

법석 소란스럽게 떠드는 모양.

예문 • 평소에는 장애인에게 무관심하던 사람들이 '장애인의 날'만 되면 기념행사를 한답시고 법석을 떤다.
• 오랜만에 만난 아이들은 함께 컴퓨터 게임을 하느라 법석이었다.

쌤Tip '적막'은 조용한 것! '법석'은 시끄러운 것! '법석'이 끝나면 '적막해지겠죠?

안목(眼눈 안 目눈 목) 사물을 보고 그 가치를 판단하거나 분별하는 능력.

예문 • 독서는 세계를 바라보는 우리의 안목을 넓히는 데 큰 도움이 된다.
• 대상을 독창적으로 바라보는 안목을 길러야 좋은 글을 쓸 수 있다.

개념어도 함께 알아봐요

| 독서의 종류 ② |

통독(通통할 통 讀읽을 독) 책이나 글을 처음부터 끝까지 훑어 읽음.

개념+ 통독은 중심 내용을 파악하며 처음부터 끝까지 쭉 읽어 나가는 독서 방법으로, 소설과 같이 긴밀한 구조를 지닌 글을 읽을 때에 좋아요. 통독은 책이나 글을 꼼꼼하게 읽는 정독과 달리 전체를 대강 훑어 읽는 방법이에요. 그러므로 특정 작품을 분석하거나 비평할 목적으로 읽는다면 정독과 미독을 하는 것이 좋아요.

발췌독(拔뺄 발 萃모일 췌 讀읽을 독) 책이나 글에서 필요하거나 중요한 부분만 가려 뽑아서 읽음.

개념+ 요리책이나 백과사전, 잡지 같은 책을 읽을 때, 또는 책이나 글 전체를 읽을 시간이 부족할 때에는 필요한 부분만 골라서 읽는 발췌독을 하는 것이 좋아요.

일독(一하나 일 讀읽을 독) 책이나 글을 한 번 읽음.

다독(多많을 다 讀읽을 독) 책이나 글을 많이 읽음.

백독(百일백 백 讀읽을 독) 백 번 읽는다는 뜻으로, 같은 책이나 글을 충분히 이해할 때까지 거듭 읽음.

개념+ '다독'은 서로 다른 책이나 글을 많이 읽는 것이고, '백독'은 한 가지 책을 반복해서 읽는 거예요. 백독과 관련된 한자성어 중에 '독서백편의자현(讀書百遍義自見)'이라는 말이 있는데, 이는 책이나 글을 백 번 읽으면 그 뜻이 저절로 이해된다는 의미예요.

윤독(輪바퀴 윤 讀읽을 독) 여러 사람이 같은 책이나 글을 돌려 가며 읽음.

미독(味맛 미 讀읽을 독) 책이나 글의 내용을 충분히 음미하면서 읽음.

참고+ 다양한 자료들을 분석적으로 읽고 정리하는 독서 방법에 '주제 통합적 읽기'가 있어요. '주제 통합적 읽기'는 하나의 주제나 화제와 관련된 동서고금의 다양한 글들을 비교·대조하면서 종합적으로 분석하여 읽고, 자신의 관점에서 그것에 대한 자신의 생각을 정리하는 독서 방법이에요. 예를 들어 『심청전』의 주인공인 심청이 아버지의 눈을 뜨게 하기 위해 자신의 목숨을 버리려 한 행위에 대해 긍정적으로 평가하는 글과 부정적으로 평가하는 글을 모두 읽은 뒤에 그것을 바탕으로 자신의 생각을 세우는 것을 '주제 통합적 읽기'라고 해요.

정답 및 해설 16쪽

01 제시된 초성과 뜻풀이를 참고하여, ( ) 안에 들어갈 알맞은 단어를 쓰시오.

(1) ㅅㄷ : 음력으로 한 해의 맨 끝 달.

　예 예로부터 사람들은 (　　　)에는 한 해를 마무리하면서 새해를 준비하였다.

(2) ㅇㄱ : 일이 순조롭지 않아 매우 어렵게 된 처지나 환경.

　예 우리 민족은 숱한 (　　　)을 슬기롭게 극복하면서 오천 년 역사를 이어 왔다.

(3) ㅈㄷ : 어떤 현상이나 문제를 판단할 때 근거로 하는 기준을 비유적으로 이르는 말.

　예 한 가지의 (　　　)로만 사람을 평가하는 태도는 옳지 않다.

(4) ㅇㅁ : 사물을 보고 그 가치를 판단하거나 분별하는 능력.

　예 그분의 글에서는 남들과는 다른 뛰어난 (　　　)을 발견할 수 있다.

02 제시된 초성을 참고하여 문장의 빈칸에 들어갈 알맞은 단어를 쓰시오.

> 오늘은 고향에 있는 (1) ㅅㅊ 의 무덤에 꽃을 바치며, 의사의 (2) ㅂㅂ 은 환자를 치료하는 것이라는 가르침을 되새겼습니다.

(1) : ＿＿＿＿＿＿＿　(2) : ＿＿＿＿＿＿＿

03 다음 단어와 그 뜻풀이가 맞으면 ○, 틀리면 ×에 표시하시오.

(1) 민초 : '백성'을 질긴 생명력을 가진 잡초에 비유하여 이르는 말. (○ , ×)

(2) 상복 : 겉옷의 안쪽에 몸에 직접 닿게 입는 옷. (○ , ×)

(3) 처신 : 세상을 살아가는 데 가져야 할 몸가짐이나 행동. (○ , ×)

(4) 격조 : 빈부, 임금, 기술 수준 따위가 서로 벌어져 다른 정도. (○ , ×)

04 다음 밑줄 친 말과 바꾸어 쓸 수 있는 단어를 〈보기〉에서 찾아 빈칸에 쓰시오.

> 〈보기〉
> 서문　　세파　　연명　　회자

(1) 나는 책을 읽기 전에 항상 머리글을 먼저 읽는다.
　→ □□ 을

(2) 그의 의로운 행동은 지금도 사람들의 입에 오르내리고 있다.
　→ □□ 되고

(3) 고아인 그는 지금까지 혼자서 세상의 모진 어려움을 헤치며 살아왔다.
　→ □□ 를

(4) 할머니는 어린 시절 멀건 보리죽이나 산나물을 캐 먹으며 목숨을 이었다고 하셨다.
　→ □□ 하였다고

05 다음 밑줄 친 단어의 쓰임이 적절하면 ○, 틀리면 ×에 표시하시오.

(1) 요즘에는 자기 직업을 천직으로 여기는 사람을 찾아보기 어렵다. (○ , ×)

(2) 추석과 설날은 옛날부터 내려오는 우리나라의 중요한 절기이다. (○ , ×)

(3) 전염병인 말라리아는 모기를 매개로 하여 전염된다. (○ , ×)

(4) 그는 시상대에 올라 금메달을 목에 거는 순간, 북받쳐 오르는 분투를 억누를 수 없었다. (○ , ×)

(5) 직접 선거는 민주주의 국가의 주체가 국민임을 보여 주는 제도이다. (○ , ×)

06 다음 밑줄 친 단어의 뜻풀이로 알맞은 것을 골라 ○표 하시오.

> 그분은 항상 격조 있는 어투로 말씀을 하신다.

㉠ 사람이나 예술 작품 등이 지니고 있는 고상한 품격과 취향.

㉡ 멀리 떨어져 있어 서로 통하지 못함.

07 다음 문장의 빈칸에 들어갈 알맞은 단어를 찾아 선으로 바르게 연결하시오.

(1) 아이들은 간식을 먼저 먹으려고 서로 밀치며 □□을 떨었다. • • ㉠ 성현

(2) 옛 □□들이 남긴 말이나 행동은 아이들의 인성 교육에 효과적이다. • • ㉡ 법석

(3) 옛날에는 보름마다 있는 □□를 기준으로 한 해의 농사 계획을 세웠다. • • ㉢ 행적

(4) 늘 백성을 먼저 생각했던 세종 대왕의 □□은 역사에 길이 남을 것이다. • • ㉣ 절기

08 다음 문장의 빈칸에 들어갈 알맞은 단어를 〈보기〉의 글자를 조합하여 쓰시오.

〈보기〉
목 개 륜 매 안 본 연 분

(1) 요즘은 전화보다 스마트폰의 앱이 소비자와 판매자를 □□하는 추세이다.

(2) 지식 전달뿐만 아니라 학생이 올바른 가치관을 지니도록 돕는 것도 교육자의 □□이다.

(3) 나무가 성장하며 나이테가 하나하나 늘어나듯이 사람도 어떤 일을 계속하다 보면 □□이 쌓이게 마련이다.

(4) 그림에 대한 □□이 거의 없다시피 한 나의 눈에도 그의 작품은 유독 눈에 띄었다.

09 다음 밑줄 친 단어와 바꾸어 쓰기에 가장 적절한 것은?

소비 수준이 행복한 삶의 척도는 아니다.

① 매개 ② 본분
③ 안목 ④ 잣대
⑤ 주체

10 다음 밑줄 친 단어와 문맥상 뜻이 가장 비슷한 단어를 골라 ○표 하시오.

(1) 우리 주변에는 역경에 처한 이웃을 돕는 사람들이 많다.

□ 평온함 □ 어려움 □ 당황함 □ 혼란함

(2) 꿈을 이루기 위해 애쓰는 주인공의 모습이 큰 감동을 주었다.

□ 연명하는 □ 처신하는 □ 분투하는

11 다음은 독서의 종류와 관련된 내용이다. 해당하는 개념어를 찾아 선으로 바르게 연결하시오.

(1) 책이나 글을 처음부터 끝까지 훑어 읽음. • • ㉠ 발췌독

(2) 책이나 글에서 필요하거나 중요한 부분만 가려 뽑아서 읽음. • • ㉡ 미독

(3) 책이나 글을 많이 읽음. • • ㉢ 다독

(4) 책이나 글의 내용을 충분히 음미하면서 읽음. • • ㉣ 통독

12 〈보기〉에서 '노수신'이 사용한 독서 방법을 나타내는 말로 가장 적절한 것은?

〈보기〉
조선 중기의 학자 노수신은 어떤 책을 읽을 때 이런 저런 생각이 제멋대로 들더라도 그 책을 읽은 횟수가 천만 번에 이르게 되면 결국 내 것이 되는 법이라고 하였다. 실제로 그는 『논어』를 19년 동안 반복해서 읽었다고 한다.

① 다독 ② 백독 ③ 윤독
④ 통독 ⑤ 발췌독

우리나라는 오랜 세월 태평성대를 누리면서 아름다운 풍속이 유지되었습니다. 사대부들은 옛 ⊙ 성현이 만든 예법을 엄격하게 지켰고, 백성들은 충과 효에 스스로 힘썼습니다. 어려움이 생겨 겨우 삶을 ⊙ 연명하더라도 늙은 부모만은 정성을 다해 보살폈습니다. 이처럼 나라 사람들이 모두 자신의 ⓒ 본분을 지키며 ⓔ 처신을 바르게 하여 윤리를 어기는 사람이 거의 없었습니다.

그런데 임진왜란이라는 ⑩ 역경을 겪으면서 윤리가 흐트러져 나라에 순종하지 않는 마음을 품는가 하면, 법도에 벗어나는 말을 외치기도 합니다. 오직 자신의 문제만 걱정하고, 부모의 은혜를 까맣게 잊어버리는 사람이 많습니다. 생활이 어렵다는 이유로 부모를 소홀히 대하고, 부모의 제사를 지내느라 상복을 입은 상태에서 함부로 행동하기도 합니다. 눈앞의 작은 이익을 탐하다가 사람으로서의 도리를 잃는 경우도 많습니다. 배움이 있는 사람도 이렇게 하거늘, 아는 것이 없는 ⓐ 민초들은 어떠하겠습니까?

무릇 효자의 집안에서 충성스러운 신하를 찾을 수 있는 법입니다. 그런데 자신의 어버이를 이처럼 푸대접한다면 나라를 위해 죽는 사람은 눈을 씻고 보아도 찾을 수 없을 것입니다. 그러니 백성들을 가르쳐서 바르게 이끌 수 있는 대책을 서둘러 마련해야 할 것입니다.

– '사헌부'에서 올린 문서 중

13 윗글을 통해 추론할 수 있는 사헌부의 견해로 적절하지 <u>않은</u> 것은?

① 우리나라는 예로부터 예법과 충효를 중요한 덕목으로 여겨 왔다.
② 임진왜란 이후 사람들 간에 마땅히 지켜야 할 윤리가 흔들리고 있다.
③ 아는 것이 없는 이들은 배움이 있는 이들에 비해 윤리적 마음가짐이 부족하다.
④ 효를 실천하지 않는 사람은 나라를 위해 희생하지 않을 것이다.
⑤ 나라에 불순종한 마음을 품은 사람들을 찾아내 큰 벌을 내려야 한다.

14 ⊙~⑩의 문맥적 의미로 적절하지 <u>않은</u> 것은?

① ⊙ : 성인과 현인을 아울러 이르는 말.
② ⊙ : 목숨을 겨우 이어 살아감.
③ ⓒ : 타고난 직업이나 마땅히 해야 할 일.
④ ⓔ : 세상을 살아가는 데 가져야 할 몸가짐이나 행동.
⑤ ⑩ : 일이 순조롭지 않아 매우 어렵게 된 처지나 환경.

15 ⓐ와 바꾸어 쓸 수 있는 2음절의 말을 윗글에서 찾아 쓰시오.

(   )

속담, 한자성어, 관용표현으로 한 걸음 더

삶의 이치를 나타내는 한자 성어를 살펴봐요

⊙ **고진감래(苦盡甘來)**
쓴 것이 다하면 단 것이 온다는 뜻으로, 고생 끝에 즐거움이 옴을 이르는 말.

⊙ **흥진비래(興盡悲來)**
즐거운 일이 다하면 슬픈 일이 닥쳐온다는 뜻으로, 세상일은 순환되는 것임을 이르는 말.

⊙ **새옹지마(塞翁之馬)**
'변방 노인의 말'이라는 뜻으로, 인생의 길흉화복은 변화가 많아서 예측하기가 어렵다는 말.

⊙ **인과응보(因果應報)**
전생에 지은 선악에 따라 현재의 행복과 불행이 있고, 현세에서의 선악의 결과에 따라 내세에서 행복과 불행이 있는 일.

⊙ **전화위복(轉禍爲福)**
재앙과 근심, 걱정이 바뀌어 오히려 복이 됨.

⊙ **소탐대실(小貪大失)**
작은 것을 탐하다가 큰 것을 잃음.

16 위에 제시된 한자성어 중, 다음 이야기에서 유래된 것을 찾아 쓰시오.

옛날에 변방에 사는 노인이 기르던 말이 오랑캐 땅으로 달아나 노인이 이를 안타깝게 여겼다. 그 후에 달아났던 말이 훌륭한 말을 한 마리 데리고 돌아오자 뜻밖에 횡재를 한 노인은 이를 매우 기뻐하였다. 어느 날 노인의 아들이 그 말을 타다 떨어져 다리를 크게 다치게 되었고, 노인은 이를 매우 슬퍼하였다. 그런데 얼마 뒤에 큰 전쟁이 나서 마을의 젊은이들이 모두 전쟁터로 끌려 나가 죽었으나 노인의 아들만은 다친 다리 때문에 끌려가지 않아 죽음을 면할 수 있었다.

( )

17 위에 제시된 한자성어 중, 다음 속담과 의미가 가장 유사한 것을 찾아 쓰시오.

 빈대 잡으려고 초가삼간 태운다

( )

18 다음 문장의 문맥에 알맞은 한자성어를 ( ) 안에서 골라 ○표 하시오.

놀부가 하늘의 벌을 받은 것은 평소에 나쁜 짓을 많이 한 것에 대한 (인과응보 vs 고진감래)라고 할 수 있다.

11 비문학 – 인문(3)

 오늘의 어휘, 어디까지 알고 있니?

※ 다음 문장의 문맥에 알맞은 단어를 ( ) 안에서 골라 ○표 하세요.

01. 그녀는 워낙 (낙천적 VS 비관적)인 성격이라서 성적에 크게 신경 쓰지 않는다.

02. 그는 (내성적 VS 외향적)인 성격이라 감정을 밖으로 잘 드러내지 않는다.

03. 그녀는 자신의 생각을 적극적으로 드러내는 (내성적 VS 외향적)인 성격이다.

04. 나는 어릴 때 아무 목표도 없이 (맹목적 VS 비판적)으로 공부만 했다.

05. 그동안의 (열정적 VS 미온적) 태도를 버리고 적극적인 자세로 임할 때가 왔다.

06. 사람들은 대개 흥분할수록 감정적이고 (계획적 VS 충동적)으로 행동한다.

07. 시험에 떨어진 형은 한동안 아무런 의욕도 없이 (무기력 VS 무방비)하게 지냈다.

| 정답 | 01. 낙천적 02. 내성적 03. 외향적 04. 맹목적 05. 미온적 06. 충동적 07. 무기력

낙천적(樂즐길 낙 天하늘 천 的과녁 적) 세상과 인생을 즐겁고 좋은 것으로 여기는 것.

예문 • 뚱뚱한 사람은 낙천적일 것이라고 생각하는 경우가 많다.
   • 그는 낙천적인 태도로 주위 사람들을 편하게 해 주었다.

내성적(內안 내 省살필 성 的과녁 적) 겉으로 드러내지 아니하고 마음속으로만 생각하는 것.

예문 • 혈액형이 성격을 결정한다고 믿는 사람은 A형이 내성적이고 소심하다고 여긴다.
   • 내성적인 사람은 어떤 일이든 충분히 생각한 뒤에 실천으로 옮기는 경향이 있다.

외향적(外바깥 외 向향할 향 的과녁 적) 감정이나 생각을 밖으로 적극적으로 나타내는 것.

예문 • 외향적인 사람은 깊이 사고하는 시간이 짧아 성급한 판단을 내리기도 한다.
   • 실험 대상자 대부분은 그 사람의 성격이 외향적인가 내향적인가를 먼저 판단하였다.

맹목적(盲소경 맹 目눈 목 的과녁 적) 자신만의 생각이나 원칙이 없이 덮어놓고 행동하는 것.

쌤Tip '맹목'은 눈이 멀어서 보지 못하는 눈이란 뜻으로, 이성을 잃어 적절한 판단을 하지 못하는 것을 의미해요.

예문 • 조선 시대에는 부모의 말에 맹목적으로 순종하는 사람들이 많았다.
   • 잘 따져 보지도 않고 물건 판매자의 말을 맹목적으로 믿으면 안 된다.
   • 한때 나는 도가 지나칠 정도로 음식에 맹목적으로 집착한 적이 있었다.

미온적(微작을 미 溫따뜻할 온 的과녁 적) 행동이나 태도가 맺고 끊는 데가 없이 흐리멍덩한 것. ↔ 열정적(熱情的)

예문 • 문제 해결에 미온적인 기업의 태도를 비판하는 목소리가 높다.
   • 서둘러 협상을 시작하자고 연락하였는데 상대의 반응이 미온적이어서 영 불안하다.

충동적(衝찌를 충 動움직일 동 的과녁 적) 마음속에서 어떤 욕구 같은 것이 갑작스럽게 일어나는 것.

예문 • 머릿속으로 깊이 생각하지 않으면 충동적인 행동으로 이어지기 쉽다.
   • 어떤 일이든 충동적으로 결정하는 것은 좋지 않다.

무기력(無없을 무 氣기운 기 力힘 력) 어떠한 일을 감당할 수 있는 기운과 힘이 없음.

예문 • 나는 무기력한 기분이 들 때마다 시장에 가서 사람들을 구경하곤 한다.
   • 동물원의 좁은 우리에 갇힌 동물들은 점점 무기력해질 수밖에 없다.

※ 다음 문장의 문맥에 알맞은 단어를 ( ) 안에서 골라 ○표 하세요.

01. 내 친구는 원체 (광기 VS 숫기)가 좋아 처음 보는 사람과도 쉽게 친해진다.

02. 동네 어른들은 그 부부의 (박덕함 VS 후덕함)을 입을 모아 칭찬하였다.

03. 내 (명석한 VS 아둔한) 머리로는 도저히 그 문제를 풀 수 없었다.

04. 눈앞의 작은 이익에 (연연하지 VS 초연하지) 말고 꿈을 크게 가져라.

05. 상대방이 듣기에 부담스러운 말은 (완곡하게 VS 통명하게) 돌려 말하는 것이 좋다.

06. 그는 성품이 (유약해서 VS 강인해서) 쉽게 좌절하는 경향이 있다.

07. 우리 삼촌은 두둑한 배짱과 (소심한 VS 호탕한) 성격으로 유명하다.

| 정답 | 01. 숫기 02. 후덕함 03. 아둔한 04. 연연하지 05. 완곡하게 06. 유약해서 07. 호탕한

숫기(−氣기운 기) 활발하여 부끄러워하지 않는 기운.

 • 숫기가 없고 말수가 적으면 사회 적응력이 떨어지는 사람으로 보이기 쉽다.
• 그는 본디 숫기가 없는 사람이라 금방 얼굴이 새빨개졌다.

> **쌤Tip** '숫기'는 넉살이 좋아 부끄러워하는 기색이 없는 것, '광기'는 미친 듯이 날뛰는 것!

후덕하다(厚두터울 후 德덕 덕 −) 어질고 덕이 많다.

 • 간송 전형필을 만난 사람들은 그의 후덕한 인품에 감탄하기 일쑤였다.
• 세종 대왕은 항상 백성들의 삶을 먼저 생각한 후덕한 임금이었다.
• 우리 할머니께서는 성품이 후덕하고 자애로우셔서 마을 사람들로부터 존경을 받으신다.

> **쌤Tip** '후덕'은 덕이 많은 것을, '박덕'은 덕이 없는 것을 의미해요. 두터울 후(厚), 엷을 박(薄)!

아둔하다 슬기롭지 못하고 머리가 둔하다.

 • 아둔한 사람도 잔꾀를 부리지 않고 경전을 꾸준히 읽으면 깨달음을 얻을 수 있다.
• 저 아이는 좀 아둔한 데가 있어서 말귀를 못 알아듣는 경우가 많다.

연연하다(戀사모할 연 戀사모할 연 −) 집착하여 미련을 가지다.

 • 그녀는 성격이 대범하여 시험 성적에 크게 연연하지 않았다.
• 옛 선비들은 부나 권력에 연연하지 않는 삶을 살려고 노력하였다.
• 하찮은 일에 연연하지 말고 지금 너의 임무에 충실하도록 해.

> **쌤Tip** 무엇에 연연하는 태도는 질척질척하게 미련을 지니는 것에 가깝겠죠? 초연한 태도는 쿨하게 미련을 버리는 것이에요.

완곡하다(婉순할 완 曲굽을 곡 −) 말하는 투가, 듣는 사람의 감정이 상하지 않도록 모나지 않고 부드럽다.

• 누군가의 부탁을 거절할 때는 완곡하게 표현하는 것이 좋다.
• 선생님은 완곡한 말투로 내가 잘못한 점을 말씀해 주셨다.
• 그는 상대방에 대한 비판을 완곡한 표현으로 순화하여 전달하였다.

유약하다(柔부드러울 유 弱약할 약 −) 부드럽고 약하다.

• 그녀는 유약해 보이는 외모와 달리 강하고 끈질긴 성격이다.
• 부모의 과보호 아래 자란 자식은 유약해질 가능성이 높다.
• 사람이 너무 유약한 것도 좋지 않지만, 너무 강하기만 해도 안 된다.

호탕하다(豪호걸 호 宕방탕할 탕 −) 작은 일에 거리낌이 없으며 성질이 쾌활하다.

• 전형필의 계획을 들은 이세창은 호탕한 웃음을 터뜨렸다.
• 그는 인정이 많고 호탕한 성품이라서 친구들에게 인기가 많다.
• 명수는 통이 크고 성격도 호탕해서 주변 사람들이 모두 그를 좋아했다.

※ 다음 문장의 문맥에 알맞은 단어를 ( ) 안에서 골라 ○표 하세요.

01. 그는 어떠한 고난에도 (굴하지 VS 맞서지) 않고 꿋꿋하게 자기의 신념을 지켰다.
02. 일제 강점기에 태어난 할머니의 인생은 (갈구하기 VS 기구하기) 이를 데 없었다.
03. 법을 어긴 사람은 지위의 높고 낮음을 (막론하고 VS 막연하고) 모두 처벌해야 한다.
04. 아무리 세상인심이 (촉박하다고 VS 야박하다고) 해도 아픈 사람을 못 본 척하면 안 된다.
05. 예로부터 소금은 식품을 저장하는 데 (사소하게 VS 요긴하게) 사용되었다.
06. 내 동생은 영화 주인공 피규어에 대한 관심이 (관대하다 VS 지대하다).
07. 동일한 일을 했으면 동일한 임금을 받는 것이 (부당하다 VS 합당하다).
08. 우리 누나는 컴퓨터 게임에 관해서는 전문가 못지않게 (해박한 VS 경박한) 지식을 갖고 있다.
09. 경기 규정이 (모호하여 VS 명확하여) 실격인지 아닌지 판단하기 어려웠다.
10. 흥부네는 너무 가난해서 아이들이 (해지거나 VS 헤지거나) 터진 옷을 입고 지냈다.

| 정답 | 01. 굴하지 02. 기구하기 03. 막론하고 04. 야박하다고 05. 요긴하게
06. 지대하다 07. 합당하다 08. 해박한 09. 모호하여 10. 해지거나

굴하다(屈굽을 굴–) 어떤 세력이나 어려움에 뜻을 굽히다.

예문
• 명수는 어려움에 굴하지 않고 항상 당당하게 살아가는 정아를 좋아했다.
• 이육사는 일본의 탄압에 굴하지 않고 독립에 대한 의지를 불태웠다.

기구하다(崎험할 기 嶇가파를 구–) 세상살이가 순탄하지 못하고 힘든 일이 많다.

예문
• 까치는 옛날과 달리 최근에는 해로운 새로 취급당하는 기구한 신세가 되었다.
• 이 영화는 시대적 환경 때문에 기구한 인생을 살아야 했던 사람의 이야기이다.

막론하다(莫없을 막 論논의할 론–) 이것저것 따지고 가려 말하지 아니하다.

예문
• 요즘에는 분야를 막론하고 외래어를 무분별하게 사용하는 경향이 있다.
• 이유 여하를 막론하고 어쨌거나 이번 일은 네가 잘못하였다.

야박하다(野들 야 薄얇을 박–) 자기만 생각하고 인정이 없다.

예문
• 내가 너희들에게 재산을 물려주지 않는다고 해서 야박하게 생각하지 마라.
• 그는 나의 간절한 부탁을 야박하게 거절하였다.

쌤 Tip '야박하다'는 인정이 없는 것, '촉박하다'는 시간이 없는 것!

요긴하다(要중요할 요 緊팽팽할 긴–) 꼭 필요하고 중요하다.

예문
• 농민들에게는 시계보다 달력이 더 요긴하게 쓰이곤 한다.
• 나에게는 필요 없는 물건이 다른 사람에게는 요긴하게 쓰일 수 있다.
• 가을에 말려 둔 나물들이 겨우내 반찬으로 아주 요긴하게 쓰였다.

쌤 Tip 가령 텔레비전 리모컨이 없으면 텔레비전을 볼 때마다 매우 불편하겠죠. 이처럼 반드시 있어야 하는 것이 바로 '요긴한' 것이에요.

지대하다(至이를 지 大큰 대–) 더할 수 없이 크다.

예문
• 좋은 책은 사람의 인생에 지대한 영향을 미친다.
• 에디슨은 대중적인 전구를 만듦으로써 인류의 생활에 지대한 영향을 끼쳤다.

쌤 Tip '지대하다'는 영향력이나 관심 등이 매우 큰 것을, '관대하다'는 마음이 너그러운 것을 의미해요.

합당하다(合합할 합 當마땅할 당–) 어떤 기준, 조건, 용도, 도리 따위에 꼭 알맞다.

예문
• 「흥부전」을 읽고 흥부가 부자가 된 과정이 과연 합당한지 고민해 보았다.
• 자기가 저지른 일은 자기가 해결하는 것이 합당한 법이다.

해박하다(該갖출 해 博넓을 박―) 여러 방면으로 지식이 넓다.

예문 • 내 친구는 공룡에 대해서 매우 해박하다.
• 레오나르도 다빈치는 신체 구조에 아주 해박한 의학자이기도 하였다.

모호하다(模법 모 糊풀 호―) 말이나 태도가 흐릿하여 분명하지 않다.

예문 • 의미가 모호한 문장은 글의 문맥을 살펴 그 의미를 파악해야 한다.
• 그는 모호하게 대답을 얼버무린 후 자리를 떠나 버렸다.

해지다 '해어지다(닳아서 떨어지다.)'의 준말.

예문 • 고운 비단으로 된 옷은 조금이라도 해지면 볼품없이 되어 버린다.
• 어머니께서는 해진 양말들을 모아 직접 꿰매셨다.

쌤Tip '해지다'는 '헤어지다'의 준말이에요. 닳아서 떨어지는 것은 '해어지다', 이별하는 것은 '헤어지다'!!

개념어도 함께 알아봐요

| 여러 가지 관용 표현을 나타내는 말 |

속담(俗풍속 속 談말씀 담) 예로부터 전하여 오는, 삶에 대한 교훈이나 풍자가 담긴 쉽고 짧은 말.

개념+ 속담은 일상생활에서 얻어진 삶의 지혜가 비유적 방식으로 표현된 것으로, 오랜 세월을 거치면서 간결하게 다듬어진 것이 많아요. 대부분 풍자적이고 교훈적인 성격을 지니고 있죠. 이치에 맞지 않고 다소 과장된 내용으로 전하고자 하는 바를 강조하며, 해학적인 표현으로 재미를 주기도 해요. 하지만 우리의 전통적인 문화를 모르면 이해하기 어려운 경우도 있어요.

예 • 발 없는 말이 천 리 간다 : 말은 비록 발이 없지만 천 리 밖까지도 순식간에 퍼진다는 뜻으로, 말을 삼가야 함을 비유적으로 이르는 말.
• 하룻강아지 범 무서운 줄 모른다 : 철없이 함부로 덤비는 경우를 비유적으로 이르는 말.

관용어(慣버릇 관 用쓸 용 語말씀 어) 둘 이상의 단어가 결합하여 원래의 뜻과는 다른 새로운 의미를 나타내는 말.

개념+ '관용구' 또는 '관용 표현'이라고도 하며 유래담을 지닌 것이 많아요. 또한 한 단어처럼 사용되므로 다른 말로 바꾸거나 중간에 다른 표현을 넣을 수 없어요. 관용어인지 아닌지 판단하는 근거는 문맥상 개별 단어들과는 다른 새로운 의미를 지니는지 여부예요. 가령 '미역국(을) 먹다'가 '시험에 떨어지다'라는 뜻으로 쓰이면 관용어로 사용된 것이고, '미역을 넣어 끓인 국을 먹다'라는 뜻으로 쓰이면 관용적 의미가 아니라 단어 자체의 의미로만 사용된 거예요.

예 옛날에 매사냥을 즐기던 사람들은 매의 임자를 밝히기 위해 주인의 이름과 주소를 적어 둔 '시치미'를 매의 꽁지 속에 매어 두었다. 그런데 이 '시치미'를 다른 사람이 떼어 내 버리고, 매를 자기의 것이라고 주장하는 경우가 많았다. 이 이야기에서 '자기가 하고도 하지 아니한 체하거나 알고 있으면서도 모르는 체하다.'라는 뜻을 지닌 '시치미(를) 떼다'라는 관용어가 유래되었다.

한자성어(漢한나라 한 字글자 자 成이룰 성 語말씀 어) 관용적인 뜻으로 굳어 쓰이는, 주로 네 글자의 한자로 된 말.

개념+ 한자성어는 유래담이 있는 것이 많으며 대개 교훈적인 내용을 지니고 있어요. 대부분 네 글자로 구성되기 때문에 사자성어라고도 해요.

예 • 감언이설(甘言利說) : 귀가 솔깃하도록 남의 비위를 맞추거나 이로운 조건을 내세워 꾀는 말.
• 전전긍긍(戰戰兢兢) : 몹시 두려워서 벌벌 떨며 조심함.

명언(名이름 명 言말씀 언) 유명한 사람이 하여 널리 알려진 말로, 사리에 맞는 훌륭한 말.

개념+ 명언과 격언의 차이점은 그 말을 한 사람이나 출처가 밝혀져 있는지 여부예요. 그 말을 한 사람이나 출처가 알려져 있으면 명언, 정확한 출처를 알 수 없으면 격언이 돼요. 교훈을 담고 있는 속담도 격언의 일종이에요.

예 • 아는 것이 힘이다. ― 베이컨 : 지식의 필요성과 중요성을 강조하는 말.
• 황금 보기를 돌같이 하라. ― 최영 장군 : 큰 뜻을 이루기 위해서는 개인의 부귀영화에 얽매이면 안 된다는 뜻.

정답 및 해설 18쪽

01 제시된 초성과 뜻풀이를 참고하여, ( ) 안에 들어갈 알맞은 단어를 쓰시오.

(1) ㅅㄱ : 활발하여 부끄러워하지 않는 기운.

⟮예⟯ 그는 ( )가 없어 친구를 사귀는 데 어려움을 겪는다.

(2) ㅎㄷ하다 : 어질고 덕이 많다.

⟮예⟯ 우리 선생님은 성품이 ( )하고 자애로우시다.

(3) ㅁㄱㄹ : 어떠한 일을 감당할 수 있는 기운과 힘이 없음.

⟮예⟯ 상대 팀의 월등한 실력을 확인하고 나자 우리 팀은 점차 ( )해지기 시작했다.

(4) ㄱㄱ하다 : 세상살이가 순탄하지 못하고 힘든 일이 많다.

⟮예⟯ 또 사고가 나다니 네 팔자도 참 ( )하구나.

02 제시된 초성과 뜻풀이를 참고하여 문장의 빈칸에 들어갈 알맞은 단어를 쓰시오.

(1) 냉장고는 살림에 아주 ㅇㄱ한 가전제품이다.
→ 꼭 필요하고 중요한
( )

(2) 텔레비전 방송은 사람들에게 ㅈㄷ한 영향을 미친다.
→ 더할 수 없이 큰
( )

(3) 더 이상 과거에 ㅇㅇ하지 말고 현실을 직시해라.
→ 집착하여 미련을 가지지
( )

03 다음 문장의 ( ) 안에 들어갈 4음절의 단어를 쓰시오.

'해지다'는 '닳아서 떨어지다.'라는 뜻을 지닌 '( )'의 준말이다.

( )

04 다음 단어와 그 뜻풀이가 맞으면 ○, 틀리면 ×에 표시하시오.

(1) 굴하다 : 어떤 세력이나 어려움에 뜻을 굽히다.
(○ , ×)

(2) 완곡하다 : 못마땅하거나 만족스럽지 못하여 말이나 태도가 무뚝뚝하다.
(○ , ×)

(3) 막론하다 : 이것저것 따지고 가려 말하지 아니하다.
(○ , ×)

(4) 유약하다 : 대담하지 못하고 조심성이 지나치게 많다.
(○ , ×)

05 다음 사다리를 타 보고, 단어의 뜻풀이로 알맞은 것을 〈보기〉에서 골라 ( ) 안에 기호를 쓰시오.

(1) 낙천적   (2) 맹목적   (3) 충동적   (4) 내성적

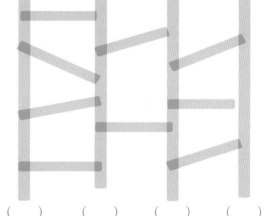

( )   ( )   ( )   ( )

〈보기〉
㉠ 세상과 인생을 즐겁고 좋은 것으로 여기는 것.
㉡ 겉으로 드러내지 아니하고 마음속으로만 생각하는 것.
㉢ 자신만의 생각이나 원칙이 없이 덮어놓고 행동하는 것.
㉣ 마음속에서 어떤 욕구 같은 것이 갑작스럽게 일어나는 것.

06 다음 밑줄 친 단어의 쓰임이 적절하면 ○, 틀리면 ×에 표시하시오.

(1) 아이가 워낙 아둔하여 하나를 가르치면 열을 알았다.

(○ , ×)

(2) 먹고살기 어려운 시기에는 사람들이 야박해지기 일쑤다.

(○ , ×)

(3) 한쪽 말만 듣고 그를 범인으로 단정하는 것은 합당하다.

(○ , ×)

(4) 호탕한 성격의 팀장은 팀원들의 작은 실수는 그냥 넘기곤 했다.

(○ , ×)

07 다음 문장의 문맥을 고려할 때, ( ) 안에 들어갈 말로 가장 적절한 것은?

우리 민족은 외세의 오랜 압박과 억압에도 ( ) 않는 강인한 민족성을 가졌다.

① 굴하지 ② 기구하지 ③ 막론하지
④ 야박하지 ⑤ 연연하지

08 다음 밑줄 친 단어와 뜻이 반대인 것을 고르시오.

(1)

반장인 명수는 우리 반에 관한 일이면 언제나 열정적으로 나선다.

① 낙천적 ② 맹목적 ③ 미온적
④ 외향적 ⑤ 충동적

(2)

경주 최 부잣집은 대대로 이웃들이 어려움에 처할 때마다 자신의 재산을 아낌없이 내놓아 후덕한 집안으로 마을 사람들의 존경을 받았다.

① 기구한 ② 야박한 ③ 유약한
④ 해박한 ⑤ 지대한

(3)

그녀는 내성적인 성격 때문에 처음 보는 사람들에게 내숭을 떤다는 오해를 사기도 한다.

① 내향적 ② 미온적 ③ 맹목적
④ 충동적 ⑤ 외향적

09 다음 밑줄 친 단어와 바꾸어 쓰기에 가장 적절한 것은?

그는 비웃음 같기도 하고 미소 같기도 한 애매한 표정을 지었다.

① 모호한 ② 아둔한 ③ 야박한
④ 완곡한 ⑤ 호탕한

10 다음 밑줄 친 말을 바꾸어 쓴 것으로 적절하지 않은 것은?

① 떠나간 사람에게 너무 미련을 갖지 마라.
→ 연연하지
② 우현이 웬일인지 요즘 영 기운이 없어 보인다.
→ 무기력해
③ 문제를 일으킨 사람이 책임지는 것이 이치에 맞는 일이다.
→ 합당한
④ 춘향은 몇 년이 흐른 후에야 자신을 찾아온 이몽룡을 살갑게 대하였다.
→ 야박하게
⑤ 그의 미적지근한 태도 때문에 좋은 기회를 놓쳤다.
→ 미온적인

11 다음은 관용 표현과 관련된 내용이다. 해당하는 개념어를 찾아 선으로 바르게 연결하시오.

(1) 관용적인 뜻으로 굳어 쓰이는, 주로 네 글자의 한자로 된 말.	•	• ㉠ 속담
(2) 유명한 사람이 하여 널리 알려진 말로, 사리에 맞는 훌륭한 말.	•	• ㉡ 관용어
(3) 예로부터 전하여 오는, 삶에 대한 교훈이나 풍자가 담긴 쉽고 짧은 말.	•	• ㉢ 한자성어
(4) 둘 이상의 단어가 결합하여 원래의 뜻과는 다른 새로운 의미를 나타내는 말.	•	• ㉣ 명언

책이 없어도 인간은 얼마든지 기억하고 생각할 수 있으며, 상상하고 표현할 수 있다. 그러나 책과 독서는 이런 능력을 키우고 발전시키는 데 ㉠지대한 영향을 미친다. 독서가 일상화된 사회와 그렇지 않은 사회는 기억, 생각, 상상, 표현의 차원에서 상당히 다른 개인들을 만들어 내고, 상당한 질적 차이를 가진 사회적 주체들을 길러 낸다.

사실 책이나 독서를 ㉡맹목적으로 예찬할 필요는 없다. 그러나 책이 인간을 인간답게 만드는 능력들을 지키고 발전시키기 위해 ㉢요긴한 매체라는 점은 분명하다. 본능에 따른 충동적인 욕구를 자제하도록 하면서 ㉣아둔한 사람을 해박하게 만들기도 하고, ㉤기구한 상황에서 벗어나는 방법을 알려 주기도 한다.

하지만 ⓐ좋은 책이 아무리 많아도 정작 그것을 읽지 않으면 아무런 의미가 없다. 그리고 독서에 드는 비용 역시 결코 적지 않다. 독서를 하기 위해서는 상당량의 정신적인 에너지가 투입되어야 하고, 오랜 시간에 걸친 훈련도 요구된다. 또한 읽기의 즐거움을 경험하는 습관의 형성도 필요하다. 이렇듯 독서를 하기 위해서는 많은 시간과 노력을 들여야 한다. 하지만 인간다운 삶을 위해서는 마땅히 그만한 시간과 노력을 들여 독서를 할 만한 가치가 있다.

12 윗글의 중심 내용으로 가장 적절한 것은?

① 책의 효용과 발전 과정
② 독서의 필요성과 어려움
③ 독서를 활성화하기 위한 방법
④ 맹목적인 독서 예찬의 위험성
⑤ 인간을 인간답게 만드는 능력들

13 ㉠~㉤을 쉬운 말로 바꾼 것으로 적절하지 않은 것은?

① ㉠ : 매우 큰
② ㉡ : 덮어놓고 무조건
③ ㉢ : 꼭 필요한
④ ㉣ : 슬기롭지 못한
⑤ ㉤ : 특별하지 않은

14 ⓐ의 상황을 나타내기에 가장 적절한 관용 표현은?

① 빈 수레가 요란하다
② 낫 놓고 기역 자도 모른다
③ 두 손뼉이 맞아야 소리가 난다
④ 부뚜막의 소금도 집어넣어야 짜다
⑤ 될성부른 나무는 떡잎부터 알아본다

'뛰어난 인물'과 관련된 한자성어를 살펴봐요

- **군계일학(群鷄一鶴)**
  닭의 무리 가운데에서 한 마리의 학이란 뜻으로, 많은 사람 가운데서 뛰어난 인물을 이르는 말.

- **백미(白眉)**
  흰 눈썹이라는 뜻으로, 여럿 가운데에서 가장 뛰어난 사람이나 훌륭한 물건을 비유적으로 이르는 말.

- **낭중지추(囊中之錐)**
  주머니 속의 송곳이라는 뜻으로, 재능이 뛰어난 사람은 숨어 있어도 저절로 사람들에게 알려짐을 이르는 말.

- **동량지재(棟梁之材)**
  기둥과 들보로 쓸 만한 재목이라는 뜻으로, 집안이나 나라를 떠받치는 중대한 일을 맡을 만한 인재를 이르는 말.

- **절세가인(絶世佳人)**
  세상에 견줄 만한 사람이 없을 정도로 뛰어나게 아름다운 여인.

- **문일지십(聞一知十)**
  하나를 듣고 열 가지를 미루어 안다는 뜻으로, 지극히 총명함을 이르는 말.

15 위에 제시된 한자성어 중, 다음 이야기에서 유래된 것을 쓰시오.

위나라, 촉나라, 오나라가 천하를 두고 다투던 시절, 촉나라의 유비는 위나라 조조와의 큰 전투가 끝난 뒤에 신하들을 모아 앞으로의 계책을 물었다. 이때 이적이라는 신하가 "새로 얻은 땅들을 지키려면 어진 선비를 구해야 할 것입니다." 라고 하였다.

"그대가 생각하는 어진 선비가 있는가?"

"형양 땅에 사는 마씨(馬氏) 다섯 형제가 모두 뛰어난 재주를 지니고 있는데, 그중에서도 눈썹 속에 흰 털이 난 마량(馬良)이 가장 뛰어나다고 합니다. 그러니 마량을 불러 벼슬을 내리심이 옳을 듯합니다."

이 말을 들은 유비는 즉시 마량을 청하여 오게 했다.

(   )

16 위에 제시된 한자성어 중, 다음 밑줄 친 부분을 표현하기에 가장 적절한 것을 찾아 쓰시오.

조선 광해군 때 허균은 <u>나라의 일을 맡길 만한 재주가 있는 사람</u>은 누구나 타고난 신분과 상관없이 등용해야 한다고 주장하였다.

(   )

17 위에 제시된 한자성어 중, 다음 속담과 의미가 가장 유사한 것을 찾아 쓰시오.

하나를 알면 백을 안다

(   )

공부한 날 : ___월 ___일

 오늘의 어휘, 어디까지 알고 있니?

※ 다음 문장의 문맥에 알맞은 단어를 (   ) 안에서 골라 ○표 하세요.

01. 부모가 아이들에게 공부하라고 (닦달 VS 담소)하면 오히려 역효과가 나기 쉽다.

02. 제2차 세계 대전 이후 미국은 오랫동안 세계 최강국으로 (군림 VS 왕림)하였다.

03. 저 두 사람은 실력이 비슷해 어느 쪽이 더 낫다고 (단언 VS 조언)하기 어렵다.

04. 아무리 큰 강이더라도 그 (발굴 VS 발원)은 조그만 옹달샘인 경우가 많다.

05. 인간이 지닌 가장 순수한 마음이 (발현 VS 재현)된 것이 사랑이다.

06. 우리는 침체된 교실 분위기를 (쇄신 VS 헌신)할 방법을 궁리하기 시작했다.

07. 그 사람의 딱한 사정을 듣고 나니 (측은 VS 측정)한 생각이 들었다.

| 정답 | 01. 닦달 02. 군림 03. 단언 04. 발원 05. 발현 06. 쇄신 07. 측은

닦달 남을 단단히 윽박질러서 혼을 냄.

예문 • 공업은 자연을 닦달하여 생산에 필요한 자원을 마구 빼앗아 내기 시작했다.

• 손님은 당장 사장을 불러오라고 큰소리를 치며 종업원을 닦달하였다.

군림(君임금 군 臨임할 림) 어떤 분야에서 절대적인 세력을 가지고 남을 압도함을 비유적으로 이르는 말.

예문 • 밖에서는 자상한 사람이 집에서는 엄한 아버지로 군림하기도 한다.

• 윗사람에게 아첨하는 사람일수록 아랫사람 위에 군림하려 드는 법이다.

단언(斷끊을 단 言말씀 언) 주저하지 아니하고 딱 잘라 말함.

예문 • 젓가락질의 표준을 만든 저작권자를 찾아내는 것은 단언하건대 불가능할 것이다.

• 담배는 몸에 아주 해롭다고 단언할 수 있다.

쌤Tip '단언'은 한마디로 확실하게 하는 말, '조언'은 도와주는 말! 끊을 단(斷), 도울 조(助)!

발원(發필 발 源근원 원) ① 흐르는 물줄기가 처음 생김. ② 사회 현상이나 사상 따위가 맨 처음 생겨남.

예문 • 압록강의 발원은 백두산이다.

• 젓가락은 중국에서 발원해 3천여 년 동안 역사를 이어 온 도구이다.

발현(發필 발 現나타날 현) 속에 있거나 숨은 것이 밖으로 나타나거나 그렇게 나타나게 함.

예문 • '착한 소비'는 이타심이라는 인간의 본성이 발현된 것으로 볼 수 있다.

• 이 작품에는 이상 세계에 대한 작가의 바람이 발현되어 있다.

쌤Tip '발굴'은 세상에 널리 알려지지 않거나 뛰어난 것을 찾아서 밝혀내는 거예요.

쇄신(刷쓸 쇄 新새로울 신) 그릇된 것이나 묵은 것을 버리고 새롭게 함.

예문 • 독서는 새로운 것과 만나 자기 삶의 쇄신을 이루어 가는 과정이다.

• 이번 사건을 계기로 현재의 교육 방식을 쇄신해야 한다는 의견이 많다.

쌤Tip 기존에 있던 좋지 못한 것을 새롭게 바꾸는 게 '쇄신'이에요!

측은(惻슬퍼할 측 隱숨을 은) 가엾고 불쌍함.

예문 • 인조 임금은 추운 변방을 지키는 군인들을 측은하게 여겨 그들에게 옷을 보냈다.

• 동물원 우리에 갇힌 동물들의 모습이 몹시 측은해 보였다.

※ 다음 문장의 문맥에 알맞은 단어를 ( ) 안에서 골라 ○표 하세요.

01. 할머니는 텃밭에서 수확한 채소를 (갈무리 VS 달무리)하느라 바쁘셨다.

02. 역사는 사실을 있는 그대로 (기술 VS 기만)하는 것이 기본이다.

03. 어떤 조직이든 업무에 맞게 인재를 (배치 VS 배제)하는 일이 가장 중요하다.

04. 우리 학교 신문에 내가 (투고 VS 투자)한 글이 실렸다.

05. 전통적인 가족의 범주에서 벗어나 다양한 형태의 가족을 (포괄 VS 배척)하는 정책이 필요하다는 목소리가 높다.

06. 통계 자료를 대할 때에는 그 결과가 사실을 (왜곡 VS 편곡)한 것은 아닌지 따져 보아야 한다.

07. 신라의 화랑도는 나라를 이끌어 갈 청소년을 (양성 VS 보육)하는 단체였다.

| 정답 | 01. 갈무리 02. 기술 03. 배치 04. 투고 05. 포괄 06. 왜곡 07. 양성

갈무리 ① 물건 따위를 잘 정리하거나 간수함. ② 일을 처리하여 마무리함.

예문 • 전형필은 『훈민정음』 해례본을 집에서 가장 깊숙한 곳에 갈무리했다.
• 퇴근 시간이 다가오자 그는 하던 일을 서둘러 갈무리했다.

쌤Tip '갈무리'는 잘 저장하거나 끝내는 것을, '달무리'는 달 주변에 둥그렇게 생기는 테를 말해요. 두 단어는 아무런 관련이 없어요.

기술(記기록할 기 述지을 술) 대상이나 과정의 내용과 특징을 있는 그대로 열거하거나 기록하여 서술함. 또는 그런 기록.

예문 • 속담을 활용하면 말하고자 하는 바를 간결하게 기술할 수 있다.
• 이 책은 우리말을 그릇되게 사용하는 실태를 기술하고 있다.

배치(配짝 배 置둘 치) 사람이나 물자 따위를 일정한 자리에 나누어 둠.

예문 • 내용을 어떤 순서로 배치해야 글의 의도를 더 잘 나타낼 수 있을지 생각해 보자.
• 가구를 다시 배치하니 집안 분위기가 달라졌다.

투고(投던질 투 稿원고 고) 의뢰를 받지 아니한 사람이 신문이나 잡지 따위에 실어 달라고 원고를 써서 보냄. 또는 그 원고.

예문 • 공동체의 문제점을 해결하기 위한 글을 지역 신문에 투고해 보자.
• 내 친구는 종종 잡지사에 자기가 쓴 소설을 투고한다.

쌤Tip 원고를 보내는 건 '투고', 돈이나 시간을 들이는 건 '투자'예요.

포괄(包쌀 포 括묶을 괄) 일정한 대상이나 현상을 어떤 범위 안에 모두 끌어 넣음.

예문 • 제목은 글 전체 내용을 포괄하는 것으로 정해야 한다.
• 글을 요약할 때에는 세부 내용을 포괄할 수 있는 단어나 개념을 활용해야 한다.

왜곡(歪비뚤 왜 曲굽을 곡) 사실과 다르게 해석하거나 그릇되게 함.

예문 • 조사 보고서를 쓸 때 조사 내용이나 결과를 과장하거나 왜곡해서는 안 된다.
• 부정적 대상을 비꼬거나 과장, 왜곡해서 우스꽝스럽게 표현하는 것을 풍자라고 한다.

양성(養기를 양 成이룰 성) ① 가르쳐서 유능한 사람을 길러 냄. ② 실력이나 역량 따위를 길러서 발전시킴.

예문 • 대한민국 누리꾼들을 '21세기 세종 대왕'으로 양성하는 프로젝트가 진행되고 있다.
• 그는 오래 전부터 창의력을 양성하는 교육 사업에 뜻을 두었다.

쌤Tip '양성'이 인재를 기르거나 실력을 키우는 것이라면 '보육'은 어린아이를 돌보아 기르는 것이에요.

🐾 오늘의 어휘, 어디까지 알고 있니?

※ 다음 문장의 문맥에 알맞은 단어를 ( ) 안에서 골라 ○표 하세요.

01. 예상하지 못했던 질문을 받자 그녀의 환했던 표정이 (과연 VS 돌연) 싸늘하게 굳어졌다.

02. 그는 별일이 없으면 (간혹 VS 대개) 7시쯤 가게 문을 닫는다.

03. 그때 우리는 그의 말을 (쏜살같이 VS 철석같이) 믿고 있었다.

04. 그대가 (설사 VS 흡사) 나를 떠난다고 해도 나는 그대를 영원히 사랑할 것입니다.

05. 그의 (발상 VS 회상) 자체는 매우 독특했지만 현실성이 없다는 게 문제였다.

06. 갈수록 사람의 외모를 중시하는 (양상 VS 양식)이 심해지고 있다.

07. 우리의 일상생활 속에는 눈에 보이지 않는 (잠재적 VS 표면적)인 위험 요소들이 늘 도사리고 있다.

08. 마라톤 코스를 완주한 나는 한 번도 느껴 보지 못한 (비애 VS 희열)을 만끽하였다.

09. 그분은 평생을 고아들을 위한 봉사와 희생으로 (일관 VS 일치)하였다.

10. 표준 발음은 (언중 VS 관중)들의 현실 발음을 토대로 정해지는 경우가 많다.

| 정답 | 01. 돌연 02. 대개 03. 철석같이 04. 설사 05. 발상 06. 양상 07. 잠재적 08. 희열 09. 일관 10. 언중

돌연(突부딪칠 돌 然그럴 연) 예기치 못한 사이에 급히. = 갑자기.

예문
• 그가 소리 내어 책을 읽기 시작하자 며칠 전부터 계속되던 기침이 돌연 멎었다.
• 인기 절정의 아이돌 가수가 돌연 활동을 중단해 화제가 되고 있다.

> 쌤Tip '돌연'은 '갑자기'와 바꿔 쓸 수 있고, '과연'은 '정말로'나 '참으로'와 바꿔 쓸 수 있어요.

대개(大큰 대 槪대개 개) ① 일반적인 경우에. ② 거의 전부. = 보통.

예문
• 건강한 똥은 대개 황갈색에 가깝지만 건강하지 않은 똥은 붉거나 검다.
• 서울 주변의 산들은 대개 돌산이다.

> 쌤Tip '대개'는 '대부분'이나 '보통'과 바꿔 쓸 수 있고, '간혹'은 '가끔'과 바꿔 쓸 수 있어요.

철석같이(鐵쇠 철 石돌 석—) 마음이나 의지, 약속 따위가 매우 굳고 단단하게.

예문
• 사람들이 철석같이 믿고 있는 사실을 의심해 볼 때 창의적 사고가 가능해진다.
• 아이는 다시는 거짓말을 하지 않겠다고 엄마와 철석같이 약속하였다.

> 쌤Tip '철석같이'에서 '철석'은 쇠와 돌을 의미하고, '쏜살같이'에서 '쏜살'은 쏜 화살을 의미해요.

설사(設베풀 설 使부릴 사) 가정해서 말하여. 주로 부정적인 뜻을 가진 문장에 쓴다. = 설령.

예문
• 만남 없는 관계는 있을 수 없고, 설사 있더라도 그 관계를 유지하기 어렵다.
• 설사 그가 정말 그것을 훔쳤다고 하더라도 우리는 그를 비난하기 어렵다.

> 쌤Tip 문맥상 '설사'가 응가가 아님을 알 수 있겠죠?^^; '설사'는 상황을 가정하는 것이고, '흡사'는 비슷한 모양을 나타내는 거예요.

발상(發필 발 想생각 상) 어떤 생각을 해 냄. 또는 그 생각.

예문
• 참신한 표현은 창의적인 발상을 바탕으로 이루어진다.
• 아직도 그런 시대에 맞지 않는 발상을 하다니 어처구니가 없다.

양상(樣모양 양 相서로 상) 사물이나 현상의 모양이나 상태.

예문
• 식사 도구는 각 나라의 식사 문화에 따라 다른 양상으로 발전해 왔다.
• 소설이나 희곡을 읽을 때에는 작품 속에 나타난 갈등 양상을 파악해야 한다.

잠재적(潛자맥질할 잠 在있을 재 的과녁 적) 겉으로 드러나지 않고 숨은 상태로 존재하는 것.

예문
• 청소년기는 자신의 잠재적 역량을 발견하고 계발하는 시기이다.
• 팀장은 신입 사원들의 잠재적 가능성을 높이 평가하였다.

> 쌤Tip '잠재적'은 아직 드러나지 않은 상태를, '표면적'은 겉으로 드러난 상태를 의미해요.

희열(흥기쁠 **희** 悅기쁠 **열**) 기쁨과 즐거움. 또는 기뻐하고 즐거워함.

예문
- 고려 시대의 청자를 어렵게 구한 그의 표정은 희열에 가득 차 있었다.
- 높은 산의 정상에 올랐을 때 느끼는 희열은 말로 표현하기 어렵다.

일관(一하나 **일** 貫꿸 **관**) 처음의 방법이나 태도, 마음 자세를 바꾸지 아니하고 끝까지 밀고 나감.

예문
- 글을 쓸 때에는 내용이 하나의 주제로 일관되게 모아지도록 해야 한다.
- 그는 누구에게나 무뚝뚝한 태도로 일관했다.

언중(言말씀 **언** 衆무리 **중**) 같은 언어를 사용하면서 같은 사회에서 생활하는 사람들.

예문
- 속담은 오랜 시간에 걸쳐 간결하게 다듬어졌기에 '언중의 시'라고 불린다.
- 한글 맞춤법 같은 규정은 언중의 원활한 의사소통을 위해 제정한다.

| 글이 갖추어야 할 요건 |

개념어도 함께 알아봐요

통일성(統거느릴 **통** 一하나 **일** 性성품 **성**) 글의 세부 내용이 하나의 주제로 긴밀하게 연결되는 성질.

개념+ 한 편의 글은 하나의 주제를 드러낼 수 있도록 그 주제, 즉 중심 내용을 뒷받침하는 하위 내용들로 구성되어야 해요. 주제에서 벗어난 내용, 즉 통일성을 해치는 내용이 있으면 글의 의미가 불분명해지고, 글쓴이의 의도도 모호해져요.

응집성(凝엉길 **응** 集모을 **집** 性성품 **성**) 글의 여러 문장들이 형식적으로 긴밀하게 연결되는 성질.

개념+ 한 편의 글에서 문단과 문단, 문장과 문장은 유기적으로 잘 연결되어야 해요. 지시어나 접속어를 적절하게 사용하면 응집성을 높일 수 있어요. 참고로, 통일성과 응집성은 글뿐만 아니라 담화를 구성할 때에도 필요한 요건이에요.

일반적으로 감기는 겨울에 걸린다고 생각하지만 의외로 여름에도 많은 사람이 감기에 걸린다. 감기를 순우리말로 고뿔이라고 한다. 날씨가 더운 여름에는 에어컨을 과도하게 사용하는 경우가 많은데, 그렇게 되면 체온이 떨어져 면역력이 약해지기 때문이다. 또한 여름철 감기를 예방하기 위해서는 에어컨 사용을 줄이고, 에어컨에 장시간 노출되는 것을 피해야 한다. 또한 충분한 휴식을 취해야 … 집에 돌아온 후에는 손발을 꼭 씻어야 한다.
→ 두 번째 문장인 '감기를 순우리말로 고뿔이라고 한다.'는 글의 통일성을 해치고 있으며, 네 번째 문장의 접속어 '또한'은 앞 문장과의 관계를 고려할 때 적절하지 않아 글의 응집성을 해치고 있다. 따라서 '감기를 순우리말로 고뿔이라고 한다.'라는 문장은 삭제하고, '또한'은 앞 문장과의 관계에 맞게 '따라서'나 '그러므로'로 바꾸어야 한다.

체계성(體몸 **체** 系이을 **계** 性성품 **성**) 일정한 구성 단계에 따라 짜임새 있는 체계를 지니는 성질.

개념+ 논설문 같은 주장하는 글은 '서론 – 본론 – 결론'의 구성으로 되어 있으며, 정보를 전달하는 글 중에서 설명문은 '처음(머리말) – 중간(본문) – 끝(맺음말)', 기사문은 '표제 – 부제 – 전문 – 본문 – (해설)' 같은 구성으로 되어 있어요. 이때 모든 글의 각 구성 단계는 서로 짜임새 있게 조직되어야 해요. 그렇지 않으면 독자가 내용을 이해하기 어려워져요.

객관성(客손님 **객** 觀볼 **관** 性성품 **성**) 내용적으로 언제 누가 보아도 그러하다고 인정될 수 있는 성질.

개념+ 문학 작품을 제외한 모든 글은 기본적으로 객관성을 지녀야 해요. 가령 논설문처럼 글쓴이의 주장이 담긴 글이라도 주장을 뒷받침하는 근거는 누구나 인정할 수 있는 객관성을 지녀야 하죠. 글에 활용한 자료의 출처를 명확하게 밝히거나 신뢰성 있는 자료를 인용하는 방법 등을 이용하면 글의 객관성을 높일 수 있어요.

01 다음 단어와 그 뜻풀이가 맞으면 ○, 틀리면 ×에 표시 하시오.

(1) 닦달 : 남을 단단히 윽박질러서 혼을 냄. (○ , ×)

(2) 단언 : 말로 거들거나 깨우쳐 주는 말. (○ , ×)

(3) 배치 : 사람이나 물자 따위를 일정한 자리에 나누어 둠.
(○ , ×)

02 다음 사다리를 타 보고, 단어의 뜻풀이로 알맞은 것을 〈보기〉에서 골라 ( ) 안에 기호를 쓰시오.

(1) 양상　　(2) 왜곡　　(3) 일관　　(4) 쇄신

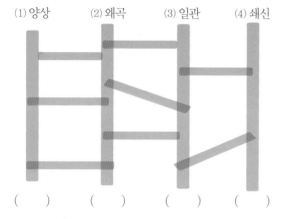

( )　　( )　　( )　　( )

〈보기〉
- ㉠ 사물이나 현상의 모양이나 상태.
- ㉡ 사실과 다르게 해석하거나 그릇되게 함.
- ㉢ 그릇된 것이나 묵은 것을 버리고 새롭게 함.
- ㉣ 처음의 방법이나 태도, 마음 자세를 바꾸지 아니하고 끝까지 밀고 나감.

03 제시된 단어와 뜻풀이를 고려할 때, 밑줄 친 단어가 제시된 의미로 사용된 것을 골라 ○표 하시오.

(1)
갈무리 : 일을 처리하여 마무리함.

- ㉠ 내년에 뿌릴 씨앗들은 따로 갈무리해 두어라.
- ㉡ 다행히 그 사건은 매끄럽게 갈무리되었다.

(2)
양성 : 가르쳐서 유능한 사람을 길러 냄.

- ㉠ 그녀는 자신의 뒤를 이을 제자들을 양성하였다.
- ㉡ 꾸준한 연습을 통해서만 실력을 양성할 수 있다.

04 제시된 뜻풀이에 해당하는 단어를 〈보기〉의 글자를 조합하여 쓰시오.

〈보기〉
발 언 잠 중 적 은 재 측 현

(1) 가엾고 불쌍함. ( )

(2) 겉으로 드러나지 않고 숨은 상태로 존재하는 것.
( )

(3) 같은 언어를 사용하면서 같은 사회에서 생활하는 사람들. ( )

(4) 속에 있거나 숨은 것이 밖으로 나타나거나 그렇게 나타나게 함. ( )

05 다음 문장의 빈칸에 들어갈 알맞은 단어를 〈보기〉에서 찾아 쓰시오.

〈보기〉
군림　　왜곡　　발상　　포괄

(1) 한국어란 우리말과 우리글을 ( )하는 용어이다.

(2) 독재자는 국민 위에 ( )하면서 개인적인 욕심을 채우려 한다.

(3) 사물을 보는 시각을 조금씩 바꾸는 연습을 하다 보면 참신한 ( )도 할 수 있게 된다.

(4) 우리나라는 일본에 의해 ( )된 역사를 바로잡기 위해 노력해 왔다.

06 제시된 초성을 참고하여 문장의 빈칸에 들어갈 알맞은 단어를 쓰시오.

(1) 새벽 산행은 힘들지만 정상에 올라 떠오르는 아침 해를 보면 항상 ㅎ ㅇ 을 느낀다. ( )

(2) 실력보다 학력을 먼저 따지는 사회 분위기를 ㅅ ㅅ 해야 한다. ( )

(3) 올해 우리 잡지에 ㅌ ㄱ 된 작품들은 대체로 작년보다 수준이 높아졌다. ( )

(4) 이번 사태에 대한 사회적 관심이 뜨거운데도 당사자는 침묵으로 ㅇ ㄱ 하고 있다. ( )

07 다음 밑줄 친 단어와 바꾸어 쓸 수 있는 단어를 찾아 선으로 바르게 연결하시오.

(1) 어머니는 자기 아이가 거짓말을 할 리 없다고 철석같이 믿었다. •

(2) 기온이 높은 여름에는 대개 한낮을 피해서 농사일을 한다. •

(3) 그는 돌연 모든 사업을 정리하고는 시골로 내려가 버렸다. •

• ㉠ 보통

• ㉡ 갑자기

• ㉢ 굳게

08 다음 밑줄 친 단어의 쓰임이 적절하면 ○, 틀리면 ×에 표시하시오.

(1) 미국과 러시아는 제2차 세계 대전 이후로 대립하는 양상을 보이고 있다. (○ , ×)

(2) 사실을 있는 그대로 기술하는 역사와 달리 소설은 있을 수 있는 일을 꾸며 쓴 것이다. (○ , ×)

09 다음 밑줄 친 단어의 문맥적 의미로 적절한 것을 〈보기〉에서 찾아 기호로 쓰시오.

〈보기〉

뜻이 여러 개인 단어를 다의어, 소리는 같지만 뜻이 다른 단어를 동음이의어라고 한다. '발원(發源)'은 다의어이고, '발원(發源)'과 '발원(發願)'은 동음이의어이다.

• 발원(發源): ㉠ 흐르는 물줄기가 처음 생김. ㉡ 사회 현상이나 사상 따위가 맨 처음 생겨남.

• 발원(發願): ㉢ 신이나 부처에게 소원을 빎. 또는 그 소원.

(1) 서울 탑골 공원에서 발원한 3·1 운동은 곧 전국으로 퍼져 나갔다. ( )

(2) 심청은 아버지의 눈이 뜨이기를 발원하며 바다에 몸을 던졌다. ( )

(3) 한강처럼 큰 강도 그 발원은 실개천이다. ( )

10 다음 제시된 뜻풀이에 해당하는 단어를 퍼즐에서 찾아 동그라미를 치시오.

철	회	일	관	배	치
석	상	희	갈	무	리
닭	달	열	설	쇄	신
돌	연	투	사	대	측
단	언	고	얼	개	은

예 지난 일을 돌이켜 생각함. 또는 그런 생각.

(1) 예기치 못한 사이에 급히.

(2) ① 일반적인 경우에. ② 거의 전부.

(3) ① 물건 따위를 잘 정리하거나 간수함. ② 일을 처리하여 마무리함.

(4) 가정해서 말하여.

11 다음은 글이 갖추어야 할 요건과 관련된 내용이다. 개념어의 성질과 관련 있는 것을 찾아 선으로 바르게 연결하시오.

(1) 통일성 •

(2) 응집성 •

(3) 체계성 •

(4) 객관성 •

• ㉠ 글의 여러 문장들이 형식적으로 긴밀하게 연결되는 성질.

• ㉡ 내용적으로 언제 누가 보아도 그러하다고 인정될 수 있는 성질.

• ㉢ 글의 세부 내용이 하나의 주제로 긴밀하게 연결되는 성질.

• ㉣ 일정한 구성 단계에 따라 짜임새 있는 체계를 지니는 성질.

중국 정나라에서 대부(大夫) 벼슬을 하던 자산(子産)은 어질고 인자한 관리로 이름이 나 있었다. 당시 관직이 높은 관리들은 ㉠대개가 백성들 위에 ㉡군림하며 백성들을 함부로 대하는 것이 일반적이었는데, 자산은 관리로 지내는 동안 ㉢일관되게 백성들의 입장을 먼저 생각하는 선한 관리였다. 개인적인 이익 때문에 죄 없는 백성을 괴롭히는 관리는 반드시 그 벌을 받기 마련이다. 어느 날 자산이 개울을 건너려다가 백성들이 바지를 걷고 살얼음이 언 차가운 강물을 맨발로 건너는 것을 보게 되었다. 자산은 이를 ㉣측은하게 여겨 몇몇 사람을 자기의 수레에 태워 건네주었다. 이는 백성을 사랑하는 그의 마음이 ㉤발현된 행동이었다.

그러나 자산의 이야기를 들은 맹자는 자산의 행위를 비판하였다.

"자산은 정이 많기는 하나 정치를 할 줄 모른다. 먼저 사람들이 건널 수 있는 작은 다리를 놓고, 이후 수레가 지나다닐 수 있는 큰 다리를 놓으면 백성들 누구나 물을 쉽게 건널 수 있을 것이다. 그렇게 한다면 설사 길을 가면서 오가는 백성들을 좌우로 물리치며 거만하게 다녀도 괜찮을 것이다. 어떻게 한 사람 한 사람을 모두 건네줄 수 있겠는가. 정치인이 모든 사람들을 한 명 한 명 기쁘게 해 주려면 날마다 그 일만 해도 부족할 것이다."

– 「맹자」 '이루' 편

12 윗글에 나타난 '맹자'의 주장으로 가장 적절한 것은?

① 정치인은 모든 사람들을 만족시키려 해서는 안 된다.
② 정치인은 백성을 측은히 여기는 마음을 지녀야 한다.
③ 정치인은 개인적인 이익이나 인정에 휘둘리면 안 된다.
④ 정치인은 문제를 해결할 근본적 대책을 마련해야 한다.
⑤ 정치인은 사소하게 여겨지는 일도 최선을 다해야 한다.

13 ㉠~㉤의 문맥적 의미로 적절하지 <u>않은</u> 것은?

① ㉠ : 거의 전부.
② ㉡ : 여러 사람을 이끌고 감.
③ ㉢ : 처음의 방법이나 태도, 마음 자세를 바꾸지 아니하고 끝까지 밀고 나감.
④ ㉣ : 가엾고 불쌍함.
⑤ ㉤ : 속에 있거나 숨은 것이 밖으로 나타남.

14 〈보기〉를 참고할 때, 윗글의 1문단에서 통일성을 해치는 문장을 찾아 첫 어절과 끝 어절을 쓰시오.

〈보기〉

좋은 글이 갖추어야 할 요건은 한두 가지가 아니지만, 그중에서도 가장 중요한 것은 글의 '통일성'이다. 글의 통일성이란 글의 세부 내용이 하나의 주제를 중심으로 긴밀하게 연결되는 것을 의미한다. 통일성을 갖추려면 글 전체가 하나의 주제를 드러낼 수 있도록 그 주제, 즉 중심 내용을 뒷받침하는 하위 내용들로 글이 구성되어야 한다.

(   )

'자연의 모습'과 관련된 한자성어를 살펴봐요

⊙ **구절양장(九折羊腸)**
아홉 번 꼬부라진 양의 창자라는 뜻으로, 꼬불꼬불하며 험한 산길을 이르는 말.

⊙ **망망대해(茫茫大海)**
한없이 크고 넓은 바다.

⊙ **심산유곡(深山幽谷)**
깊은 산속의 으슥한 골짜기.

⊙ **만경창파(萬頃蒼波)**
만 이랑의 푸른 물결이라는 뜻으로, 한없이 넓고 넓은 바다를 이르는 말.

⊙ **청풍명월(淸風明月)**
맑은 바람과 밝은 달.

15 위에 제시된 한자성어 중, 다음 밑줄 친 부분과 가장 관련이 깊은 것을 찾아 쓰시오.

우리 선조들은 자연 속에서 욕심 없이 살아가는 삶을 꿈꾸었다. 다툼이 많은 속세를 떠나 아무런 속박 없이 나무와 풀, 바람과 달 같은 자연물과 더불어 사는 삶에 대한 바람은 옛사람들이 남긴 글에서 흔히 찾아볼 수 있다.

(   )

16 위에 제시된 한자성어 중, 다음 빈칸에 들어가기에 가장 적절한 것을 찾아 쓰시오.

산길은 [   ]으로 꼬불꼬불 돌고 돌면서 끊일락 말락 끝없이 이어지고 있었다.

(   )

17 위에 제시된 한자성어 중, 다음 밑줄 친 한자성어와 바꾸어 쓸 수 있는 것을 찾아 쓰시오.

요즘 그의 사업은 마치 <u>만경창파</u>에 떠 있는 작은 배처럼 위태롭기만 한 상황이다.

(   )

오늘의 어휘, 어디까지 알고 있니?

※ 다음 문장의 문맥에 알맞은 단어를 ( ) 안에서 골라 ○표 하세요.

01. 어머니께서는 작은 공장을 (경영 VS 번영)하고 계신다.

02. 일이 쉬우면서도 높은 (수익 VS 손실)이 보장되는 사업은 없다.

03. 어린 시절 시골에서 먹었던 음식은 그가 식당을 여는 데 큰 (자산 VS 유산)이 되었다.

04. 세계 여러 나라는 무역을 통해 서로 (재화 VS 주화)를 교환한다.

05. 먼 곳일수록 자동차보다 기차를 타고 가는 것이 더 (경쟁적 VS 경제적)이다.

06. (공공재 VS 문화재)가 제대로 공급되지 않으면 국민들의 생활이 매우 불편해진다.

| 정답 | 01. 경영 02. 수익 03. 자산 04. 재화 05. 경제적 06. 공공재

경영(經경서 **경** 營경영할 **영**) ① 기업이나 사업 따위를 관리하고 운영함. ② 기초를 닦고 계획을 세워 어떤 일을 해 나감.

예문 • 회사를 만드는 것보다는 회사를 경영하는 것이 더 중요하다.
• 어른이 되면 자기 스스로 자기 일을 경영할 수 있어야 한다.

수익(收거둘 **수** 益더할 **익**) 일이나 사업 같은 경제 활동을 하여 얻은 이익.

예문 • 축제 장터에서 음식을 만들어 팔면 많은 수익을 낼 수 있을 것이다.
• 이익은 수익에서 비용을 빼고 남은 금액을 말한다.

자산(資재물 **자** 産낳을 **산**) ① 개인이나 단체가 소유하고 있는 경제적 가치가 있는 재산. ② 개인이나 집단이 소중히 여길 가치가 있는 것을 비유적으로 이르는 말.

예문 • 그는 가족들이 모은 막대한 자산을 노름으로 탕진하였다.
• 인류의 소중한 자산인 세계 문화유산에 관심을 기울이고 이를 보존해야 한다.

쌤Tip '자산'은 당사자가 현재 가지고 있는 재산을, '유산'은 죽은 사람이 남겨 놓은 재산을 말해요.

재화(財재물 **재** 貨재화 **화**) 사람이 바라는 바를 모자람이 없게 해 주는 모든 물건.

예문 • 사람들은 생존에 필요한 재화와 서비스를 다른 사람들에게 제공하기도 하고 이를 사용하기도 한다.
• 기업이 재화를 생산하는 과정에서 여러 가지 비용이 발생한다.

쌤Tip '주화'는 동전을 의미해요. '주화'로 '재화'를 살 수 있는 거죠.

경제적(經경서 **경** 濟건널 **제** 的과녁 **적**) ① 인간의 생활에 필요한 물건이나 노동을 생산하고 분배하고 소비하는 모든 활동에 관한 것. ② 돈이나 시간, 노력을 적게 들이는 것.

예문 • 지구촌의 여러 나라들은 경제적 협력 관계를 이루고 있다.
• 이 음식은 직접 만드는 것보다 사 먹는 것이 더 경제적이다.

공공재(公공변될 **공** 共함께 **공** 財재물 **재**) 도로, 다리, 공원 등과 같이 사회 구성원들이 공동으로 사용하는 물건이나 시설.

예문 • 국방, 치안, 도로, 교육 등과 같은 공공재에 드는 비용은 세금을 활용한다.
• 공공재는 대가를 지불하지 않고도 재화나 서비스를 이용할 수 있는 속성을 가지고 있다.

※ 다음 문장의 문맥에 알맞은 단어를 ( ) 안에서 골라 ○표 하세요.

01. 부동산 경기가 (단열 VS 과열)되어 집값이 엄청나게 올랐다.

02. 이 상품은 인기가 많아 대금을 (선불 VS 후불)로 지불해도 구하기가 어렵다.

03. 그는 망해 가던 회사를 (인수 VS 인상)하여 3년 만에 직원 수 300명의 큰 기업으로 키워 내었다.

04. 대회 주최 측은 마라톤 완주자들에게 기념품을 (정정 VS 증정)하였다.

05. 저작권은 자신이 만든 창작물에 대한 (배타적 VS 이타적) 권리를 말한다.

06. 경제 발전을 최우선으로 하는 (산업화 VS 양극화) 정책으로 인해 자연이 점점 파괴되고 있다.

07. 회사의 모든 직원들에게 200%의 (비상금 VS 상여금)을 지급하기로 결정하였다.

| 정답 | 01. 과열 02. 선불 03. 인수 04. 증정 05. 배타적 06. 산업화 07. 상여금

과열(過지날 **과** 熱더울 **열**) ① 지나치게 뜨거워짐. 또는 그런 열. ② 지나치게 활기를 띰.

샘Tip '단열'은 열이 통하지 않도록 막는 것이고, '과열'은 열이 지나친 것을 의미해요.

예문
• 기계의 과열을 막기 위해 냉각수가 필요하다.
• 택배 시장이 과열되면서 업체 간 가격 경쟁이 심해지고 있다.

선불(先먼저 **선** 拂떨칠 **불**) 일이 끝나기 전이나 물건을 받기 전에 미리 돈을 치름.

예문
• 거스름돈을 받는 대신 선불 카드에 충전하는 제도를 시범적으로 실시하고 있다.
• 이 식당은 음식값을 선불로 받는다.
• 선불 통화 서비스는 가입비나 기본료가 없어 통화량이 적은 사용자들에게 인기가 많다.

인수(引끌 **인** 受받을 **수**) 물건이나 권리를 건네받음.

샘Tip '인수'는 어떤 것을 건네받는 것이고, '인상'은 돈과 관련된 것이 오르는 거예요.

예문
• 아버지께서는 학교를 인수하여 교육 사업을 하려 하셨다.
• 우리는 그 가게를 인수하기로 결정하였다.
• 성규는 회사의 경영권을 인수한 뒤, 곧 동생인 명수에게 모든 권한을 위임하였다.

증정(贈줄 **증** 呈드릴 **정**) 어떤 물건 따위를 감사 표시나 축하 인사로 줌.

예문
• ○○ 회사에서 홍보용으로 볼펜 세 개를 묶어 소비자들에게 증정하였다.
• 선수들은 자신들의 사인이 담긴 축구공을 관중들에게 증정하였다.
• 시간 관계상 꽃다발 증정은 생략하도록 하겠습니다.

배타적(排물리칠 **배** 他다를 **타** 的과녁 **적**) 남을 따돌리거나 거부하여 밀어 내치는 것.

샘Tip '배타적'은 어떤 것을 남이 하지 못하도록 하는 거예요. 예를 들어 우리나라 바다에서는 우리나라 사람만 배타적으로 어업을 할 수 있어요.

예문
• 독도는 바다에서 우리나라의 배타적 경제 수역 설정에 중요한 역할을 한다.
• 그는 이기적이고 배타적인 태도를 보이는 경우가 많아 사람들의 미움을 받고 있다.
• 종교가 다르다고 해서 다른 사람들을 배타적으로 대해서는 안 된다.

산업화(産낳을 **산** 業업 **업** 化될 **화**) 재화나 서비스를 생산하는 형태가 됨. 또는 그렇게 되게 함.

예문
• 우리 사회는 급속한 산업화와 도시화를 겪으면서 경쟁을 중시하게 되었다.
• 산업화가 진행되면서 많은 사람들이 농촌을 떠나 도시로 몰려들었다.

상여금(賞상줄 **상** 與더불 **여** 金쇠 **금**) 직원에게 정기적으로 주는 임금과 별도로 특별히 주는 돈.

샘Tip '상여금'은 일을 잘했다고 주는 돈이고, '비상금'은 나중에 쓰려고 따로 모아 둔 돈을 말해요. 상여금을 비상금으로 쓸 수도 있겠죠?

예문
• 상여금을 사회적 소비에 지출할수록 행복감이 높은 것으로 나타났다.
• 우리 회사는 평균 두 달에 한 번꼴로 상여금이 지급된다.

※ 다음 문장의 문맥에 알맞은 단어를 (   ) 안에서 골라 ○표 하세요.

01. 그는 우연한 기회에 인생의 (궤도 VS 인도)가 바뀌어 소설가가 되었다.

02. 선거 때면 지키지 못할 약속을 하는 정치인들의 (꼼수 VS 하수)가 늘어난다.

03. 일단 매매 계약을 한 뒤, 모자라는 금액은 은행에서 (대출 VS 지출)을 받기로 했다.

04. 이번 실험에는 어마어마한 돈이 (강요 VS 소요)될 것으로 예상된다.

05. 권력의 (악용 VS 선용)은 피해의 범위와 정도가 매우 크므로 경계해야 한다.

06. 올해는 비가 많이 내려 과일값이 많이 오를 것으로 (전망 VS 전시)된다.

07. 첨단 기술 개발과 생산력의 (증감 VS 증대)를 통해 기업 경쟁력을 강화할 수 있다.

08. 최근 들어 모든 경제 (부표 VS 지표)들이 이전보다 떨어지고 있어 우려의 목소리가 높다.

09. 그는 땅 주인에게 땅을 빌려 쓰면서 (임대료 VS 임차료)를 낸다.

10. 우리나라는 전쟁의 상처를 딛고 (비관적 VS 비약적)인 경제 발전을 이루었다.

| 정답 | 01. 궤도 02. 꼼수 03. 대출 04. 소요 05. 악용 06. 전망 07. 증대 08. 지표 09. 임차료 10. 비약적

궤도(軌바큇자국 궤 道길 도) ① 일이 발전하는 본격적인 방향과 단계. ② 기차나 전차의 바퀴가 굴러 가도록 레일을 깔아 놓은 길.

예문 • 우리나라의 모바일 페이 시장은 이제 막 성장 궤도에 올랐다.
   • 기차가 궤도를 이탈하는 사고가 났다.

꼼수   쩨쩨한 수단이나 방법.

예문 • 어떤 회사는 과장 광고로 소비자를 꾀는 꼼수를 부리기도 한다.
   • 꼼수는 당장은 이익인 것처럼 보이지만 결국 손해로 돌아오기 마련이다.

쌤Tip '꼼수'는 치사한 방법을, '하수'는 남보다 낮은 재주나 솜씨를 가진 사람을 의미해요.

대출(貸빌릴 대 出날 출) 돈이나 물건 따위를 빌려주거나 빌림.

예문 • 동우는 가까운 도서관에 가서 책을 대출했다.
   • 그 금액이 내가 대출받을 수 있는 최대한의 금액이었다.

쌤Tip '대출'은 돈이나 물건을 빌리거나 빌려주는 것이고, '지출'은 돈을 쓰는 거예요.

소요(所바 소 要중요할 요) 필요로 하거나 요구되는 바.

예문 • 주문한 상품을 받는 데까지 며칠이나 소요될까요?
   • 영화 제작진은 준비 작업에만 석 달을 소요하였다.

쌤Tip '소요'는 어떤 일에 필요한 것을, '강요'는 강제로 시키는 것을 의미해요.

악용(惡악할 악 用쓸 용) 알맞지 않게 쓰거나 나쁜 일에 씀.

예문 • 일부 기업은 개발 도상국의 값싼 노동력과 느슨한 환경법을 악용하기도 한다.
   • 날로 발전하는 과학 기술이 인류를 위협하는 수단으로 악용될 수도 있다.

전망(展펼 전 望바랄 망) ① 넓고 먼 곳을 멀리 바라봄. 또는 멀리 내다보이는 경치. ② 앞날을 헤아려 내다봄. 또는 내다보이는 장래의 상황.

예문 • 집 앞에 높은 건물이 있어 전망이 좋지 않다.
   • 모바일 페이 시장의 확대로 현금이 완전히 사라질 수도 있다는 전망이 나오고 있다.

증대(增더할 증 大큰 대) 양이 많아지거나 규모가 커짐.

예문 • 최근 들어 모바일 페이의 사용 규모가 눈에 띄게 증대되고 있다.
   • 농어민들의 소득 증대를 위한 여러 방안들이 마련되어야 한다.

쌤Tip '증대'는 많아지거나 늘어나는 것이고, '증감'은 오르락내리락 하는 거예요.

지표(指가리킬 지 標표 표) 방향이나 목적, 기준 따위를 나타내는 표시나 특징.

예문
• 비만한 정도를 판정하는 지표를 비만 지수라고 한다.
• 도시의 빛 공해 때문에 별을 지표로 삼는 철새들이 길을 잃기도 한다.

샘 Tip '지표'는 기준을 나타내는 표시이고, '부표'는 물 위에 띄워 표적으로 삼는 물건이에요.

임차료(賃품팔이 임 借빌릴 차 料헤아릴 료) 남의 물건을 빌려 쓰는 대가로 내는 돈.

예문
• 공장이나 사무실 임차료 등은 고정 비용에 해당한다.
• 장사가 너무 안 되어서 임차료도 못 낼 지경이다.
• 상가 입주자들은 임차료를 내려 달라고 건물주에게 건의하였다.

샘 Tip '임대료'는 빌려준 사람이 받는 돈이고, '임차료'는 빌린 사람이 내는 돈이에요. 같은 돈이지만 받는 사람, 주는 사람에 따라 부르는 이름이 다른 거죠.

비약적(飛날 비 躍뛸 약 的과녁 적) 지위나 수준 따위가 갑자기 빠른 속도로 높아지거나 향상되는 것.

예문
• 1년 동안 우리나라의 국민 소득이 비약적으로 증가하였다.
• 그 기업은 최근 생화학 공업 분야에서 비약적인 발전을 보이고 있다.

| 글의 설명 방법 ① |

개념어도 함께 알아봐요

비교(比견줄 비 較견줄 교) 둘 이상의 대상을 견주어 공통점을 위주로 설명하는 방법.

예 희곡이나 시나리오 같은 극 문학과 소설 같은 서사 문학은 자아와 세계와의 갈등을 다룬다는 공통점이 있다.

대조(對대답할 대 照비출 조) 둘 이상의 대상을 견주어 차이점을 위주로 설명하는 방법.

예 설명문이 정보 전달을 목적으로 하는 데 비해, 논설문은 상대방을 설득하는 것을 목적으로 한다는 차이점이 있다.

개념+ '비교'와 '대조'를 사용하면 둘 이상의 대상을 쉽게 설명할 수 있어요. '비교'는 차이가 있는 대상들 간의 공통점을 설명하기 위해 주로 사용하고, '대조'는 유사해 보이는 대상들 간의 차이점을 설명하기 위해 주로 사용해요.

예 소설과 희곡은 둘 다 대립과 갈등을 중심으로 서사적인 이야기가 진행된다.[비교] 그러나 소설에는 서술자가 있는 반면, 희곡에는 서술자가 나타나지 않는다.[대조]

분석(分나눌 분 析가를 석) 대상을 구성 요소나 부분으로 쪼개어 설명하는 방법.

개념+ '분석'은 어떤 대상이나 현상을 구성하는 요소로 쪼개거나 분해하여 설명하는 방법이기 때문에, 설명 대상의 하위 구성 요소를 자세하게 제시하는 데 효과적이에요.

예 시계는 숫자판, 시침, 분침, 초침 등으로 구성된다.

분류(分나눌 분 類무리 류) 하위 항목을 상위 항목으로 묶어 설명하는 방법.

예 시, 소설, 수필, 희곡 등은 모두 문학이다.

구분(區구역 구 分나눌 분) 상위 항목을 하위 항목으로 나누어 설명하는 방법.

예 문학은 시, 소설, 수필, 희곡 등으로 나뉜다.

개념+ '분류'와 '구분'은 대상을 일정한 기준에 따라 갈래지어 설명한다는 점에서 공통점이 있어요. 그래서 '분류'와 '구분'을 엄격하게 구별하지 않고 '분류'라고 하기도 해요. 비슷한 속성을 지닌 대상을 분류해서 제시하면 내용을 체계적으로 정리하여 설명할 수 있죠. 이때 기준에 따라 묶거나 나누는 대상이 달라지기 때문에 객관적인 기준을 정하는 것이 중요해요.

문제로 단어 익히기

01 제시된 초성과 뜻풀이를 참고하여 ( ) 안에 들어갈 알맞은 단어를 쓰시오.

(1) ㅊ ㅅ : 쩨쩨한 수단이나 방법.

　예 토끼가 거북에게 육지에서의 달리기 시합을 제안한 것은 치사한 ( )이다.

(2) ㅅ ㅂ : 일이 끝나기 전이나 물건을 받기 전에 미리 돈을 치름.

　예 ( ) 요금제는 사용할 만큼만 미리 금액을 충전하여 사용하는 것을 말한다.

(3) ㅈ ㅅ : 개인이나 집단이 소중히 여길 가치가 있는 것을 비유적으로 이르는 말.

　예 오랫동안 전해 내려오는 옛이야기는 예술을 창작하는 데 중요한 ( )이 된다.

02 제시된 초성과 뜻풀이를 참고하여 문장에 빈칸에 들어갈 알맞은 단어를 쓰시오.

(1) 친구의 약점을 ㅇ ㅇ 하는 것은 비겁한 일이다.

　→ 알맞지 않게 쓰거나 나쁜 일에 씀.

( )

(2) 불의 사용은 인류의 삶을 ㅂ ㅇ ㅈ 으로 발전시켰다.

　→ 지위나 수준 따위가 갑자기 빠른 속도로 높아지거나 향상되는 것.

( )

03 제시된 단어와 뜻풀이를 고려할 때, 밑줄 친 단어가 제시된 의미로 사용된 것을 골라 ○표 하시오.

(1)
> 궤도 : 일이 발전하는 본격적인 방향과 단계.

　㉠ 어제 기차가 궤도를 이탈하는 사고가 일어났다.
　㉡ 열심히 노력한 결과 사업이 정상 궤도에 올랐다.

(2)
> 전망 : 멀리 내다보이는 경치.

　㉠ 우리가 묵은 숙소는 전망이 매우 좋았다.
　㉡ 전쟁에서 승리할 아무런 전망도 보이지 않는다.

04 다음 사다리를 타 보고, 단어의 뜻풀이로 알맞은 것을 〈보기〉에서 골라 ( ) 안에 기호를 쓰시오.

(1) 수익　　(2) 재화　　(3) 인수　　(4) 대출

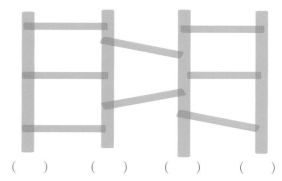

( )　　( )　　( )　　( )

〈보기〉
㉠ 일이나 사업 같은 경제 활동을 하여 얻은 이익.
㉡ 돈이나 물건 따위를 빌려주거나 빌림.
㉢ 물건이나 권리를 건네받음.
㉣ 사람이 바라는 바를 모자람이 없게 해 주는 모든 물건.

05 다음 단어와 그 뜻풀이가 맞으면 ○, 틀리면 ×에 표시하시오.

(1) 증대 : 많아지거나 적어짐. 또는 늘리거나 줄임.

(○ , ×)

(2) 증정 : 어떤 물건 따위를 감사 표시나 축하 인사로 줌.

(○ , ×)

(3) 상여금 : 직원에게 정기적으로 주는 임금과 별도로 특별히 주는 돈.

(○ , ×)

06 다음 밑줄 친 단어의 문맥적 의미로 알맞은 것을 골라 ○표 하시오.

> 　조선 시대에는 세상을 경영할 만한 능력을 지녔으나 타고난 신분이 낮아서 뜻을 펼치지 못한 사람이 많았다.

㉠ 기업이나 사업 따위를 관리하고 운영함.
㉡ 기초를 닦고 계획을 세워 어떤 일을 해 나감.

07 제시된 뜻풀이에 해당하는 단어를 〈보기〉의 글자를 조합하여 쓰시오.

〈보기〉

차 경 료 소 임 적 요 제 지 표

(1) 필요로 하거나 요구되는 바. ( )

(2) 돈이나 시간, 노력을 적게 들이는 것.
( )

(3) 남의 물건을 빌려 쓰는 대가로 내는 돈.
( )

(4) 방향이나 목적, 기준 따위를 나타내는 표시나 특징.
( )

08 다음 문장의 빈칸에 들어갈 알맞은 단어를 〈보기〉에서 찾아 쓰시오.

〈보기〉

공공재 산업화 수익 증대

(1) 우리나라는 1960~70년대 ( )가 진행
되면서 국민 소득도 빠르게( )하였다.

(2) 도로나 다리, 공원 같은 ( )는 국민들
의 생활에 꼭 필요하지만 대부분 ( )을
내기 힘드므로 국가가 국민에게 제공하는 경우가 많다.

09 다음 밑줄 친 단어의 쓰임이 적절하면 ○, 틀리면 ×에 표시하시오.

(1) 우리는 화물차를 몰고 가서 직접 그 물건을 <u>인수</u>하였다.
(○ , ×)

(2) 그녀는 용돈 대부분을 만화책을 사는 데에 <u>대출</u>하고 있
다. (○ , ×)

(3) 자기의 믿음만이 옳다고 생각하는 <u>배타적</u>인 태도는 곤
란하다. (○ , ×)

10 다음 밑줄 친 단어와 바꾸어 쓰기에 가장 적절한 것은?

이번 달은 우리 부서의 영업 실적이 매우 좋아서 부
원 모두가 월급과 별도로 두둑한 <u>보너스</u>를 받았다.

① 선불 ② 자산 ③ 공공재
④ 상여금 ⑤ 임차료

11 다음 빈칸에 공통으로 들어갈 단어로 가장 적절한 것은?

• 그는 계획을 짜서 시간을 [ ]으로 이용했다.

• 세계에는 [ ] 빈곤에 빠져 있는 사람이 많다.

① 경제적 ② 경쟁적 ③ 배타적
④ 비약적 ⑤ 사회적

12 다음 밑줄 친 단어의 문맥적 의미가 나머지와 다른 하나는?

① 컴퓨터가 <u>과열</u>되어 그만 먹통이 되어 버렸다.

② 전자 제품을 오래 쓰려면 <u>과열</u>에 주의해야 한다.

③ 자동차에는 엔진의 <u>과열</u>을 막기 위한 장치가 있다.

④ 화재의 발생 원인이 전기담요의 <u>과열</u>로 밝혀졌다.

⑤ 성적 경쟁이 <u>과열</u>되면서 많은 학생들이 힘들어한다.

13 다음은 설명의 방법과 관련된 내용이다. 해당하는 개념어를 찾아 선으로 바르게 연결하시오.

(1) 둘 이상의 대상을 견주어 공통점을 위주로 설명하는 방법 • • ㉠ 비교

(2) 둘 이상의 대상을 견주어 차이점을 위주로 설명하는 방법 • • ㉡ 분류

(3) 대상을 구성 요소나 부분으로 쪼개어 설명하는 방법. • • ㉢ 대조

(4) 하위 항목을 상위 항목으로 묶어 설명하는 방법 • • ㉣ 분석

14 〈보기〉에 사용된 설명 방법으로 가장 적절한 것은?

〈보기〉

개는 주인에게 충성스러운 반면 고양이는 주인에게
무심한 경우가 많다.

① 구분 ② 대조 ③ 분류
④ 분석 ⑤ 비교

산업화 이후 경제가 ⊙비약적으로 발전하면서 돈의 힘이 더욱 커졌다. ⓐ돈이 많으면 높은 지위에 올라 아무 걱정 없이 원하는 대로 살 수 있다고 여기는 사람들도 많다. 그래서 많은 사람들은 ⓛ꼼수를 부려서라도 어떻게든 돈을 모으려 한다. 오늘날 전 세계 경제의 연간 총 생산액은 50조 달러로, 한국 돈으로 약 4경 7,500조에 이른다. 상상이 안 될 만큼 어마어마한 금액이다. 엄청난 ⓒ자산을 지닌 부자도 셀 수 없을 정도로 많다.

그런데 만약 보이지 않는 곳에 또 다른 50조 달러가 있다면 어떨까? 그런 돈이 어디 있느냐고 되물을 수 있겠지만, 그 돈은 분명히 우리 주위에 있다. 바로 자원봉사 활동과 가족을 위한 가사 노동이다. 이러한 일에는 보수가 주어지지 않는다. 하지만 돈을 받고 하는 경제 활동과 마찬가지로 무척이나 가치 있는 일이다. 만약 이러한 활동을 위해 사람을 고용할 경우 어마어마한 돈을 지급해야 한다. 즉, 자원봉사 활동이나 가족을 돌보는 일은 돈만 오가지 않을 뿐이지, 하나하나가 많은 시간과 노동력이 ⓔ소요되는 생산적인 일인 것이다.

이제 우리는 겉으로 보이는 ⓜ경제적인 수치만으로 부를 평가하고 그것을 행복의 기준으로 삼는 데서 벗어나야 한다. 행복하게 사는 것의 기준은 눈에 보이는 돈에 있는 것이 아니다. 돈은 적게 벌지만 부자보다 훨씬 더 행복하게 살고, 더 가치 있는 일을 하는 사람도 많다. 겉으로 드러나는 수치만으로 부를 평가하고 그 속에서 행복을 찾으려고 하는 사회는 머지않아 수명을 다하게 될 것이다.

15 글쓴이의 궁극적인 주장으로 가장 적절한 것은?

① 산업화 이후 시간이 갈수록 돈의 힘이 더욱 막강해지고 있다.
② 자원봉사 활동은 경제 활동과 마찬가지로 생산적인 활동이다.
③ 인간의 활동에는 보이지 않는 50조 달러의 가치가 숨어 있다.
④ 경제적 수치를 행복의 기준으로 삼는 태도에서 벗어나야 한다.
⑤ 진정한 행복을 찾기 위해서는 돈을 받지 않는 일을 해야 한다.

16 ⊙~ⓜ의 문맥적 의미로 적절하지 않은 것은?

① ⊙ : 지위나 수준 따위가 갑자기 빠른 속도로 높아지거나 향상되는 것.
② ⓛ : 쩨쩨한 수단이나 방법.
③ ⓒ : 사람이 바라는 바를 모자람이 없게 해 주는 모든 물건.
④ ⓔ : 필요로 하거나 요구되는 바.
⑤ ⓜ : 인간의 생활에 필요한 물건이나 노동을 생산하고 분배하고 소비하는 모든 활동에 관한 것.

17 ⓐ를 표현하기에 가장 적절한 한자성어는?

① 만수무강(萬壽無疆)　　　　　② 백년해로(百年偕老)
③ 부귀영화(富貴榮華)　　　　　④ 입신양명(立身揚名)
⑤ 태평성대(太平聖代)

'조상들의 바람'과 관련된 한자성어를 살펴봐요

◉ **만수무강(萬壽無疆)**
아무런 탈 없이 아주 오래 삶.

◉ **백년해로(百年偕老)**
부부가 되어 한평생을 사이좋게 지내고 즐겁게 함
께 늙음.

◉ **태평성대(太平聖代)**
어진 임금이 잘 다스리어 아무 걱정 없고 평안한
세상이나 시대.

◉ **고복격양(鼓腹擊壤)**
배를 두드리고 땅을 친다는 뜻으로, 태평한 세월
을 즐김을 이르는 말.

◉ **부귀영화(富貴榮華)**
재산이 많고 지위가 높으며 귀하게 되어서 세상에
드러나 온갖 영광을 누림.

◉ **입신양명(立身揚名)**
출세하여 이름을 세상에 떨침.

18 위에 제시된 한자성어 중, 다음 이야기에서 유래된 것을 찾아 쓰시오.

고대 중국에 요라는 어진 임금이 있었다. 어느 날 요임금은 백성의 옷을 입고 궁궐을 나와 백성들의 삶을 살폈다. 어느
마을에 들어가니, 머리가 하얀 한 노인이 무언가를 먹으면서 손으로 배를 두드리고
발로 땅을 구르며 흥겹게 노래를 부르고 있었다.
"해 뜨면 들에 나가 일하고, 해 지면 집에 들어와 쉬네. 샘을 파서 물을 마시고, 농
사지어 내 먹으니, 내 임금을 알아 무엇하리오."
이를 본 요임금은 매우 기뻐했다. 백성들이 임금을 생각하지 않을 정도로 아무런
걱정 없이 행복하게 산다는 것은 자신이 그만큼 나라를 잘 다스리고 있다는 의미이
기 때문이었다.

(   )

19 위에 제시된 한자성어 중, 다음 밑줄 친 부분을 표현하기에 가장 적절한 것을 찾아 쓰시오.

홍 판서의 서자로 태어난 길동은 신분 때문에 천대를 받으며 사는 것을 뼈에 사무치게 한탄하였다.
"대장부가 세상에 나서 공자와 맹자를 본받지 못할 바에야, 차라리 병법이라도 익혀 나라에 큰 공을 세우고 이름을 만
대에 빛내는 것이 장부의 통쾌한 일이 아니겠는가. 나는 어찌하여 아버지를 아버지라 부르지 못하고 형을 형이라 부르
지 못하는 몸으로 태어났는가?"

(   )

공부한 날 : ___월___일

 오늘의 어휘, 어디까지 알고 있니?

※ 다음 문장의 문맥에 알맞은 단어를 ( ) 안에서 골라 ○표 하세요.

01. 세계 곳곳에는 아직도 (기아 VS 부아)에 허덕이는 어린이들이 많다.

02. 불규칙한 생활은 정신을 (나태 VS 근면)하게 만들기 쉽다.

03. 계속되는 전쟁으로 인해 백성들의 삶이 (도배 VS 도탄)에 빠졌다.

04. 그들은 일제의 모진 (박해 VS 피해) 속에서도 조국 독립에 대한 신념을 잃지 않았다.

05. 고구려는 주변의 여러 나라들을 (복무 VS 복속)시킨 아시아의 강대국이었다.

06. 늙거나 병이 들었다는 이유로 반려동물을 (유기 VS 폐기)하는 사람들이 늘어나 사회적 문제가 되고 있다.

07. 인터넷을 이용하여 가짜 뉴스를 (배포 VS 유포)하는 경우가 늘어나고 있다.

| 정답 | 01. 기아 02. 나태 03. 도탄 04. 박해 05. 복속 06. 유기 07. 유포

기아(飢주릴 기 餓주릴 아) 먹을 것이 없어 배를 곯는 것. = 굶주림.

쌤Tip '기아'는 배가 고픈 상태를, '부아'는 화가 나는 상태를 의미해요.

예문 • 아프리카의 기아 문제에 대처하는 우리의 자세를 돌아보아야 한다.
• 기아와 질병은 모든 인류가 극복해야 할 공동의 적이다.

나태(懶게으를 나 怠게으를 태) 행동, 성격 따위가 느리고 게으름.

예문 • 나무늘보를 가리키는 영어는 'sloth'인데, 이 단어는 본래 나태라는 뜻이다.
• 선생님의 따끔한 나무람이 나태에 빠져 있던 나를 일깨웠다.

도탄(塗진흙 도 炭숯 탄) 진흙 구렁에 빠지고 숯불에 탄다는 뜻으로, 생활이 몹시 어렵고 고통스러운 지경을 이르는 말.

예문 • 관리들의 잘못을 바로잡지 않으면 백성들이 도탄에 빠지게 된다.
• 옛날에는 관리들의 수탈로 땅을 잃고 도탄에 빠진 농민들이 반란을 일으키는 경우가 많았다.

박해(迫닥칠 박 害해로울 해) 못살게 굴어서 해롭게 함.

쌤Tip '박해'는 못살게 구는 것이고, '피해'는 손해를 입는 것이에요.

예문 • 정약용은 조선에서 천주교가 박해를 받게 됨에 따라 오랫동안 유배 생활을 했다.
• 그는 나라가 망하자 침략자의 앞잡이가 되어 자기 동족을 박해하기 시작했다.

복속(服입을 복 屬무리 속) 복종하여 섬겨 따름.

쌤Tip '복무'는 어떤 일에 힘쓰는 것이고, '복속'은 힘센 대상을 섬기는 것이에요.

예문 • 『삼국사기』에 신라 장군 이사부가 우산국을 복속시켰다는 기록이 있다.
• 여러 민족을 복속시킨 로마는 그 나라의 문화에 비교적 관대하였다.

유기(遺남길 유 棄버릴 기) 내다 버림.

예문 • 해마다 여름 휴가철이면 유기 동물 발생 수가 늘어난다.
• 공사장에는 건축 쓰레기가 여기저기 유기되어 있었다.

유포(流흐를 유 布베 포) 세상에 널리 퍼짐. 또는 세상에 널리 퍼뜨림.

쌤Tip '배포'의 대상은 신문이나 책 같이 읽을 수 있는 것으로 한정된 반면, '유포'의 대상은 대개 부정적인 것으로 특정한 종류로 한정되지 않아요!

예문 • 다른 사람의 개인 정보를 함부로 유포하는 것은 범죄 행위이다.
• 그는 허위 사실 유포의 책임을 물어 그 회사를 고소하겠다고 밝혔다.

※ 다음 문장의 문맥에 알맞은 단어를 (   ) 안에서 골라 ○표 하세요.

01. 수입품을 포장지만 바꿔 국산품으로 (둔갑 VS 환갑)시켜 팔아 온 일당이 구속되었다.

02. (누명 VS 익명)의 사람이 매년 수백만 원의 장학금을 학교에 전달해 잔잔한 감동을 주고 있다.

03. 사회가 급속도로 삭막해지면서 도덕적 (일탈 VS 해탈) 행위가 증가하고 있다.

04. 어떤 것에 (과의존 VS 저의존)하는 상태를 쉬운 말로 '중독'이라고 한다.

05. 그의 소설은 작가의 의도를 오해한 일부 평론가들에 의해 (강도질 VS 난도질)을 당했다.

06. 돈이 많으면서도 (악의적 VS 호의적)으로 세금을 내지 않는 사람들이 있다.

07. 한때 많은 사람들로 북적였던 그 건물은 (가증스러운 VS 흉물스러운) 모습으로 무너져 있었다.

| 정답 | 01. 둔갑 02. 익명 03. 일탈 04. 과의존 05. 난도질 06. 악의적 07. 흉물스러운

둔갑(遁달아날 둔 甲갑옷 갑) ① 술법을 써서 자기 몸을 감추거나 다른 것으로 바꿈. ② 사람이나 사물의 본디 형체나 성질이 바뀌거나 가리어짐을 비유적으로 이르는 말.

예문 • 여우가 사람으로 둔갑했다는 전설이 전국 곳곳에 전해 내려온다.
• 수입 농산물이 국내산으로 둔갑하여 유통되는 경우도 있다.

익명(匿숨길 익 名이름 명) 이름을 숨김. 또는 숨긴 이름이나 그 대신 쓰는 이름.

예문 • 가상 공간에서는 사람들이 익명으로 활동하는 경우가 많다.
• 이 공간을 통해 익명의 사람들이 서로를 위로하며 마음을 나눈다.
• 홈페이지의 익명 게시판에 글을 쓸 때에는 인터넷 예절을 지키고 고운 말을 써야 한다.

일탈(逸잃을 일 脫벗을 탈) ① 어떤 조직이나 사상, 규범으로부터 빠져 벗어남. ② 사회적인 규범으로부터 벗어나는 일.

예문 • 권위와 통제만으로는 개개인의 일탈을 막을 수 없다.
• 과도한 학업 스트레스는 청소년들의 일탈 행동으로 이어질 수 있다.

> **쌤Tip** '일탈'은 규범으로부터 벗어나거나 사회 질서를 어기는 것이고, '해탈'은 얽매임에서 벗어나 진리를 깨닫는 것이에요.

과의존(過지날 과 依의지할 의 存있을 존) 어떤 것에 의지하는 정도가 지나침.

예문 • 스마트폰 과의존 상태에 빠진 청소년이 늘고 있다.
• 인터넷이나 스마트폰 과의존을 질병으로 보아야 한다는 주장이 나오고 있다.

> **쌤Tip** '과의존'은 부정적인 의미를 지닌 '중독'이란 말을 대신하기 위해 새로 만든 말이에요.

난도질(亂어지러울 난 刀칼 도 —) ① 칼로 사람이나 물건을 함부로 마구 베는 짓. ② 어떤 대상을 함부로 대함을 비유적으로 이르는 말.

예문 • 화가 잔뜩 난 그녀는 도마 위의 고깃덩어리를 난도질하였다.
• 욕설은 상대방의 마음을 난도질하여 서로의 사이를 멀어지게 한다.

악의적(惡악할 악 意뜻 의 的과녁 적) 나쁜 마음이나 좋지 않은 뜻을 가진 것.

예문 • 특정인에게 악의적인 댓글을 다는 행위도 인터넷상의 집단 괴롭힘인 사이버불링에 해당한다.
• 그는 몇 개월 전부터 일부 언론의 악의적 보도로 상처를 입어 왔다.

흉물스럽다(凶흉할 흉 物만물 물 —) ① 성질이 음흉한 데가 있다. ② 모양이 흉하고 괴상한 데가 있다.

예문 • 그 사람은 욕심이 너무 많아 흉물스럽다는 말을 듣는다.
• 바닷가에 흉물스럽게 버려진 플라스틱 쓰레기들이 자연 경관을 해치고 있다.

> **쌤Tip** '가증스럽다'의 대상은 주로 사람이고, '흉물스럽다'는 사람이나 물건 등에 두루 쓰여요.

※ 다음 문장의 문맥에 알맞은 단어를 ( ) 안에서 골라 ○표 하세요.

01. 건물에 불이 나서 (급등 VS 급박)한 순간에도 사람들은 침착하게 질서를 지켜 대피했다.

02. 요즘 십 대 청소년들에게 연예인이나 유튜버가 (선망 VS 전망)의 직업이 된 것은 사회의 변화를 반영하는 현상이다.

03. 생태계의 (세정 VS 자정) 능력이 파괴되면 결국 인간도 살 수 없게 된다.

04. 구급차가 사이렌을 울리며 거리를 (도주 VS 질주)하고 있다.

05. 전교생들이 조금씩 모은 (구호금 VS 축의금)을 홍수 피해를 입은 사람들에게 전달하였다.

06. 그 제품은 나오자마자 학생들에게 (고풍적 VS 선풍적)인 인기를 끌었다.

07. 전국 각지에서 모인 의병들은 나라를 지키기 위해 (필사적 VS 필수적)으로 왜군들과 맞서 싸웠다.

08. 우리 기숙사의 규칙이 얼마나 (신중한지 VS 엄중한지) 알고 있지?

09. 오랫동안 사용했던 구식 컴퓨터가 이제는 자리만 차지하는 (보물단지 VS 애물단지)가 되었다.

10. 저 두 사람이 사귀고 있다는 것은 이미 (공공연한 VS 하소연한) 사실이다.

| 정답 | 01. 급박 02. 선망 03. 자정 04. 질주 05. 구호금 06. 선풍적 07. 필사적 08. 엄중한지 09. 애물단지 10. 공공연한

급박(急급할 **급** 迫닥칠 **박**) 상황이나 상태가 조금도 여유가 없이 매우 급함.

예문 • 이곳에 오니 3·1 운동 당시의 급박했던 숨결이 느껴지는 것 같다.
• 상황이 급박해지자 그는 나에게 도움을 요청했다.

쌤Tip '급등'은 갑자기 오르는 것, '급박'은 매우 급한 것!

선망(羨부러워할 **선** 望바랄 **망**) 부러워하여 바람.

예문 • 먹을 것이 부족했던 옛날에는 고열량 식품들이 선망의 대상이었다.
• 그는 남들이 선망하는 직장에 단번에 합격하였다.

자정(自스스로 **자** 淨깨끗할 **정**) ① 오염된 물이나 땅 따위가 저절로 깨끗해짐. ② 어떤 집단이나 사회가 잘못된 것을 스스로 바로잡음을 비유적으로 이르는 말.

예문 • 생태계의 자정 능력이 점점 떨어지고 있다.
• 그들은 자신들의 문제점을 파악하고 이를 자정하려 노력하였다.

쌤Tip '세정'은 씻는 것, '자정'은 저절로 깨끗해지는 것!

질주(疾병 **질** 走달릴 **주**) 빨리 달림.

예문 • 아이는 자전거를 타고 신나게 거리를 질주하였다.
• 교통질서를 지키지 않고 질주하는 오토바이는 대형 사고를 일으킬 수 있다.

구호금(救구원할 **구** 護보호할 **호** 金쇠 **금**) 재해나 재난 따위로 어려움에 처한 사람을 돕기 위하여 나라에서 내놓거나 여러 사람이 내어 마련한 돈.

예문 • 구호금으로 라디오를 사서 가난한 원주민들에게 보급하려는 생각도 해 보았다.
• 그들은 불우 이웃들에게 구호품과 구호금을 전달하였다.

선풍적(旋돌 **선** 風바람 **풍** 的과녁 **적**) 갑자기 일어나 사회에 큰 영향을 미치거나 관심을 끌 만한 것.

예문 • 전신 수영복은 한때 수영 선수들에게 선풍적인 인기를 끌었다.
• 한국 남자 아이돌 그룹의 정확한 칼군무가 전 세계적으로 선풍적인 반응을 일으키고 있다.

필사적(必반드시 **필** 死죽을 **사** 的과녁 **적**) 죽을힘을 다하는 것.

예문 • 다리에 장애가 있는 나에게는 학교에 가는 일이 필사적인 투쟁이었다.
• 영업 사원들은 누구나 다 판매량을 늘리기 위해 필사적으로 노력한다.

엄중하다(嚴엄할 엄 重중요할 중—) ① 몹시 엄하다. ② 보통 있는 일로 여길 수 없을 정도로 중요하고 크다.

> 예문 • 음주 운전을 엄중하게 단속해야 한다.
> • 상황이 매우 엄중하기 때문에 말과 행동을 각별히 조심해야 한다.

쌤Tip '신중한' 것은 조심하는 것, '엄중한' 것은 매우 엄하거나 중요한 것이에요. 엄중한 일이라면 당연히 신중해야겠죠?

애물단지(—物만물 물—) '몹시 애를 태우거나 성가시게 구는 물건이나 사람(애물)'을 낮잡아 이르는 말.

> 예문 • 요즘 공중전화 부스는 사람들이 잘 사용하지 않아 애물단지가 되고 있다.

공공연하다(公공변될 공 公공변될 공 然그럴 연—) 숨김이나 거리낌이 없이 그대로 드러나 있다.

> 예문 • 국제 협약을 무시한 채 국가 간에 전자 폐기물이 공공연하게 거래되고 있다.
> • 그 종교 단체는 그동안 숨겨 왔던 단체의 이름을 공공연하게 밝히고 다니기 시작했다.

| 글의 설명 방법 ② |

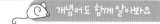 개념어도 함께 알아봐요

정의(定정할 정 義뜻 의) 어떤 말이나 사물의 뜻을 명확하게 밝혀 설명하는 방법.

> 예 정삼각형은 세 변의 길이가 같고, 세 각의 크기가 같은 삼각형이다.

> 개념+ '정의'와 비슷한 설명 방법으로 '지정'이 있어요. '지정'은 가리키어 확실하게 정하는 것으로, 질문에 대해 답변의 형태로 제시되는 것을 의미해요. 그렇지만 대개는 '정의'와 '지정'을 구별하지 않고 '정의'로 통틀어서 말해요.
> 예 세종 대왕은 백성을 먼저 생각한 성군이다. [지정] / 세종 대왕은 조선의 제4대 왕이다. [정의]

예시(例법식 예 示보일 시) 어떤 사실이나 현상에 대해 구체적인 예를 들어 설명하는 방법.

> 개념+ '예시'의 설명 방법에는 주로 '예를 들어', '예컨대', '가령'과 같은 말이 사용돼요.
> 예 대부분의 나무는 사람보다 오래 산다. 예를 들어 느티나무, 밤나무, 은행나무 등은 수명이 천 년이 넘는다.

인용(引끌 인 用쓸 용) 다른 사람의 말이나 글을 자신의 말이나 글 속에 끌어와서 설명하는 방법.

> 개념+ '인용'을 할 때에는 원래의 말이나 글을 큰따옴표로 묶고 뒤에 조사 '라고'를 붙여 직접 제시하거나[직접 인용], 큰따옴표 없이 조사 '고'를 사용하여 간접 제시할 수 있어요[간접 인용].
> • 명수는 어머니께 "제가 학생회장이 되었어요."라고 말씀드렸다. [직접 인용]
> • 명수는 어머니께 자기가 학생회장이 되었다고 말씀드렸다. [간접 인용]

유추(類무리 유 推옮길 추) 두 사물의 유사성을 바탕으로 어렵거나 복잡한 내용을 친숙하고 단순한 다른 것에 빗대어 설명하는 방법.

> 개념+ '유추'는 설명 방법이면서 논증 방법이기도 해요. 유추가 설명 방법으로 사용될 때에는 '~도 이와 비슷하다.', '~도 마찬가지이다.' 등과 같은 표현이 사용되는 경우가 많아요.
> 예 법은 울타리와 비슷하다. 울타리는 우리의 시야를 가리고 때로는 출입의 자유를 방해하지만 낯선 사람의 침입을 막아 준다. 법 또한 마찬가지이다. 법은 우리의 자유를 제한하는 경우도 있지만 우리를 안전하게 지켜 주는 역할을 하기도 한다.

인과(因인할 인 果결과 과) 어떤 일의 원인과 결과를 관련지어 설명하는 방법.

> 개념+ '인과'는 원인과 결과가 명확할 때 사용하기 적절한 방법으로, 특정 사회 현상이나 과학 원리 등을 설명하는 데 많이 사용돼요.
> 예 일정한 시간 간격을 두고 낮과 밤이 바뀌는 것은 지구가 일정한 주기로 자전하기 때문이다.

과정(過지날 과 程단계 정) 일이 되어 가는 절차나 단계에 따라 설명하는 방법.

> 예 라면을 끓이는 방법은 다음과 같다. 먼저 물 500㎖를 끓인다. 물이 끓으면 면과 분말 스프, 건더기 등을 넣는다. 계란, 파 등을 넣고 3분간 더 끓인다.

01 제시된 단어의 뜻풀이로 알맞은 것을 찾아 선으로 바르게 연결하시오.

(1) 일탈 •

(2) 박해 •

(3) 과의존 •

• ㉠ 못살게 굴어서 해롭게 함.

• ㉡ 어떤 것에 의지하는 정도가 지나침.

• ㉢ 사회적인 규범으로부터 벗어나는 일.

02 다음 단어와 그 뜻풀이가 맞으면 ○, 틀리면 ×에 표시하시오.

(1) 복속 : 복종하여 섬겨 따름.　　　　　(○ , ×)

(2) 유포 : 신문이나 책자 따위를 널리 나누어 줌.　　　　　　　　　　　　　　　　　(○ , ×)

(3) 애물단지 : 아주 귀중히 여기는, 가치 있는 존재를 비유적으로 이르는 말.　　(○ , ×)

(4) 엄중하다 : 보통 있는 일로 여길 수 없을 정도로 중요하고 크다.　　　　　　　(○ , ×)

03 다음 사다리를 타 보고, 단어의 뜻풀이로 알맞은 것을 〈보기〉에서 골라 (　) 안에 기호를 쓰시오.

(1) 급박　　(2) 유기　　(3) 익명　　(4) 질주

(　)　　(　)　　(　)　　(　)

〈보기〉
㉠ 내다 버림.
㉡ 빨리 달림.
㉢ 상황이나 상태가 조금도 여유가 없이 매우 급함.
㉣ 이름을 숨김. 또는 숨긴 이름이나 그 대신 쓰는 이름.

04 다음 밑줄 친 단어의 문맥적 의미로 알맞은 것을 찾아 선으로 바르게 연결하시오.

(1) 그의 손톱을 먹은 쥐는 사람으로 둔갑하여 나타났다. •

(2) 역사를 보면 거짓이 진실로 둔갑하는 경우가 종종 있다. •

• ㉠ 사람이나 사물의 본디 형체나 성질이 바뀌거나 가리어짐을 비유적으로 이르는 말.

• ㉡ 술법을 써서 자기 몸을 감추거나 다른 것으로 바꿈.

05 다음 밑줄 친 단어의 문맥적 의미로 알맞은 것을 골라 ○표 하시오.

민들레는 뿌리를 난도질하여 심어도 그 뿌리에서 싹이 돋는다고 한다.

㉠ 어떤 대상을 함부로 대함을 비유적으로 이르는 말.
㉡ 칼로 사람이나 물건을 함부로 마구 베는 짓.

06 제시된 단어의 뜻풀이에 들어갈 알맞은 단어를 (　) 안에서 골라 ○표 하시오.

(1) 선망 : 부러워하여 (시샘함 vs 바람).

(2) 구호금 : 재해나 재난 따위로 어려움에 처한 사람을 돕기 위하여 마련한 (돈 vs 물건).

07 다음 밑줄 친 단어와 문맥상 뜻이 가장 비슷한 단어를 골라 ○표 하시오.

(1) 많은 단체가 기아로 고통받는 나라를 돕고 있다.

☐ 가뭄　　☐ 홍수　　☐ 굶주림　　☐ 버려짐

(2) 나태한 사람은 어떤 일이든 성공하기 힘들다.

☐ 부지런한　　☐ 건방진　　☐ 게으른　　☐ 민첩한

08 제시된 단어와 뜻풀이를 고려할 때, 밑줄 친 단어가 제시된 의미로 사용된 것을 골라 ○표 하시오.

(1)
> 자정 : 어떤 집단이나 사회가 잘못된 것을 스스로 바로잡음을 비유적으로 이르는 말.

ㄱ 생태계의 자정 능력이 점점 파괴되고 있다.
ㄴ 그녀는 자정이 다 되어서야 집으로 돌아왔다.
ㄷ 비속어 사용을 줄이려는 자정 노력이 필요하다.

(2)
> 흉물스럽다 : 성질이 음흉한 데가 있다.

ㄱ 자기 욕심만 챙기는 저놈은 흉물스럽기 그지없다.
ㄴ 길가에는 짓다가 만 건물이 흉물스럽게 방치되어 있었다.

09 다음 문장의 빈칸에 들어갈 알맞은 단어를 〈보기〉에서 찾아 쓰시오.

> ─────〈보기〉─────
> 선풍적   악의적   필사적

(1) 독립운동가들은 우리나라의 주권을 되찾기 위해 일제에 (   )으로 저항하였다.
(2) 일부 누리꾼들이 유명 연예인들에게 (   )인 댓글을 계속 달아 사회 문제가 되고 있다.
(3) 요즘 우리나라에서 만든 텔레비전 드라마와 영화가 해외에서 (   )인 인기를 끌고 있다.

10 제시된 초성을 참고하여 문장의 빈칸에 들어갈 알맞은 단어를 쓰시오.

(1) 프로게이머는 오늘날 많은 젊은이들이 ㅅㅁ 하는 직업이다. (   )
(2) 새로 부임한 변 사또는 자신의 요구를 거부한 춘향을 모질게 ㅂㅎ 하였다. (   )
(3) 조선 후기에는 나라에서 세금을 심하게 매겨 백성들이 ㄷㅌ 에 빠지는 일이 많았다. (   )
(4) 청소년들은 잠시 충동적으로 ㅇㅌ 하기도 하지만 대부분 곧 자신의 자리로 돌아온다. (   )

11 다음 밑줄 친 단어와 뜻이 가장 유사한 것을 고르시오.

(1)
> 감염병으로 인해 집에서 지내는 시간이 늘어나면서 청소년들의 인터넷이나 스마트폰 <u>중독</u> 사례가 증가했다는 조사 결과가 나왔다.

① 선망   ② 유기   ③ 일탈
④ 과의존   ⑤ 난도질

(2)
> 춘향은 자신의 수청을 들라는 변 사또의 요구를 <u>노골적으로</u> 무시하였다.

① 엄중하게   ② 익명으로   ③ 공공연하게
④ 필사적으로   ⑤ 흉물스럽게

12 다음 밑줄 친 단어와 뜻이 반대인 것을 고르시오.

(1)
> 명수는 모든 일에 <u>근면</u>하고 성실하다.

① 기아   ② 나태   ③ 유기
④ 일탈   ⑤ 질주

(2)
> 이번 일은 일정이 넉넉하여 비교적 <u>여유롭다</u>.

① 급박하다   ② 둔갑하다   ③ 엄중하다
④ 유포하다   ⑤ 자정하다

13 다음은 설명의 방법과 관련된 내용이다. 해당하는 개념어를 찾아 선으로 바르게 연결하시오.

(1) 어떤 말이나 사물의 뜻을 명확하게 밝혀 설명하는 방법. ·   · ㄱ 과정

(2) 어떤 사실이나 현상에 대해 구체적인 예를 들어 설명하는 방법. ·   · ㄴ 예시

(3) 일이 되어 가는 절차나 단계에 따라 설명하는 방법. ·   · ㄷ 인과

(4) 어떤 일의 원인과 결과를 관련지어 설명하는 방법. ·   · ㄹ 정의

1722년 네덜란드의 탐험가 로헤벤 선장이 남태평양 동쪽 끝에 있는 이스터섬에 도착했을 때, 섬에는 사오천 명의 원주민들이 갈대 오두막이나 동굴에 살면서 서로 싸우고 있었다. 나무 한 그루 없는 벌판에는 거대한 석상들만이 바다를 향해 줄지어 서 있었다.

시간을 거슬러 올라가 서기 900년경, 소수의 사람들이 처음 이스터섬에 정착했을 때 섬은 울창한 숲으로 덮여 있었다. 사람들은 농사지을 땅을 만들기 위해 섬의 나무를 베어 내었다. 그래도 인구가 적고 숲의 면적이 넓었던 초기에는 별 문제가 없었다. 땅은 기름졌고 해산물은 풍부하였다. 먹을 것이 풍족해지자 인구가 1만 5천여 명으로 늘어났고, 여러 씨족 사회가 탄생하여 비교적 높은 문명을 이룩하였다.

생활이 안정되자 각 씨족은 '모아이'라는 석상을 경쟁적으로 만들어 세우기 시작하였다. 이는 되돌릴 수 없는 숲의 파괴로 이어졌다. 거대한 모아이를 만들어 바닷가까지 옮기려면 엄청난 양의 통나무가 필요했기 때문이었다. 결국 약 1700년 무렵 이스터섬의 숲이 완전히 사라졌다.

[A]
┌ 숲이 사라지자 땅이 곧 황폐해졌고, 이로 인해 식량 생산량 역시 급격하게 줄어들었다. 큰 배를 만들 나무조차 없어 물고기를 잡기도 어려웠다. 식량 부족은 ㉠기아로 이어졌고, 사람들의 삶은 ㉡도탄에 빠졌다. 이 때문에 식량을 차지하기 위한 씨족 간의 전쟁이 벌어졌다. 다른 부족민을 ㉢공공연하게 죽이는 일이 벌어졌으며, 자기 부족민이라도 다치거나 병이 들면 벌판에 그냥 ㉣유기해 버렸다. 이 결과 인구가 지속적으로 감소하여 로헤벤 선장이 방문한 지 190여 년이 지난 1900년대 초가 되자, 이스터섬에는 고작 백여 명의 원주민만 남게 되었으며 수백 개의 모아이들만 ㉤흉물스럽게 서 있게
└ 되었다.

14 윗글의 내용과 일치하지 않는 것은?

① 이스터섬에는 나무가 많았으나 초기 정착 시절에 대부분 베어 버렸다.
② 로헤벤 선장이 이스터섬을 방문한 이후에도 섬의 원주민은 계속 줄어들었다.
③ 모아이 석상을 경쟁적으로 만들어 세우는 과정에서 숲이 완전히 파괴되었다.
④ 이스터섬은 한때 인구가 1만 5천여 명에 이를 정도로 식량이 풍족한 곳이었다.
⑤ 이스터섬의 원주민들이 세운 수백 개의 모아이 석상들은 바다를 향해 줄지어 서 있다.

15 ㉠~㉤의 문맥적 의미로 적절하지 않은 것은?

① ㉠ : 먹을 것이 없어 배를 곯는 것.
② ㉡ : 사회적인 규범으로부터 벗어나는 일.
③ ㉢ : 숨김이나 거리낌이 없이 그대로 드러나 있게.
④ ㉣ : 내다 버림.
⑤ ㉤ : 모양이 흉하고 괴상한 데가 있게.

16 [A]에 사용된 설명 방법으로 가장 적절한 것은?

① 인용
② 예시
③ 유추
④ 인과
⑤ 정의

'경계해야 할 태도'를 나타내는 한자성어를 살펴봐요

◉ **감언이설(甘言利說)**
달콤한 말과 이로운 이야기라는 뜻으로, 귀가 솔깃하도록 남의 기분을 맞추거나 이로운 조건을 내세워 꾀는 말.

◉ **우이독경(牛耳讀經)**
쇠귀에 경 읽기라는 뜻으로, 아무리 가르치고 일러 주어도 알아듣지 못함을 이르는 말.

◉ **허장성세(虛張聲勢)**
헛되이 목소리만 높인다는 뜻으로, 실속은 없으면서 큰소리치거나 허세를 부림을 이르는 말.

◉ **천방지축(天方地軸)**
하늘의 방향이 어디이고 땅의 축이 어디인지 모른다는 뜻으로, 앞뒤 분간 없이 마구 날뛰는 행동이나 그런 모양을 이르는 말.

◉ **작심삼일(作心三日)**
단단히 먹은 마음이 사흘을 가지 못한다는 뜻으로, 결심이 굳지 못함을 이르는 말.

---

17 위에 제시된 한자성어 중, 다음 한자성어와 뜻이 가장 비슷한 것을 찾아 쓰시오.

> '마이동풍(馬耳東風)'은 동풍이 말의 귀를 스쳐 간다는 뜻으로, 남의 말을 귀담아듣지 아니하고 지나쳐 흘려버림을 이르는 말이다.

(   )

---

18 위에 제시된 한자성어 중, 다음 밑줄 친 부분을 표현하기에 가장 적절한 것을 찾아 쓰시오.

> 그는 자신이 그 분야의 전문가라고 <u>큰소리를 땅땅 쳤지만, 정작 할 줄 아는 것은 하나도 없는 초보</u>임이 밝혀졌다.

(   )

---

19 위에 제시된 한자성어 중, 다음 ( ) 안에 들어가기에 가장 적절한 것을 찾아 쓰시오.

⑴ 마음에 들지 않으면 무조건 환불해 준다는 말은 물건을 팔기 위한 (   )에 불과하다.

⑵ 어린 시절 나는 고삐 풀린 망아지처럼 온 동네를 (   )으로 쏘다니며 놀았다.

⑶ 새해 초에 거창하게 세운 계획들은 얼마 지나지 않아 (   )로 끝나기 일쑤다. 이를 막으려면 충분히 실천할 수 있는 계획을 세워야 한다.

15 비문학 _ 사회(3)

 오늘의 어휘, 어디까지 알고 있니?

※ 다음 문장의 문맥에 알맞은 단어를 ( ) 안에서 골라 ○표 하세요.

01. 세계 여러 나라에서 환경을 보호하기 위해 일회용품의 사용을 (규명 VS 규제)하고 있다.

02. 결과가 좋다는 이유만으로 과정에서의 잘못을 (면책 VS 질책)하는 것은 옳지 않다.

03. 국회가 자유 무역 협정(FTA)을 (비준 VS 비판)함으로써 공식적으로 그 효력이 발생하였다.

04. 그는 자신의 (신상 VS 손상)에 아무런 피해가 없도록 한다는 약속을 받고서야 수사에 협조하였다.

05. 한글날은 훈민정음이 반포된 날을 기념하기 위하여 (제정 VS 제기)한 국경일이다.

06. 다른 사람의 자료를 인용하여 글을 쓸 때에는 그 사람의 (독점권 VS 저작권)을 존중해야 한다.

| 정답 | 01. 규제 02. 면책 03. 비준 04. 신상 05. 제정 06. 저작권

규제(規법 규 制억제할 제) 규칙이나 규정에 의하여 일정한 한도를 정하거나 정한 한도를 넘지 못하게 막음.

예문 • 인공 빛을 규제하는 대책을 내놓고 있지만 아직은 그 효과가 적다.
　　　• 가짜 뉴스를 더 강력하게 규제하는 방안을 마련해야 한다.
　　　• 횡단보도 등에서의 보행 중 스마트폰 사용을 규제해야 한다는 의견이 많다.

면책(免면할 면 責꾸짖을 책) 책임이나 책망을 면함.

예문 • 음주 운전자의 경우 교통사고에 대한 면책이 어렵다.
　　　• 국회 의원에게는 발언이나 표결에 관해 면책 특권을 주어 자유로운 직무 수행을 보장한다.

샘Tip '면책'은 책임을 묻지 않는 것이고, '질책'은 꾸짖는 것이에요. '질책'을 받아도 '면책'될 수 있어요.

비준(批비평할 비 准평평할 준) 다른 나라와의 약속을 헌법상의 책임자가 마지막으로 확인하고 동의하는 법적 절차. 우리나라에서는 대통령이 국회의 동의를 얻어 행한다.

예문 • 전자 폐기물의 국가 간 이동을 금지하는 조약이 국회에서 비준되었다.
　　　• 대통령이 국제적인 환경 협약을 비준하였다.

신상(身몸 신 上위 상) 한 사람의 개인적인 일이나 형편.

예문 • 특정인의 신상 정보를 인터넷상에 함부로 공개하는 것은 범죄 행위이다.
　　　• 선거 때에는 후보자의 신상을 소개하는 책자가 집으로 온다.

샘Tip '신상'은 개인적인 일이나 형편을, '손상'은 물건이 망가지거나 상하는 것을 의미해요.

제정(制지을 제 定정할 정) 제도나 법률 따위를 만들어서 정함.

예문 • 노벨 평화상은 세계 평화에 기여한 공이 큰 사람을 기리기 위해 제정되었다.
　　　• 2007년 4월에 『겨레말 큰사전』을 만들기 위한 법이 제정되었다.

샘Tip 유네스코가 '제정'한 '세종대왕 문해상'은 문맹(글을 모름) 퇴치에 공을 세운 단체들에게 주는 상이에요.

저작권(著나타날 저 作지을 작 權권세 권) 책이나 예술 작품을 창작한 사람이 자신이 창작한 것에 대해 가지는 배타적·독점적 권리. 저작자의 생존 기간 및 사후 70년간 유지된다.

예문 • 저작권이 있는 자료를 사용하려면 저작권자에게 허락을 받아야 한다.
　　　• 우리나라 청소년들은 저작권에 대한 인식이 아직 많이 부족하다.

샘Tip ⓒ는 저작권의 효력이 있으니 도용, 공유, 변경을 금한다는 표시예요.

※ 다음 문장의 문맥에 알맞은 단어를 ( ) 안에서 골라 ○표 하세요.

01. 우리 민족은 예로부터 고난에 슬기롭게 (난처 VS 대처)해 왔다.

02. 소득이 높을수록 여행하는 (빈도 VS 밀도)가 높은 것으로 나타났다.

03. 내 친구 명수는 (고사 VS 시사)에 관심이 많아 아침저녁으로 뉴스를 꼭 본다.

04. 우리 학교 학생들의 스마트폰 사용 (실태 VS 자태)를 조사하였다.

05. 정부는 이번 물난리로 인한 피해액이 100억 원을 넘을 것으로 (추산 VS 청산)하고 있다.

06. 조사에 따르면 김치를 사서 먹는 가정이 점점 늘어나는 (신세 VS 추세)이다.

07. 환경 범죄는 폭행이나 강도보다도 더욱 (반사회적 VS 비현실적) 범죄라는 주장도 있다.

08. 판사는 남의 전화기를 망가뜨려 소송을 당한 (피고 VS 원고)에게 그 값을 지불하라는 판결을 내렸다.

| 정답 | 01. 대처 02. 빈도 03. 시사 04. 실태 05. 추산 06. 추세 07. 반사회적 08. 피고

대처(對대답할 **대** 處곳 **처**) 어떤 상황이나 사건에 대하여 알맞은 조치를 취함.

예문 • 만약 지진이 일어나면 어떻게 대처해야 할까?
　　 • 어려운 일일수록 능동적이고 적극적으로 대처해야 한다.

빈도(頻자주 **빈** 度법도 **도**) 같은 현상이나 일이 되풀이하여 일어나는 정도나 횟수.

예문 • 공공 자전거의 보급이 늘면서 이용 빈도도 높아지고 있다.
　　 • 조사 결과 신문을 읽는 빈도가 높을수록 성적이 높았다.

> **쌤Tip** '빈도'는 어떤 일이 되풀이 되는 정도, '밀도'는 빽빽한 정도!

시사(時때 **시** 事일 **사**) 그 당시에 일어난 여러 가지 사회적 사건.

예문 • 요즘 읽은 시사 평론에서는 어떤 내용을 다루고 있었나?
　　 • 아버지께서는 시사 프로그램을 즐겨 보신다.

> **쌤Tip** '고사'는 옛날의 이야기, '시사'는 그 당시의 사회적 사건!

실태(實열매 **실** 態모양 **태**) 있는 그대로의 상태. 또는 실제의 모양.

예문 • 우리 학교 학생들이 음료수를 마시는 실태를 조사하여 발표하였다.
　　 • 그 소설은 1970년대 우리나라의 실태를 잘 보여 준다.

추산(推옮길 **추** 算계산 **산**) 짐작으로 미루어 셈함. 또는 그런 셈.

예문 • 우리나라의 자전거 인구는 약 1,400만 명가량으로 추산된다.
　　 • 경찰은 화재로 인한 피해액을 약 이천만 원으로 추산했다.

추세(趨달릴 **추** 勢기세 **세**) 어떤 현상이 일정한 방향으로 나아가는 경향.

예문 • 청소년의 강력 범죄가 지속적으로 증가하는 추세이다.
　　 • 지구의 연평균 기온이 계속 상승하는 추세를 보이고 있다.

> **쌤Tip** '추세'는 어떠한 방향이나 경향을, '신세'는 사람의 불운한 처지나 형편을 의미해요.

반사회적(反돌이킬 **반** 社모일 **사** 會모일 **회** 的과녁 **적**) 사회의 규범이나 질서 또는 이익에 반대되는 것.

예문 • 다른 사람들에게 자신을 인정받고자 하는 마음이 반사회적인 방법으로 나타나기도 한다.
　　 • 범죄는 대표적인 반사회적 행동이다.

피고(被입을 **피** 告아뢸 **고**) 소송을 당한 사람.

예문 • 변호사는 피고의 편에 서서 피고의 입장을 대변하는 사람이다.
　　 • 피고 장 발장이 빵을 훔친 것은 굶고 있는 가족 때문이었습니다.

> **쌤Tip** '원고'가 소송을 하면 '피고'는 죄가 없음을 증명해야 해요.

※ 다음 문장의 문맥에 알맞은 단어를 ( ) 안에서 골라 ○표 하세요.

01. 이장은 마을 사람들의 상황을 두루 (감상 VS 감안)하여 결정을 내렸다.

02. 연구 자료의 범위를 국내에 (국한 VS 무한)하여 생각하지 말고 다른 나라의 자료들도 참고해 보세요.

03. 마침내 여러 민족이나 인종이 섞여 사는 국제화 시대가 (도래 VS 왕래)하였다.

04. 한 시간 전에 일어난 사고의 (여유 VS 여파)로 아직도 도로가 꽉 막혀 있다.

05. 산업화를 거치면서 많은 수의 농촌 인구가 도시로 (개입 VS 유입)되었다.

06. 그의 인자한 웃음 (이면 VS 표면)에는 교활한 속셈이 숨어 있었다.

07. 그녀는 평생 우리의 음식 문화를 세계에 (전송 VS 전파)하기 위해 노력하였다.

08. 그는 평생을 쉬지 않고 일하여 엄청난 재산을 (축약 VS 축적)하였다.

09. 요즈음은 도장 대신 사인이 본인 확인 수단으로 (공용 VS 통용)된다.

10. 부석사 무량수전은 우리나라에 (생존 VS 현존)하는 가장 오래된 목조 건물로 꼽힌다.

| 정답 | 01. 감안 02. 국한 03. 도래 04. 여파 05. 유입 06. 이면 07. 전파 08. 축적 09. 통용 10. 현존

감안(勘정할 **감** 案책상 **안**) 여러 사정을 참고하여 생각함.

예문 • 플라스틱이 만들어진 지 100년 정도밖에 되지 않았다는 점을 감안해야 한다.
• 간편 결제 서비스의 확산 속도를 감안할 때 동전이나 지폐가 조만간 없어질 수도 있다.

국한(局판 **국** 限한계 **한**) 범위를 일정한 부분으로 제한하여 정함.

예문 • 플라스틱 재활용은 수거된 플라스틱 쓰레기에 국한된다.
• 대기 오염 문제는 특정 국가에만 국한된 것이 아니다.

쌤Tip '국한'은 일정하게 제한하는 것, '무한'은 제한이 없는 것!

도래(到다다를 **도** 來올 **래**) 어떤 시기나 기회가 닥쳐옴.

예문 • 현금 없는 사회는 예상보다 일찍 도래할 수 있다.
• 바야흐로 양성 평등의 시대가 도래하고 있다.

쌤Tip '도래'는 어떤 시기가 다가 오는 것이고, '왕래'는 가고 오고 하 는 것이에요.

여파(餘남을 **여** 波물결 **파**) 어떤 일이 끝난 뒤에 남아 미치는 영향.

예문 • 지진의 여파로 에베레스트산에서 눈사태가 일어났다.
• 전 세계적인 감염병의 여파로 세계 경제 성장률이 뒷걸음질을 치고 있다.

유입(流흐를 **유** 入들 **입**) ① 물이 어떤 곳으로 흘러듦. ② 돈이나 물품 따위의 재화가 들어옴.
③ 문화, 지식, 사상 따위가 들어옴. ④ 사람이 어떤 곳으로 모여듦.

예문 • 시청에서는 오염된 물의 한강 유입을 막기 위한 대책을 마련하기로 했다.
• 경찰은 대규모 정치 자금의 유입 경로를 조사하고 있다.
• 일본의 고대 문화는 한국에서 유입된 것이라고 볼 수 있다.
• 해외 인력의 국내 유입이 늘어남에 따라 관련 산업도 함께 증가하고 있다.

이면(裏속 **이** 面낯 **면**) ① 물체의 뒤쪽 면. ② 겉으로 나타나지 않거나 눈에 보이지 않는 부분.

예문 • 수표의 이면에 이름과 전화번호를 적어 주세요.
• 어두운 밤을 밝히는 환한 인공 빛의 이면에는 많은 문제가 있다.
• 핸드폰을 통한 배달 서비스는 사용자들이 편리하게 이용할 수 있지만, 그 이면에는 부정적인 면도 많다.

쌤Tip '표면'은 드러나 있는 부분 을, '이면'은 드러나있지 않은 부분을 말해요.

전파 (傳전할 전 播뿌릴 파) 전하여 널리 퍼뜨림.

예문 • 파프리카는 터키에서 헝가리로 전파되었다.
　　　• 소문은 꼬리에 꼬리를 물고 사방으로 전파되었다.

쌤Tip '전파'는 널리 퍼뜨리는 것을, '전송'은 정해진 곳으로 보내는 것을 의미해요.

축적 (蓄쌓을 축 積쌓을 적) 지식, 경험, 돈 따위를 모아서 쌓음. 또는 모아서 쌓은 것.

예문 • 옛날에는 소금을 생산하는 도시는 큰 부를 축적할 수 있었다.
　　　• 책은 인류의 경험과 지식이 축적된 보물 창고이다.

통용 (通통할 통 用쓸 용) 일반적으로 두루 씀.

예문 • 만 나이 계산법은 국제적으로 통용되고 있다.
　　　• 화폐가 통용되기 시작한 것은 십 세기 이전이다.

현존 (現나타날 현 存있을 존) ① 현재 살아 있음. ② 현재에 있음.

예문 • 그는 현존하고 있는 작가를 대상으로 비평 작업을 한다.
　　　• 아직도 우리나라에는 전쟁의 위험이 현존하고 있다.

쌤Tip '생존'은 살아 있는 것, '현존'은 현재 살아 있거나 존재하는 것. 대상에 따라 구별해서 써야해요.

| 글의 전개 방식 |

묘사 (描그릴 묘 寫베낄 사) 어떤 대상이나 사물, 현상 따위를 있는 그대로 그림 그리듯이 표현하는 방법.

개념+ 묘사는 대상의 형태나 상황, 그리고 색채, 감촉, 향기, 소리, 맛 등과 같이 감각으로 느낄 수 있는 요소를 생생하게 그림 그리듯이 표현하는 방법이에요. 독자가 직접 경험하고 있는 듯한 느낌을 줄 수 있으므로, 예술적인 대상을 제시할 때 많이 사용해요.

예 춘향이 그네를 타려고 향단이 앞세우고 내려올 제, 난초같이 고운 머리 두 귀를 눌러 곱게 땋아 봉황 새긴 비녀를 단정히 매었구나. 비단 치마를 두른 허리는 힘없이 드리운 가는 버들같이 아름답다. 고운 태도 아장 걸어 가만가만 나올 적에 황금 같은 꾀꼬리는 쌍쌍이 날아든다. 고운 손을 넌지시 들어 그넷줄을 두 손에 갈라 잡고, 흰 비단 버선 두 발길로 훌쩍 올라 발 구른다.

서사 (敍줄 서 事일 사) 일정한 사건의 흐름이나 인물의 행동 변화 등을 시간 순서대로 제시하는 방법.

개념+ '서사'는 인물의 행동이나 사건의 변화 양상을 시간의 흐름에 따라 제시하는 방법이에요. 어떤 것의 변화 과정이나 사건의 진행 과정, 인물의 성장 과정 등을 보여 줄 때 주로 사용해요. 서사의 전개 방법은 주로 소설 같은 문학 작품에 사용되는데, 설명문이나 논설문 같은 독서 지문에 사용될 때는 조금 어려운 말로 '통시적 전개'라고 해요.

예 어젯밤 늦게까지 컴퓨터 게임을 한 명수는 늦잠을 잤다. 눈을 떠 보니 8시였다. 등교 시간까지 20분밖에 남지 않았다. 깜짝 놀란 명수는 대강 세수만 한 채 아침밥도 거르고 학교로 냅다 뛰었다. 숨을 헐떡이며 학교 앞에 도착하니 시간은 8시 30분! 선생님께 혼나겠다고 생각하며 교문을 들어선 명수의 머릿속에 문득 오늘이 개교기념일이라는 사실이 떠올랐다.

통시적 (通통할 통 時때 시 的과녁 적) 전개 대상의 변화 과정을 시간 순으로 살펴보는 방법.

개념+ '통시적'의 한자를 풀이하면 시간 혹은 시대를 꿰뚫는다는 뜻임을 알 수 있어요. 즉, 대상의 변화나 발전 과정 등을 시간의 흐름에 따라 제시한 것을 통시적 전개라고 해요. 따라서 통시적 전개에서는 시대나 시기를 나타내는 표현이 순차적으로 나타나지요.

예 멀리 있는 것을 볼 수 있게 하는 망원경은 1608년 네덜란드의 안경 제작사 한스 리퍼세이가 최초로 만들었다. 그는 기다란 원통의 양쪽에 각각 볼록 렌즈와 오목 렌즈를 끼워 망원경을 제작하였다. 이듬해인 1609년 이탈리아의 과학자 갈릴레이가 리퍼세이의 망원경을 성능이 더 뛰어나게 개량하여 밤하늘의 천체를 관측하였다. 갈릴레이의 망원경은 이후 1668년에 뉴턴에 의해서 다시 개량되었으며, 오늘날에는 렌즈 지름이 10m가 넘는 초대형 망원경으로 발전하였다. → 망원경의 발전 과정을 '통시적'으로 설명함.

※ '통시적'에 대비되는 개념으로 '공시적(共時的)'을 들 수 있어요. '통시적'이 시간의 흐름에 따른 일들을 살펴보는 것이라면, '공시적'은 같은 시기에 일어나는 여러 일들을 살펴보는 것이라고 할 수 있지요.

01 제시된 초성과 뜻풀이를 참고하여 ( ) 안에 들어갈 알맞은 단어를 쓰시오.

(1) ㅂㅈ : 다른 나라와의 약속을 헌법상의 책임자가 마지막으로 확인하고 동의하는 법적 절차.
　예 이번 환경 조약은 국회의 (　　　)을 거쳐 올해 안에 시행될 계획이다.

(2) ㅁㅊ : 책임이나 책망을 면함.
　예 외교관과 그 가족은 해당 국가에서 행한 일들에 대한 (　　　) 특권이 있다.

(3) ㅊㅈ : 지식, 경험, 돈 따위를 모아서 쌓음.
　예 그는 옳지 못한 방법으로 재산을 (　　　)하여 사람들의 손가락질을 당하고 있다.

(4) ㅇㅍ : 어떤 일이 끝난 뒤에 남아 미치는 영향.
　예 오랫동안 계속된 감염병의 (　　　)로 많은 사람이 힘들어하고 있다.

02 다음 단어와 그 뜻풀이가 맞으면 ○, 틀리면 ×에 표시하시오.

(1) 실태 : ① 현재 살아 있음. ② 현재에 있음. (○ , ×)
(2) 현존 : 있는 그대로의 상태. 또는 실제의 모양. (○ , ×)
(3) 대처 : 어떤 상황이나 사건에 대하여 알맞은 조치를 취함. (○ , ×)
(4) 규제 : 규칙이나 규정에 의하여 일정한 한도를 정하거나 정한 한도를 넘지 못하게 막음. (○ , ×)

03 제시된 뜻풀이에 해당하는 단어를 〈보기〉의 글자를 조합하여 쓰시오.

〈보기〉
국　도　래　상　세　신　추　한

(1) 어떤 시기나 기회가 닥쳐옴. (　　　)
(2) 한 사람의 개인적인 일이나 형편. (　　　)
(3) 범위를 일정한 부분으로 제한하여 정함. (　　　)
(4) 어떤 현상이 일정한 방향으로 나아가는 경향. (　　　)

04 다음 사다리를 타 보고, 단어의 뜻풀이로 알맞은 것을 〈보기〉에서 골라 ( ) 안에 기호를 쓰시오.

(1) 저작권　(2) 시사　(3) 감안　(4) 반사회적

(　) (　) (　) (　)

〈보기〉
㉠ 여러 사정을 참고하여 생각함.
㉡ 그 당시에 일어난 여러 가지 사회적 사건.
㉢ 사회의 규범이나 질서 또는 이익에 반대되는 것.
㉣ 책이나 예술 작품을 창작한 사람이 자신이 창작한 것에 대해 가지는 배타적·독점적 권리.

05 제시된 초성을 참고하여 빈칸에 들어갈 알맞은 단어를 쓰시오.

(1) 우리 모임은 가입 자격을 고등학교 재학생으로 ㄱㅎ 하고 있다. (　　　)
(2) 고혈압 같은 여러 성인병은 비만인 사람들에게 발생하는 ㅂㄷ가 높다. (　　　)
(3) 흉악범의 ㅅㅅ을 공개해야 한다는 국민의 목소리가 높아지고 있다. (　　　)
(4) 자신이 가지고 있는 정보가 경쟁력을 좌우하는 시대가 ㄷㄹ하였다. (　　　)

06 왼쪽에 제시된 단어와 반대되는 의미를 지닌 단어를 오른쪽에서 찾아 선으로 바르게 연결하시오.

(1) 표면 : 겉으로 나타나거나 눈에 띄는 부분.　·　　· ㉠ 피고

(2) 원고 : 법원에 소송을 제기한 사람.　·　　· ㉡ 정면
　　　　　　　　　　　　　　　· ㉢ 이면
　　　　　　　　　　　　　　　· ㉣ 신고

07 다음 밑줄 친 말과 바꾸어 쓸 수 있는 단어를 〈보기〉에서 찾아 빈칸에 쓰시오.

〈보기〉
유입   전파   제정   통용

(1) 요즈음은 간편 결제 서비스가 일상에서 두루 사용되고 있다.   → ☐☐되고

(2) 우리의 우수한 문화를 세계에 널리 알릴 수 있는 방법을 찾아야 한다.   → ☐☐할

(3) 경제가 발전하면서 많은 수의 외국인 노동자들이 우리나라로 들어오기 시작하였다.
→ ☐☐되기

(4) 정부나 국회가 법률을 만들 때에는 국민들의 다양한 의견을 들어야 한다.   → ☐☐할

08 다음 밑줄 친 단어의 쓰임이 적절하면 ○, 틀리면 ×에 표시하시오.

(1) 결혼을 30살 이후로 늦게 하는 것이 요즘의 추산이다.
(○ , ×)

(2) 일본에서는 정보를 주고받는 방식으로 여전히 팩스가 주로 통용되고 있다.   (○ , ×)

(3) 장학회에서 가정 형편이 어려운 학생들에게 장학금을 전파하였다.   (○ , ×)

09 다음 밑줄 친 단어와 문맥상 뜻이 가장 비슷한 단어를 골라 ☆표를 하시오.

조선 후기의 선비 이덕무는 어린 시절부터 다양한 분야의 책을 읽어 폭넓은 지식을 축적하였다.

☐ 만듦   ☐ 쌓음   ☐ 나아감   ☐ 되풀이함

10 다음 밑줄 친 단어와 바꾸어 쓰기에 가장 적절한 것을 고르시오.

(1)
과학 기술이 발전하면서 전자 제품이 점차 작고 가벼워지는 흐름이 계속되고 있다.

① 빈도   ② 시사   ③ 여파
④ 추세   ⑤ 축적

(2)
행사장에는 예상보다 훨씬 많은 사람들이 와서 몇 명이나 되는지 어림짐작도 하기 어려웠다.

① 감안   ② 대처   ③ 유입
④ 제정   ⑤ 추산

11 다음 빈칸에 공통으로 들어갈 단어로 가장 적절한 것은?

• 옛날에는 학생들의 머리카락 길이를 ☐☐☐ 하는 교칙이 있었다.
• 텔레비전이나 라디오 방송에서는 출연자들의 비속어 사용을 ☐☐☐ 하고 있다.

① 대처   ② 규제   ③ 비준
④ 제정   ⑤ 추산

12 다음은 글의 전개 방식과 관련된 내용이다. 해당하는 개념어를 찾아 선으로 바르게 연결하시오.

(1) 어떤 대상이나 사물, 현상 따위를 있는 그대로 그림 그리듯이 표현하는 방법.   •   • ㉠ 묘사

(2) 일정한 사건의 흐름이나 인물의 행동 변화 등을 시간 순서대로 제시하는 방법.   •   • ㉡ 서사

최근 들어 저작권을 침해하는 청소년들이 증가하는 ㉠추세를 보이고 있다. 이 때문에 저작권법을 위반했다는 문서를 받고 당황하는 청소년들도 적지 않다. 저작권이란 책이나 예술 작품 등의 저작물을 보호하기 위해 저작자에게 법적으로 부여된 권리를 말한다. 저작권은 소유한 물건을 자기 마음대로 이용하거나 처분할 수 있는 권리인 소유권과는 다르다. 예를 들어 서점에서 소설책을 산 사람은 그 책 자체에 대한 소유권은 지니지만, 그렇다고 소설 내용에 대한 저작권을 지니게 되는 것은 아니다. 즉, 소설책을 구입한 사람은 다른 사람에게 그 책을 자유롭게 빌려줄 수는 있으나, 소설 내용을 저작자의 허락 없이 상업적 목적으로 사용해서는 안 되며 내용을 함부로 변형하여 유포해서도 안 된다.

저작권법 위반은 다양한 분야에서 두루 나타나지만 특히 영화나 음원같이 복제하기 쉬운 디지털 자료에서 주로 일어난다. 이런 현상의 ㉡이면에는 다른 사람의 창작물을 존중하지 않는 심리와 자신이 소유한 것을 다른 사람들과 나누려는 심리가 동시에 작용한다고 볼 수 있다. 하지만 어떤 이유로 저작권법을 위반했든지 간에 저작권자가 그 사람을 고발하면 ⓐ꼼짝 못 하고 처벌을 받을 수밖에 없다. 다만, 실수로 위반하는 경우가 대부분인 데다가 청소년이라는 점을 ㉢감안하여 한 번 정도의 위반은 크게 처벌하지 않는 경우가 많다.

하지만 저작권 침해의 ㉣빈도가 높아지면 전체적인 문화 발전에 큰 장애가 될 수 있다. 법까지 ㉤제정하여 저작자의 권리를 보호하는 이유는 이러한 저작물들이 곧 문화 발전의 원동력이 되기 때문이다. 좋은 저작물이 많이 나와야 그 사회가 문화적으로 풍요로워질 수 있는 것이다. 뿐만 아니라 저작권 보호를 통해 저작자의 창작 노력을 적절히 보상함으로써 창작 행위를 계속할 수 있는 동기를 제공할 수 있다.

13 윗글에서 답을 찾을 수 질문으로 적절하지 않은 것은?

① 저작권이란 무엇인가?
② 소유권과 저작권의 차이는 무엇인가?
③ 저작권을 보호하는 목적은 무엇인가?
④ 저작권이 부여되는 저작물의 조건은 무엇인가?
⑤ 저작권법 위반이 자주 일어나는 분야는 무엇인가?

14 ㉠~㉤의 문맥적 의미로 적절하지 않은 것은?

① ㉠ : 어떤 현상이 일정한 방향으로 나아가는 경향.
② ㉡ : 겉으로 나타나지 않거나 눈에 보이지 않는 부분.
③ ㉢ : 여러 사정을 참고하여 생각함.
④ ㉣ : 일반적으로 두루 씀.
⑤ ㉤ : 제도나 법률 따위를 만들어서 정함.

15 ⓐ의 상황을 표현할 수 있는 한자성어로 가장 적절한 것은?

① 속수무책(束手無策)　　　　　② 오리무중(五里霧中)
③ 절체절명(絕體絕命)　　　　　④ 청천벽력(靑天霹靂)
⑤ 풍비박산(風飛雹散)

'어찌할 수 없는 상황'을 나타내는 한자성어를 살펴봐요

◉ **속수무책(束手無策)**
손을 묶은 것처럼 어찌할 도리가 없어 꼼짝 못 함.

◉ **오리무중(五里霧中)**
오 리나 되는 짙은 안개 속에 있다는 뜻으로, 무슨 일에 대하여 방향이나 갈피를 잡을 수 없음을 이르는 말.

◉ **절체절명(絕體絕命)**
몸도 목숨도 다 되었다는 뜻으로, 어찌할 수 없는 절박한 경우를 비유적으로 이르는 말.

◉ **청천벽력(靑天霹靂)**
맑게 갠 하늘에서 치는 날벼락이라는 뜻으로, 뜻밖에 일어난 큰 변고나 사건을 비유적으로 이르는 말.

◉ **풍비박산(風飛雹散)**
바람이 불어 우박이 이리저리 흩어진다는 뜻으로, 사방으로 날아 흩어짐을 이르는 말.

16 위에 제시된 한자성어 중, 다음 이야기에서 유래된 것을 찾아 쓰시오.

옛날 중국의 후한이라는 나라에 장해라는 사람이 살았다. 그는 학문과 인품이 뛰어나 많은 사람들의 존경을 받았다. 장해의 소문을 들은 왕은 그에게 벼슬을 내리려 하였다. 그러나 장해는 세상의 일에서 벗어나 홀로 지내고 싶었다. 그래서 아프다는 핑계를 대고 외진 곳에 있는 고향으로 돌아갔다.

그러나 장해를 따르고자 하는 사람들이 그를 찾아 고향까지 내려왔다. 도술을 부릴 줄 알았던 그는 만나고 싶지 않은 사람이 자신을 찾아올 때면 짙은 안개를 만들어 자신이 거처하는 곳 주변의 오 리를 뒤덮어 버렸다. 이 때문에 장해를 찾아온 사람은 그를 만나지도 못한 채 안개 속을 헤매다가 돌아갔다.

(   )

17 위에 제시된 한자성어 중, 다음 상황을 표현하기에 가장 적절한 것을 찾아 쓰시오.

거센 태풍이 휘몰아쳐서 논밭의 작물은 물론, 집안의 가구와 물건들이 전부 부서지거나 바람에 날아가 버렸다.

(   )

18 위에 제시된 한자성어 중, 다음 (   ) 안에 들어가기에 가장 적절한 것을 찾아 쓰시오.

(1) 그녀는 어머니가 갑자기 쓰러지셨다는 (   ) 같은 소식에 그만 정신을 잃고 말았다.

(2) 홍역 바이러스가 처음 인간의 몸에 침투하였을 때 인간은 이에 대한 면역 체계가 거의 없어 (   ) 으로 당할 수밖에 없었다.

(3) 눈보라가 휘몰아치는 산등성이에 보호 장비도 없이 홀로 계시던 아버지는 의식이 흐려져 가는 (   )의 순간에 다행히도 산악 구조대원들에게 발견되었다.

16 비문학 _ 사회 (4)

공부한 날 : ___월 ___일

 오늘의 어휘, 어디까지 알고 있니?

※ 다음 문장의 문맥에 알맞은 단어를 ( ) 안에서 골라 ○표 하세요.

01. 단체 경기에서는 팀 구성원들의 (**결속** VS 분열)이 매우 중요하다.

02. 나는 친구의 (수선 VS **알선**)으로 일자리를 구할 수 있었다.

03. 표준어는 사람들 간의 소통을 원활하게 하여 한 민족이라는 (**동질성** VS 이질성)을 강화하는 역할을 한다.

04. 그동안 미운 짓만 하던 동생이 전과 달리 내게 (**살갑게** VS 어수룩하게) 굴기 시작했다.

05. 같은 취미를 가진 사람들 간에는 정서적인 (거리감 VS **유대감**)이 생기기 마련이다.

06. 일부 박쥐들은 서로를 돕는 (이기적 VS **이타적**)인 모습을 보이기도 한다.

07. 이번 회담으로 두 나라의 우호 관계는 더욱 (**공고히** VS 간신히) 유지될 것입니다.

│ 정답 │ 01. 결속 02. 알선 03. 동질성 04. 살갑게 05. 유대감 06. 이타적 07. 공고히

결속(結맺을 **결** 束묶을 **속**) ① 한 덩어리가 되게 묶음. ② 뜻이 같은 사람끼리 서로 단결함.

쌤Tip 공동체를 구성하는 사람들 은 '결속'해야지 '분열'하면 안돼요.

[예문] • 장마철에는 강풍에 대비하여 각종 표지판이나 간판 등을 기둥에 단단히 결속해 두어야 한다.
• 줄다리기는 놀이에 참여하는 공동체를 결속하게 하는 효과가 있다.

알선(斡관리할 **알** 旋돌 **선**) 남의 일이 잘되도록 여러 가지 방법으로 힘쓰는 일.

쌤Tip '알선'은 중간에서 이어 주 는 것을 말하고, '수선'은 고치는 것을 말해요.

[예문] • 법률 지원, 취업 알선 등 외국인 근로자들을 적극적으로 돕는 정책이 필요하다.
• 관광 센터에서 여행객에게 숙소를 알선해 주었다.

동질성(同같을 **동** 質바탕 **질** 性성품 **성**) 사람이나 사물의 바탕이 같은 성질이나 특성.

쌤Tip '동질성'은 같은 것, '이질 성'은 다른 것!

[예문] • 남북한 언어의 동질성을 회복해야 한다.
• 두 나라의 문화에서는 동질성을 발견할 수 있다.

살갑다 마음씨가 부드럽고 상냥하다.

[예문] • 삭막한 도시에도 모르는 사람들끼리 살갑게 챙겨 주는 인정이 있다.
• 나는 그동안 오빠에게 살갑게 대하지 못한 것을 후회했다.

유대감(紐맬 **유** 帶띠 **대** 感느낄 **감**) 서로 밀접하게 연결되어 있는 공통된 느낌.

[예문] • 선생님과 학생들 사이에는 믿음과 유대감이 있어야 한다.
• 힘든 일을 함께 겪은 친구들 사이에는 유대감이 형성되기 마련이다.

이타적(利이로울 **이** 他다를 **타** 的과녁 **적**) 자기의 이익보다는 다른 이의 이익을 더 꾀하는 것.

쌤Tip '이기적'은 자기 이익만 꾀 하는 것, '이타적'은 남의 이익을 생각 하는 것! 가끔이라도 이타적으로 살아 야겠죠?

[예문] • 사회적 약자들에게 쓸모 있는 물건을 만드는 일을 '이타적 디자인'이라고 한다.
• 책 읽기를 통해 이타적인 삶의 중요성을 깨우칠 수도 있다.

공고하다(鞏굳을 **공** 固굳을 **고**—) 단단하고 튼튼하다.

[예문] • 조선을 세운 태조 이성계는 왕권을 공고히 하기 위해 힘썼다.
• 방어벽이 아무리 공고하더라도 병사들의 사기가 떨어져 있다면 적의 침입을 막을 수 없다.

※ 다음 문장의 문맥에 알맞은 단어를 ( ) 안에서 골라 ○표 하세요.

01. 검색과 자료 전송이 쉬운 인터넷 매체의 발달로 많은 정보가 (공유 VS 독점)되고 있다.

02. 늘 싸우던 두 가게는 상대에 대한 (비방 VS 칭송)을 중지하고 선의의 경쟁을 할 것을 약속하였다.

03. 1945년 8월 15일, 우리나라는 드디어 일제의 (방치 VS 속박)에서 벗어났다.

04. 누구든지 (견문 VS 편견)에 사로잡히면 대상을 제대로 보지 못한다.

05. 우리는 여러 사람들과의 복잡한 (관계망 VS 수색망) 속에서 살아간다.

06. 교장 선생님은 늘 외부 손님들에 대한 (의례적 VS 이례적)인 인사말로 축사를 시작하였다.

07. 양측 토론자는 상대방에 대한 (기습 공격 VS 인신공격)을 삼가 주시길 바랍니다.

| 정답 | 01. 공유 02. 비방 03. 속박 04. 편견 05. 관계망 06. 의례적 07. 인신공격

공유(共함께 공 有있을 유) 두 사람 이상이 한 물건을 공동으로 소유함.

예문
- 발표 내용을 다른 학교의 친구들과 공유하는 게 어때?
- 우리 집은 이웃집과 마당을 공유하고 있다.

쌤Tip '공유'는 여럿이 공동으로 사용하는 것, '독점'은 혼자만 사용하는 것!

비방(誹헐뜯을 비 謗헐뜯을 방) 남을 비웃고 헐뜯어서 말함.

예문
- 인터넷 공간에서 상대방을 조롱하거나 비방하는 것은 옳지 않다.
- 후보자들끼리 서로를 비방하는 모습에 눈살이 찌푸려졌다.

쌤Tip '비방'은 남을 나쁘게 말하는 것이고, '칭송'은 남을 칭찬하는 거예요.

속박(束묶을 속 縛묶을 박) 자유롭게 행동하거나 결정하지 못하도록 강압적으로 얽어매거나 제한함.

예문
- 국제사면위원회는 억울하게 속박당한 사람들에게 자유를 되찾아 주는 일을 한다.
- 조선 시대에는 여성들이 사회적으로 많은 속박을 받았다.

쌤Tip '속박'은 구속하는 것, '방치'는 내버려 두는 것!

편견(偏치우칠 편 見볼 견) 공정하지 못하고 한쪽으로 치우친 생각.

예문
- 사람들의 편견과 무시는 청소년들을 더욱더 삐뚤어지게 만들기도 한다.
- 다른 사람들의 편견 때문에 자신의 꿈을 버리는 것은 바람직하지 않다.

쌤Tip '편견'은 마치 색안경을 끼고 대상을 보는 것과 같아요. 대상을 한 가지 색으로만 보게 만들거든요.

관계망(關빗장 관 係걸릴 계 網그물 망) 어떤 사물이나 현상들이 서로 관계를 맺어 그물처럼 얽혀 있는 것.

예문
- 사람들은 복합적인 관계망 속에서 서로 협력하고 소통하며 살아간다.
- 요즘에는 많은 현대인들이 사회 관계망 서비스(SNS)를 통해 서로 소통한다.

의례적(儀거동 의 禮예도 례 的과녁 적) ① 일정한 법식에 맞는 것. ② 형식이나 격식만을 갖춘 것.

예문
- 결혼식은 보통 의례적인 절차에 따라 진행된다.
- 그가 쓴 의례적인 문안 편지는 책상 위에 그대로 놓여 있었다.
- 마을 행사는 주민들의 단합을 강조하는 의례적 측면이 강하다.

쌤Tip '의례적'은 늘 하던 형식에 따른 것, '이례적'은 평소와 다른 것!

인신공격(人사람 인 身몸 신 攻칠 공 擊부딪칠 격) 남의 개인적인 일이나 사정에 관한 일을 들어 나쁘게 말함.

예문
- 토론에서 상대방을 인신공격하는 것은 매우 치사한 짓이다.
- 같은 반 아이 한 명이 외국에서 온 친구의 피부색을 가지고 인신공격을 했다.

※ 다음 문장의 문맥에 알맞은 단어를 ( ) 안에서 골라 ○표 하세요.

01. 설악산과 금강산은 옛날부터 (가관 VS 경관)이 빼어난 산으로 유명하다.

02. 편의점은 24시간 운영을 바탕으로 도시 사람들의 주요 생활 공간으로 (부상 VS 부침)하였다.

03. 그와 나 사이에는 별다른 (변고 VS 연고)가 없었지만, 우리는 함께 일하면서 금방 친해졌다.

04. 우현은 마을 사람들과 함께 협동조합을 만들어 공동으로 (운영 VS 운행)하고 있다.

05. 이순신은 마침내 조선의 수군을 (개괄 VS 총괄)하는 자리에 올랐다.

06. 우리나라는 재활용품의 (회고 VS 회수)가 비교적 잘 이루어지는 편이다.

07. 우리 부모님은 다른 집 자식들과 우리를 (견주며 VS 맞보며) 잔소리를 하는 분들이 아니다.

08. 일제 강점기에 많은 조선인들이 중국이나 러시아로 도망쳐 (원주민 VS 이주민)이 되었다.

09. 성열은 큰 지출은 물론 (소소한 VS 협소한) 지출까지 꼼꼼히 기록하고 있다.

10. 곧 닥쳐올 장마철 집중 호우에 대비하여 담이나 둑을 손보는 공사가 (시급하다 VS 성급하다).

| 정답 | 01. 경관 02. 부상 03. 연고 04. 운영 05. 총괄 06. 회수 07. 견주며 08. 이주민 09. 소소한 10. 시급하다

경관(景경치 경 觀볼 관) 산이나 들, 강, 바다 따위의 자연이나 지역의 모습.

예문 • 경관이 아름다운 곳에는 어김없이 호텔, 상점가 등이 빼곡히 들어서 있다.

• 도시의 빼어난 경관이 만들어지기까지 오랜 세월이 걸렸다.

> **쌤Tip** '경관'은 평가의 대상인 경치 자체를 가리키는 반면, '가관'은 감탄이나 비웃음 같은 판단까지 담은 말이에요.

부상(浮뜰 부 上위 상) ① 물 위로 떠오름. ② 어떤 현상이 관심의 대상이 되거나 어떤 사람이 훨씬 좋은 위치로 올라섬.

예문 • 잠수함이 훈련을 위해 수면 위로 부상하고 있다.

• 프랑스의 리옹은 빛 축제 덕분에 짧은 시간에 세계적인 관광 도시로 부상하였다.

• 명수가 낸 사진집은 발간되자마자 단숨에 베스트셀러로 부상하였다.

> **쌤Tip** '부상'은 떠올라 관심을 받는 것, '부침'은 오르내리면서 변화가 있는 것!

연고(緣인연 연 故옛 고) ① 일의 까닭. ② 혈통, 정, 법률, 지역 따위로 맺어진 관계.

예문 • 아무런 연고도 없이 선생님께서 그런 말씀을 하셨을 리 없다.

• 그녀는 연고가 없는 불쌍한 사람들을 돌보는 봉사의 삶을 살고 있다.

> **쌤Tip** '변고'는 재앙이나 사고를, '연고'는 나와 다른 사람의 어떤 관계를 의미해요.

운영(運운전할 운 營경영할 영) 조직이나 기구, 사업체 따위를 목적에 맞게 다스리고 이끌어 나감.

예문 • '마을학교'에서는 마을 주민을 대상으로 교육 프로그램을 운영한다.

• 그는 회사를 잘 운영하여 많은 돈을 벌었다.

• 우리 시에서는 시민들의 민원 해결을 위해 전담 창구를 운영하고 있습니다.

> **쌤Tip** '운영'은 목적에 맞게 다스리고 이끄는 것, '운행'은 정해진 길을 따라차를 모는 것!

총괄(總거느릴 총 括묶을 괄) ① 개별적인 여러 가지를 한데 모아서 묶음. ② 모든 일을 한데 묶어 감독함.

예문 • 한 학기가 끝나면 그동안 배운 내용에 대한 총괄 평가를 한다.

• 그는 공무원 생활 대부분을 환경 문제를 총괄하는 부서에서 보냈다.

• 감독은 영상 제작 과정 전체를 총괄하는 역할을 한다.

> **쌤Tip** '개괄'은 중요 내용만 추리는 것, '총괄'은 전체를 지휘하는 것!

회수(回돌아올 회 收거둘 수) 도로 거두어들임.

예문 • 전자 폐기물을 버릴 때는 회수하는 곳이 있는지를 먼저 찾아보아야 한다.

• 허가된 게시 기간이 끝나면 게시물을 직접 회수해야 한다.

• 종이 울리면 학생들에게 나누어 주었던 답안지를 모두 회수해 주세요.

견주다 둘 이상의 사물을 질(質)이나 양(量) 따위에서 어떠한 차이가 있는지 알기 위하여 서로 대어 보다.

예문 • 한국인의 젓가락질은 중국이나 일본에 견주어도 세계적인 수준이다.
• 다음 문장들을 서로 견주어 차이를 알아보자.

이주민(移옮길 이 住살 주 民백성 민) 다른 곳으로 옮겨 가서 사는 사람. 또는 다른 지역에서 옮겨 와서 사는 사람.

쌤Tip '원주민'은 본래부터 그곳에 사는 사람, '이주민'은 다른 곳에서 온 사람!

예문 • 국내에 거주하는 이주민의 수가 빠른 속도로 증가하고 있다.
• 이 마을은 주민 대부분이 서로 친척이라서 이주민들이 정착하기 어렵다.

소소하다(小작을 소 小작을 소—) 작고 대수롭지 아니하다.

쌤Tip '소소하다'는 대상의 가치나 영향력을, '협소하다'는 공간의 크기를 나타내는 말이에요!

예문 • 모르는 사람들과 간식을 나누는 소소한 행사에 많은 사람들이 동참했다.
• 이 영화는 특별할 것 없는 소소한 일상을 섬세하게 담아내고 있다.

시급하다(時때 시 急급할 급—) 시각을 다툴 만큼 몹시 급하다.

예문 • 온라인상에서 '잊힐 권리'를 보장하는 법률을 시급하게 제정해야 한다.
• 복지 정책이야말로 가장 먼저 정비되어야 할 시급한 문제이다.

개념어도 함께 알아봐요

| 논증과 관련된 말 ① |

논증(論논의할 논 證증거 증) 내용의 옳고 그름을 이유를 들어 밝히는 것. 또는 그 근거나 이유.

개념+ 논증은 주로 논설문이나 연설문같이 설득을 목적으로 하는 경우에 사용돼요.

추론(推옮길 추 論논의할 론) 어떠한 판단을 근거로 삼아 다른 판단을 이끌어 내는 것.

개념+ 추론은 이미 알고 있는 내용을 바탕으로, 미처 알지 못하거나 새로운 내용을 미루어 생각하는 것을 말해요. 이때 근거가 되는 내용을 '전제'라고 하고, 그것을 바탕으로 이끌어 낸 내용을 '결론'이라고 해요. 추론에는 연역 추론과 귀납 추론이 있어요.
예 강아지 얼굴에 생크림이 묻은 것을 보니, 강아지가 케이크를 먹었을 것이다.

연역(演멀리 흐를 연 繹당길 역) 일반적인 사실이나 원리를 전제로 하여 그것에 포함되는 개별적인 사실이나 원리를 이끌어 내는 것.

개념+ 연역 추론의 대표적인 방법은 '대전제 – 소전제 – 결론'으로 구성되는 삼단 논법이에요. 그런데 연역 추론을 통해 이끌어 낸 결론은 이미 전제에 포함되어 있는 내용이에요.

> 예 모든 사람은 죽는다.　　　　　[대전제]
> 　　○○○은 사람이다.　　　　　[소전제]
> 　　그러므로 ○○○은 죽는다.　　[결론]

귀납(歸돌아올 귀 納들일 납) 개별적이고 특수한 사실이나 원리로부터 일반적인 사실이나 원리를 이끌어 내는 것.

개념+ 귀납은 관찰을 통해 알아낸 사실들을 근거로 하여 그것들의 공통점을 찾아내어 결론으로 이끌어 내는 방법이에요. 귀납 추론에서는 사례가 많을수록 결론이 참이 될 가능성이 높아요. 또한 과학적 원리를 찾아내는 데 주로 사용되죠.

> 예 참새는 깃털이 있다. 비둘기는 깃털이 있다. 까치는 깃털이 있다. 닭은 깃털이 있다. … [개별적인 사례들]
> 　　참새, 비둘기, 까치, 닭은 모두 조류이다. [사례들의 공통점]
> 　　그러므로 모든 조류는 깃털이 있다. [결론]

01 제시된 초성과 뜻풀이를 참고하여 ( ) 안에 들어갈 알맞은 단어를 쓰시오.

(1) ㅅ ㅂ : 자유롭게 행동하거나 결정하지 못하도록 강압적으로 얽어매거나 제한함.

⑩ 옛날에는 타고난 신분으로 인한 사회적 (　　　)이 매우 심했다.

(2) ㅇ ㅇ : 조직이나 기구, 사업체 따위를 목적에 맞게 다스리고 이끌어 나감.

⑩ 동우는 인터넷 쇼핑몰을 (　　　)하고 있다.

02 다음 단어와 그 뜻풀이가 맞으면 ○, 틀리면 ×에 표시하시오.

(1) 견주다 : 둘 이상의 사물을 질(質)이나 양(量) 따위에서 어떠한 차이가 있는지 알기 위하여 서로 대어 보다.

(○ , ×)

(2) 공고하다 : 융통성이 없이 올곧고 고집이 세다.

(○ , ×)

(3) 살갑다 : 믿을 만하거나 믿음이 가다. (○ , ×)

03 다음 사다리를 타 보고, 단어의 뜻풀이로 알맞은 것을 〈보기〉에서 골라 ( ) 안에 기호를 쓰시오.

(1) 비방　　(2) 편견　　(3) 결속　　(4) 유대감

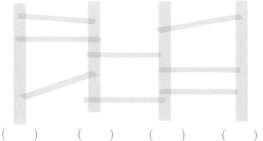

(　　)　　(　　)　　(　　)　　(　　)

────〈보기〉────
㉠ 남을 비웃고 헐뜯어서 말함.
㉡ 공정하지 못하고 한쪽으로 치우친 생각.
㉢ 서로 밀접하게 연결되어 있는 공통된 느낌.
㉣ ① 한 덩어리가 되게 묶음. ② 뜻이 같은 사람끼리 서로 단결함.

04 다음 밑줄 친 단어의 뜻풀이가 맞으면 ○, 틀리면 ×에 표시하시오.

(1) 많은 사람들이 이타적 행동을 한다.
→ 자기 자신의 이익만을 꾀하는 것. (○ , ×)

(2) 의례적 말보다 진심을 담은 말이 더 힘이 세다.
→ 형식이나 격식만을 갖춘 것. (○ , ×)

05 제시된 뜻풀이에 해당하는 단어를 〈보기〉의 글자를 조합하여 쓰시오.

────────────────〈보기〉
선　경　관　질　알　동　성

(1) 사람이나 사물의 바탕이 같은 성질이나 특성.
(　　　　　　)

(2) 산이나 들, 강, 바다 따위의 자연이나 지역의 모습.
(　　　　　　)

(3) 남의 일이 잘되도록 여러 가지 방법으로 힘쓰는 일.
(　　　　　　)

06 다음 밑줄 친 단어의 쓰임이 적절하면 ○, 틀리면 ×에 표시하시오.

(1) 시험이 끝나자 감독관이 문제지와 답안지를 회수해 갔다. (○ , ×)

(2) 너무 서두르지 말고 시급하게 순서를 기다리도록 하여라. (○ , ×)

(3) 호텔의 총지배인은 호텔의 전체 업무를 총괄하는 사람이다. (○ , ×)

07 제시된 단어와 뜻풀이를 고려할 때, 밑줄 친 단어가 제시된 의미로 사용된 것을 골라 ○표 하시오.

(1)
┌──────────────────┐
│ 연고 : 일의 까닭. │
└──────────────────┘

㉠ 무슨 연고로 그런 일을 저질렀는지 말을 해라.
㉡ 지역적 연고를 중요하게 여기는 사람들이 있다.

(2)
┌──────────────────┐
│ 부상 : 물 위로 떠오름. │
└──────────────────┘

㉠ 최근 우리나라는 문화 대국으로 부상하고 있다.
㉡ 이 건물은 홍수가 나면 물 위로 부상할 수 있다.

08 다음 @~@에 들어갈 알맞은 단어를 〈보기〉에서 골라 쓰시오.

〈보기〉
연고　　　인신공격　　　관계망　　　이주민

우리는 많은 사람들과 복잡한 [@]을 이루며 살아간다. 실제로 전 세계의 모든 사람은 최대 6단계만 거치면 모두 [ⓑ]를 찾을 수 있다고 한다. 결혼이나 일자리 때문에 우리나라로 온 [ⓒ]들도 마찬가지다. 그러니 그들을 무시하거나 함부로 [ⓓ]해서는 안 된다.

(1) @ : _____ (2) ⓑ : _____

(3) ⓒ : _____ (4) ⓓ : _____

09 다음 밑줄 친 단어와 바꾸어 쓰기에 가장 적절한 것을 고르시오.

(1)
이곳은 공기가 맑고 경관이 아름다워 가족 단위의 관광객들이 즐겨 찾는다.

① 경품　　　② 방관　　　③ 외모
④ 정원　　　⑤ 풍경

(2)
선생님은 요즈음 제자들의 취직을 알선하느라 바쁘시다.

① 결속　　　② 부상　　　③ 주선
④ 운영　　　⑤ 총괄

10 다음 밑줄 친 단어와 뜻이 가장 유사한 것은?

나는 사무실의 온갖 자질구레한 일을 도맡아 한다.

① 소소한　　② 시급한　　② 중요한
② 힘쓰는　　② 의례적인

11 다음 제시된 뜻풀이를 바탕으로 십자말풀이를 완성하시오.

	(1) 편	(2)		
(3)			(4)	
		(5)		

[가로] (1) 공정하지 못하고 한쪽으로 치우친 생각.
　　　 (3) 마음씨가 부드럽고 상냥하다.
　　　 (4) 다른 곳으로 옮겨 가서 사는 사람.
　　　 (5) 형식이나 격식만을 갖춘 것.
[세로] (2) 둘 이상의 사물을 질(質)이나 양(量) 따위에서 어떠한 차이가 있는지 알기 위하여 서로 대어 보다.
　　　 (4) 자기의 이익보다는 다른 이의 이익을 더 꾀하는 것.

12 다음은 논증과 관련된 내용이다. 개념어의 성질과 관련 있는 것을 찾아 선으로 바르게 연결하시오.

(1) 추론 •　　• ㉠ 개별적이고 특수한 사실이나 원리로부터 일반적인 사실이나 원리를 이끌어 내는 것.

(2) 귀납 •　　• ㉡ 일반적인 사실이나 원리를 전제로 하여 그것에 포함되는 개별적인 사실이나 원리를 이끌어 내는 것.

(3) 연역 •　　• ㉢ 어떠한 판단을 근거로 삼아 다른 판단을 이끌어 내는 것.

품질이 같고 가격이 다른 두 상품이 있다면, 그중에서 싼 것을 사는 것이 합리적이다. 이러한 소비자를 합리적 소비자라고 한다. 그런데 최근에 이와 다른 소비자가 나타나고 있다. 그들은 품질이나 가격 외에 그 상품이 만들어지는 과정까지 따진다. 즉, 자신이 누릴 수 있는 편리만 생각하는 것이 아니라 우리가 사는 세상을 더 좋게 만들 수 있는지를 따져서 소비하는 것이다. 이러한 소비자를 윤리적 소비자라고 한다.

빈부 격차와 환경 오염은 ㉠시급하게 해결해야 할 전 세계적인 문제이다. 윤리적 소비자는 일상적인 소비를 통해 이러한 문제를 해결하려 한다. 공정 무역 상품이나 친환경 제품을 사는 것이 대표적이다. 커피나 초콜릿의 원료는 저개발 국가에서 주로 생산되는데, 이곳의 농민들은 하루 종일 일하고도 겨우 먹고살 만큼의 돈밖에 벌지 못한다. 공정 무역 업체들은 이들에게 생계유지에 충분한 임금을 지급하고 생산물을 구입한다. 이와 같은 공정 무역을 통한 커피나 초콜릿을 사는 윤리적 소비자가 늘면서 저개발 생산 국가의 농민들도 안정적인 생활이 가능해졌다. 친환경 제품을 사는 것도 마찬가지다. 조금 더 비싸더라도 친환경적인 제품을 소비하면 환경 오염을 최소화할 수 있다. 윤리적 소비자들은 이와 같은 제품들을 다른 사람에게 적극적으로 ㉡알선하기도 하고, 자주 사용하지 않는 물건은 ㉢공유하여 불필요한 소비를 줄이기도 한다.

현대 사회의 소비자는 윤리적이어야 한다. 물건을 생산하고 유통하는 과정에서 환경을 오염시키거나 노동자를 착취하는 기업의 제품은 사지 않아야 한다. 반대로 친환경적이거나 사회적 약자를 배려하는 제품은 적극적으로 소비해야 한다. 이기적 소비자가 아닌 ㉣이타적 소비자, 사회적 약자에게 ㉤유대감을 느끼는 소비자가 되어야 한다.

13 윗글의 내용과 일치하지 않는 것은?

① 공정 무역은 저개발 국가의 가난한 생산자들에게 도움이 된다.
② 합리적 소비자는 품질에 비해 가격이 싼 제품을 구입하려 한다.
③ 윤리적 소비자는 대기업이 만든 제품을 소비하는 것을 꺼려한다.
④ 윤리적 소비자는 개인의 소비 행위가 사회에 미치는 영향을 따진다.
⑤ 윤리적 소비자는 일상적인 소비를 통해 더 나은 세상을 만들려 한다.

14 윗글에 대한 설명으로 적절하지 않은 것은?

① 소비자를 크게 두 가지로 구분하여 제시하고 있다.
② 예시의 방법을 활용하여 내용을 쉽게 설명하고 있다.
③ 중요 용어의 개념을 정의하여 독자의 이해를 돕고 있다.
④ 일반적 진리를 바탕으로 구체적 결론을 이끌어 내고 있다.
⑤ 문제가 되는 상황을 언급한 뒤 해결 방안을 제시하고 있다.

15 ㉠~㉤의 문맥적 의미로 적절하지 않은 것은?

① ㉠ : 시각을 다툴 만큼 몹시 급하게
② ㉡ : 목적에 맞게 다스리고 이끌어 나가기
③ ㉢ : 두 사람 이상이 한 물건을 공동으로 소유하여
④ ㉣ : 자기의 이익보다는 다른 이의 이익을 더 꾀하는
⑤ ㉤ : 서로 밀접하게 연결되어 있는 공통된 느낌

속담·한자성어·관용표현으로 한 걸음 더

'좋지 못한 상황'을 나타내는 한자성어를 살펴봐요

◉ 유야무야(有耶無耶)

있는 듯 없는 듯 흐지부지함.

◉ 용두사미(龍頭蛇尾)

용의 머리와 뱀의 꼬리라는 뜻으로, 처음은 왕성
하나 끝이 부진한 현상을 이르는 말.

쯧쯧…

◉ 이전투구(泥田鬪狗)

진흙탕에서 싸우는 개라는 뜻으로, 자기의 이익을
위하여 비열하게 다툼을 비유적으로 이르는 말.

◉ 오비이락(烏飛梨落)

까마귀 날자 배 떨어진다는 뜻으로, 아무 관계도
없이 한 일이 공교롭게도 때가 같아 억울하게 의심
을 받거나 난처한 위치에 서게 됨을 이르는 말.

◉ 조삼모사(朝三暮四)

아침에 세 개, 저녁에 네 개라는 뜻으로, 간사한 꾀
로 남을 속여 희롱함을 이르는 말.

16 위에 제시된 한자성어 중, 다음 이야기와 관련 있는 것을 찾아 쓰시오.

옛날 중국 송나라에 저공이라는 사람이 있었다. 그는 원숭이를 좋아하여 원숭이를 많이 길렀는데, 원숭이들도 저공을
잘 따랐다. 하지만 워낙 많은 원숭이를 기르다 보니 먹이인 도토리를 대는 일이 날로 어려워졌다. 그래서 저공은 먹이를
줄이기로 하고 원숭이들에게 말했다.

"너희들에게 주는 도토리를 앞으로는 아침에 세 개, 저녁에 네 개씩 줄 생각인데 어떠
냐?"

그러자 원숭이들은 '아침에 도토리 세 개로는 배가 고프다'고 불만을 표시하였다. 그러
자 저공은 어쩔 수 없다는 듯이 "그럼 아침에 네 개, 저녁에 세 개씩 주도록 하마."라고 말
했다. 그러자 원숭이들이 모두 좋아하였다.

( )

17 위에 제시된 한자성어 중, 다음 ( ) 안에 들어가기에 가장 적절한 것을 찾아 쓰시오.

(1) 두 사람은 어느 한쪽이 그냥 대충 넘어가 주면 ( ) 끝날 수도 있는 문제를 놓고도 서로 고집을 부리
다가 결국 싸움까지 하는 경우가 많았다.

(2) 경제학에서 '레드 오션(red ocean)'은 수많은 사람이나 기업이 살아남기 위해 죽기 살기로 ( )를 벌
이는 시장이라면, '블루 오션(blue ocean)'은 경쟁을 하지 않아도 되는 새로운 시장이다.

(3) 이 영화는 매우 거창하고 재미있게 시작하지만 뒤로 갈수록 점점 내용이 보잘것없어져서 ( )라는 평
가를 받았다.

17 비문학 _ 예술

🐾 오늘의 어휘, 어디까지 알고 있니?

※ 다음 문장의 문맥에 알맞은 단어를 ( ) 안에서 골라 ○표 하세요.

01. 이 지역은 전쟁 피해를 입지 않아 (고전적 VS 사전적)인 양식의 건축물이 많이 남아 있다.

02. 제주도는 (이국적 VS 애국적)인 풍경 때문에 우리나라 사람들이 좋아하는 관광지이다.

03. 그녀는 판소리 한 가락을 (구성지게 VS 후미지게) 불러 사람들의 박수를 받았다.

04. 이 도령은 시를 읊는 춘향이의 (낭랑한 VS 맹랑한) 목소리에 감탄했다.

05. 이번 축제에서는 여러 공연단의 (다채로운 VS 애처로운) 음악 공연이 펼쳐질 예정이다.

06. 금강산의 단풍은 옛날부터 (수려하기 VS 우려하기)로 유명하다.

07. 이 책은 철학에 대한 (경박한 VS 심오한) 내용이 담겨 있어 중학생이 읽기에는 매우 어렵다.

> | 정답 | 01. 고전적 02. 이국적 03. 구성지게 04. 낭랑한 05. 다채로운 06. 수려하기 07. 심오한

고전적(古옛 고 典법 전 的과녁 적) ① 오래된 형식이나 방법 등을 따르는 것. ② 오랜 세월을 두고 사람들에게 높이 평가되고 모범이 될 만한 것.

예문 • 자연스럽게 끝을 올린 한옥 지붕의 곡선은 고전적인 아름다움을 보여 준다.
• 「햄릿」은 셰익스피어가 남긴 고전적인 명작이다.

> **쌤Tip** 옛날부터 내려오는 것을 '고전적'이라고 해요. 우리의 전통 한복이나 한옥이 대표적이죠.

이국적(異다를 이 國나라 국 的과녁 적) 자기 나라가 아닌 다른 나라의 특징이나 분위기가 있는 것.

예문 • 베트남의 호이안 거리에 불을 밝힌 연등들이 이국적인 분위기를 형성하고 있다.
• 그 기게는 외국인이 많이 찾는 곳이라서 그런지 이국적인 정서기 물씬 풍긴다.

> **쌤Tip** '애국적'은 자기 나라를 사랑하는 것, '이국적'은 우리나라가 아닌 다른 나라 같은 것!

구성지다 자연스럽고 구수하며 멋지다.

예문 • 좌판을 벌여 놓은 시장 상인은 구성진 목소리로 손님을 부르고 있다.
• 할아버지의 노랫소리는 언제 들어도 무척 구성지다.

> **쌤Tip** '구성지다'는 목소리나 노랫소리, 악기 소리를 긍정적으로 평가하는 말이에요.

낭랑하다(朗밝을 낭 朗밝을 랑—) 소리가 맑고 또렷하다.

예문 • 배가 고플 때 소리 내어 책을 읽으면 그 소리가 훨씬 낭랑해지고 배고픔도 잠시 잊을 수 있다.
• 아이들의 글 읽는 소리가 낭랑하게 들려온다.

> **쌤Tip** '낭랑하다'는 주로 목소리를, '맹랑하다'는 대상의 성격이나 상태를 평가하는 말이에요.

다채롭다(多많을 다 彩채색 채—) 여러 가지 색깔이나 형태, 종류 따위가 한데 어울리어 화려한 데가 있다.

예문 • 개성이 넘치는 글은 다채로운 문화를 창조하는 밑바탕이 된다.
• 그림자극에서는 색색의 조명들이 다채롭게 활용되어 축제 분위기를 더했다.

수려하다(秀빼어날 수 麗고울 려—) 빼어나게 아름답다.

예문 • 우리의 땅 독도는 수려한 자연 경관을 지니고 있다.
• 명수는 이목구비가 수려하여 보는 이에게 호감을 준다.

> **쌤Tip** '수려하다'는 칭찬, '우려하다'는 걱정!

심오하다(深깊을 심 奧아랫목 오—) 이해하기 어려울 만큼 깊이가 있고 오묘하다.

예문 • 오랫동안 사람들은 미술이 심오한 활동이라고 생각해 왔다.
• 그분의 생각은 너무 심오해서 일반인들이 이해하기 어렵다.

> **쌤Tip** '경박하다'는 말이나 행동이 가벼워 깊이가 없는 것이고, '심오하다'는 깊이가 깊은 것!

※ 다음 문장의 문맥에 알맞은 단어를 ( ) 안에서 골라 ○표 하세요.

01. 세종 대왕은 백성을 위한 정치를 (구현 VS 출현)하기 위해 노력하였다.

02. 나는 그 그림을 보자마자 신비한 아름다움에 완전히 (매수 VS 매혹)되었다.

03. 범인은 사람들 앞에서 자신이 저지른 범죄 행위를 태연히 (재연 VS 재현)하였다.

04. 이 박물관에는 고대인들의 생활 모습을 (재연 VS 재현)해 놓은 모형들이 많다.

05. 우리의 훌륭한 전통문화를 (상승 VS 전승)하여 오늘날에 맞게 발전시켜야 한다.

06. 이 시는 얼핏 대상을 (찬미 VS 질책)하는 것처럼 보이지만 실제로는 비판하고 있다.

07. 가난한 사람들도 얼마든지 예술을 (향상 VS 향유)할 수 있는 사회가 되어야 한다.

| 정답 | 01. 구현 02. 매혹 03. 재연 04. 재현 05. 전승 06. 찬미 07. 향유

구현(具갖출 구 現나타날 현/具갖출 구 顯나타날 현) 어떤 내용을 구체적인 사실로 나타나게 함.

예문 • 다빈치는 그림의 대상을 그만의 특별한 기법으로 구현하였다.
• 진지한 토론과 설득은 민주주의를 구현하는 하나의 방법이다.

> **쌤Tip** '구현'은 대상을 실제로 나타나게 하는 것, '출현'은 없던 것이나 보이지 않던 것이 나타나는 것!

매혹(魅도깨비 매 惑미혹할 혹) 남의 마음을 사로잡아 정신을 흐리게 함.

예문 • 많은 화가들이 한글의 아름다움에 매혹되어 한글을 작품의 소재로 삼고 있다.
• 그 외국인은 우리나라의 문화에 매혹되었다고 말했다.

> **쌤Tip** '매수'는 물건을 사는 것이고, '매혹'은 매력으로 유혹하는 것이에요.

재연(再다시 재 演펼 흐를 연) ① 연극이나 영화 따위를 다시 상연하거나 상영함. ② 한 번 하였던 행위나 일을 다시 되풀이함.

예문 • 흘러간 옛 영화를 재연해 달라는 요청이 많이 들어왔다.
• 우리 모둠은 소설 「소나기」 중에서 소년이 소녀를 업고 개울을 건너는 장면을 재연하였다.
• 6·25와 같은 전쟁이 한반도에서 결코 재연되어서는 안 된다.

재현(再다시 재 現나타날 현) 다시 나타남. 또는 다시 나타냄.

예문 • 그 박물관에는 1970년대 학교의 교실 모습을 재현해 놓은 공간이 있다.
• 백여 년 전의 농촌을 재현한 마을에 관광객이 줄을 이었다.

> **쌤Tip** '재연'은 주로 행동을 통해 특정 행위를 되풀이할 때, '재현'은 주로 옛 모습을 되살릴 때 쓰는 말이에요.

전승(傳전할 전 承받들 승) 문화, 풍속, 제도 따위를 이어받아 계승함. 또는 그것을 물려주어 잇게 함.

예문 • 우리는 다양한 방법으로 우리의 문화를 전승하고 창조해 왔다.
• 전통 민속놀이인 줄다리기를 전승하기 위해 우리는 어떤 노력을 하고 있을까?

> **쌤Tip** 줄타기는 1,300여 년을 전승되어 왔어요.

찬미(讚기릴 찬 美아름다울 미) 아름답고 훌륭한 것이나 위대한 것 따위를 기리어 칭찬함.

예문 • 팝 아트 작품들은 현대 문화를 찬미하는 동시에 비판하는 성격을 지니고 있다.
• 우리 선조들은 자연을 찬미하는 내용의 시를 많이 지었다.

> **쌤Tip** '찬미'는 칭찬하는 것, '질책'은 꾸짖는 것!

향유(享누릴 향 有있을 유) 누리어 가짐.

예문 • 문학 작품을 다양하게 해석해 봄으로써 문화 향유 역량을 기를 수 있다.
• 문화 공간을 늘려 누구나 예술을 향유할 수 있는 기회를 제공해야 한다.

> **쌤Tip** 아름다운 자연은 누구나 향유할 수 있어요.

※ 다음 문장의 문맥에 알맞은 단어를 ( ) 안에서 골라 ○표 하세요.

01. 몬드리안의 그림은 강렬한 색채 (대비 VS 예비)로 유명하다.

02. 이 신문에는 매주 두 번씩 유명 만화가의 (공평 VS 만평)이 실린다.

03. 패션에 (무뢰한 VS 문외한)인 내 눈에는 패션쇼에 나온 모든 옷이 이상하게 보였다.

04. 여행 첫날 밤 우리는 다음 날의 (여정 VS 여독)을 위해 일찍 잠자리에 들었다.

05. 인종에 따라 인간의 (길흉 VS 우열)이 결정된다는 주장은 아무런 근거가 없다.

06. 창의력의 (변천 VS 원천)은 어떤 것에 얽매이지 않는 상상력이다.

07. 교실에는 숨소리 하나 들리지 않을 정도로 (소음 VS 정적)만이 흐르고 있었다.

08. 여러분은 이 사회를 떠받치는 (걸림돌 VS 주춧돌) 같은 역할을 해야 합니다.

09. 아직도 세계 곳곳에서는 인간의 머리로는 이해할 수 없는 (불가사리 VS 불가사의)한 일들이 벌어지고 있다.

10. 우리 할머니와 할아버지는 (고풍스러운 VS 허풍스러운) 한옥에 살고 계신다.

| 정답 | 01. 대비 02. 만평 03. 문외한 04. 여정 05. 우열 06. 원천 07. 정적 08. 주춧돌 09. 불가사의 10. 고풍스러운

대비(對대답할 대 比견줄 비) ① 두 가지의 차이를 밝히기 위하여 서로 맞대어 비교함. 또는 그런 비교. ② 미술에서, 어떤 요소를 강조하기 위하여 그와 상반되는 형태·색채 등을 나란히 배치하는 일.

예문 • 여러분이 직접 두 조각상의 생김새를 대비해 보고, 차이점을 생각해 보세요.
• 고흐의 '별이 빛나는 밤'이라는 그림은 파란색과 노란색의 대비가 인상적이다.
• 그 화가는 적색과 녹색처럼 강한 색채 대비를 통해 화면에 생동감을 구현한다.

쌤 Tip '대비'는 서로 다른 대상을 함께 제시하는 경우에 주로 사용하는 말이에요.

만평(漫질펀할 만 評품평 평) 만화를 그려서 인물이나 사회를 비꼬거나 비판함. 또는 그런 만화.

예문 • 만평은 적은 분량에 대상에 대한 자신의 생각을 담아내야 한다.
• 한 컷짜리 만평을 보기 위해 신문을 사는 사람도 있다.

문외한(門문 문 外바깥 외 漢한나라 한) 어떤 일에 전문적인 지식이 없는 사람.

예문 • 젊은 시절 전형필은 우리나라의 그림이나 골동품 등에 문외한이었다.
• 그녀는 별자리에 문외한인 나에게 큰곰자리와 오리온자리를 알려 주었다.

쌤 Tip '무뢰한'은 나쁜 짓을 일삼는 사람을, '문외한'은 어떤 분야에 무지한 사람을 말해요.

여정(旅나그네 여 程단위 정) 여행의 과정이나 일정.

예문 • 우리는 제주도에서 일주일의 여정을 마치고 집으로 돌아왔다.
• 화가마다 그림의 완성으로 가는 여정은 다를 수밖에 없다.

쌤 Tip '여정'이 너무 길거나 빡빡하면 '여독'이 심해지게 돼요.^^

우열(優넉넉할 우 劣못할 열) 나음과 못함.

예문 • 음악의 아름다움을 두고 우열을 가리는 것은 어리석은 일이다.
• 우열을 가리는 데 초점을 둔 시험은 학생들의 경쟁심만 불러일으킨다.

쌤 Tip '길흉'은 운이 좋고 나쁜 것이고, '우열'은 상대적으로 잘하고 못하는 것이에요.

원천(源근원 원 泉샘 천) ① 물이 흘러나오기 시작하는 곳. ② 사물이 비롯되는 본바탕.

예문 • 산꼭대기에서 흐르는 이 작은 물줄기가 바로 한강의 원천이다.
• 동양의 폭포수와 서양의 분수는 각 문화의 원천이 된 사상의 차이를 잘 보여 준다.

정적(靜고요할 정 寂고요할 적) 고요하고 잠잠함.

예문 • 이 그림은 눈부신 햇살과 무더위, 정적을 표현하고 있다.
• 어디선가 깊은 숲속의 정적을 깨는 새소리가 들려왔다.

주춧돌 ① 기둥의 밑받침이 되게 받쳐 놓은 돌. ② 어떤 일의 근본이 되는 중요한 것을 비유적으로 이르는 말.

> **예문** • 우리 전통 건축에서는 울퉁불퉁한 돌덩이를 그대로 주춧돌로 삼았다.
> • 지식인은 어느 상황에서나 바람직한 사회를 만드는 주춧돌이 되어야 한다.

불가사의(不아닐 불 可옳을 가 思생각 사 議의논할 의) 사람의 생각으로는 미루어 헤아릴 수 없이 이상하고 야릇함.

> **예문** • 레오나르도 다빈치가 그린 '모나리자'는 불가사의한 그림으로 평가받는다.
> • 이집트의 피라미드는 세계 7대 불가사의 중 하나이다.

고풍스럽다(古옛 고 風바람 풍—) 보기에 예스러운 데가 있다.

> **예문** • 체코의 수도 프라하에는 중세의 고풍스러운 건물들이 잘 보전되어 있다.
> • 우리는 고풍스러운 전통 가옥에서 삼 일 동안 머물렀다.

개념어도 함께 알아봐요

| 논증과 관련된 말 ② |

명제(命목숨 명 題제목 제) 어떤 문제에 대한 논리적 판단이나 주장을 언어 또는 기호로 표시한 것.

> **개념+** 명제는 기본적으로 하나의 문장 형태로 되어 있어요. 그리고 명제의 내용은 '고래는 포유류이다. [참]'나 '파리는 새다. [거짓]'처럼 참과 거짓을 판단할 수 있다는 특징이 있어요. 또한 명제는 판단이나 주장을 하나만 담고 있어야 해요. 예를 들어 '춘향이는 예쁘지만 고집이 세다.' 같은 것은 명제가 될 수 없어요.

전제(前앞 전 提끌 제) 추리를 할 때, 결론의 기초가 되는 판단.

> **개념+** 어떤 이론이나 가설, 주장 등이 성립하기 위한 조건이나, 결론을 이끌어 내기 위한 근거가 되는 명제를 말해요. 전제가 달라지면 주장이나 결론도 달라져요.
> 예 과일은 대개 건강에 좋다. [전제] (사과는 과일이다. [전제 – 생략 가능]) 따라서 사과는 건강에 좋을 것이다. [결론]

삼단 논법(三석 삼 段구분 단 論논의할 논 法법도 법) 대전제와 소전제의 두 전제와 하나의 결론으로 이루어진 연역적 추론 방법.

> **개념+** '대전제'와 '소전제'를 근거로 삼아서 '결론'을 이끌어 내는 추론을 말해요. 이때 대전제는 결론을 이끌어 내는 기초가 되는 판단[명제]을 말하고, 소전제는 대전제와 결론을 중간에서 이어 주는 판단[명제]을 말해요. 삼단 논법에서 결론은 대전제와 소전제 속에 들어 있어요.
>
> > 예 물고기는 동물이다.　　　　[대전제]
> > 붕어는 물고기다.　　　　　　[소전제]
> > 따라서 붕어는 동물이다.　　　[결론]

일반적(—하나 일 般옮길 반 的과녁 적) 일부에 한정되지 아니하고 전체에 두루 미치는 것.

> **개념+** 예를 들어 '사람은 죽는다.'라는 명제는 특정한 사람만이 아니라 모든 사람에게 해당되는 내용이에요. 이처럼 해당하는 대상 전체에 두루 미치는 내용을 일반적 진술이라고 해요. '보편적'이라는 말도 '일반적'과 유사한 뜻을 지니고 있어요.

구체적(具갖출 구 體몸 체 的과녁 적) ① 직접 경험하거나 감각으로 느낄 수 있도록 일정한 형태와 성질을 갖추고 있는 것. ② 잘 알 수 있을 만큼 자세한 부분까지 담고 있는 것.

> **개념+** 예를 들어 '이순신은 죽는다.'라는 명제는 '이순신'이라는 특정 사람에게만 해당하는 내용이에요. 이처럼 구체적인 사실을 나타내는 내용을 구체적 진술이라고 해요. '개별적'이라는 말도 '구체적'이라는 말과 유사한 뜻을 지니고 있어요. 한편, '구체적'이라는 말은 어떤 내용을 누구나 알기 쉽도록 자세하게 설명하는 경우에도 사용할 수 있어요.

문제로 단어 익히기

01 다음 사다리를 타 보고, 단어의 뜻풀이로 알맞은 것을 〈보기〉에서 골라 ( ) 안에 기호를 쓰시오.

(1) 구현　　(2) 불가사의　　(3) 향유　　(4) 여정

( )　　( )　　( )　　( )

〈보기〉
㉠ 어떤 내용을 구체적인 사실로 나타나게 함.
㉡ 사람의 생각으로는 미루어 헤아릴 수 없이 이상하고 야릇함.
㉢ 누리어 가짐.
㉣ 여행의 과정이나 일정.

02 제시된 초성과 뜻풀이를 참고하여, 문장의 빈칸에 들어갈 알맞은 단어를 쓰시오.

(1) 최근 ㄱㅈㅈ 인 형식에서 벗어나 자신만의 스타일로 결혼식을 올리는 젊은이들이 늘고 있다.
→ 오래된 형식이나 방법 등을 따르는 것.
( )

(2) 이곳은 외국인들이 많이 살아서인지 ㅇㄱㅈ 인 느낌을 준다.
→ 자기 나라가 아닌 다른 나라의 특징이나 분위기가 있는 것.
( )

(3) 집을 짓는 인부들은 집터를 닦은 뒤에 ㅈㅊㄷ 을 놓았다.
→ 기둥의 밑받침이 되게 받쳐 놓은 돌.
( )

03 다음 단어와 그 뜻풀이가 맞으면 ○, 틀리면 ×에 표시하시오.

(1) 구성지다 : 자연스럽고 구수하며 멋지다. (○ , ×)
(2) 고풍스럽다 : 보기에 예스러운 데가 있다. (○ , ×)
(3) 다채롭다 : 빼어나게 아름답다. (○ , ×)

04 다음 밑줄 친 단어의 쓰임이 적절하면 ○, 틀리면 ×에 표시하시오.

(1) 남겨진 유골만으로 그 사람이 살았을 때의 모습을 재연할 수 있다. (○ , ×)
(2) 흔히들 그리스·로마 신화는 유럽 문화의 원천이라고 말한다. (○ , ×)
(3) 그는 컴퓨터에 관해서만은 문외한 못지않은 지식을 갖추고 있다. (○ , ×)
(4) 출전 선수들의 실력이 비슷비슷하여 우열을 가리기 어렵다. (○ , ×)

05 다음 문장의 빈칸에 들어갈 알맞은 단어를 〈보기〉에서 찾아 쓰시오.

〈보기〉
구현　　매혹　　전승　　불가사의

(1) 한국 전통 참빗의 아름다움에 ( )된 그는 참빗 제조 기술을 후대에 ( )하기 위해 갖은 노력을 기울였다.
(2) 디지털 기술을 통해 실제와 같은 느낌을 주는 가상 세계를 ( )할 수 있다는 사실이 ( )하게 느껴진다.

06 제시된 단어와 뜻풀이를 고려할 때, 밑줄 친 단어가 제시된 의미로 사용된 것을 골라 ○표 하시오.

재연 : 한 번 하였던 행위나 일을 다시 되풀이함.

㉠ 현장 검증에 나선 피의자가 당시의 범행을 재연하였다.
㉡ 관객들의 요청에 따라 십 년 전에 했던 연극을 재연하기로 결정하였다.

07 다음 밑줄 친 단어와 문맥상 뜻이 가장 비슷한 단어를 골라 ○표 하시오.

그곳의 수려한 경관은 넋을 잃을 정도였다.

☐ 깨끗한　　☐ 모호한　　☐ 빼어난　　☐ 엔간한

08 제시된 초성을 참고하여 다음 빈칸에 들어갈 알맞은 단어를 쓰시오.

> 우리 조상이 남긴 글 속에는 ㅅ ㅇ 한 지혜와 사상이 담겨 있다.

( )

09 다음 밑줄 친 단어와 바꾸어 쓰기에 가장 적절한 것을 고르시오.

(1)
> 그는 교실에서 아이들이 또랑또랑하게 글 읽는 소리를 들으며 가르치는 보람을 느꼈다.

① 구성지게 　② 낭랑하게 　③ 심오하게
④ 다채롭게 　⑤ 고풍스럽게

(2)
> 동생은 어제 콘서트에서 처음 본 가수에게 사로잡혀 하루 종일 그의 노래만 듣고 있다.

① 구현되어 　② 대비되어 　③ 매혹되어
④ 재현되어 　⑤ 전승되어

10 다음 밑줄 친 단어와 뜻이 비슷한 단어로 볼 수 <u>없는</u> 것은?

> 관객들은 영상에 담긴 우리 전통문화의 아름다움을 두고두고 찬미하였다.

① 예찬 　　② 찬양 　　③ 책망
④ 칭송 　　⑤ 칭찬

11 다음 밑줄 친 단어와 뜻이 반대인 것은?

> 할아버지 댁은 외진 시골이어서, 저녁이 되자 이따금 정적을 깨는 개 짖는 소리를 제외하고는 아무 소리도 들리지 않았다.

① 고요 　　② 불안 　　③ 소란
④ 적막 　　⑤ 혼란

12 〈보기〉의 밑줄 친 단어와 같은 뜻으로 사용된 것은?

〈보기〉
> 노란색은 초록색과 <u>대비</u>되는 색이다.

① 누나와 나는 중간고사 대비에 온 힘을 쏟았다.
② 이 시는 색채 대비를 통해 주제를 강조하고 있다.
③ 형은 태풍에 대비하여 유리창에 테이프를 붙였다.
④ 나는 두 옷을 대비해 보고 마음에 드는 것을 골랐다.
⑤ 우리는 외적의 침략에 대비해 국력을 강화해야 한다.

13 〈보기〉는 사전의 일부분이다. 빈칸에 공통으로 들어갈 단어로 가장 적절한 것은?

〈보기〉
> 「동사」【…을】문화, 풍속, 제도 따위를 이어받아 계승하다. 또는 그것을 물려주어 잇게 하다.
> • 가문 대대로 조상의 업적과 가훈을 _____.
> • 입에서 입으로 민족의 신화를 _____.

① 수려하다 　　② 전승하다 　　③ 재연하다
④ 찬미하다 　　⑤ 향유하다

14 다음은 논증과 관련된 내용이다. 해당하는 개념어를 찾아 선으로 바르게 연결하시오.

(1) 추리를 할 때, 결론의 기초가 되는 판단. ・ ・㉠ 명제

(2) 직접 경험하거나 감각으로 느낄 수 있도록 일정한 형태와 성질을 갖추고 있는 것. ・ ・㉡ 전제

(3) 어떤 문제에 대한 논리적 판단이나 주장을 언어 또는 기호로 표시한 것. ・ ・㉢ 삼단 논법

(4) 일부에 한정되지 아니하고 전체에 두루 미치는 것. ・ ・㉣ 구체적

(5) 대전제와 소전제의 두 전제와 하나의 결론으로 이루어진 연역적 추론 방법. ・ ・㉤ 일반적

사진이 등장하면서 회화는 대상을 사실적으로 ㉠재현(再現)하는 역할을 사진에 넘겨주게 되었다. 그에 따라 화가들은 오랫동안 화가들 사이에서 ⓐ전해 내려오던 회화의 기법과 근본적인 의미를 다시 생각하게 되었다. 19세기 말에 등장한 인상주의는 그러한 고민의 결과이다. 인상주의 화가들은 ㉡고전적이고 전통적인 회화에서 중시되었던 사실주의적 회화 기법을 거부하고 새로운 기법을 추구하였다.

인상주의 화가들이 찾은 것은 빛의 변화였다. 그들은 색이 빛에 의해 시시각각 변화하기 때문에 대상의 고유한 색은 존재하지 않는다고 생각하였다. 인상주의 화가 모네는 대상을 사실적으로 재현하는 회화적 전통에서 벗어나 빛의 변화에 주목했다. 즉, 빛에 따라 ㉢다채롭게 변하는 사물의 색채와 그에 따른 순간적 인상을 캔버스에 ㉣구현하고자 하였다.

모네는 대상의 세부적인 모습보다는 전체적인 느낌과 분위기, 빛의 효과를 주의 깊게 살폈다. 그 결과 빛에 의해 달라지는 대상의 순간적인 인상을 포착하여, 대상을 빠른 속도로 그려 내었다. 이 때문에 모네의 그림에는 거친 붓 자국과 물감을 덩어리로 찍어 바른 듯한 흔적이 남아 있는 경우가 많다. 이로 인해 대상의 윤곽이 모호해지면서 색채 효과가 대상의 형태 묘사를 압도하는 듯한 느낌을 준다.

이런 기법은 모네가 사실적 묘사에 중점을 두지 않았음을 보여 준다. 실제로 그의 그림은 그림에 ㉤문외한인 사람의 눈에도 기존의 회화와는 뚜렷하게 다르게 보인다. 그러나 모네 역시 대상을 '눈에 보이는 대로' 표현하려 했다는 점에서 이전 회화에서 추구했던 사실적 묘사에서 완전히 벗어나지는 못했다고 볼 수 있다.

모네, 「인상, 해돋이」

15 윗글의 내용과 일치하지 <u>않는</u> 것은?

① 전통적인 회화는 대상을 사실적으로 재현하는 것을 중시했다.
② 사진의 등장은 화가들이 회화의 의미를 고민하는 계기가 되었다.
③ 모네의 작품은 색채 효과가 형태 묘사를 압도하는 듯한 느낌을 주었다.
④ 모네는 대상의 세부적 모습에 주목하여 새로운 회화 기법을 만들어 냈다.
⑤ 인상주의 화가인 모네는 대상의 순간적인 인상을 빠른 속도로 그려 내었다.

16 ㉠~㉤의 사전적 의미로 적절하지 <u>않은</u> 것은?

① ㉠ : 한 번 하였던 행위나 일을 다시 되풀이함.
② ㉡ : 오래된 형식이나 방법 등을 따르는 것.
③ ㉢ : 여러 가지 색깔이나 형태, 종류 따위가 한데 어울리어 화려하게.
④ ㉣ : 어떤 내용을 구체적인 사실로 나타나게 함.
⑤ ㉤ : 어떤 일에 전문적인 지식이 없는 사람.

17 문맥상 ⓐ와 바꾸어 쓸 수 있는 말로 가장 적절한 것은?

① 대비되던   ② 심오하던   ③ 전승되던
④ 찬미되던   ⑤ 향유되던

'사람의 마음'을 나타내는 한자성어를 살펴봐요

- **오매불망(寤寐不忘)**
  자나 깨나 잊지 못함.

- **노심초사(勞心焦思)**
  몹시 마음을 쓰며 애를 태움.

- **자포자기(自暴自棄)**
  자신을 스스로 해치고 버린
  다는 뜻으로, 절망에 빠져 자
  신을 스스로 포기하고 돌아
  보지 아니함을 나타내는 말.

- **일편단심(一片丹心)**
  한 조각의 붉은 마음이라는 뜻으로, 진심에서 우
  러나오는 변치 아니하는 마음을 이르는 말.

- **혼비백산(魂飛魄散)**
  넋이 어지러이 흩어진다는 뜻으로, 몹시 놀라 넋
  을 잃음을 이르는 말.

- **단장(斷腸)**
  창자가 끊어진다는 뜻으로, 창자가 끊어지는 듯하
  게 고통스러운 슬픔을 나타내는 말.

---

18 위에 제시된 한자성어 중, 다음 빈칸에 들어가기에 가장 적절한 것을 찾아 쓰시오.

진나라의 장군 환온이 배를 타고 촉나라를 치러 가다가 삼협이란 곳을 지나게 되었다. 쉬는 동안 그의 부하 한 명이 숲속에서 새끼 원숭이 한 마리를 잡아 왔다. 배가 출발하자 새끼를 잃은 어미 원숭이가 슬피 울며 배를 뒤쫓아 왔다.
"저러다 말겠지. 그냥 가자."
사람들은 더 빨리 노를 저어 앞으로 나아갔다. 하지만 어미 원숭이는 100여 리를 계속 따라왔고, 배가 강기슭에 닿자 배 안으로 뛰어들어 새끼를 껴안았다. 하지만 그 순간 어미 원숭이는 갑자기 죽고 말았다. 이를 이상하게 여긴 사람들이 어미 원숭이의 배를 갈라 보았는데 놀랍게도 어미 원숭이의 창자가 토막토막 끊겨 있었다. 새끼를 잃은 슬픔이 너무 커서 창자가 끊어진 것이었다. 이 사실을 안 환온은 크게 화가 나 새끼 원숭이를 붙잡아 온 부하를 벌한 다음 내쫓아 버렸다고 한다. 그 뒤 사람들은 몹시 슬픈 일을 당했을 때를 '[　　　　　]의 슬픔'이라고 부르게 되었다.

(　　　　　　　　　　　　　　　)

---

19 위에 제시된 한자성어 중, 다음 밑줄 친 부분을 표현하기에 가장 적절한 것을 찾아 쓰시오.

어머니는 제대로 걷지 못하는 나 때문에 항상 <u>마음을 졸이시며</u> 틈만 나면 학교로 뛰어오곤 하였다.

(　　　　　　　　　　　　　　　)

---

20 위에 제시된 한자성어 중, 다음 (　　) 안에 들어가기에 가장 적절한 것을 찾아 쓰시오.

⑴ 신하는 임금을 (　　　　　　　　　)의 마음으로 섬겨야 한다.
⑵ 될 대로 되라지 하는 (　　　　　　　　　)의 심정으로 그는 결국 이 일을 포기하고 말았다.
⑶ 갑자기 사이렌이 울리자 밭에서 일하던 사람들은 (　　　　　　　　　)이 되어 사방으로 흩어졌다.

🐾 오늘의 어휘, 어디까지 알고 있니?

※ 다음 문장의 문맥에 알맞은 단어를 ( ) 안에서 골라 ○표 하세요.

01. 그는 자신의 (가설 VS 낭설)을 증명하기 위해 몇 가지 실험을 진행 중이다.

02. 우리나라는 수십 년 만에 개발 도상국에서 선진국으로 (도약 VS 도주)하였다.

03. 이번에 개발된 약은 수많은 실험을 통해 효과와 안전성이 (보증 VS 입증)되었다.

04. 갑작스러운 기온 (저하 VS 인하)로 농작물이 큰 피해를 입었다.

05. 과일과 채소는 혈액의 산성을 (중재 VS 중화)하여 성인병을 예방하는 데 도움이 된다.

06. 광고는 상품의 판매를 (촉진 VS 행진)하는 가장 대표적인 수단이다.

07. 커피는 카페인을 다량으로 (함유 VS 함축)하고 있다.

| 정답 | 01. 가설 02. 도약 03. 입증 04. 저하 05. 중화 06. 촉진 07. 함유

가설(假거짓 **가** 說말씀 **설**) 어떤 사실을 설명하거나 이론을 완성하기 위하여 임시로 설정한 이론.

예문 • 과학적 이론은 먼저 가설을 세운 뒤 실험으로 그것을 증명하는 과정을 거친다.
• 이 책의 많은 부분이 새로운 가설의 증명 과정을 다루고 있다.

쌤Tip '가설'은 증명되지 않은 임시 이론이고, '낭설'은 터무니없는 헛소문이에요.

도약(跳뛸 **도** 躍뛸 **약**) ① 몸을 위로 솟구치는 일. ② 더 높은 단계로 발전하는 것을 비유적으로 이르는 말.

예문 • 모죽이라는 대나무는 5년 동안 뿌리만 내리다가 때가 되면 하루에 70cm씩 도약하기 시작한다.
• 청소년기는 미래의 도약을 위한 준비 기간으로 볼 수 있다.

입증(立설 **입** 證증거 **증**) 증거나 이유를 내세워 진실인지 아닌지를 밝힘.

예문 • 새로운 가설을 세운 뒤에는 실험을 통해 이를 입증하는 과정이 필요하다.
• 우리나라 사람들이 손을 잘 쓴다는 것은 양궁, 핸드볼, 골프 등의 경기력이 입증하고 있다.

저하(低낮을 **저** 下아래 **하**) 정도, 수준, 능률 따위가 떨어져 낮아짐.

예문 • 신조어를 무분별하게 사용하면 어휘력이 저하될 수 있다.
• 갑작스러운 시력 저하로 인해 급히 안과를 찾았다.

쌤Tip '저하'는 기온이나 수준 등이 자연스럽게 낮아지는 것이고, '인하'는 의도적으로 낮추는 거예요.

중화(中가운데 **중** 和화목할 **화**) ① 서로 다른 성질을 가진 것이 섞여 각각의 성질을 잃거나 그 중간의 성질을 띠게 됨. ② 같은 양의 양전하(+)와 음전하(−)가 하나가 되어 전기적으로 중성을 띠게 됨.

예문 • 이 지역에서는 서방 문화와 동방 문화의 중화가 이루어졌다.
• 양전기를 띤 섬유 유연제는 음전기를 띤 합성 섬유에 붙어 전기를 중화한다.

쌤Tip '중재'는 싸우는 사람들 가운데 끼어들어 화해시키는 것, '중화'는 서로 다른 성질을 없애는 것!

촉진(促재촉할 **촉** 進나아갈 **진**) 어떤 일을 재촉해 더 잘 진행되도록 함.

예문 • 젖산균과 젖산은 우리 몸 안에서 소화를 촉진한다.
• 노예 제도는 농업과 수공업 사이의 분업을 촉진하였다.

함유(含머금을 **함** 有있을 **유**) 물질이 어떤 성분을 포함하고 있음.

예문 • 당분과 지방을 많이 함유한 음식이 무조건 나쁜 것은 아니다.
• 코알라가 주식으로 삼는 유칼립투스잎에는 독성 물질이 함유되어 있다.

※ 다음 문장의 문맥에 알맞은 단어를 ( ) 안에서 골라 ○표 하세요.

01. 예방 주사를 맞으면 그 병에 대한 (면역 VS 질환) 기능이 생긴다.

02. 눈물이 잘 (분배 VS 분비)되지 않으면 눈이 메마르기 쉽다.

03. 한 고등학생이 물에 빠진 사람을 (심정 VS 심폐) 소생술로 구해 내 화제가 되고 있다.

04. 알코올은 뇌의 (중순 VS 중추) 신경계를 파괴해 기억력을 떨어뜨린다.

05. 그는 상처 부위를 서둘러 붕대로 묶어 (지혈 VS 출혈)하였다.

06. 평소에 (혈당 VS 혈통)을 관리하지 않으면 나이 들어 당뇨병에 걸릴 수 있다.

07. 바다를 오염시킨 미세 플라스틱은 편리함만을 추구한 산업화 과정의 (부산물 VS 특산물)이다.

| 정답 | 01. 면역 02. 분비 03. 심폐 04. 중추 05. 지혈 06. 혈당 07. 부산물

면역(免면할 면 疫전염병 역) 신체가 몸속에 들어온 이물질이나 병을 일으키는 미생물 등에 대항하여 다음에는 그 병에 걸리지 않도록 하는 작용. 또는 그런 상태.

예문
- 생체 리듬 호르몬인 멜라토닌은 우리 몸의 면역 기능을 강화하는 역할을 한다.
- 정신적인 스트레스가 심하면 신체의 면역 능력도 떨어진다.

분비(分나눌 분 泌샘물 흐를 비) 세포가 침이나 소화액, 호르몬 따위의 물질을 세포 밖으로 배출함.

예문
- 달콤한 음식을 먹을 때 뇌에서 분비되는 호르몬은 행복감을 느끼게 한다.
- 지나친 야간 조명은 정상적인 호르몬 분비를 방해하여 암을 유발할 수 있다.

샘Tip '분비'는 살아 있는 것의 몸에서 어떤 물질이 만들어져 나오는 것이고, '분배'는 어떤 것을 나누는 것이에요.

심폐(心마음 심 肺허파 폐) 심장(염통)과 폐(허파)를 아울러 이르는 말.

예문
- 심폐 소생술은 맥박과 호흡이 불안정한 환자에게 시행하는 대표적인 응급 처치 방법이다.
- 달리기와 수영은 심폐 기능을 강화하는 데 매우 좋은 운동이다.

중추(中가운데 중 樞지도리 추) ① 사물의 중심이 되는 중요한 부분. ② 신체의 신경 세포가 모여 있는 부분.

예문
- 촘촘하게 짠인 국가 통신망은 정보 사회의 중추라고 할 수 있다.
- 음식에 들어 있는 짠맛은 뇌의 쾌감 중추를 자극한다.

샘Tip '중추'는 동물의 신경 기관을, '중순'은 한 달의 중간이 되는 기간을 뜻해요.

지혈(止그칠 지 血피 혈) 나오던 피가 멈춤. 또는 나오던 피를 멈춤.

예문
- 상처에서 피가 너무 많이 나면 서둘러 지혈을 해야 한다.
- 건강한 사람은 가볍게 긁혀서 피가 날 경우 자연스럽게 지혈이 된다.

혈당(血피 혈 糖사탕 당) 핏속에 포함되어 있는 포도당(단맛이 있는 탄수화물).

예문
- 우리가 몸을 움직일 때에는 혈액 속의 혈당이 가장 먼저 소비된다.
- 이 약은 고혈압과 콜레스테롤, 그리고 혈당 조절에 효과가 있는 것으로 알려져 있다.

샘Tip '혈당'은 핏속에 들어 있는 달콤한 탄수화물을 말하고, '혈통'은 같은 핏줄을 말해요.

부산물(副버금 부 産낳을 산 物만물 물) ① 어떤 것을 생산하는 과정에서 더불어 생기는 물건. ② 어떤 일을 할 때에 그것에 따라서 생기는 일이나 현상.

예문
- 쌀 가공 과정에서 나오는 부산물을 자원으로 사용할 수 있는 기술이 개발되고 있다.
- 조기 영어 교육 바람의 부산물로 아이들의 해외 영어 연수가 유행이다.

샘Tip '부산물'은 어떤 것에 따라서 생기는 물건이고, '특산물'은 특정한 지역에서만 생산되는 물건이에요.

오늘의 어휘, 어디까지 알고 있니?

※ 다음 문장의 문맥에 알맞은 단어를 ( ) 안에서 골라 ○표 하세요.

01. 식사 전에 간식을 먹으면 식욕이 (감퇴 VS 증진)될 수 있다.

02. 유년기에 주변 사람들에게 충분한 애정을 받지 못하면 애정 (결식 VS 결핍)이 생길 수도 있다.

03. 어젯밤부터 (공복 VS 진공) 상태였던 그는 생선 굽는 냄새에 이끌려 식당으로 들어가고 말았다.

04. 우현은 케이크를 (과식 VS 금식)하여 그만 배탈이 나고 말았다.

05. 나이 들면서 피부가 (교화 VS 노화)하는 것은 자연스러운 현상이다.

06. 잠자리에 들기 전에 가벼운 운동을 하면 (불면 VS 숙면)을 취할 수 있다.

07. 옛날에는 별의 색깔을 (육성 VS 육안)으로 관찰하여 밤하늘의 변화를 기록하였다.

08. 기후 변화가 인류의 삶과 관련된 중요한 문제임을 (오인 VS 인식)해야 한다.

09. 점심을 너무 많이 먹었는지 (만발 VS 포만)한 느낌에 졸음까지 쏟아졌다.

10. 약속 시간에 늦어 급하게 뛰어왔더니 심장이 마구 (고동친다 VS 빗발친다).

| 정답 | 01. 감퇴 02. 결핍 03. 공복 04. 과식 05. 노화 06. 숙면 07. 육안 08. 인식 09. 포만 10. 고동친다

감퇴(減덜 감 退물러날 퇴) 어떤 욕구나 능력, 힘 따위가 줄어서 약해짐.

예문
- 당류를 지나치게 섭취하면 기억력이 감퇴될 수 있다.
- 불합리한 기업 경영은 근로자들의 의욕 감퇴를 가져온다.

샘Tip '감퇴'는 줄어드는 것이고 '증진'은 늘어나는 것이므로, 서로 반대되는 의미예요.

결핍(缺이지러질 결 乏가난할 핍) 있어야 할 것이 없어지거나 모자람.

예문
- 반려동물을 기를 때는 영양이 결핍되지 않도록 주의해야 한다.
- 결핍을 겪어 보시 않으면 풍요함을 느끼기 어렵다.

샘Tip '결식'은 끼니를 거르는 것, '결핍'은 있어야할 없는 것을 말해요. 둘 다 오래지속되면 좋지 않아요.

공복(空빌 공 腹배 복) 배 속이 비어 있는 상태. 또는 그 배 속.

예문
- 공복 시에는 체내에서 식욕을 높이는 호르몬이 분비된다.
- 이 약은 반드시 공복에 먹어야 한다.

샘Tip '공복'은 대개 아무것도 먹지 못한 상태를, '진공'은 공기가 없는 상태를 뜻해요.

과식(過지날 과 食먹을 식) 지나치게 많이 먹음.

예문
- 아침밥을 거르면 배고픔을 느껴 점심을 과식하기 쉽다.
- 과식이나 폭식, 편식 등은 건강을 해치므로 주의해야 한다.

노화(老늙을 노 化될 화) 시간이 지남에 따라 신체 기능이 이전보다 못해지는 현상.

예문
- 멜라토닌은 강력한 산화 방지 역할을 하며 노화를 억제한다.
- 주름살이 생기는 것은 자연적인 노화 증상의 하나이다.

샘Tip '교화'는 좋은 방향으로 이끄는 것을, '노화'는 늙어 가는 것을 말해요.

숙면(熟익을 숙 眠잠잘 면) 잠이 깊이 듦. 또는 그 잠.

예문
- 밤에 제대로 숙면하지 못하면 생체 리듬이 깨져 건강에 여러 문제가 생긴다.
- 약을 먹고 숙면을 취했더니 몸살이 씻은 듯이 나았다.

육안(肉고기 육 眼눈 안) 안경이나 망원경, 현미경 따위를 이용하지 아니하고 직접 보는 눈.

예문
- 달에서 육안으로 만리장성을 볼 수 있다는 말은 타당하지 않다.
- 현미경을 이용하면 육안으로는 관찰되지 않는 것도 자세히 볼 수 있다.

인식(認알 인 識알 식) 사물을 분별하고 판단하여 앎.

〈예문〉 • 자율 주행차는 여러 가지 센서를 활용하여 도로 환경을 인식한다.
• 사람들은 흔히 빛은 좋은 것으로, 어둠은 나쁜 것으로 인식하는 경향이 있다.

포만(飽배부를 포 滿찰 만) 넘치도록 가득함.

〈예문〉 • 음식을 먹어 포만 상태가 되면 식욕을 억제하는 호르몬이 분비된다.
• 그는 다이어트를 위해 조금만 먹어도 포만감을 느낄 수 있는 음식을 찾았다.

〈샘Tip〉 '포만'은 배가 부른 것을, '만발'은 꽃이 활짝 핀 것을 뜻해요.

고동치다(鼓북 고 動움직일 동—) ① 심장이 심하게 뛰다. ② 마음에 희망이나 꿈이 가득 차 생기 있다.

〈예문〉 • 이 그래프를 보면 누구나 고동치는 번영의 맥박을 느낄 것이다.
• 그녀를 다시 만나자 그는 자신도 모르게 가슴이 힘차게 고동쳤다.

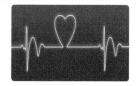

| 쓰기 영역의 선택지에 제시되는 말 |

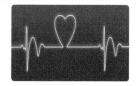
〈개념어도 함께 알아봐요〉

표제(標표 표 題제목 제) ① 책의 겉에 쓰인 그 책의 제목. ② 신문이나 잡지 기사의 제목.

부제(副버금 부 題제목 제) 책이나 논문의 제목에 덧붙어 그것을 한정하거나 보충하는 제목.

〈개념+〉 신문 기사의 구조 : 중요한 내용을 큰 글씨체로 앞에서 제시하는 역피라미드 형식.

표제 (헤드라인)	• 기사의 제목. • 큰 글씨체로 사실이나 사건의 핵심이 한눈에 전달되도록 압축하여 표현함.
부제	• 표제보다 더 구체적인 정보를 담은 작은 제목. • 표제보다는 작은 글씨체로 표제를 보충하는 제목 부분. 생략 가능.
전문	기사의 본문을 육하원칙에 따라 요약하여 기사문의 전체적인 내용을 미리 알려 주는 부분.
본문	기사문에서 전달하고자 하는 사실이나 사건을 구체적이고 자세하게 제시하는 부분.
해설	기사문에서 다룬 정보와 관련하여 그것의 의미나 전망 등을 제시하거나 설명을 덧붙이는 부분. 생략 가능

개요(槪대개 개 要중요할 요) 중요한 내용의 요점을 간추린 것.

〈개념+〉 쓰기를 하기 전에는 먼저 어떤 목적의 글을 어떤 내용으로 어떻게 구성할 것인지를 정해야 해요. 그것을 정리한 것을 '개요' 혹은 '개요표'라고 하지요.

〈예〉 개요에서 글의 통일성을 해치고 있는 내용을 삭제하였다.

관점(觀볼 관 點점 점) 사물이나 현상을 관찰할 때, 그것을 바라보는 방향이나 생각하는 입장.

〈개념+〉 어떤 현상이나 일을 바라보는 태도를 '관점'이라고 해요. 같은 대상이라도 어떤 관점을 취하느냐에 따라 그것에 대한 평가가 달라질 수 있어요. 예를 들어 심청이 아버지의 눈을 뜨게 하려고 공양미 삼백 석에 자신의 목숨을 판 것을 두고, 관점에 따라 심청을 효녀라고 평가할 수도 있고 불효녀라고 평가할 수도 있어요.

〈예〉 작품을 독창성의 관점에서 부정적으로 평가하고 있다.

출처(出날 출 處곳 처) 사물이나 말 따위가 생기거나 나온 근거.

〈개념+〉 다른 사람의 말이나 다른 사람이 만든 자료를 가져다 쓸 때에는 반드시 그 출처를 분명하게 밝혀야 해요. 그렇지 않으면 인용한 내용이 수록된 글의 신뢰성이 떨어져요.

〈예〉 인용한 통계 자료의 출처를 밝혀 글의 신뢰성을 높이고 있다.

01 제시된 초성과 뜻풀이를 참고하여, ( ) 안에 들어갈 알맞은 단어를 쓰시오.

(1) ㅊ ㅈ : 어떤 일을 재촉해 더 잘 진행되도록 함.

　　예 이 약은 소화를 (　　　　)하는 데 도움이 된다.

(2) ㅂ ㅂ : 세포가 침이나 소화액, 호르몬 따위의 물질을 세포 밖으로 배출함.

　　예 독사는 속이 빈 독니를 통하여 독을 (　　　　)한다.

(3) ㅇ ㅇ : 안경이나 망원경, 현미경 따위를 이용하지 아니하고 직접 보는 눈.

　　예 태양의 흑점은 (　　　　)으로는 볼 수 없다.

(4) ㅈ ㅎ : 서로 다른 성질을 가진 것이 섞여 각각의 성질을 잃거나 그 중간의 성질을 띠게 됨.

　　예 녹황색 채소는 육류가 지닌 산성을 (　　　　)하고 장을 깨끗하게 하는 효과가 있다.

02 다음 사다리를 타 보고, 단어의 뜻풀이로 알맞은 것을 〈보기〉에서 골라 ( ) 안에 기호를 쓰시오.

(1) 공복　　　(2) 숙면　　　(3) 심폐　　　(4) 포만

(　)　　(　)　　(　)　　(　)

〈보기〉
㉠ 넘치도록 가득함.
㉡ 잠이 깊이 듦. 또는 그 잠.
㉢ 배 속이 비어 있는 상태. 또는 그 배 속.
㉣ 심장(염통)과 폐(허파)를 아울러 이르는 말.

03 다음 밑줄 친 단어와 문맥상 뜻이 가장 비슷한 단어를 골라 ◯표 하시오.

몸의 면역력이 감퇴된 탓에 자주 감기에 걸린다.

☐ 끊어짐　　☐ 떨어짐　　☐ 사라짐　　☐ 얕아짐

04 제시된 뜻풀이에 해당하는 단어를 〈보기〉의 글자를 조합하여 쓰시오.

〈보기〉
가　노　설　입　증　화

(1) 증거나 이유를 내세워 진실인지 아닌지를 밝힘.
　　　　　　　　　　　　　　(　　　　　)

(2) 시간이 지남에 따라 신체 기능이 이전보다 못해지는 현상.
　　　　　　　　　　　　　　(　　　　　)

(3) 어떤 사실을 설명하거나 이론을 완성하기 위하여 임시로 설정한 이론.
　　　　　　　　　　　　　　(　　　　　)

05 다음 문장의 빈칸에 들어갈 알맞은 단어를 〈보기〉에서 찾아 쓰시오.

〈보기〉
결핍　　과식　　도약　　면역

(1) 높이뛰기 선수는 높이 (　　　　　　)하여 장대를 뛰어넘었다.

(2) 대부분의 질병은 우리 몸의 (　　　　　　) 기능이 약화되었을 때 생긴다.

(3) 건강하게 오래 사는 사람들은 평소 (　　　　　　)을 하지 않는다는 사실이 밝혀졌다.

(4) 전쟁터에 남겨진 아이들은 영양 (　　　　　　)으로 손발이 빼빼 마르고 배만 볼록하게 나와 있었다.

06 제시된 단어와 뜻풀이를 고려할 때, 밑줄 친 단어가 제시된 의미로 사용된 것을 골라 ◯표 하시오.

(1)
　부산물 : 어떤 일을 할 때에 그것에 따라서 생기는 일이나 현상.

㉠ 환경 오염을 경제 발전의 부산물로 보기도 한다.
㉡ 비닐은 다양한 석유 제품의 부산물이라고 할 수 있다.

(2)
　중추 : 사물의 중심이 되는 중요한 부분.

㉠ 바로 여러분이 우리 사회의 중추가 되어야 합니다.
㉡ 일상의 지나친 소음은 중추 신경을 긴장시킨다.

07 다음 밑줄 친 단어의 문맥적 의미로 알맞은 것을 골라 ○표 하시오.

> 그를 만난 그날부터 내 가슴은 비밀스러운 즐거움으로 높다랗게 고동치기 시작하였다.

㉠ 심장이 심하게 뛰다.
㉡ 마음에 희망이나 꿈이 가득 차 생기 있다.

08 다음 밑줄 친 단어와 바꾸어 쓰기에 가장 적절한 것을 고르시오.

(1)
> 대부분의 과일에는 비타민이 풍부하게 들어 있다.

① 감퇴되어 　② 결핍되어 　③ 분비되어
④ 촉진되어 　⑤ 함유되어

(2)
> 부모가 지나친 기대를 보이면 오히려 아이들의 학습 의욕이 줄어들 수 있다.

① 도약할 　② 인식될 　③ 저하될
④ 중화될 　⑤ 포만할

09 다음 밑줄 친 단어와 뜻이 가장 유사한 것은?

> 개인의 경험과 생활 양식에 따라 사물에 대한 지각이 달라질 수도 있다.

① 과식 　② 도약 　③ 육안
④ 인식 　⑤ 입증

10 다음 밑줄 친 단어와 뜻이 반대인 것은?

> 간호사는 서둘러 환자의 상처 부위를 소독한 뒤에 지혈을 위해 붕대를 감았다.

① 빈혈 　② 수혈 　③ 출혈
④ 채혈 　⑤ 혼혈

11 다음 밑줄 친 부분에 들어갈 단어로 가장 적절한 것은?

〈보기〉
> 「명사」 있어야 할 것이 없어지거나 모자람.
> • 체내에 산소가 ____ 되면 생명이 위험하다.

① 결핍 　② 노화 　③ 분비
④ 인식 　⑤ 중화

12 다음 제시된 뜻풀이를 바탕으로 십자말풀이를 완성하시오.

	(1)		(3)	
	노	다	지	
(2)			(4)	

> [가로] (1) 캐내려 하는 광물이 많이 묻혀 있는 광맥.
> 　　　(2) 서로 다른 성질을 가진 것이 섞여 각각의 성질을 잃거나 그 중간의 성질을 띠게 됨.
> 　　　(4) 핏속에 포함되어 있는 포도당(단맛이 있는 탄수화물).
> [세로] (1) 시간이 지남에 따라 신체 기능이 이전보다 못해지는 현상.
> 　　　(2) 사물의 중심이 되는 중요한 부분.
> 　　　(3) 나오던 피가 멈춤. 또는 나오던 피를 멈춤.

13 다음은 쓰기 영역 선택지에 제시되는 말과 관련된 내용이다. 해당하는 개념어를 찾아 선으로 바르게 연결하시오.

(1) 책이나 논문의 제목에 덧붙여 그것을 한정하거나 보충하는 제목. ・　・㉠ 개요

(2) ① 책의 겉에 쓰인 그 책의 제목. ② 신문이나 잡지 기사의 제목. ・　・㉡ 표제

(3) 중요한 내용의 요점을 간추린 것. ・　・㉢ 부제

초콜릿에 대한 우리의 욕구는 다른 음식과 비교도 되지 않을 정도로 강하다. 맛있는 초콜릿을 먹어 본 사람이라면 누구나 초콜릿 한 조각이나 초콜릿 음료만 보아도 입안에서 침이 ㉠분비될 것이다. 분명 초콜릿은 단맛을 내는 다른 음식과는 다르다.

초콜릿에는 약 350여 종 이상의 화합물이 ㉡함유되어 있다. 그중 카페인 같은 물질은 뇌의 쾌감 중추 신경을 자극하여 초콜릿을 더 자주 더 많이 먹게 유도하며, 다크 초콜릿에 들어 있는 마그네슘은 ㉢숙면에 도움을 준다. 또한 초콜릿에는 당류가 많이 들어 있어, ㉣공복 시에 초콜릿을 조금만 먹으면 금방 배고픔을 면할 수 있다.  적당한 당은 면역 기능 같은 신체 작용에 긍정적인 영향을 미치며, 특히 뛰어난 진정 효과를 발휘한다는 것이 여러 실험으로 ㉤입증되었다. 예를 들어 아기가 울 때, 그 아기의 혀에 달콤한 당이 들어간 액체를 조금만 묻히면 바로 진정 효과가 나타나며, 그 효과가 몇 분 동안 지속된다고 한다. ⓐ 초콜릿을 ⓑ지나치게 섭취하면 카페인 중독이나 비만을 유발할 수 있으니 주의해야 한다.

한편, 과학자들은 초콜릿에서 행복감이 느껴지도록 하는 화학 물질 세 가지를 찾아냈다. '아난다마이드'라는 물질과, 그것과 비슷한 성질의 두 가지 물질이 바로 그것이다. 아난다마이드는 스트레스를 받는 순간 뇌에서 아주 적은 양이 분비되면서 진정 및 진통 효과를 내는 신경 전달 물질이다. 즉, 우리를 순간적으로 행복하게 만들어 주는 것이다. 또한 초콜릿에는 소량의 아난다마이드와 함께, 아난다마이드와 비슷한 효과를 내는 두 가지 물질이 상당히 많이 들어 있다. 이 때문에 우리는 초콜릿 음료 한 잔을 마신 후나 초콜릿 몇 조각을 먹은 후에 행복과 안정감을 느낄 수 있는 것이다.

14 윗글의 내용에서 답을 찾을 수 없는 질문은?

① 초콜릿에 들어 있는 화학 물질은 대략 몇 종류일까?
② 아난다마이드는 어떤 식으로 작용하여 진정 효과를 낼까?
③ 초콜릿을 지나치게 섭취할 때 생기는 부작용은 무엇일까?
④ 초콜릿을 먹고 나면 행복한 기분이 드는 이유는 무엇일까?
⑤ 다크 초콜릿을 먹으면 왜 깊은 잠을 잘 수 있는 것일까?

15 ㉠~㉤의 사전적 의미로 적절하지 않은 것은?

① ㉠ : 세포가 침이나 소화액, 호르몬 따위의 물질을 세포 밖으로 배출함.
② ㉡ : 물질이 어떤 성분을 포함하고 있음.
③ ㉢ : 잠이 깊이 듦. 또는 그 잠.
④ ㉣ : 있어야 할 것이 없어지거나 모자람.
⑤ ㉤ : 증거나 이유를 내세워 진실인지 아닌지를 밝힘.

16 문맥을 고려할 때 ⓐ에 들어갈 접속어로 가장 적절한 것은?

① 게다가   ② 그리고   ③ 그러나
④ 따라서   ⑤ 왜냐하면

17 ⓑ와 바꾸어 쓰기에 가장 적절한 것은?

① 고동치면   ② 과식하면   ③ 도약하면
④ 인식하면   ⑤ 촉진하면

'사람의 정서나 태도'를 나타내는 한자성어를 살펴봐요

⊙ **구곡간장(九曲肝腸)**
굽이굽이 둥그렇게 감긴 창자라는 뜻으로, 깊은 마음속 또는 시름이 쌓인 마음속을 비유적으로 이르는 말.

⊙ **기고만장(氣高萬丈)**
기운이 만 길이나 되게 뻗친다는 뜻으로, 일이 뜻대로 잘될 때, 우쭐하여 뽐내는 기세가 대단함을 나타내는 말.

⊙ **망연자실(茫然自失)**
멍하니 정신을 잃음.

⊙ **의기소침(意氣銷沈)**
기운이 없어지고 풀이 죽음.

⊙ **학수고대(鶴首苦待)**
학의 목처럼 목을 길게 빼고 간절히 기다림.

⊙ **허심탄회(虛心坦懷)**
마음을 비우고 생각을 터놓는다는 뜻으로, 품은 생각을 터놓고 말할 만큼 아무 거리낌이 없고 솔직함을 나타내는 말.

18 위에 제시된 한자성어 중, 다음 이야기에서 유래된 것을 찾아 쓰시오.

중국 동진 사람인 곽우는 지식이 매우 높았지만 벼슬을 하지 않은 채 시골에서 제자들을 가르치며 살고 있었다. 전량이라는 작은 나라의 왕이 그의 명성을 듣고는 글을 보냈다.
"선생께서는 뛰어난 능력을 지니고 있으면서도 어지러운 세상을 구하지 않으시니 몹시 안타깝습니다. 이에 사람을 보내오니 손 내밀어 주시기를 학처럼 기다리겠습니다. 이 나라를 이끌어 주십시오."
그러나 벼슬에 뜻이 없었던 곽우는 이 제안을 거절하였다. 그러나 전량의 왕이 곽우의 제자들까지 괴롭히자 결국 그는 전량의 벼슬아치가 되었다. 하지만 곧 사임하고 시골로 돌아갔다.

(   )

19 위에 제시된 한자성어 중, 다음 ( ) 안에 들어가기에 가장 적절한 것을 찾아 쓰시오.

⑴ 아이를 잃어버린 줄만 알았던 엄마는 (   )이 다 녹는 듯한 느낌이었다.
⑵ 상대방과 대화할 때 적절한 질문을 하면, 상대방은 자신을 잘 알리기 위해서 성의껏 대답해 주기 마련이다. 이런 식으로 서로를 이해하게 되면 더 (   )하게 대화할 수 있다.
⑶ 박 사장은 불이 나서 시커먼 잿더미로 변해 버린 공장을 보자 (   )한 채 우두커니 있을 수밖에 없었다.

공부한 날 : ___월___일

 오늘의 어휘, 어디까지 알고 있니?

※ 다음 문장의 문맥에 알맞은 단어를 ( ) 안에서 골라 ○표 하세요.

01. 히말라야산맥은 높은 산이 많아 남극과 북극에 이어 제3의 (극지 VS 천지)라고도 불린다.

02. 우리 동네 공원에는 (인공 VS 인파) 폭포가 있어서 사람들이 자주 찾는다.

03. 이 마을은 십여 년 전 큰 화재로 (밀폐 VS 폐허)가 되다시피 하였다.

04. 바다에는 항상 일정한 방향으로 흐르는 (표류 VS 해류)가 있다.

05. 잠수 기구의 발명은 (해저 VS 해외)를 탐사하고 연구하는 데 큰 도움이 되었다.

06. 높은 기온과 많은 비를 몰고 오는 여름 (계절풍 VS 후폭풍)은 벼농사에 특히 유리하다.

07. 일제 강점기에 러시아로 쫓겨 간 우리 선조들은 (명승지 VS 불모지)로 버려진 땅을 일구어 생계를 이어 갔다.

| 정답 | 01. 극지 02. 인공 03. 폐허 04. 해류 05. 해저 06. 계절풍 07. 불모지

극지(極지극할 **극** 地땅 **지**) 남극과 북극을 중심으로 한 그 주변 지역.

예문 • 극지는 지구 환경 변화를 연구하는 데 매우 중요하다.
• 남극과 북극은 둘 다 추운 극지이지만 여러 면에서 서로 다르다.

샘Tip '극지'는 남극과 북극을, '천지'는 하늘과 땅, 또는 온 세상을 이르는 말이에요.

인공(人사람 **인** 工장인 **공**) 자연이 아닌 사람의 힘으로 만들어 내거나 꾸며 낸 것.

예문 • 인간의 지능과 같은 기능을 갖춘 컴퓨터 시스템을 인공 지능이라고 한다.
• 최근에는 인공 조미료보다 천연 조미료를 찾는 사람들이 많아지고 있다.

샘Tip '인공'은 사람이 만든 것을, '인파'는 수많은 사람을 이르는 말이에요.

폐허(廢폐할 **폐** 墟터 **허**) 건물이나 성 따위가 파괴되어 못 쓰게 된 터.

예문 • 산불로 폐허가 된 땅에 맨 처음 돋아나는 식물은 대개 싸리나무나 고사리이다.
• 우리나라는 전쟁으로 인해 온 국토가 폐허가 되기도 하였다.

해류(海바다 **해** 流흐를 **류**) 일정한 방향과 속도로 이동하는 바닷물의 흐름.

예문 • 북극은 주변 바다와 해류의 영향을 받아 남극보다 따뜻하다.
• 해류의 흐름이 달라지면 기후에 큰 변화가 일어난다.

샘Tip '표류'는 물 위에 떠서 정처 없이 흘러가는 것이고, '해류'는 바닷물이 일정하게 흐르는 것이에요.

해저(海바다 **해** 底밑 **저**) 바다의 밑바닥.

예문 • 독도 주변의 해저는 수심이 얕고 평평한 지형이 발달해 있다.
• 지구 내부의 엄청난 힘 때문에 대륙의 이동이나 해저의 확장 등이 이루어진다.

계절풍(季계절 **계** 節마디 **절** 風바람 **풍**) 계절에 따라 주기적으로 일정한 방향으로 부는 바람.

예문 • 봄에는 중국에서 생긴 모래 먼지가 계절풍을 타고 우리나라 쪽으로 이동한다.
• 우리나라는 겨울이 되면 차고 건조한 북서 계절풍의 영향을 받아 기온이 많이 내려간다.

샘Tip '계절풍'은 자연 현상이지만, '후폭풍'은 어떤 일이 일어난 뒤에 생기는 부정적인 영향을 비유적으로 이르는 말이에요.

불모지(不아닐 **불** 毛털 **모** 地땅 **지**) ① 식물이 자라지 못하는 거칠고 메마른 땅. ② 어떠한 사물이나 현상이 발달되어 있지 않은 곳. 또는 그런 상태를 비유적으로 이르는 말.

예문 • 불모지가 된 땅을 다시 푸르게 만드는 것은 보잘것없는 나무와 풀들이다.
• 아직도 지구상에는 현대 문명의 불모지로 남아 있는 지역이 많다.

샘Tip '명승지'는 경치가 좋기로 이름난 땅을, '불모지'는 식물조차 자라지 못하는 땅을 뜻해요.

※ 다음 문장의 문맥에 알맞은 단어를 ( ) 안에서 골라 ○표 하세요.

01. 불법으로 들어온 외래종들 때문에 우리나라의 식물 생태계가 (교란 VS 교류)되고 있다.

02. 그는 독일에서 태어나 자란 독일인인데, 한국 사람과 결혼하여 한국으로 (귀향 VS 귀화)하였다.

03. 동물원이나 아쿠아리움 등에 갇혀 있는 돌고래를 (방생 VS 방치)하라는 요구가 높아지고 있다.

04. 오랫동안 우리의 사랑을 받아 온 장미는 이만여 종의 (변종 VS 토종)이 존재한다.

05. 깊고 높은 산에는 여러 종류의 식물이 (자생 VS 재생)하고 있다.

06. 이 물고기는 전 세계에서 유일하게 우리나라에만 (서식 VS 종식)한다.

07. 야생에서 쥐의 (연적 VS 천적)은 고양이가 아니라 뱀이다.

| 정답 | 01. 교란 02. 귀화 03. 방생 04. 변종 05. 자생 06. 서식 07. 천적

교란(攪어지러울 교 亂어지러울 란) 마음이나 상황 따위를 뒤흔들어서 어지럽고 혼란하게 함.

예문 • 빛 공해는 동물의 생체 리듬을 파괴해 생태계를 교란한다.
• 급속한 지구 온난화로 인해 생태계의 교란이 우려되고 있다.

쌤Tip '교란'은 안정적인 상태를 깨뜨리는 것을, '교류'는 서로 다른 물줄기나 문화 등이 서로 섞여 통하는 것을 뜻해요.

귀화(歸돌아올 귀 化될 화) ① 다른 나라의 국적을 얻어 그 나라의 국민이 되는 일. ② 원산지가 아닌 지역으로 옮겨진 동식물이 그곳의 기후나 땅의 조건에 적응하여 번식하는 일.

예문 • 최근 한국으로 귀화하려는 외국인들이 늘어나고 있다.
• 망초와 개망초는 19세기 말에 우리 땅에 들어 온 귀화 식물이다.

쌤Tip '귀향'은 고향을 찾는 것이고, '귀화'는 다른 나라의 국민이 되는 거예요.

방생(放놓을 방 生날 생) 사람에게 잡힌 생물을 놓아주는 일.

예문 • 이 동물원은 멸종 위기에 처한 여우를 번식시켜 방생하고 있다.
• 불교를 믿는 그녀는 매년 부처님 오신 날이 되면 한강에서 방생을 한다.

쌤Tip '방생'은 자유로워지도록 풀어 주는 것, '방치'는 아무것도 하지 않고 내버려 두는 것!

변종(變변할 변 種씨 종) 같은 종류의 생물에 속하면서도 성질과 형태가 달라진 종류.

예문 • 우리가 즐겨 먹는 파프리카는 부드러운 고추의 변종이다.
• 감기 바이러스는 조직을 바꾸기 쉬워 변종이 자주 나타난다.

자생(自스스로 자 生날 생) 저절로 나서 자람.

예문 • 산이나 들, 강이나 바다에서 저절로 나는 식물을 '자생 식물'이라고 한다.
• 민들레는 우리나라 전국 각지의 산과 들에서 자생한다.

쌤Tip '자생'은 자연적으로 나는 것이고, '재생'은 다시 살아나는 것이에요.

서식(棲깃들일 서 息숨쉴 식) 생물 따위가 일정한 곳에 자리를 잡고 삶.

예문 • 우리나라는 명태의 서식 환경과 관련된 연구를 진행하고 있다.
• 남극 대륙의 해안과 섬에는 황제펭귄을 비롯한 다섯 종류의 펭귄들이 서식한다고 한다.

천적(天하늘 천 敵원수 적) 잡아먹는 동물을 잡아먹히는 동물에 상대하여 이르는 말.

예문 • 야생의 동물들은 천적의 위협이나 서식지 파괴 등 위험한 상황에 노출되어 있다.
• 우리나라에 들어온 황소개구리는 천적이 없어 빠른 속도로 전국에 퍼져 나갔다.

쌤Tip '연적'은 연애의 경쟁자를, '천적'은 어떤 동물을 일방적으로 잡아먹는 동물을 말해요.

※ 다음 문장의 문맥에 알맞은 단어를 ( ) 안에서 골라 ○표 하세요.

01. 생물학적으로 모든 (개체 VS 매체)는 자기 종족의 번식을 위해 최선을 다한다.

02. 이곳은 땅이 (비대 VS 비옥)하여 벼농사를 짓기에 알맞다.

03. 여러 연구소에서 암세포만 골라 (사망 VS 사멸)시키는 치료제를 개발하고 있다.

04. 온도나 습도 등의 작은 환경 변화도 동식물의 (생태 VS 세태)에는 큰 영향을 끼친다.

05. 죽은 줄 알았던 나무가 어느새 이 가지 저 가지에 새 (움 VS 뜸)을 틔우고 있었다.

06. 너희들은 앞으로 우리 사회를 앞장서서 이끌어 나갈 (주역 VS 조역)이라는 사실을 항상 명심해라.

07. 유목민들은 한곳에 (방랑 VS 정착)하지 않고 여기저기 떠돌아다닌다.

08. 우리나라에서 집이나 땅은 재산을 (양식 VS 증식)하는 수단이 되곤 한다.

09. 무분별한 (채취 VS 포획) 때문에 멸종 위기에 놓인 동물이 많다.

10. 노인은 손님을 위해 (푸성귀 VS 풋내기) 하나까지 직접 골라 손질하였다.

| 정답 | 01. 개체 02. 비옥 03. 사멸 04. 생태 05. 움 06. 주역 07. 정착 08. 증식 09. 포획 10. 푸성귀 |

개체(個낱 개 體몸 체) ① 전체나 집단에 상대하여 하나하나의 낱개를 이르는 말. ② 하나의 독립된 생물체. 살아가는 데에 필요한 독립적인 기능을 갖고 있다.

> 샘Tip '개체'는 하나의 독립된 생명체를, '매체'는 무언가를 한쪽에서 다른 쪽으로 전달하는 물체나 수단을 말해요.

- **예문** • 개체 하나하나가 모여 전체를 이룬다는 사실을 잊지 말아야 한다.
  • 자연계는 늙고 병약한 개체들은 살아갈 수 없는 세계처럼 보인다.

비옥(肥살찔 비 沃기름질 옥) 땅이 기름지고 양분이 많음.

- **예문** • 농부들은 땅을 비옥하게 하려고 자운영이라는 식물을 길러 그대로 갈아엎기도 한다.
  • 그들은 오랫동안 황무지를 개간하여 마침내 비옥한 땅으로 만들었다.

사멸(死죽을 사 滅멸망할 멸) 죽어 없어짐.

> 샘Tip '사망'은 사람이 죽는 것을, '사멸'은 다른 생명체나 사람이 죽어서 사체가 사라지는 것을 의미해요.

- **예문** • 변화하는 자연환경에 적응하지 못하는 종은 결국 사멸하고 만다.
  • 지구상에서 사멸 위기에 빠진 동물들을 보호하기 위한 운동이 곳곳에서 벌어지고 있다.

생태(生날 생 態모양 태) 생물이 살아가는 모양이나 상태.

> 샘Tip '생태'는 동식물의 살아가는 모습을, '세태'는 사람들이 사는 세상의 모습을 말해요.

- **예문** • 독도 근처의 바닷속 생태를 생생하게 보여 주는 독도 사진전이 개최된다.
  • '지구 생태 용량 과용의 날'은 우리가 자원을 얼마나 많이 사용하는지 경고한다.

움 풀이나 나무에 새로 돋아 나오는 싹.

- **예문** • 봄이 되면 나뭇가지에 새 움이 돋는다.
  • 2월이 되면 매화꽃 봉오리에 움이 트기 시작한다.

주역(主주인 주 役부릴 역) 주된 역할. 또는 주된 역할을 하는 사람.

> 샘Tip '주역'은 핵심적인 역할을 하는 사람이고, '조역'은 그런 사람을 거들어 주는 사람이에요.

- **예문** • 싸리나무는 불난 자리를 되살리는 주역이다.
  • 김치를 발효시키는 주역은 젖산균이다.

정착(定정할 정 着붙을 착) ① 일정한 곳에 자리를 잡아 붙박이로 있거나 머물러 삶. ② 생물이 새로운 장소로 이동하여 그곳에서 번식하는 일.

> 샘Tip '방랑'은 떠돌아다니는 것, '정착'은 한곳에 머무는 것!

- **예문** • 그는 학교를 졸업하자마자 고향을 떠나 서울에 정착하여 살고 있다.
  • 실험실에서 부화시켜 바다로 내보낸 명태가 자연환경에 성공적으로 정착했다.

증식(增더할 증 殖번성할 식) ① 늘어서 많아짐. 또는 늘려서 많게 함. ② 생물이나 조직 세포 따위가 세포 분열을 하여 그 수를 늘려 감. 또는 그런 현상.

샘Tip '양식'은 주로 해산물을 인위적으로 기르는 것을, '증식'은 생물이나 사물 등의 수량이 늘어나는 것을 뜻해요.

예문 • 그 후보는 일 년 만에 재산이 두 배 가까이 증식한 것으로 알려져 부동산 투기 의혹을 받고 있다.
• 젖산균이 만들어 내는 젖산은 좋지 못한 균이 증식하는 것을 억제한다.
• 장마철에는 습도가 높아 각종 세균이 쉽게 증식할 수 있다.

포획(捕사로잡을 포 獲얻을 획) 짐승이나 물고기를 잡음.

샘Tip '채취'는 풀이나 나무, 조개, 광물 따위를 찾아 얻어 내는 것이고, '포획'은 동물을 잡는 것이에요.

예문 • 독도에 살던 강치는 일제 강점기 때 무자비한 포획으로 멸종되었다.
• 여러 환경 단체들이 고래의 포획을 금지해야 한다고 주장하고 있다.

푸성귀 사람이 가꾼 채소나 저절로 난 나물 따위를 통틀어 이르는 말.

예문 • 푸성귀를 소금에 절이면 발효되면서 맛있는 신맛을 낸다.
• 반찬은 푸성귀뿐이었지만 한 가지 한 가지가 모두 맛깔스러웠다.

| 고쳐쓰기와 관련된 말 |

개념어도 함께 알아봐요

초고(草풀 초 稿원고 고) 고쳐 쓰기 전에 맨 처음 쓴 원고.

개념+ '초고'는 여러 번 고쳐 쓸 것을 생각하고 맨 처음에 대강 쓴 원고를 말해요. 이때 '원고'는 인쇄하거나 발표하기 위하여 쓴 글이나 그림 따위를 뜻하죠. 초고는 여러 번의 고쳐쓰기를 거친 뒤에야 완성된 원고가 돼요. 고쳐쓰기는 어려운 말로 '퇴고'라고도 하는데, '글 수준 → 문단 수준 → 문장 수준 → 단어 수준'으로 이루어져요. 그리고 '삭제, 대치, 추가, 재구성'을 고쳐쓰기의 4대 원리라고 해요. 참고로, 글쓰기는 보통 '계획하기 → 내용 생성하기 → 내용 구성하기 → 표현하기(초고 쓰기) → 고쳐쓰기'의 과정을 거친답니다.

삭제(削깎을 삭 除덜 제) 깎아 없애거나 지워 버림.

개념+ 고쳐쓰기에서 '삭제'는 글의 주제와 맞지 않거나 불필요하게 중복되는 내용을 빼는 것을 뜻해요. 앞에서 배운 내용 중에서 '통일성'을 참고하세요.

대치(代대신할 대 置둘 치) 다른 것으로 바꾸어 놓음. 늑 교체(交사귈 교 替바꿀 체)

개념+ 고쳐쓰기에서 '대치'는 글의 주제나 문맥, 예상 독자의 수준에 맞지 않는 내용이나 표현을 적절한 것으로 바꾸는 것을 뜻해요. 독자의 수준을 예상하고 그것에 어울리는 내용이나 표현을 써야 글의 주제를 효과적으로 전달할 수 있기 때문이에요. '대치'를 '교체'라고 하기도 해요.

추가(追쫓을 추 加더할 가) 나중에 더 보탬.

개념+ 고쳐쓰기에서 '추가'는 글의 주제를 효과적으로 전달하는 데 필요한 내용을 더 보태는 것을 뜻해요. 이때 더 보탠 내용이 글의 주제와 어긋나거나 기존의 내용과 충돌하지 않는지를 반드시 확인해야 해요.

재구성(再다시 재 構얽을 구 成이룰 성) 한 번 배열하거나 짠 내용을 다시 새롭게 배열하거나 짬.

개념+ 고쳐쓰기에서 '재구성'은 글의 주제를 효과적으로 전달하기 위해 내용의 순서를 다시 배열하거나 글의 구조를 다시 짜는 것을 말해요. 같은 내용이라도 어떻게 배치하느냐에 따라 글의 전달 효과가 달라질 수 있어요. '재구성'을 다른 말로 '재배열'이라고도 해요.

문제로 단어 익히기

01 제시된 초성과 뜻풀이를 참고하여 문장의 빈칸에 들어갈 알맞은 단어를 쓰시오.

(1) 이 섬 근처의 ㅎ ㅈ 에는 석유가 매장되어 있다고 한다. → 바다의 밑바닥.
( )

(2) 그는 도시에서 온 이주민들의 ㅈ ㅊ 을 돕고 있다.
→ 일정한 곳에 자리를 잡아 붙박이로 있거나 머물러 삶.
( )

(3) 이 땅은 매우 ㅂ ㅇ 해서 무엇을 심어도 잘 자란다.
→ 땅이 기름지고 양분이 많음.
( )

(4) 그는 집 근처 작은 텃밭에 ㅍ ㅅ ㄱ 를 심었다.
→ 사람이 가꾼 채소나 저절로 난 나물 따위를 통틀어 이르는 말.
( )

02 다음 사다리를 타 보고, 단어의 뜻풀이로 알맞은 것을 〈보기〉에서 골라 ( ) 안에 기호를 쓰시오.

(1) 교란 (2) 극지 (3) 주역 (4) 계절풍

( ) ( ) ( ) ( )

〈보기〉
㉠ 주된 역할. 또는 주된 역할을 하는 사람.
㉡ 계절에 따라 주기적으로 일정한 방향으로 부는 바람.
㉢ 남극과 북극을 중심으로 한 그 주변 지역.
㉣ 마음이나 상황 따위를 뒤흔들어서 어지럽고 혼란하게 함.

03 다음 밑줄 친 단어의 문맥적 의미로 알맞은 것을 골라 ○표 하시오.

(1)
슈바이처 박사는 당시 현대 의학의 <u>불모지</u>였던 아프리카에서 평생 의료 봉사를 하였다.

㉠ 식물이 자라지 못하는 거칠고 메마른 땅.
㉡ 어떠한 사물이나 현상이 발달되어 있지 않은 곳.

(2)
황소개구리와 향어는 우리나라 생태계에 <u>귀화</u>하여 적응한 생물이다.

㉠ 다른 나라의 국적을 얻어 그 나라의 국민이 되는 일.
㉡ 원산지가 아닌 지역으로 옮겨진 동식물이 그곳의 기후나 땅의 조건에 적응하여 번식하는 일.

04 다음 밑줄 친 단어와 뜻이 가장 유사한 것은?

재주가 뛰어난 박씨 부인은 일 년 만에 집안의 재산을 두 배로 <u>늘렸다</u>.

① 교란 ② 비옥 ③ 자생
④ 증식 ⑤ 포획

05 제시된 뜻풀이에 해당하는 단어를 〈보기〉의 글자를 조합하여 쓰시오.

〈보기〉
| 개 | 멸 | 사 | 생 | 적 | 체 | 천 | 태 |

(1) 죽어 없어짐. ( )
(2) 생물이 살아가는 모양이나 상태. ( )
(3) 전체나 집단에 상대하여 하나하나의 낱개를 이르는 말.
( )
(4) 잡아먹는 동물을 잡아먹히는 동물에 상대하여 이르는 말. ( )

06 다음 밑줄 친 단어와 문맥상 뜻이 가장 비슷한 단어를 골라 ○표 하시오.

> 이 하천 일대에 수달이 <u>서식</u>한다는 사실이 밝혀졌다.

☐ 많다   ☐ 살다   ☐ 잡다   ☐ 자라다

07 다음 밑줄 친 단어의 쓰임이 적절하면 ○, 틀리면 ×에 표시하시오.

(1) 시골 외갓집 정원에는 <u>인공</u>으로 만든 작은 연못이 있다.
(○ , ×)

(2) 현미경을 활용하여 세균의 <u>증식</u> 과정을 직접 관찰해 봅시다.
(○ , ×)

(3) 외국산 자동차가 우리나라 자동차 시장을 빠르게 <u>서식</u>하고 있다.
(○ , ×)

(4) 농부는 열심히 노력하여 버려지다시피 한 땅을 <u>폐허</u>로 가꾸었다.
(○ , ×)

08 왼쪽에 제시된 단어와 반대되는 의미를 지닌 단어를 오른쪽에서 찾아 선으로 바르게 연결하시오.

(1) 개체   •   • ㉠ 방랑

(2) 인공   •   • ㉡ 집단

(3) 정착   •   • ㉢ 천연

09 다음 밑줄 친 단어와 바꾸어 쓰기에 가장 적절한 것을 고르시오.

(1)
> 어느새 나뭇가지에서 움이 돋기 시작하였다.

① 꽃망울   ② 낙엽   ③ 새싹
④ 씨앗   ⑤ 열매

(2)
> 어부는 잡은 물고기 중 크기가 작은 것은 모두 바다에 놓아주었다.

① 귀화하였다   ② 방생하였다
③ 비옥하였다   ④ 사멸하였다
⑤ 포획하였다

10 다음 문장의 빈칸에 들어갈 알맞은 단어를 찾아 선으로 바르게 연결하시오.

(1) 이 지역에서 □□하는 꽃들은 색이 유난히 선명하다.   •   • ㉠ 변종

(2) 명태는 사람들이 마구 □□하는 바람에 개체 수가 줄었다.   •   • ㉡ 자생

(3) 감기 바이러스는 □□이 많아 치료제 개발이 쉽지 않다.   •   • ㉢ 해류

(4) 비닐이나 플라스틱 같은 해양 쓰레기는 □□를 따라 이동한다.   •   • ㉣ 포획

11 다음은 고쳐쓰기와 관련된 내용이다. 해당하는 개념어를 찾아 선으로 바르게 연결하시오.

(1) 깎아 없애거나 지워 버림.   •   • ㉠ 대치

(2) 나중에 더 보탬.   •   • ㉡ 삭제

(3) 다른 것으로 바꾸어 놓음.   •   • ㉢ 재구성

(4) 고쳐 쓰기 전에 맨 처음 쓴 원고.   •   • ㉣ 초고

(5) 한 번 배열하거나 짠 내용을 다시 새롭게 배열하거나 짬.   •   • ㉤ 추가

|12~14| 다음 글을 읽고 물음에 답하시오.

ⓐ북극은 북극해 주변의 바닷물이 얼어서 된 거대한 얼음덩어리인 해빙이 바닷물 위에 떠 있는 극지이다. 바다 위로 보이는 부분은 전체 얼음덩어리의 10% 정도에 불과하다. 얼핏 ㉠불모지처럼 보이는 북극에도 ㉡자생하는 식물이 있으며, 북극곰을 비롯한 여러 가지 동물이 ㉢서식하고 있다. 뿐만 아니라 흔히 에스키모라고 부르는 이누이트인들도 ㉣정착해서 살고 있다.

그런데 북극을 이루는 얼음덩어리는 기온이 영상으로 오르는 여름에도 어떻게 녹지 않고 바다에 떠 있을 수 있을까? 우리가 흔히 보는 냉수 속의 얼음은 대개 1시간을 넘기지 못하고 다 녹아 버리지만, 북극의 해빙은 기온이 영상 10℃가 넘을 때에도 다 녹지 않고 바다에 떠 있다. 북극에서 떨어져 나온 빙하 조각도 ㉤해류를 타고 북극보다 따뜻한 쪽으로 흘러오는데 이 역시 쉽게 녹지 않는다.

물속의 얼음이 녹는 속도는 얼음의 부피와 얼음이 물에 닿는 면적과 관련이 있다. 얼음은 물과 맞닿는 면적이 넓을수록 빨리 녹는다. 냉수 속의 얼음은 부피가 작고 거의 모든 면이 물과 직접 맞닿아 있지만 그에 비해 북극 해빙은 부피가 크고 바닷물과 맞닿는 면적이 많지 않다. 이 때문에 냉수 속의 얼음보다 늦게 녹는 것이다.

12 윗글을 통해 알 수 있는 내용으로 적절하지 않은 것은?

① 기온이 영상으로 오르는 여름에도 북극에는 얼음이 많겠군.
② 북극 해빙의 전체 부피는 물 위에서 보이는 것보다 훨씬 더 크겠군.
③ 부피가 같은 얼음이라면 물에 닿는 면적이 넓을수록 녹는 시간도 짧아지겠군.
④ 북극은 땅이 아니라 얼음으로 되어 있어 북극곰 같은 동물 외에 식물은 자라지 못하겠군.
⑤ 같은 면적이 물에 닿아 있을 때, 부피가 작은 얼음보다 부피가 큰 얼음이 녹는 시간이 길겠군.

13 ㉠~㉤의 사전적 의미로 적절하지 않은 것은?

① ㉠ : 식물이 자라지 못하는 거칠고 메마른 땅.
② ㉡ : 저절로 나서 자람.
③ ㉢ : 생물이 살아가는 모양이나 상태.
④ ㉣ : 일정한 곳에 자리를 잡아 붙박이로 있거나 머물러 삶.
⑤ ㉤ : 일정한 방향과 속도로 이동하는 바닷물의 흐름.

14 다음 설명을 참고할 때, ⓐ의 상위어를 윗글에서 찾아 쓰시오.

한 단어의 의미가, 다른 단어의 의미를 포함하거나 다른 단어의 의미에 포함되는 의미 관계를 '상하 관계'라고 한다. 이때 다른 단어를 포함하는 단어를 '상위어', 다른 단어에 포함되는 단어를 '하위어'라고 한다. 예를 들어 '한식'과 '비빔밥'은 '비빔밥'이 '한식'에 포함되기 때문에 상하 관계이며, '한식'이 상위어, '비빔밥'이 하위어이다.

(   )

속담, 한자성어, 관용표현으로 한 걸음 더

'어려움과 기회'를 나타내는 한자성어를 살펴봐요

⊙ **구사일생(九死一生)**
아홉 번 죽을 뻔하다 한 번 살아난다는 뜻으로, 죽을 고비를 여러 차례 넘기고 겨우 살아남을 이르는 말.

⊙ **설상가상(雪上加霜)**
눈 위에 서리가 덮인다는 뜻으로, 난처한 일이나 불행한 일이 잇따라 일어남을 이르는 말.

⊙ **천신만고(千辛萬苦)**
천 가지 매운 것과 만 가지 쓴 것이라는 뜻으로, 온갖 어려운 고비를 다 겪으며 심하게 고생함을 이르는 말.

⊙ **천재일우(千載一遇)**
천 년 동안 단 한 번 만난다는 뜻으로, 좀처럼 만나기 어려운 좋은 기회를 이르는 말.

⊙ **백척간두(百尺竿頭)**
백 자나 되는 높은 장대 위에 올라섰다는 뜻으로, 몹시 어렵고 위태로운 지경을 이르는 말.

15 위에 제시된 한자성어 중, 다음 밑줄 친 부분과 가장 관련이 깊은 것을 찾아 쓰시오.

중국의 문장가 원굉(袁宏)이라는 사람은 『삼국지』에 나오는 뛰어난 신하 20여 명을 예찬하는 책의 머리말에서 다음과 같이 썼다.
"어진 군주와 뛰어난 신하의 만남은 천 년에 한 번 오는 만남이다. 이와 같은 기회를 만나면 누구나 기뻐하지 않고는 못 견디니, 만약 이런 기회를 잃으면 누구나 한탄할 수밖에 없다."
실제로 원굉 자신도 뛰어난 글재주를 지니고 있었지만 막일을 하면서 지내다가 아주 우연한 기회에 높은 지위에 있는 귀족을 만나 자신의 능력을 꽃피울 수 있었다고 한다.

(   )

16 위에 제시된 한자성어 중, 다음 밑줄 친 부분을 표현하기에 가장 적절한 것을 찾아 쓰시오.

우리 할아버지께서는 일제 강점기가 끝나 갈 무렵 강제로 일본으로 끌려가셨다. 이름도 모르는 곳에서 몇 년이나 강제 노동을 하며 고생을 하시던 할아버지는 광복이 되고 나서야 고향으로 돌아오셨다고 한다.

(   )

17 위에 제시된 한자성어 중, 다음 한자성어와 뜻이 반대인 것을 찾아 쓰시오.

• 금상첨화(錦上添花) : 비단 위에 꽃을 더한다는 뜻으로, 좋은 일 위에 또 좋은 일이 더하여짐을 비유적으로 이르는 말.

(   )

20 비문학 _ 과학 (3)

공부한 날 : ___월___일

 오늘의 어휘, 어디까지 알고 있니?

※ 다음 문장의 문맥에 알맞은 단어를 ( ) 안에서 골라 ○표 하세요.

01. 명상을 하면 머리가 맑아지고 (음파 VS 뇌파)가 안정되는 효과가 있다고 한다.

02. 쌀을 찐 뒤에 물과 누룩을 넣어서 (발효 VS 부패)시키면 막걸리가 된다.

03. 번개는 구름 사이에 모인 전기가 (방전 VS 충전)되면서 일어나는 현상이다.

04. 열기구는 기구 속의 공기를 가열하여 팽창시켜 (부력 VS 무력)을 얻는다.

05. (부패 VS 낭패)된 음식물에서 나쁜 냄새가 나기 시작했다.

06. 물이 얼어 얼음이 되면 액체일 때와 달리 (골자 VS 분자)가 규칙적으로 배열된다.

07. 인터넷은 사람들의 정치 참여를 확대하는 (뭇매 VS 촉매) 역할을 하고 있다.

| 정답 | 01. 뇌파 02. 발효 03. 방전 04. 부력 05. 부패 06. 분자 07. 촉매

뇌파(腦뇌 뇌 波물결 파) 뇌의 활동에 의하여 생기는 아주 약한 전류.

예문 한 의과 대학에서 소음이 들릴 때 사람의 뇌파를 측정하는 실험을 하였다.

발효(醱술 괼 발 酵삭힐 효) 생명력에 의해 만들어진 물질이 효모나 세균 등 미생물의 작용으로 분해되면서 유용하게 변하는 현상.

예문 김치는 우리나라의 대표적인 발효 식품이다.

> **쌤Tip** '발효'는 먹을 수 있게 변하는 것이고, '부패'는 먹을 수 없게 변하는 거예요.

방전(放놓을 방 電번개 전) 전기를 지닌 물체에서 전기가 외부로 흘러나오는 현상.

예문 • 습도가 높으면 정전기가 자주 방전되어 정전기 현상이 잘 생기지 않는다.
• 자동차의 배터리가 방전되어 보험 회사의 서비스를 받았다.

> **쌤Tip** '방전'은 배터리의 전기가 없어지는 것, 충전은 전기를 채우는 것! '방전'이 되면 '충전'을 해야죠.

부력(浮뜰 부 力힘 력) 물이나 공기 중에 있는 물체를 위로 떠오르게 하는 힘.

예문 우리가 물 위에 뜰 수 있는 것은 부력이 작용하기 때문이다.

부패(腐썩을 부 敗패할 패) ① 단백질이나 지방 등의 물질이 미생물의 작용으로 분해되어 냄새가 나면서 썩는 현상. ② 정치, 사상, 의식 따위가 타락함.

예문 • 부패한 음식은 식중독을 일으킬 수 있으므로 함부로 먹으면 안 된다.
• 공직 사회에 널리 퍼져 있는 부정과 부패를 척결해야 한다는 목소리가 높다.

분자(分나눌 분 子아들 자) ① 물질에서 화학적 형태와 성질을 지니고 있는 가장 작은 입자. ② 어떤 특성을 가진 인간 개체. 주로 부정적인 의미로 쓰임.

예문 • 따뜻한 물에 잉크 한 방울을 떨어뜨려 분자의 운동을 관찰해 보자.
• 일제 강점기에는 총독부에 빌붙어 국민들을 괴롭히던 친일 분자들이 많았다.

> **쌤Tip** '골자'는 말이나 글에서 중심을 차지하는 가장 중요한 부분이라는 뜻이에요.

촉매(觸닿을 촉 媒중매 매) ① 화학 반응에서, 자신은 변하지 않고 다른 물질의 화학 반응을 빠르게 하거나 늦추는 작용을 하는 물질. ② 어떤 일을 유도하거나 변화시키는 일 따위를 비유적으로 이르는 말.

예문 • 화학 실험을 할 때 촉매를 사용하면 반응 속도가 빨라진다.
• 자유로운 상상력은 감성을 자극하는 촉매 역할을 한다.

> **쌤Tip** '촉매'는 어떤 변화를 유도하는 일이나 물질을, '뭇매'는 여러 사람이 한꺼번에 때리는 것을 의미해요.

※ 다음 문장의 문맥에 알맞은 단어를 ( ) 안에서 골라 ○표 하세요.

01. 빌딩 유리창에 (반입 VS 반사)된 햇빛 때문에 눈이 부시다.

02. 얼음덩어리를 (결빙 VS 쇄빙)한 뒤 팥과 아이스크림을 얹어 팥빙수를 만들었다.

03. 조기잡이 어선들이 바닷가 (미로 VS 연안)에서 조기를 잡고 있다.

04. 그는 자신의 실수를 (자각 VS 자제)하고 나에게 용서를 구했다.

05. 전망대에 마련된 망원경으로 밤하늘의 (정체 VS 천체)를 관찰하였다.

06. 과학 시간에 설탕의 (결정체 VS 반도체)를 관찰하는 실험을 했다.

07. 앞 구절의 끝말을 다음 구절의 첫말로 이어받아 (연쇄적 VS 영구적)으로 이어 가는 표현 방법을 연쇄법이라고 한다.

| 정답 | 01. 반사 02. 쇄빙 03. 연안 04. 자각 05. 천체 06. 결정체 07. 연쇄적

반사(反돌이킬 반 射쏠 사) 빛이나 전파, 소리 등이 다른 물체의 표면에 부딪쳐 나아가던 방향을 반대로 바꾸는 현상.

예문 • 온갖 빛이 반사되는 도시의 밤하늘에서는 별빛 한 점 찾아볼 수 없다.
• 이 모니터는 불빛의 반사가 너무 심해서 눈이 아플 정도이다.

> **쌤 Tip** '반입'은 다른 곳에서 운반하여 들여오는 것이고, '반사'는 빛이나 소리가 물체에 부딪쳐 튕겨 나오는 거예요.

쇄빙(碎부술 쇄 氷얼음 빙) 얼음을 깨뜨려 부숨. 또는 부서진 얼음.

예문 • 우리나라는 쇄빙 연구선을 이용하여 남극 지방을 연구한다.
• 어제 한강이 얼어서 올겨울 들어 처음으로 쇄빙 작업을 하였다.

> **쌤 Tip** '결빙'은 물이 어는 것, '쇄빙'은 얼음을 부수는 것! '결빙'된 것을 '쇄빙'하는 거죠.

연안(沿따를 연 岸언덕 안) ① 강이나 호수, 바다를 따라 잇닿아 있는 육지. ② 육지와 닿아 있는 바다·강·호수 따위의 물가.

예문 • 그는 낙동강 중류의 연안 도시에서 태어났다.
• 우리나라 연안 해역의 수질은 대체로 좋은 것으로 나타났다.

> **쌤 Tip** '미로'는 한번 들어가면 다시 빠져나오기 어려운 길을 말하고, '연안'은 육지 근처의 바다 또는 바다와 맞닿은 육지를 말해요.

자각(自스스로 자 覺깨달을 각) 현실을 판단하여 자기의 입장이나 능력 따위를 스스로 깨달음.

예문 • 오랜 시간 스마트폰을 들여다보느라 눈이 나빠지는 것을 자각하지 못하는 경우가 많다.
• 민주화 운동은 국민이 주인이라는 자각을 갖게 하였다.

> **쌤 Tip** '자각'은 스스로 알게 되는 것, '자제'는 스스로 감정이나 욕망을 억누르는 것!

천체(天하늘 천 體몸 체) 우주에 존재하는 모든 물체를 통틀어 이르는 말.

예문 • 스스로 빛을 내는 천체를 별이라고 한다.
• 과학자들은 천체가 일정하게 움직인다는 것을 발견해 냈다.

결정체(結맺을 결 晶밝을 정 體몸 체) ① 원자, 이온, 분자 따위가 규칙적으로 배열되어 있는 물질의 덩어리. ② 노력의 결과로 얻은 보람을 비유적으로 이르는 말.

예문 • 소금은 나트륨 원자 하나가 염소 원자 하나와 결합한 분자들의 결정체이다.
• 이 책은 작가의 평생의 노력이 담겨 있는 결정체이다.

> **쌤 Tip** '반도체'는 전기가 흐르기도 하고 흐르지 않기도 하는 물질, '결정체'는 일정한 규칙이 있는 형태를 지닌 물질!

연쇄적(連잇닿을 연 鎖쇠사슬 쇄 的과녁 적) 서로 연결되어 관련이 있는 것.

예문 • 수족관의 돌고래는 사방 벽에서 연쇄적으로 반사되어 울리는 소음에 큰 스트레스를 받는다.
• 달걀 가격이 오르면서 관련 식품의 가격 또한 연쇄적으로 오르고 있다.

※ 다음 문장의 문맥에 알맞은 단어를 ( ) 안에서 골라 ○표 하세요.

01. 최근 인터넷 공간에서 이루어지는 (과도한 VS 과용한) 조롱과 비방이 사회 문제가 되고 있다.

02. 그 식당은 음식 맛이 좋지 않아 직원들의 (기피 VS 도피) 대상 1순위이다.

03. 순간의 거짓말로 위기를 모면하는 게 (능사 VS 예사)가 아니다.

04. 유명한 화가의 그림은 자동차 한 대 값에 (버금갈 VS 버거울) 정도로 비싸게 거래된다.

05. 환절기에는 날씨가 (수시로 VS 임시로) 변해서 알맞은 옷을 입기가 어렵다.

06. 상대 팀은 우리 응원단의 응원과 함성에 (압도 VS 압축)된 듯하였다.

07. 병아리의 암수를 구별하기란 (약간 VS 여간) 어려운 일이 아니다.

08. 이 장난감은 지렛대의 (도리 VS 원리)를 이용하여 만든 것이다.

09. 아침 식사를 꾸준히 하는 것이 기억력을 (증진 VS 추진)하는 데 도움이 된다.

10. 그는 이야기를 재미있게 하는 데 (추월한 VS 탁월한) 능력을 가지고 있다.

| 정답 | 01. 과도한 02. 기피 03. 능사 04. 버금갈 05. 수시로 06. 압도 07. 여간 08. 원리 09. 증진 10. 탁월한

과도하다(過지날 과 度법도 도—) 정도에 지나치다.

예문
- 스트레스를 과도하게 받으면 신체적, 심리적으로 이상 증상이 일어난다.
- 과도한 어획 때문에 동해안에서 사라진 명태 자원을 회복하기 위한 노력이 결실을 거두고 있다.

기피(忌꺼릴 기 避피할 피) 꺼리거나 싫어하여 피함.

예문
- 많은 현대인들이 비만과 성인병을 걱정하여 설탕을 기피하고 있다.
- 병역 의무를 기피하면 법적으로 처벌을 받는다.

능사(能능할 능 事일 사) 잘하는 일. 또는 쉽게 잘 해낼 수 있는 일.

예문
- 반려동물에게 그저 맛있는 음식을 챙겨 주는 것만이 능사가 아니다.
- 그는 돈을 많이 버는 것만을 능사로 생각할 뿐, 가족을 돌보는 일은 중요하게 여기지 않았다.

> 쌤Tip '능사'는 잘하는 일을, '예사'는 보통 있는 일을 의미해요.

버금가다 으뜸의 바로 아래가 되다.

예문
- 고래들은 인간에 버금가는 지능을 가지고 있다.
- 이 회사의 전자 제품은 세계 최고 수준에 버금간다.

> 쌤Tip '으뜸'은 가장 뛰어나거나 첫째인 것, '버금'은 으뜸의 바로 아래인 것을 뜻하는 말이에요.

수시로(隨따를 수 時때 시—) 아무 때나 늘.

예문
- 부피가 작고 가벼운 쓰레기들은 바람을 타고 수시로 바다에 들어온다.
- 우리는 사는 곳이 달라도 수시로 서로 연락하며 지낸다.

압도(壓누를 압 倒넘어질 도) 보다 뛰어난 힘이나 재주로 남을 눌러 꼼짝 못 하게 함.

예문
- 한여름의 무더위보다 우리를 압도하는 것은 찾기 어렵다.
- 그 배우는 뛰어난 연기력으로 관객을 압도했다.

> 쌤Tip '압도'는 상대를 제압하는 것이고, '압축'은 부피를 줄이는 것이에요.

여간(如같을 여 干방패 간) 어지간히 생각할 정도로. 주로 부정어와 함께 쓰임.

예문
- 몸에 한번 저장된 지방을 분해시키는 것은 여간 어려운 일이 아니다.
- 뜰에 핀 꽃이 여간 탐스럽지 않다.

> 쌤Tip '약간'은 얼마 되지 않음을, '여간'은 보통임을 뜻해요.

원리(原근원 원 理다스릴 리) 사물의 근본이 되는 이치.

예문 • 한글은 과학적인 원리에 따라 만들어진 글자이다.
　　 • 에디슨은 전기의 원리를 발견하여 우리의 생활을 더 편하게 만들었다.

증진(增더할 증 進나아갈 진) 기운이나 세력 따위가 점점 더 늘어 가고 나아감.

예문 • 친한 사람들끼리의 가벼운 신체 접촉은 서로 간에 유대감을 증진한다.
　　 • 회원들 간의 친목을 증진하기 위해 모임을 가졌다.

쌤Tip '증진'은 더 늘어나는 것이고, '추진'은 물체를 밀어 내보내거나 어떤 일을 진행하는 거예요.

탁월하다(卓높을 탁 越넘을 월—) 남보다 두드러지게 뛰어나다.

예문 • 이 제품은 사람의 장 건강에 탁월한 효과가 있습니다.
　　 • 그 회사에서는 자율 주행차가 기존의 차량보다 탁월한 안전성을 지닌다고 광고한다.

쌤Tip '추월'하는 것은 앞지르는 것, '탁월'한 것은 매우 뛰어난 것!

| 선택지에 제시되는 말 ① |

🐭 **개념어도 함께 알아봐요**

궁극적(窮다할 궁 極지극할 극 的과녁 적) 더할 나위 없는 경우나 정도에 도달하는 것.

개념+ '궁극적'이라는 말은 문맥상 '마지막으로'나 '정말 바라는 것' 또는 '정말 말하려고 한 것'이라는 의미로 사용되는 경우가 많아요.
　　 예 과거의 일과 현재의 일을 대조하여 궁극적인 의도를 부각하고 있다.

능동적(能능할 능 動움직일 동 的과녁 적) 다른 것에 이끌리지 아니하고 스스로 일으키거나 움직이는 것.

개념+ '능동적'이라는 말은 '주체적'이라는 단어와 뜻이 비슷한데, '주체적'은 '어떤 일을 실천하는 데 자유롭고 자기 일을 스스로 처리하는 성질이 있는 것'이라는 의미예요. 그런데 '능동적'과 '주체적'은 쓰이는 상황이 조금 달라요. '능동적'은 어떤 일을 누가 시키지 않았는데도 스스로 하는 것을 말하고, '주체적'은 어떤 일을 스스로 계획하여 실천하는 것을 의미하죠. 두 단어의 반대말을 보면 차이점을 쉽게 알 수 있어요. '능동적'의 반대말은 '남의 힘에 의하여 움직이는 것'이라는 뜻을 지닌 '피동적'이고, '주체적'의 반대말은 상황에 따라 다르지만 '무엇에 기대는 성질이 있는 것'이라는 뜻을 지닌 '의존적'으로 볼 수 있어요.
　　 예 주인공은 능동적인 태도로 문제 상황을 해결하려는 의지를 보이고 있다.

전형적(典법 전 型모형 형 的과녁 적) 어떤 부류의 특징을 가장 잘 나타내는 것.

개념+ '전형적'이라는 말은 소설이나 희곡 같은 문학 속의 등장인물을 평가할 때 자주 사용되지만, 다른 영역에서도 종종 사용돼요. 예를 들어 '이 그림은 조선 후기 민화의 기법을 전형적으로 보여 준다.'나 '이번 사건은 파편화된 현대인의 삶을 전형적으로 보여 준다.'처럼 예술 작품의 기법이나 어떤 현상을 설명할 때 사용되기도 해요.
　　 예 심청은 효녀를 대표하는 전형적인 인물이다.

추상적(抽뺄 추 象형상 상 的과녁 적) ① 어떤 사물이 직접 경험하거나 감각을 통해 느낄 수 있는 일정한 형태와 성질을 갖추고 있지 않은 것. ② 구체적이지 않아 사실이나 현실에서 멀어져 막연하고 일반적인 것.

개념+ '관념적'이라는 말도 '추상적'과 비슷한 뜻으로 사용돼요. '추상적'의 반대말은 '구체적'인데, '구체적'이라는 말은 '사물이 직접 경험하거나 감각을 통해 알 수 있도록 일정한 형태와 성질을 갖추고 있는 것'이라는 뜻이에요.
　　 예 이 시는 추상적인 대상을 마치 살아 있는 존재처럼 표현하고 있다.

총체적(總거느릴 총 體몸 체 的과녁 적) 있는 것들을 모두 하나로 합치거나 묶은 것.

　　 예 글쓴이는 영화를 그 나라의 예술 수준을 총체적으로 판단하는 기준으로 보고 있다.

문제로 단어 익히기

01 제시된 초성과 뜻풀이를 참고하여 ( ) 안에 들어갈 알맞은 단어를 쓰시오.

(1) ㅊ ㅊ : 우주에 존재하는 모든 물체를 통틀어 이르는 말.

　예 그는 사막에서 맨눈으로 밤하늘의 (　　　)를 감상했다.

(2) ㄴ ㅍ : 뇌의 활동에 의하여 생기는 아주 약한 전류.

　예 10분 정도 '멍 때리기'를 하면 (　　　)가 안정되는 효과가 있다고 한다.

(3) ㅇ ㄷ : 보다 뛰어난 힘이나 재주로 남을 눌러 꼼짝 못하게 함.

　예 나는 그녀의 당당한 태도와 논리적인 말에 (　　　)되어 버렸다.

02 다음 사다리를 타 보고, 단어의 뜻풀이로 알맞은 것을 〈보기〉에서 골라 ( ) 안에 기호를 쓰시오.

(1) 부력　　　(2) 쇄빙　　　(3) 여간　　　(4) 자각

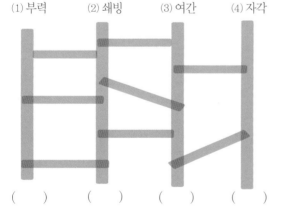

(　)　　(　)　　(　)　　(　)

〈보기〉
ㄱ 얼음을 깨뜨려 부숨. 또는 부서진 얼음.
ㄴ 물이나 공기 중에 있는 물체를 위로 떠오르게 하는 힘.
ㄷ 어지간히 생각할 정도로.
ㄹ 현실을 판단하여 자기의 입장이나 능력 따위를 스스로 깨달음.

03 제시된 뜻풀이에 해당하는 단어를 〈보기〉의 글자를 조합하여 쓰시오.

〈보기〉
기　능　리　사　수　시　원　피　로

(1) 잘하는 일. 또는 쉽게 잘 해낼 수 있는 일.
　　　　　　　　　　　　　　　(　　　　)

(2) 꺼리거나 싫어하여 피함.　(　　　　)

(3) 사물의 근본이 되는 이치.　(　　　　)

(4) 아무 때나 늘.　　　　　　(　　　　)

04 제시된 단어와 뜻풀이를 고려할 때, 밑줄 친 단어가 제시된 의미로 사용된 것을 골라 ○표 하시오.

(1)
> 결정체 : 노력의 결과로 얻은 보람을 비유적으로 이르는 말.

　ㄱ 로봇을 이용한 뇌 수술은 첨단 의료 기술과 IT 융합 기술의 결정체이다.
　ㄴ 눈은 온도가 조금만 달라져도 결정체가 달라진다.

(2)
> 분자 : 어떤 특성을 가진 인간 개체.

　ㄱ 우리나라에도 광복 이후 친일 분자를 처벌하기 위한 노력이 있었다.
　ㄴ 물 분자는 산소와 수소 원자로 이루어져 있다.

05 다음 문장의 빈칸에 들어갈 알맞은 단어를 〈보기〉에서 찾아 쓰시오.

〈보기〉
능사　　반사　　연안　　촉매

(1) 교칙을 어긴 학생을 무조건 엄격하게 처벌하는 것만이 (　　　　　　)는 아니다.

(2) 유통업체의 대규모 할인 행사는 소비자들의 지갑을 열게 하는 (　　　　　　) 역할을 한다.

(3) 우리나라는 서해의 일부 (　　　　　　)을 막아 물을 빼내고 육지로 만들기도 하였다.

(4) 햇빛이 빗방울을 통과할 때 (　　　　　　)되거나 휘어져 꺾이면 무지개가 만들어진다.

06 다음 밑줄 친 단어의 쓰임이 적절하면 ○, 틀리면 ×에 표시하시오.

(1) 여름철에는 식품이 쉽게 <u>발효</u>하여 식중독을 일으키는 경우가 많다. (○ , ×)

(2) 청년들이 중소기업을 <u>기피</u>하는 현상이 심해지고 있어 대책이 필요하다. (○ , ×)

(3) 오래 묵어서 <u>부패</u>된 간장에서는 독특한 향기와 함께 감칠맛이 난다. (○ , ×)

(4) 최근에는 한 나라에 문제가 생기면 이웃한 다른 나라들도 <u>연쇄적</u>으로 위험해지곤 한다. (○ , ×)

07 다음 밑줄 친 단어와 뜻이 반대인 것은?

> 노트북을 오랫동안 사용하지 않은 채 그냥 두었더니 배터리가 완전히 <u>방전</u>되어서 켜지지 않는다.

① 감전(感電)　　② 단전(斷電)　　③ 발전(發電)
④ 정전(停電)　　⑤ 충전(充電)

08 다음 밑줄 친 단어와 뜻이 가장 유사한 것은?

> 변치 않는 올곧은 마음을 상징하는 데 소나무가 첫째라면 <u>둘째가는</u> 것은 대나무일 것이다.

① 꼴찌인　　② 으뜸인　　③ 제일인
④ 중간인　　⑤ 버금가는

09 다음 밑줄 친 단어와 바꾸어 쓰기에 가장 적절한 것을 고르시오.

(1)
> <u>지나친</u> 관심은 상대방을 불편하게 만들 수 있다.

① 과도한　　② 부족한　　③ 부패한
④ 소심한　　⑤ 과민한

(2)
> 이 제도는 형편이 어려운 주민들의 복지를 늘려 삶의 질을 <u>높이려는</u> 목적을 지니고 있다.

① 기피하려는　　② 저하하려는　　③ 압도하려는
④ 자각하려는　　⑤ 증진하려는

10 다음 밑줄 친 단어와 문맥상 뜻이 가장 비슷한 것은?

> 명수는 글을 쓸 때 인물의 생김새나 공간적 배경을 자세하게 묘사하는 재주가 <u>뛰어나다</u>.

① 기피하다　　② 탁월하다　　③ 열등하다
④ 추월하다　　⑤ 여간하다

11 〈보기〉의 밑줄 친 단어와 같은 뜻으로 사용된 것은?

〈보기〉
> 발효가 제대로 된 식품은 잘 <u>부패</u>하지 않는다.

① 조선 후기에는 권력층의 부패가 매우 심했다.
② 이 소설은 부패한 상류 계층을 풍자하고 있다.
③ 농민들은 부패한 관리들의 횡포에 맞서 싸웠다.
④ 농산물은 배송되는 도중에 부패되는 경우도 있다.
⑤ 언론이 부패하면 정의로운 사회를 만들기 어렵다.

12 다음은 선택지에 제시되는 말과 관련된 내용이다. 해당하는 개념어를 찾아 선으로 바르게 연결하시오.

(1) 어떤 부류의 특징을 가장 잘 나타내는 것. ·　　· ㉠ 궁극적

(2) 더할 나위 없는 경우나 정도에 도달하는 것. ·　　· ㉡ 능동적

(3) 있는 것들을 모두 하나로 합치거나 묶은 것. ·　　· ㉢ 전형적

(4) 사실이나 현실에서 멀어져 막연하고 일반적인 것. ·　　· ㉣ 총체적

(5) 다른 것에 이끌리지 아니하고 스스로 일으키거나 움직이는 것. ·　　· ㉤ 추상적

우리의 몸 안에서는 생명을 유지하기 위한 화학 반응이 끊임없이 일어난다. 이 같은 일이 가능한 것은 바로 우리 몸 안에 화학 반응의 ㉠촉매 역할을 하는 효소가 있기 때문이다. 단백질의 일종인 효소는 몸속에서 일어나는 화학 반응에 필요한 에너지양을 감소시켜서 화학 반응 속도를 높이는 역할을 한다. 대부분의 효소는 35~45℃를 벗어나면 단백질 구조가 변해 제 기능을 하지 못하는데, 그렇기 때문에 사람의 체온은 효소가 최적으로 활동할 수 있는 온도를 유지하는 것이다.

[A]
인류는 효소의 존재나 작용 ㉡원리를 과학적으로 밝히기 훨씬 이전부터 효소를 사용해 왔다. 고대 그리스나 이집트에서 포도 껍질에 묻은 효모를 이용하여 포도주를 만든 것이 그 예이다. 효모는 효소를 만들어 내는 미생물이다. 우리 조상들도 된장이나 술을 만드는 과정에서 곰팡이류의 효모가 가지고 있는 효소를 이용하였다. 메주를 ㉢발효시키기 위해서는 짚으로 메주를 엮어 천장에 매달아야 하는데, 이때 지푸라기 속에 있던 효소가 작용하여 된장의 독특한 맛을 내게 된다. 또 이제는 전 세계적으로 널리 알려진 우리의 대표적인 발효 식품 김치 역시 박테리아의 효소를 이용한 것이다. 단, 온도가 너무 높거나 발효가 너무 ㉣과도하게 진행되면 오히려 ㉤부패가 일어나기도 한다.

효소는 생명 공학에도 이용된다. 예를 들어 반딧불이는 꼬리 부분에 있는 효소로 인해 몸에서 빛을 낼 수 있는데, 이 효소의 유전자를 다른 생물에 넣으면 그 생물도 몸에서 빛을 낸다. 송사리에 넣으면 송사리의 몸에서 빛이 나며, 식물에 넣어도 역시 식물에서 빛이 난다. 이 효소의 유전자를 대장균에 넣으면 대장균도 빛을 내는데, 이런 대장균을 이용해 암을 유발하는 물질을 찾아내기도 한다.

13 윗글의 내용과 일치하지 않는 것은?

① 효소는 신체의 화학 반응이 빠르게 일어나게 한다.
② 몸속의 대장균을 없애는 데 효소가 이용되고 있다.
③ 생명 공학에서 효소를 활용하는 연구를 하고 있다.
④ 일정 온도를 넘으면 효소의 단백질 구조가 변형된다.
⑤ 인류는 오래 전부터 실생활에서 효소를 사용해 왔다.

14 ㉠~㉤의 문맥적 의미로 적절하지 않은 것은?

① ㉠ : 기운이나 세력 따위가 점점 더 늘어 가고 나아감.
② ㉡ : 사물의 근본이 되는 이치.
③ ㉢ : 생명력에 의해 만들어진 물질이 효모나 세균 등 미생물의 작용으로 분해되면서 유용하게 변하는 현상.
④ ㉣ : 정도에 지나치게.
⑤ ㉤ : 단백질이나 지방 등의 물질이 미생물의 작용으로 분해되어 냄새가 나면서 썩는 현상.

15 [A]에 사용된 설명 방법을 〈보기〉에서 모두 골라 그 기호를 쓰시오.(정답 2개)

〈보기〉
ⓐ 구체적인 예를 들어 내용을 쉽게 전달하고 있다.
ⓑ 유사한 두 대상을 대조하여 차이점을 밝히고 있다.
ⓒ 중요 용어의 개념을 제시하여 내용 이해를 돕고 있다.
ⓓ 문제가 되는 현상의 원인을 과학적으로 분석하고 있다.

(   )

속담, 한자성어, 관용표현으로 한 걸음 더

'말'과 관련된 한자성어를 살펴봐요

⊙ **갑론을박(甲論乙駁)**

갑이 주장하면 을이 반박한다는 뜻으로, 여러 사람이 서로 자신의 주장을 내세우며 상대편의 주장을 반박함을 이르는 말.

⊙ **유구무언(有口無言)**

입은 있어도 말은 없다는 뜻으로, 변명할 말이 없거나 변명을 못함을 이르는 말.

⊙ **이실직고(以實直告)**

사실 그대로 알리거나 말함.

⊙ **일구이언(一口二言)**

한 입으로 두말을 한다는 뜻으로, 한 가지 일에 대하여 말을 이랬다저랬다 함을 이르는 말.

⊙ **자초지종(自初至終)**

처음부터 끝까지의 과정.

⊙ **중언부언(重言復言)**

이미 한 말을 자꾸 되풀이함. 또는 그런 말.

16 위에 제시된 한자성어 중, 다음 ( ) 안에 들어가기에 가장 적절한 것을 찾아 쓰시오.

(1) 잘못을 저질렀을 때에는 모든 것을 ( )하고 용서를 구하는 것이 가장 좋은 방법이다.

(2) 우현은 친구에게 사건의 ( )을 듣고서야 자신이 동우를 오해했음을 깨달았다.

17 다음은 「허생전」의 일부이다. 위에 제시된 한자성어 중, 밑줄 친 부분을 표현하기에 가장 적절한 것을 찾아 쓰시오.

> 대체로 남에게 돈을 빌리러 오는 사람은 으레 별 중요하지도 않은 말을 이것저것 늘어놓으면서 자기 뜻이 크고 넓다고 과장을 하게 마련이야. 비굴한 얼굴로 약속을 꼭 지키겠다느니 어찌겠다느니 하며 <u>같은 말을 반복해서 강조하기도 하지.</u> 그런데 저 사람은 비록 낡아서 해진 옷을 입고 있지만, 말이 간결할 뿐 아니라 눈망울이 또록또록하고, 자신을 부끄럽게 여기는 태도나 비굴한 표정이 전혀 없었다. 장차 큰 인물이 될 거야.

( )

18 위에 제시된 한자성어 중, 다음 속담과 뜻이 유사한 것을 찾아 쓰시오.

> (1) 한 입으로 두말하기
> (2) 입이 열 개라도 할 말이 없다

(1) ( ) (2) ( )

21 비문학 _ 과학(4)

공부한 날 : ___월 ___일

오늘의 어휘, 어디까지 알고 있니?

※ 다음 문장의 문맥에 알맞은 단어를 ( ) 안에서 골라 ○표 하세요.

01. 벼를 여러 번 (교정 VS 도정)해야 하얀 쌀이 된다.

02. 장마에 대비하여 집 주위의 (배수로 VS 우회로)를 점검하였다.

03. 스마트폰은 과학 기술이 집약된 문명의 (옹기 VS 이기)라고 할 수 있다.

04. 휘발유나 경유 같은 기름은 석유를 (견제 VS 정제)해서 만든다.

05. 시골집의 뜨뜻한 (구들장 VS 주춧돌)에 누워 있으니 스르르 잠이 온다.

06. 이 도서관의 모든 책들은 통합 (저인망 VS 전산망)을 통하여 관리되고 있다.

07. 비닐이나 스티로폼 같은 합성수지 (유실물 VS 폐기물)이 환경 오염의 주범이 되고 있다.

| 정답 | 01. 도정 02. 배수로 03. 이기 04. 정제 05. 구들장 06. 전산망 07. 폐기물

도정(搗찧을 도 精찧을 정) 곡식을 찧거나 속꺼풀을 벗기고 깨끗하게 함.

예문 • 우리 조상들은 대개 도정이 덜 된 곡물로 지은 거친 밥을 먹었다.
　　　• 예전에는 절구에 곡식을 넣고 찧어서 도정하기도 하였다.

배수로(排물리칠 배 水물 수 路길 로) 물이 빠져나갈 수 있도록 만든 길.

예문 • 얼음을 보관하는 석빙고에는 물을 밖으로 빼내기 위한 배수로가 있다.
　　　• 맨땅에 텐트를 칠 때는 텐트 주변에 배수로를 만들어야 한다.

샘Tip '배수로'는 물이 빠져나가는 길을, '우회로'는 밀리 돌아서 가는 길을 말해요.

이기(利이로울 이 器그릇 기) 실제로 생활에서 쓰기에 편리한 기계나 기구.

예문 • 오늘날에는 수많은 문명의 이기들이 우리의 생활을 편리하게 만들고 있다.
　　　• 문명의 이기를 거부한 채 옛날의 삶을 고집하는 사람도 있다.

샘Tip '이기'는 편리한 기계를, '옹기'는 흙으로 만든 그릇을 뜻하는 말이에요.

정제(精찧을 정 製지을 제) 물질에 섞인 불순물을 없애 그 물질을 더 순수하게 함.

예문 • 정제된 곡물은 탄수화물 덩어리라고 할 수 있다.
　　　• 속담과 같은 관용 표현은 오랜 세월을 거치며 정제된 표현이다.

샘Tip '불순물'이란 순수한 물질에 섞여 있는 순수하지 않은 물질을 말해요.

구들장 불길과 연기가 지나가는 통로 위에 깔아 방바닥을 만드는 얇고 넓은 돌.

예문 • 집을 고치는 과정에서 구들장을 모두 들어냈다.
　　　• 청산도의 구들장논은 바닥에 구들장처럼 돌을 쌓고 그 위에 흙을 부어서 만들었다.

샘Tip '구들장'은 방바닥에 까는 돌이고, '주춧돌'은 기둥 밑에 받쳐 놓는 돌이에요.

전산망(電번개 전 算계산 산 網그물 망) 중앙의 컴퓨터와 여러 개의 컴퓨터 단말기가 정보를 서로 주고받을 수 있도록 만든 연결 체계.

예문 • 대부분의 영화관에 입장권 통합 전산망이 설치되어 있어 영화의 흥행 정도를 바로 알 수 있다.
　　　• 집에서도 인터넷 전산망을 통해 세계 곳곳의 정보를 알 수 있다.

폐기물(廢폐할 폐 棄버릴 기 物만물 물) 못 쓰게 되어 버리는 물건.

예문 • 버려진 전기·전자 제품과 거기에서 나온 부품을 전자 폐기물이라고 한다.
　　　• 건강을 해치거나 환경을 파괴하는 폐기물은 국가 간 거래가 금지되어 있다.

샘Tip '유실물'은 잃어버린 물건, '폐기물'은 쓰레기같이 버리는 물건!

※ 다음 문장의 문맥에 알맞은 단어를 ( ) 안에서 골라 ○표 하세요.

01. 컴퓨터와 기계 (공학 VS 잡학)이 만나 로봇이 탄생하게 되었다.

02. 학교에서 지진 상황을 (가상 VS 망상)하여 대피하는 훈련을 했다.

03. 포장이 안 된 길을 자동차로 (보행 VS 주행)할 때에는 속도를 줄여야 한다.

04. 우리나라는 전국을 일일생활권으로 만드는 철도망이 (구축 VS 함축)되어 있다.

05. 한국 요리와 서양 요리를 (접목 VS 방목)하려는 시도가 활발해지고 있다.

06. 주희는 억울한 마음이 들어 울음을 (제어 VS 제휴)할 수 없었다.

07. 인조 임금은 군인들에게 비단과 (명주 VS 뒤주) 같은 옷감이나 솜옷 등을 내려 위로하였다.

| 정답 | 01. 공학 02. 가상 03. 주행 04. 구축 05. 접목 06. 제어 07. 명주

공학(工장인 공 學배울 학) 공업의 이론, 기술, 생산 따위를 연구하는 학문.

예문 • 자연의 동식물로부터 새로운 기술을 찾아내는 공학을 생체 모방 공학이라고 한다.
• 유전 공학은 인류를 괴롭혀 온 여러 문제를 해결할 방법을 연구한다.

쌤Tip '공학'은 유용한 물건을 만드는 것을 연구하는 학문, '잡학'은 체계적이지 않은 학문!

가상(假거짓 가 想생각 상) 사실이 아니거나 사실 여부가 분명하지 않은 것을 사실이라고 가정하여 생각함.

예문 • 실제 시장이 아니라 가상 공간에서만 사용할 수 있는 화폐를 '가상 화폐'라고 한다.
• 가상 현실에서는 실제 세계에서 경험하기 어려운 일을 체험할 수 있다.

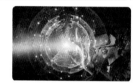

주행(走달릴 주 行다닐 행) 자동차나 열차 따위가 달림.

예문 • 운전자의 도움 없이 차량 스스로 도로를 달리는 자동차를 '자율 주행 자동차'라고 한다.
• 나는 오늘 자전거를 타고 40km를 넘게 주행하였다.

쌤Tip '보행'은 걸어 다니는 것을, '주행'은 자동차 등이 달리는 것을 말해요.

구축(構얽을 구 築쌓을 축) ① 어떤 구조물을 쌓아 올려 만듦. ② 어떤 일이나 조직, 체계 등의 기초를 닦아 세움.

예문 • 그 부대는 강의 동쪽에 새로운 진지를 구축한 뒤 적에 대한 공격을 이어 나갔다.
• 앞으로 자율 주행차를 고려한 신호 체계와 도로 시설 등이 구축되어야 한다.

쌤Tip '구축'은 무언가를 만드는 것을 의미하고, '함축'은 말이나 글이 어떤 뜻을 속에 담고 있는 것을 의미해요.

접목(椄접붙일 접 木나무 목/接접할 접 木나무 목) ① 나무를 접붙임(한 나무에 다른 나무의 가지나 눈을 붙이는 일). 또는 그 나무. ② 둘 이상의 다른 현상 따위를 알맞게 조화하게 함을 비유적으로 이르는 말.

예문 • 동영상을 통해 사과나무의 접목 방법을 쉽게 배울 수 있었다.
• 스포츠 경기에 과학 기술이 접목되어 온 지는 꽤 오래되었다.

쌤Tip '접목'은 서로 다른 것을 하나로 만드는 것이고, '방목'은 가축을 놓아기르는 것이에요.

제어(制억제할 제 御막을 어) ① 억눌러 다스림. ② 감정, 충동, 생각 따위를 막거나 누름. ③ 기계 따위를 목적에 알맞게 조절함.

예문 • 행정, 입법, 사법의 삼권 분립은 권력의 독재를 제어하기 위한 장치다.
• 반려동물을 쓰다듬는 것만으로도 자신의 감정을 제어하는 데 효과가 있다고 한다.
• 우리 학교는 전체 학급의 냉난방 상태를 중앙에서 제어하고 있다.

명주(明밝을 명 紬명주 주) 누에고치에서 뽑은 가늘고 고운 실로 무늬 없이 짠 천.

예문 • 가죽, 명주, 면과 같은 천연 섬유로 된 옷을 입으면 정전기가 잘 발생하지 않는다.
• 할아버지는 늘 명주로 지은 한복을 입고 다니셨다.

쌤Tip '누에고치'는 누에가 번데기로 변할 때 실을 토하여 제 몸을 둘러싸서 만든 집이에요.

※ 다음 문장의 문맥에 알맞은 단어를 ( ) 안에서 골라 ○표 하세요.

01. 닭 한 마리를 안아서 그 무게를 (가늠 VS 가름)해 보았다.

02. 우리는 길가에 있는 (간이 VS 간헐) 휴게소에 들러 잠시 쉬기로 했다.

03. 그는 주말이면 자전거를 타고 (교외 VS 열외)로 나간다.

04. 아파서 시험을 치르지 못한 학생들은 시험이 과제물로 (대체 VS 해체)되었다.

05. 자신이 농사짓던 땅을 빼앗긴 농민들은 소작인으로 (누락 vs 전락)하고 말았다.

06. 상품의 대량 생산을 통해 상품 한 개당 생산 비용을 (절감 VS 절충)할 수 있다.

07. 식물은 오염된 공기를 (교화 VS 정화)하는 작용을 한다.

08. 지구는 약 23시간 56분 4초를 (적기 VS 주기)로 자전을 한다.

09. 어려운 일에 (직면 VS 모면)했을 때 이를 피하지 말고 극복해야 한층 더 성장할 수 있다.

10. 다빈치의 그림에는 대상에 대한 풍부한 지식과 (정교한 VS 조잡한) 탐구가 배어 있다.

| 정답 | 01. 가늠 02. 간이 03. 교외 04. 대체 05. 전락 06. 절감 07. 정화 08. 주기 09. 직면 10. 정교한

가늠 ① 목표나 기준에 맞고 안 맞음을 헤아려 봄. 또는 헤아려 보는 목표나 기준. ② 사물을 어림잡아 헤아림.

예문 • 목표 지점까지의 거리를 가늠한 뒤에 힘을 조절하여 공을 던졌다.
　　• 과거의 농부들은 달력을 보고 언제 씨를 뿌려야 하는지 가늠하였다.

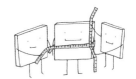

간이 (簡대쪽 간 易쉬울 이) 간단하고 편리함. 물건의 내용, 형식이나 시설 따위를 줄이거나 간편하게 하여 이용하기 쉽게 한 상태를 이른다.

예문 • '라이프 스트로'는 오염된 물을 깨끗하게 하는 간이 정화 장치이다.
　　• 자원봉사자들은 마을 회관에 간이 보건소를 설치하고 환자들을 진료했다.

> **샘Tip** '간이'는 간단한 것, '간헐'은 어떤 일이 드문드문 일어나는 것!

교외 (郊성밖 교 外바깥 외) 도시의 주변 지역.

예문 • 그녀는 시원하게 뚫린 교외 도로를 드라이브하는 것을 좋아한다.
　　• 지난 주말에 우리 가족은 오랜만에 교외로 소풍을 갔다.

> **샘Tip** '교외'는 도시 주변을 말하고, '열외'는 늘어선 줄의 바깥을 말해요.

대체 (代대신할 대 替바꿀 체) 다른 것으로 대신함.

예문 • 메탄 하이드레이트는 석유를 대체할 수 있는 훌륭한 에너지 자원이다.
　　• 모바일 페이가 현금을 대체할 날이 머지않았다.

> **샘Tip** '대체'는 다른 것으로 바꾸는 것을, '해체'는 어떤 것이 낱낱으로 흩어지는 것을 의미해요.

전락 (轉구를 전 落떨어질 락) 나쁜 상태에 빠지거나 잘못된 길로 빠짐.

예문 • 새로운 휴대 전화가 등장할 때마다 기존 제품들은 전자 폐기물로 전락하기 일쑤이다.
　　• 사업에 실패한 그는 하루아침에 가난뱅이로 전락했다.

> **샘Tip** '누락'은 기록에서 빠지는 것을 말하고, '전락'은 나쁘게 되는 것을 말해요.

절감 (節마디 절 減덜 감) 아끼어 줄임.

예문 • 에어컨 청소를 자주 하면 에너지를 절감하는 효과를 낼 수 있다.
　　• 그 회사는 새로운 기술을 개발하여 생산 비용을 절감하였다.
　　• 양치질을 할 때 물컵을 사용하면 수도 요금을 절감할 수 있다.

정화 (淨깨끗할 정 化될 화) 순수하지 않거나 더러운 것을 깨끗하게 함.

예문 • '라이프 스트로'는 적정 기술로 만든 휴대용 물 정화 장치이다.
　　• 이 연극에는 욕심 많은 사람들의 마음이 정화되기를 바라는 작가의 의도가 들어 있다.

> **샘Tip** '교화'는 좋은 방향으로 나아가게 하는 것을, '정화'는 더러운 것을 깨끗하게 하는 것을 말해요.

주기(週돌 **주** 期기약할 **기**) 같은 현상이나 특징이 한 번 나타나고부터 다음번 되풀이되기까지의 기간.

> [예문] • 빛에 노출되는 주기가 불규칙해지면 생체 리듬이 깨진다.
> • 새로운 제품이 계속 나오면서 전기·전자 제품의 교체 주기가 짧아지고 있다.

직면(直곧을 **직** 面낯 **면**) 어떠한 일이나 사물을 직접 당하거나 맞부딪침.

> [예문] • 자율 주행차나 인간형 로봇이 직면할 가장 어려운 문제는 윤리적 딜레마다.
> • 공동체 생활을 하다 보면 다양한 문제에 직면하게 된다.

> 쌤Tip '모면'은 꾀를 써서 벗어나는 것, '직면'은 맞부딪치거나 맞닥뜨리는 것!

정교하다(精찧을 **정** 巧교묘할 **교**—) ① 솜씨나 기술 따위가 정밀하고 교묘하다. ② 내용이나 구성 따위가 정확하고 치밀하다.

> [예문] • 젓가락질을 잘하기 위해서는 정교한 손놀림이 필요하다.
> • 그 작품은 정교하게 다듬어진 문장과 독특한 아이디어가 돋보인다는 평가를 받는다.

> 쌤Tip '조잡하다'는 좋지 않다는 부정적 평가인 반면, '정교하다'는 매우 좋다는 긍정적 평가예요.

| 선택지에 제시되는 말 ② |

🐭 개념어도 함께 알아봐요

통념(通통할 **통** 念생각할 **념**) 일반적으로 널리 퍼져 있는 생각.

> [개념+] 통념은 사회에 널리 퍼져 있는 생각으로, 오랫동안 이어져 내려온 것들이 많아요. 그래서 사람들이 옳다고 여기기 쉽지요. 하지만 그중에는 잘못된 것도 있어요. 예를 들어 인간이 뇌의 10%만 사용한다는 것은 잘못된 통념이며, 사람들은 보통 뇌의 대부분을 사용해요. 잘못된 통념을 제시한 뒤 잘못된 점을 지적하면 독자의 관심을 이끌어 낼 수 있어요.
> (예) 대상과 관련된 사회적 통념을 제시한 뒤 잘못된 점을 지적하고 있다.

배경지식(背등 **배** 景경치 **경** 知알 **지** 識알 **식**) 어떤 일을 하거나 연구할 때, 이미 머릿속에 들어 있거나 기본적으로 필요한 지식.

> [개념+] 배경지식은 글이나 말을 더 잘 이해하기 위하여 필요한 지식이에요. 배경지식이 있느냐, 없느냐에 따라 똑같은 글을 읽더라도 이해의 정도가 달라져요. 물론 글을 읽는 속도도 달라지죠. 이런 배경지식을 쌓을 수 있는 가장 좋은 방법은 독서예요.
> (예) 발표자는 화제와 관련된 청중의 배경지식을 확인하는 질문을 하고 있다.

활성화(活살 **활** 性성품 **성** 化될 **화**) 기능이 활발함. 또는 기능을 활발하게 함.

> [개념+] 활성화는 무언가가 활발하게 이루어지게 되는 것을 말해요. 주로 듣기나 말하기, 쓰기 영역에서 쓰이는 용어예요.
> (예) 여러 가지 자료를 활용하여 독서를 활성화할 수 있는 방안을 제시하고 있다.

상관관계(相서로 **상** 關빗장 **관** 關빗장 **관** 係걸릴 **계**) 두 가지 가운데 한쪽이 변화하면 다른 한쪽도 따라서 변화하는 관계.

> [개념+] 상관관계를 인과 관계와 착각하는 경우가 많으니 주의해야 해요. 인과 관계는 원인과 결과가 뚜렷하게 구분되는 관계를 말해요. 그렇지만 상관관계는 원인이나 결과를 명확하게 구분할 수 없어요. 다만, 한쪽이 변하면 다른 한쪽도 따라서 변할 뿐이에요. 한쪽이 증가할 때 다른 쪽도 증가하는 관계를 양의 상관관계, 반대로 한쪽이 증가할 때 다른 쪽이 감소하는 관계를 음의 상관관계라고 해요.
> (예) 학생의 자존감과 성적은 양의 상관관계를 지닌다는 연구 결과가 나왔다. 자존감이 높은 학생일수록 성적이 높은 것으로 나온 것이다. 그러나 자존감이 높아서 성적이 높은 것인지, 성적이 높아서 자존감이 높은 것인지는 명확하게 밝혀지지 않았다. 따라서 연구 결과를 '자존감이 높기 때문에 성적이 높다'라는 인과 관계로 나타내는 것은 적절하지 않다.

문제로 단어 익히기

01 제시된 초성과 뜻풀이를 참고하여, ( ) 안에 들어갈 알맞은 단어를 쓰시오.

(1) 이 차는 낡았지만 ㅈㅎ에는 아무 문제가 없다.
　　　　→ 자동차나 열차 따위가 달림.
　　　　　　　　　　(　　　　　)

(2) 훌륭한 예술은 우리의 마음을 ㅈㅎ해 준다.
　　　　→ 순수하지 않거나 더러운 것을 깨끗하게 함.
　　　　　　　　　　(　　　　　)

(3) 우리는 모처럼 ㄱㅇ로 나가 맑은 공기를 쐬었다.
　　　　→ 도시의 주변 지역.
　　　　　　　　　　(　　　　　)

(4) 문명의 ㅇㄱ가 발달할수록 사람들은 더 바빠지고 있다.
　　　　→ 실제로 생활에서 쓰기에 편리한 기계나 기구.
　　　　　　　　　　(　　　　　)

02 다음 사다리를 타 보고, 단어의 뜻풀이로 알맞은 것을 〈보기〉에서 골라 ( ) 안에 기호를 쓰시오.

(1) 가상　　　(2) 간이　　　(3) 직면　　　(4) 폐기물

(　)　　　(　)　　　(　)　　　(　)

〈보기〉
㉠ 못 쓰게 되어 버리는 물건.
㉡ 간단하고 편리함.
㉢ 어떠한 일이나 사물을 직접 당하거나 맞부딪침.
㉣ 사실이 아니거나 사실 여부가 분명하지 않은 것을 사실이라고 가정하여 생각함.

03 다음 밑줄 친 단어와 문맥상 뜻이 가장 비슷한 단어를 골라 ◯표 하시오.

(1)
> 농부는 오늘 수확한 고구마가 얼마나 되는지 그 양을 가늠해 보았다.

☐ 겨냥　　☐ 어림　　☐ 포갬　　☐ 깨달음

(2)
> 삼촌은 화장실의 오래된 구식 전등을 최신식 전등으로 바꾸었다.

☐ 대체　　☐ 전락　　☐ 정교　　☐ 접목

04 제시된 뜻풀이에 해당하는 단어를 〈보기〉의 글자를 조합하여 쓰시오.

〈보기〉
공 구 들 로 명 배 수 장 주 학

(1) 물이 빠져나갈 수 있도록 만든 길.
　　　　　　　　　　(　　　　　)

(2) 공업의 이론, 기술, 생산 따위를 연구하는 학문.
　　　　　　　　　　(　　　　　)

(3) 누에고치에서 뽑은 가늘고 고운 실로 무늬 없이 짠 천.
　　　　　　　　　　(　　　　　)

(4) 불길과 연기가 지나가는 통로 위에 깔아 방바닥을 만드는 얇고 넓은 돌.　(　　　　　)

05 다음 밑줄 친 단어와 바꾸어 쓰기에 가장 적절한 것을 고르시오.

(1)
> 그는 우리 회사가 기반을 다지는 데 큰 역할을 하였다.

① 구축하는　　② 대체하는　　③ 정제하는
④ 정화하는　　⑤ 주행하는

(2)
> 생산직 사원인 그는 제품의 생산 비용을 절반으로 줄일 수 있는 획기적인 방법을 제안하였다.

① 전락할　　② 절감할　　③ 접목할
④ 정교할　　⑤ 직면할

06 다음 문장의 빈칸에 들어갈 알맞은 단어를 〈보기〉에서 찾아 쓰시오.

〈보기〉

도정　　　전략　　　접목　　　정제

(1) 설탕은 대개 사탕수수 즙을 (　　　　　)하여 만든다.

(2) 벼나 보리 같은 곡식을 (　　　　　)할 때 나오는 껍질을 '겨'라고 한다.

(3) 오래된 산업이라고 농업을 가볍게 여기면 한순간에 식량 수입국으로 (　　　　　)할 수 있다.

(4) 최근 서양 의학과 한의학을 (　　　　　)하려는 노력이 활발하게 이루어지고 있다.

07 다음 밑줄 친 말과 뜻이 반대인 것을 고르시오.

(1)

그녀는 뛰어난 지혜를 발휘하여 흥분한 말들을 재빨리 제어하였다.

① 방류(放流)　　② 방어(防禦)　　③ 방출(放出)

④ 방치(放置)　　⑤ 방해(妨害)

(2)

이 조각상의 그물 부분은 진짜 그물로 착각할 만큼 그 표현이 정교하다.

① 미미하다　　② 세밀하다　　③ 섬세하다

④ 정밀하다　　⑤ 조잡하다

08 제시된 단어와 뜻풀이를 고려할 때, 밑줄 친 단어가 제시된 의미로 사용된 것을 골라 ○표 하시오.

제어 : 감정, 충동, 생각 따위를 막거나 누름.

㉠ 나는 너무 기쁜 나머지 웃음을 제어할 수 없었다.

㉡ 우측 뇌와 좌측 뇌는 각기 반대쪽 몸을 제어한다.

㉢ 요즘 자동차는 리모컨으로 제어할 수 있는 기능이 점점 많아지고 있다.

09 다음 제시된 뜻풀이를 바탕으로 십자말풀이를 완성하시오.

(1)도	(2)			(4)
		(3)		(5)	
(6)					

[가로] (1) 곡식을 찧거나 속꺼풀을 벗기고 깨끗하게 함.

(3) 기계 따위를 목적에 알맞게 조절함.

(5) 같은 현상이나 특징이 한 번 나타나고부터 다음번 되풀이되기까지의 기간.

(6) 중앙의 컴퓨터와 여러 개의 컴퓨터 단말기가 정보를 서로 주고받을 수 있도록 만든 연결 체계.

[세로] (2) 물질에 섞인 불순물을 없애 그 물질을 더 순수하게 함.

(4) 실제로 생활에서 쓰기에 편리한 기계나 기구.

(5) 자동차나 열차 따위가 달림.

(6) 나쁜 상태에 빠지거나 잘못된 길로 빠짐.

10 다음은 선택지에 제시되는 말과 관련된 내용이다. 해당하는 개념어를 찾아 선으로 바르게 연결하시오.

(1) 일반적으로 널리 퍼져 있는 생각. ・　　・㉠ 통념

(2) 기능이 활발함. 또는 기능을 활발하게 함. ・　　・㉡ 배경지식

(3) 두 가지 가운데 한쪽이 변화하면 다른 한쪽도 따라서 변화하는 관계. ・　　・㉢ 활성화

(4) 어떤 일을 하거나 연구할 때, 이미 머릿속에 들어 있거나 기본적으로 필요한 지식. ・　　・㉣ 상관관계

운전자가 없어도 자동차가 알아서 도로를 달려 목적지까지 우리를 데려다 준다면 얼마나 편할까? 머지않아 이런 일이 가능해질 것으로 보인다. 자율 주행 자동차에 대한 연구가 빠르게 진행되고 있기 때문이다. 자율 주행 자동차는 수많은 장치와 인공 지능을 갖추고 있어서 사람이 직접 조작하지 않아도 자동차 스스로 도로 사정을 파악하여 안전하게 ㉠주행하는 자동차를 말한다. 이는 과학 기술이 결집된 문명의 ㉡이기라고 할 수 있다.

자율 주행 자동차가 현재의 자동차를 ㉢대체하게 되면 우리의 생활이 크게 바뀔 것이다. 무엇보다 교통사고가 획기적으로 줄어들 것으로 예상된다. 2018년 세계보건기구의 통계에 따르면, 전 세계에서 교통사고로 사망한 사람은 연평균 135만 명이나 된다. 그런데 교통사고의 90% 이상이 운전자 실수로 일어난다. 그렇기 때문에 자율 주행 자동차가 일반화되면 사람의 실수로 인한 교통사고는 거의 일어나지 않게 될 것이다. 자동차의 인공 지능이 사람보다 빠르고 ⓐ세밀하게 자동차를 ㉣제어할 수 있기 때문이다. 또한 운전이 어려운 교통 약자의 이동이 훨씬 편리해지고 비용도 ㉤절감될 것이다. 운전자가 없어도 자동차가 목적지까지 이동할 수 있기 때문이다.

하지만 기술적으로 해결하기 어려운 문제도 존재한다. 먼저, 교통사고가 일어났을 때 누가 책임을 져야 하는지가 분명하지 않다. 자동차를 만든 회사, 자동차에 탑재된 인공 지능을 개발한 사람, 사고 당시에 자동차에 타고 있던 사람 중에서 과연 누가 사고의 책임을 져야 할까? 또한, 누군가의 희생을 피할 수 없는 급박한 사고 상황에서 인공 지능이 어떤 쪽을 선택하도록 프로그래밍해야 하는지에 대한 윤리적 문제도 있다. 사람과 달리 자율 주행 자동차는 사전에 프로그래밍된 대로 움직이기 때문이다.

11 윗글의 내용 전개 방식으로 적절하지 않은 것은?

① 인용한 자료의 출처를 제시하여 신뢰성을 높이고 있다.
② 질문의 방식을 활용하여 독자의 관심을 유도하고 있다.
③ 핵심 용어의 뜻을 분명히 밝혀 독자의 이해를 돕고 있다.
④ 대상이 지닌 장점과 현실적인 한계를 각각 설명하고 있다.
⑤ 일정한 기준에 따라 대상의 종류를 나누어 제시하고 있다.

12 윗글을 참고할 때, 자율 주행 자동차가 일반화되었을 때를 예상한 내용으로 적절하지 않은 것은?

① 교통사고로 인한 사망자가 지금보다 줄어들겠군.
② 지금 같은 운전 면허증이 필요 없어질 수도 있겠군.
③ 택시나 버스 운전기사라는 직업이 사라질 수도 있겠군.
④ 소비자가 지금보다 훨씬 싸게 자동차를 구입할 수 있겠군.
⑤ 노약자나 장애인들이 지금보다 편리하게 이동할 수 있겠군.

13 ㉠~㉤의 문맥적 의미로 적절하지 않은 것은?

① ㉠ : 자동차나 열차 따위가 달림.　　　② ㉡ : 간단하고 편리함.
③ ㉢ : 다른 것으로 대신함.　　　④ ㉣ : 기계 따위를 목적에 알맞게 조절함.
⑤ ㉤ : 아끼어 줄임.

14 ⓐ와 바꾸어 쓰기에 가장 적절한 말은?

① 정갈하게　　　② 정교하게　　　③ 정당하게
④ 정제하게　　　⑤ 정중하게

속담, 한자성어, 관용표현으로 한 걸음 더

'다양한 사람들'과 관련된 한자성어를 살펴봐요

⊙ **갑남을녀(甲男乙女)**
갑이란 남자와 을이란 여자라는 뜻으로, 평범한 사람들을 이르는 말.

⊙ **경국지색(傾國之色)**
임금이 혹하여 나라가 기울어져도 모를 정도의 미인이라는 뜻으로, 뛰어나게 아름다운 미인을 이르는 말.

⊙ **재자가인(才子佳人)**
재주 있는 남자와 아름다운 여자를 아울러 이르는 말.

⊙ **양상군자(梁上君子)**
들보 위의 군자라는 뜻으로, 도둑을 완곡하게 이르는 말.

⊙ **풍월주인(風月主人)**
맑은 바람과 밝은 달 따위의 아름다운 자연을 즐기는 사람.

15 위에 제시된 한자성어 중, 다음 이야기에서 유래된 것을 찾아 쓰시오.

진식은 늘 겸손한 자세로 백성들을 보살펴 사람들의 존경을 받는 수령이었다. 어느 날 진식이 집에서 책을 읽고 있는데, 웬 남자 한 명이 몰래 들어와서 대들보 위로 올라가 숨는 것이 아닌가? 진식은 모르는 척하고 책을 읽다가 아들과 손자를 불러 훈계를 하였다.
"모름지기 사람은 부지런히 노력해야 한단다. 그렇지만 나쁜 짓을 하는 사람이라도 그 본바탕까지 악한 것은 아니란다. 버릇이 어느덧 성품이 되어 그런 것일 뿐이다. 지금 저 대들보 위에 앉아 있는 군자도 그러하겠지."
이 말을 듣고 감동한 도둑은 대들보에서 내려와 머리를 조아리고 사죄를 청하였다. 이에 진식은 "네 얼굴을 보니 악인은 아닌 것 같구나. 가난 때문에 이런 일까지 하게 된 것이겠지."라고 말하며 비단 두 필을 주어 보냈다. 이후로 이 고을에 다시는 도둑이 나타나지 않았다.

(   )

16 위에 제시된 한자성어 중, 다음 두 한자성어와 뜻이 유사한 것을 찾아 쓰시오.

• 장삼이사(張三李四) : 장씨의 셋째 아들과 이씨의 넷째 아들이라는 뜻으로, 이름이나 신분이 특별하지 아니한 평범한 사람들을 이르는 말.
• 초동급부(樵童汲婦) : 땔나무를 하는 아이와 물을 긷는 아낙네라는 뜻으로, 평범한 사람을 이르는 말.

(   )

듣기·말하기

오늘의 어휘, 어디까지 알고 있니?

※ 다음 문장의 문맥에 알맞은 단어를 ( ) 안에서 골라 ○표 하세요.

01. 그렇게 (정성 vs **건성**)으로 책을 붙잡고 있으면 읽으나 마나다.

02. (**공적** vs 사적)인 말하기에서는 친구 사이에도 높임말을 써야 한다.

03. 두 사람만의 (공적 vs **사적**)인 대화는 회의가 끝난 후에 하도록 해라.

04. 친구들과 쉽게 (시간대 vs **공감대**)를 형성할 수 있는 대화 주제는 연예인이나 게임이다.

05. 4·19 혁명은 우리나라 민주주의 발전의 (**도화선** vs 종착점)이 된 것으로 평가된다.

06. 그 작가는 흰 캔버스에 (무허가 vs **무작위**)로 물감을 뿌린 듯한 작품을 전시하였다.

07. 그는 지적인 이미지로 보이고 싶어 (**서가** vs 창가)를 배경으로 찍은 사진을 자신의 누리 소통망에 올렸다.

| 정답 | 01. 건성 02. 공적 03. 사적 04. 공감대 05. 도화선 06. 무작위 07. 서가

건성 진지한 자세나 성의 없이 대충 하는 태도.

예문 • 대화를 할 때에는 상대방의 말을 건성으로 듣지 말고 집중해야 한다.
• 이 문제는 절대로 건성으로 넘겨 버릴 수가 없습니다.

공적(公공변될 공 的과녁 적) 국가나 사회에 관계된 것.

예문 • 공적인 일에 사사로운 감정을 개입시켜서는 안 된다.
• 금융 분야 구조 조정을 위해 공적 자금 50조 원이 투입되었다.

사적(私사사로울 사 的과녁 적) 개인에 관계된 것.

예문 • 그 두 사람이 사적으로 만나는 일은 전혀 없다.
• 직원들의 사적인 일에 끼어들지 않으셨으면 좋겠습니다.

쌤Tip '공적'과 '사적'은 서로 반대 되는 말이에요.

공감대(共함께 공 感느낄 감 帶띠 대) 다른 사람과 의견, 감정, 생각, 처지 따위에 대하여 서로 같다 고 느끼는 부분.

예문 • 취미가 비슷한 사람을 만나면 쉽게 공감대가 형성된다.
• 국민적 공감대가 부족한 개혁은 성공하기 어렵다.

도화선(導이끌 도 火불 화 線선 선) ① 폭약이 터지도록 불을 붙이는 심지. ② 사건이 일어나게 된 직 접적인 원인.

예문 • 도화선에 불을 붙인 후 모두 안전지대로 피신하여 몸을 숙였다.
• 사소한 오해가 이별의 도화선이 되고 말았다.

무작위(無없을 무 作지을 작 爲할 위) ① 일부러 꾸미거나 뜻을 더하지 아니함. ② 무엇을 조사하거 나 심사할 때, 조사 대상이 표본으로 뽑힐 확률이 모두 같도록 함.

예문 • 정원에는 무작위로 배치한 조각상과 의자들이 나름의 질서를 갖추고 있었다.
• 전체 유권자 중 3,000명을 무작위로 추출하여 설문 조사를 실시하였다.

서가(書글 서 架선반 가) 문서나 책 따위를 얹어 두거나 꽂아 두도록 만든 선반.

예문 • 도서관의 서가에는 수천 권의 책이 빼곡히 꽂혀 있었다.
• 비상금을 숨겨 둔 책을 찾기 위해 하루 종일 서가를 뒤졌다.

※ 다음 문장의 문맥에 알맞은 단어를 ( ) 안에서 골라 ○표 하세요.

01. 그 사람은 입만 벌렸다 하면 거짓말을 (다단계 vs 다반사)로 한다.

02. 최선을 다한 그는 (겸허하게 vs 공허하게) 결과 발표를 기다렸다.

03. 고개를 열심히 끄덕인다고 해서 모두가 그 연설을 (도청하고 vs 경청하고) 있는 것은 아니었다.

04. 엄마는 노총각인 아빠가 불쌍해서 자신이 (구제 vs 규제)해 준 것이라고 주장하신다.

05. 마을 사람들은 박수를 치는 것으로 이장의 의견에 (동정 vs 동조)를 나타냈다.

06. 아이가 밖에서 자기 물건을 잃어버리고 돌아오자 아버지는 아이에게 칠칠하지 못하다고 (타박 vs 협박)을 하였다.

07. 그는 그녀의 마음을 도저히 모르겠다며 친구들에게 자신의 답답함을 (고소 vs 호소)했다.

| 정답 | 01. 다반사 02. 겸허하게 03. 경청하고 04. 구제 05. 동조 06. 타박 07. 호소

다반사(茶차 다 飯밥 반 事일 사) 차를 마시고 밥을 먹는 일이라는 뜻으로, 보통 있는 예사로운 일을 이르는 말.

쌤Tip '다반사'와 '일상다반사'는 같은 뜻이에요.

예문 • 월말이 되면 아버지께서는 회사 일 때문에 며칠씩 집에 못 들어오는 일이 다반사였다.
• 철수가 약속 시간에 늦는 것은 이제 다반사로 여겨질 지경이다.

겸허하다(謙겸손할 겸 虛빌 허—) 스스로 자신을 낮추고 마음을 비우는 태도가 있다.

쌤Tip 겸허한 것은 잘난 체하지 않고 겸손한 것, 공허한 것은 실속 없이 헛된 것!

예문 • 정치인은 국민들의 비판을 받는 겸허함을 갖추어야 한다.
• 학문을 대하는 그의 자세는 늘 진실하고 겸허하였다.

경청하다(傾기울 경 聽들을 청—) 귀를 기울여 주의 깊게 듣다.

예문 • 다른 사람이 발언할 때에는 그 내용을 경청해야 한다.
• 자신의 말을 열심히 경청하는 학생들의 모습을 보자 교생 선생님은 힘이 나셨다.

구제(救구원할 구 濟건널 제) 어려움이나 위험에 빠진 사람을 돕거나 구해 줌.

쌤Tip '규제'는 법령 따위로 한도를 정해 그 이상 못 넘도록 제한하는 거예요.

예문 • 이번 홍수로 고립된 피해자 구제를 위한 대책 마련이 시급하다.
• 고을 수령은 굶주린 백성들을 구제하기 위해 관아의 창고를 열었다.

동조(同같을 동 調고를 조) 남의 주장에 자기의 의견을 일치시키거나 보조를 맞춤.

예문 • 그녀는 그의 뜻에 동조한다는 것을 표현하기 위해 고개를 끄덕였다.
• 우리는 그런 극단적인 주장에는 결코 동조할 수 없다.

타박 남의 허물이나 결함을 잡아 나무라거나 핀잔을 함.

예문 • 누군가의 실수를 자꾸 타박하다 보면 그 실수가 더 커 보인다.
• 아버지는 반찬 타박이 심해서 늘 엄마를 힘들게 한다.

호소(呼부를 호 訴하소연할 소) 억울하거나 딱한 사정을 남에게 간곡히 알림.

예문 • 그 남자는 통증을 호소하며 119를 불러 달라고 부탁했다.
• 방송 진행자는 화재로 피해를 입은 사람들에 대한 도움의 손길을 호소했다.

※ 다음 문장의 문맥에 알맞은 단어를 ( ) 안에서 골라 ○표 하세요.

01. 축제 기간 중 강당 사용 시간을 정하기 위해 동아리 간 (교섭 vs 교환)을 하기로 했다.

02. 과연 누구 말이 옳은지 이 자리에서 확실하게 (단판 vs 담판)을 짓자.

03. 그 배우는 함께 프로그램을 기획해 보자는 방송사의 (제안 vs 제약)에 응하기로 하였다.

04. 그때 나에게는 친구들의 진심 어린 (폭언 vs 조언)이 모두 잔소리로 들렸다.

05. 명수는 어떤 상황에서든 자신의 생각을 (조리 vs 도리) 있게 표현하는 능력이 있다.

06. 축제 기간 중 부스 설치에 대한 여러 동아리들의 의견을 (조력 vs 조율)하기 위해 회의를 하기로 했다.

07. 선생님은 반 대표들의 의견을 각각 들으신 후 장점을 골라 (절충안 vs 정정안)을 만드셨다.

08. 윤선도는 임금에게 집권 세력의 횡포를 고발하는 (상소 vs 고소)를 올렸다.

| 정답 | 01. 교섭 02. 담판 03. 제안 04. 조언 05. 조리 06. 조율 07. 절충안 08. 상소

교섭 (交사귈 교 涉건널 섭) 어떤 일을 이루기 위하여 서로 의논하고 절충함.

예문
• 지난 협상에서 해결하지 못한 문제에 대한 양국 간 교섭이 재개되었다.
• 파업 직전에 노사 교섭이 극적으로 타결되었다.

담판 (談말씀 담 判판가름할 판) 서로 맞선 관계에 있는 쌍방이 의논하여 옳고 그름을 판단함.

예문
• 직접 찾아가서 가게 주인과 담판을 내는 것 말고는 방법이 없다.
• 소작인들은 소작료에 대한 담판을 짓기 위해 지주에게 몰려갔다.

샘Tip '담판'은 서로 의논하여 옳고 그름을 가리는 것, '단판'은 단 한 번에 승패를 가리는 것!

제안 (提끌 제 案책상 안) 안이나 의견으로 내놓음. 또는 그 안이나 의견.

예문
• 우현의 제안은 팀원 모두를 만족시킬 만한 것이었다.
• 동우는 다음 주에 다시 모임을 가질 것을 제안했다.

조언 (助도울 조 言말씀 언) 도움이 되도록 말로 거들거나 깨우쳐 줌. 또는 그 말.

예문
• 의사는 그에게 정밀 검진을 받아 볼 것을 조언했다.
• 나는 이 난감한 문제에 대해 친구인 성규에게 조언을 구했다.

조리 (條가지 조 理다스릴 리) 말이나 일 따위에서 앞뒤가 들어맞고 체계가 서는 갈피.

예문
• 발표를 할 때에는 자신의 의견을 분명하고 조리 있게 말해야 한다.
• 그 사람의 분별 있고 조리 정연한 말에 감탄하지 않을 수 없었다.

조율 (調고를 조 律법칙 율) ① 악기의 음을 표준음에 맞추어 고름. ② 문제를 어떤 대상에 알맞거나 마땅하도록 조절함을 비유적으로 이르는 말.

예문
• 성종은 피아노 조율을 부탁하기 위해 악기점에 연락했다.
• 성열은 회장답게 양쪽의 주장을 다 주의 깊게 들으며 의견을 조율했다.

샘Tip '조율'은 음을 맞추거나 문제를 조절하는 것, '조력'은 힘을 써 도와주는 것!

절충안 (折꺾을 절 衷속마음 충 案책상 안) 두 가지 이상의 안을 서로 보충하여 알맞게 조절한 안.

예문
• 회장이 내놓은 절충안이 채택됨으로써 양측의 갈등이 해결되었다.
• 긴 회의 끝에 두 동아리가 모두 받아들일 만한 절충안이 마련되었다.

샘Tip '절충안'은 알맞게 조정한 것이고, '정정안'은 잘못을 고쳐서 바로잡은 것이에요.

상소(上위 **상** 疏트일 **소**) 예전에, 임금에게 글을 올리던 일. 또는 그 글.

(예문) • 매일같이 왕자를 죽이라고 상소하는 대신들을 왕은 엄히 꾸짖었다.

　　　• 을사조약에 반대하는 원로대신들과 유생들의 상소가 전국에서 빗발쳤다.

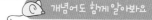

| 듣기·말하기 개념어 ① |

개념어도 함께 알아봐요

비언어적 표현(非아닐 **비** 言말씀 **언** 語말씀 **어** 的과녁 **적** 表겉 **표** 現나타날 **현**) 언어가 아닌 몸짓, 표정, 시선, 자세, 신체 접촉 등으로 생각이나 느낌을 나타내는 것.

(개념+) 언어가 아닌 의사소통 수단을 가리키는 말로, '아닐 비(非)' 자를 사용해요. 대화 상황에서는 비언어적 표현을 통해 상대방에게 말하는 사람의 생각과 의도를 더 생생하게 전달할 수 있어요. 한편 비언어적 표현은 글을 읽을 때에도 중요한 역할을 하는데, 독자들은 비언어적 표현을 통해 등장인물의 내면 심리를 파악할 수도 있어요.

(예) • 지나가는 학생이 우체국이 어디 있는지 물어보자, 손가락을 들어 우체국 방향을 가리키며 대각선 방향으로 길을 건너면 된다고 알려 주었다.

　　• 산길에서 호랑이를 만난 떡장수 아주머니는 겁에 질린 표정으로 온몸을 벌벌 떨고 있었다.

준언어적 표현(準법도 **준**—) 언어적 요소에 덧붙여 의미를 전달하는 것으로, 어조, 강세, 억양, 목소리의 크기, 말의 빠르기 등을 통해 느낌이나 의도를 드러내는 것.

(개념+) 언어와 분리할 수 없지만, 음성 언어만으로 표현되지 않는 의미를 전달하는 의사소통 수단이에요. 똑같은 말이라도 어떤 억양으로 말하는가에 따라 전달하는 의미가 달라질 수 있으니까요. 희곡이나 시나리오에서는 정확한 대사 표현을 위해 이 준언어적 표현이 지시문으로 제시돼요.

(예) • "지금 밥 먹어.(↘)" – 판단 진술, "지금 밥 먹어?(↗)" – 질문, "지금 밥 먹어!(→)" – 명령

　　• (떨리는 목소리로) 호랑이님, 제발 목숨만 살려 주세요.

면담(面낯 **면** 談말씀 **담**) 정보를 수집하거나 상담, 설득 등 특정한 목적을 위해 만나서 대화를 나누는 것.

(개념+) '면담'은 사람들을 직접 만나서 얼굴을 보고 이야기하는 것을 말해요. 영어로는 인터뷰(interview)라고 하죠. 면담은 특정한 목적이 있는 질의응답으로, 정보 수집, 상담, 설득, 평가 등의 다양한 목적에 따라 진행돼요. 이 중에서 상대방의 품성과 능력 등을 평가하기 위한 것은 '면접(面接)'이라고 해요. 면담은 서로 마주하고 대화를 나누는 것이기 때문에, 면담 진행에서 가장 중요한 것은 예의를 지키는 것이랍니다.

(예) • 주원은 소심한 성격 때문에 친구를 사귀는 것이 힘들어서 상담 선생님께 조언을 얻으려 면담 신청을 했다.

　　• 의사가 되는 것이 꿈인 중학생 명수는 동네 병원의 의사 선생님을 면담한 후 진로 탐색 보고서를 작성했다.

협상(協도울 **협** 商장사 **상**) 개인이나 집단 사이에 존재하는 의견 차이나 갈등을 해소하기 위해 협의하는 것.

(개념+) '협상'은 이익과 관련된 갈등을 가진 둘 이상의 주체들이 서로 최선의 결과를 얻기 위해 상대방을 설득하여 문제를 해결하는 의사소통 방법이에요. 협상의 목적은 갈등의 조정과 합의이기 때문에, 갈등이 생긴 원인을 정확히 파악하는 것이 중요하죠. 또한 협상은 협의의 과정이기 때문에 자신의 의견만 내세워서는 안 되며, 상대의 입장을 고려하여 다양한 대안을 제시하는 것이 중요하답니다.

(예) • 축제 기간 중 음악실 사용 문제에 대해 밴드 동아리와 합창 동아리 대표들이 만나 협상을 했다.

　　• 무역 갈등 해결을 위해 두 나라의 고위급 인사들이 만나 협상을 벌이고 있다.

01 제시된 초성과 뜻풀이를 참고하여, ( ) 안에 들어갈 알맞은 단어를 쓰시오.

(1) ㄱㄱㄷ : 다른 사람과 의견, 감정, 생각, 처지 따위에 대하여 서로 같다고 느끼는 부분.

예 나이가 비슷한 사람들과 대화를 하면 ( )가 쉽게 형성된다.

(2) ㅈㄹ : 말이나 일 따위에서 앞뒤가 들어맞고 체계가 서는 갈피.

예 다른 사람들 앞에서 말을 ( ) 있게 하는 법을 배우고 싶다.

(3) ㅌㅂ : 남의 허물이나 결함을 잡아 나무라거나 핀잔을 함.

예 반찬 가지고 ( )을 할 거면 먹지 마라.

02 제시된 단어의 뜻풀이로 알맞은 것을 찾아 선으로 바르게 연결하시오.

(1) 동조 •

(2) 담판 •

(3) 제안 •

(4) 조언 •

• ㉠ 안이나 의견으로 내놓음. 또는 그 안이나 의견.

• ㉡ 도움이 되도록 말로 거들거나 깨우쳐 줌. 또는 그 말.

• ㉢ 남의 주장에 자기의 의견을 일치시키거나 보조를 맞춤.

• ㉣ 서로 맞선 관계에 있는 쌍방이 의논하여 옳고 그름을 판단함.

03 다음 문장의 문맥에 알맞은 단어를 ( ) 안에서 골라 ○표 하시오.

(1) 학급 발표나 연설 등의 (공적 vs 사적)인 자리에서는 청중이 친구들일지라도 예의를 지켜 말해야 한다.

(2) 그 사람은 매번 담당자와의 (공적 vs 사적) 친분을 내세워 곤란한 부탁을 하곤 했다.

04 다음 제시된 뜻풀이에 해당하는 단어를 퍼즐에서 찾아 동그라미를 치시오.

도	서	관	면	서	바
대	기	구	정	가	방
내	선	제	지	다	정
공	건	성	성	상	소
부	담	감	큰	공	포

예 학문이나 기술 등을 배우고 익힘.

(1) 문서나 책 따위를 얹어 두거나 꽂아 두도록 만든 선반.

(2) 예전에, 임금에게 글을 올리던 일. 또는 그 글.

(3) 진지한 자세나 성의 없이 대충 하는 태도.

(4) 어려움이나 위험에 빠진 사람을 돕거나 구해 줌.

05 다음 빈칸에 들어갈 알맞은 단어를 제시된 초성을 참고하여 쓰시오.

광주 학생 항일 운동은 일제 강점기인 1929년 전라남도 광주에서 일어난 항일 투쟁 운동이다. 광주에서 나주로 기차 통학을 하던 한국인과 일본인 학생 사이의 싸움이 ㄷㅎㅅ이 되어 광주의 2,000여 학생이 궐기하여 항일 투쟁을 하였는데, 이는 3·1 운동 이후 최대의 민족 투쟁이었다.

( )

06 다음 ( ) 안에 들어갈 말로 가장 적절한 것은?

최근 젊은 층에서 많이 쓰는 '랜덤(random)'이라는 영어는 비슷한 의미의 '( )'(이)라는 한자어로 바꾸어 쓸 수 있다.

① 무작위 ② 무조건

③ 무차별 ④ 무한정

⑤ 무분별

07 다음 ㉠, ㉡에 들어갈 알맞은 말을 쓰시오.

> 선생님 : 혹시 '다반사'라는 말이 무슨 뜻인지 알고 있니?
>
> 명수 : 흔한 일이라는 뜻 아닌가요?
>
> 선생님 : 그렇지. 명수가 잘 알고 있구나. 그럼 '다' 자가 무슨 한자인지도 아니?
>
> 명수 : 그건……, '많을 다(多)' 자 아닐까요?
>
> 선생님 : 하하. 그렇게 생각할 수도 있겠구나. 그런데 '다반사'의 의미를 잘 생각해 보면 어떤 한자인지도 알 수 있단다. '다반사'란 (㉠)를 마시고 (㉡)을 먹는 일, 즉 보통 있는 일이라는 뜻이지.

(1) ㉠ : ＿＿＿＿＿ (2) ㉡ : ＿＿＿＿＿

08 다음 밑줄 친 단어의 쓰임이 적절하면 ○에, 적절하지 않으면 ×에 표시하시오.

(1) 정부는 금융 위기로 생활고에 처한 실직자들을 <u>구제</u>하기 위해 긴급 자금을 편성하였다. (○ , ×)

(2) 회사 측과 노조 측은 여러 차례 <u>교섭</u>을 벌인 끝에 최종 합의안을 이끌어 냈다. (○ , ×)

(3) 한 일본 관료는 위안부 문제에 대해 자국의 책임이 전혀 없다는 <u>조언</u>을 내뱉었다. (○ , ×)

09 제시된 단어와 뜻풀이를 고려할 때, 밑줄 친 단어가 제시된 의미로 사용된 것을 골라 ○표 하시오.

> 조율 : 문제를 어떤 대상에 알맞거나 마땅하도록 조절함을 비유적으로 이르는 말.

㉠ 각 동아리 대표들은 축제 기간 동아리 활동에 대한 사전 <u>조율</u>을 위해 저녁에 모이기로 하였다.

㉡ 정아는 연주회를 앞두고 바이올린 <u>조율</u> 때문에 악기점을 찾아갔다.

10 왼쪽에 제시된 단어와 뜻이 비슷한 단어를 모두 골라 선으로 바르게 연결하시오.

(1) 겸허하다 •
- • ㉠ 겸하다
- • ㉡ 겸비하다
- • ㉢ 겸손하다

(2) 경청하다 •
- • ㉠ 가려듣다
- • ㉡ 새겨듣다
- • ㉢ 귀담아듣다

(3) 호소하다 •
- • ㉠ 하소연하다
- • ㉡ 변명하다
- • ㉢ 털어놓다

11 다음 밑줄 친 말과 바꾸어 쓰기에 적절하지 않은 것은?

> 아무리 많은 사람들이 그를 지지한다고 해도, 나는 그의 극단적인 주장에 절대로 <u>동조할</u> 수 없다.

① 동의할
② 찬성할
③ 환영할
④ 찬동할
⑤ 맞장구칠

12 다음 설명이 맞으면 ○, 틀리면 ×에 표시하시오.

(1) '면담'은 예의를 갖추어 진행되는 질의응답 방식의 대화로, 정보 수집이나 상담 등의 목적으로 이루어진다. (○ , ×)

(2) '협상'은 찬성과 반대의 입장으로 나뉘는 주제에 대해 서로 자신의 입장을 관철시키기 위해 이루어지는 말하기이다. (○ , ×)

[협상이 이루어지는 상황] '나'는 점순이와 성례(결혼)를 시켜 주겠다는 장인의 말만 믿고, 3년 7개월 동안 점순이의 집에서 열심히 일하고 있다. 그러나 장인은 점순이의 키가 자라지 않았다는 핑계로 성례를 미루면서, '나'를 계속 부려 먹기만 한다.

나 : 3년 7개월 동안 돈 한 푼 못 받고 무료로 봉사해 드렸습니다. 이제는 점순이와 성례를 시켜 주세요.

장인 : 네가 머슴이냐? 데릴사위지. 가족 사이에 돈 주고받는 거 아니다. 그리고 점순이가 아직 덜 자라서……

나 : ㉠ (한숨을 쉬고) 장인어른과 장모님을 봤을 때, 점순이 키가 더 자라기는 힘들 것 같네요. 아무튼 점순이도 이제 나이가 충분히 됐으니 성례를 시켜 주십시오.

장인 : ㉡ (달래는 목소리로) 당연히 그래야지. 그런데 지금은 모내기도 해야 하고, 너무 바쁠 때라 힘들구나.

나 : 그건 장인어른 사정이고요. 저는 더 못 기다립니다. 그럼 안녕히 계세요. ㉢ (돌아서서 나간다.)

장인 : ㉣ (다급한 어조로) 알았다, 알았어. 그럼 이건 어떠니? 다른 일꾼을 구할 때까지 일을 해 주면, 성례를 최대한 빨리 시켜 주마.

나 : 다른 일꾼을 구하기는 구하시는 겁니까? 이번에는 기한을 확실하게 정해 주시지 않으면 안 됩니다.

장인 : 좋다. 그러면 3년으로 하자꾸나.

나 : ㉤ (큰 소리로) 3년은 말도 안 됩니다! 성례는 최대한 빨리, 당장 다음 달에 시켜 주시고, 제가 2년 정도 일을 더 도와 드리겠습니다. 이게 제가 제안할 수 있는 마지막 ⓐ   입니다.

장인 : 2년이라……. ㉥ (손으로 이마를 짚고 생각하며) 알았다. 그렇다면 다음 달에 성례를 시켜 주마.

나 : 좋아요. 저도 약속을 지키겠습니다. 감사합니다.

13 윗글에서 확인할 수 있는 '나'와 '장인'의 협상 전략으로 적절하지 <u>않은</u> 것은?

① 나 : 자신이 그동안 봉사한 것을 부각하면서 요구 사항을 제시한다.
② 나 : 자신의 요구 사항과, 그에 따라 자신이 양보할 수 있는 지점을 제시한다.
③ 장인 : 자신만의 기준을 제시하며 상대방의 요구가 부당함을 강조한다.
④ 장인 : 상대방의 요구를 받아들이기 위해 필요한 전제 조건을 제시한다.
⑤ 장인 : 자신의 제안이 받아들여지지 않을 때 발생할 결과를 강조한다.

14 ㉠~㉥ 중, 〈보기〉의 ㉮와 ㉯에 해당하는 것을 각각 찾아 쓰시오.

〈보기〉

　언어 이외의 의사소통 수단으로는 비언어적 표현과 준언어적 표현이 있다. ㉮ 비언어적 표현은 언어가 아닌 몸짓, 표정, 시선, 자세 등으로 생각이나 느낌을 나타내는 것이며, ㉯ 준언어적 표현은 언어에 덧붙여 표현되는 것으로 어조, 강세, 억양, 목소리의 크기 등을 통해 느낌이나 의도를 드러내는 것이다.

(1) ㉮ : ＿＿＿＿＿＿＿＿＿＿＿　　　　　(2) ㉯ : ＿＿＿＿＿＿＿＿＿＿＿

15 ⓐ에 들어갈 말로 가장 적절한 것은?

① 가결안　　　　　　　② 개정안　　　　　　　③ 건의안
④ 수정안　　　　　　　⑤ 절충안

속담, 한자성어, 관용표현으로 한 걸음 더

'사람을 대하는 태도'를 나타내는 한자성어를 살펴봐요

⊙ **역지사지(易地思之)**

남과 처지를 바꾸어서 생각하여 봄.

⊙ **동고동락(同苦同樂)**

괴로울 때나 즐거울 때나 항상 함께함.

⊙ **십시일반(十匙一飯)**

열 사람이 한 숟가락씩 밥을 보태면 한 사람이 먹을 만한 양식이 된다는 뜻으로, 여럿이 조금씩 힘을 합하면 한 사람쯤은 도와주기 쉽다는 것을 비유적으로 이르는 말.

⊙ **삼고초려(三顧草廬)**

인재를 맞아들이기 위하여 참을성 있게 노력함. 중국 삼국 시대에, 촉한의 유비가 난양에 은거하고 있던 제갈량의 초가로 세 번이나 찾아갔다는 데서 유래한 말.

16 다음 속담 중, 우리에게 주는 교훈이 위에 제시된 한자성어 '역지사지'와 가장 비슷한 것은?

① 배 먹고 이 닦기
② 배만 부르면 제 세상인 줄 안다
③ 내 배가 부르니 종의 배고픔을 모른다
④ 고기를 잡고자 하거든 돌아가 그물을 떠라
⑤ 자식은 내 자식이 커 보이고 벼는 남의 벼가 커 보인다

17 위에 제시된 한자성어 중, 다음 빈칸에 들어가기에 가장 적절한 것을 찾아 쓰시오.

> "너는 지금 무슨 벼슬에 있느냐?" / "대장이오."
> "그렇다면 너는 나라의 신임받는 신하로군. 내가 와룡* 선생 같은 이를 추천하겠으니, 네가 임금께 아뢰어서 ☐☐☐☐를 하게 할 수 있겠느냐?"
> "임금께서 직접 인재를 찾아가시게 하란 말입니까?"
> 이 대장은 고개를 숙이고 한참 생각하더니, / "어렵습니다."라고 하였다.
>
> ㅡ 박지원, 「허생전」
>
> * 와룡(臥龍): 누워 있는 용이라는 의미로, 뜻을 펴지 못하고 묻혀 있는 인물을 비유한 말. 삼국지에 나오는 제갈량의 별명.

(   )

18 위에 제시된 한자성어 중, 다음 ( ) 안에 들어가기에 가장 적절한 것을 찾아 쓰시오.

⑴ 아이돌 그룹 멤버들은 연습생 시절부터 함께 합숙하며 (   )을 해 왔기 때문에 서로 간의 우정이 남다르다.

⑵ 우리 회사는 바자회를 통해 마련한 기부금과, 일 년 내내 사원들이 (   )으로 모은 성금을 합쳐 연말에 불우 이웃 돕기 행사를 한다.

오늘의 어휘, 어디까지 알고 있니?

※ 다음 문장의 문맥에 알맞은 단어를 (   ) 안에서 골라 ○표 하세요.

01. 초보자가 실수를 했을 때에는 (면박 vs 결박) 대신 따뜻한 위로를 해 주자.

02. 우리 동네에 생활용품을 파는 (낭설 vs 상설) 할인 매장이 새로 들어섰다.

03. 축구 구단들은 12번째 선수는 팬이라는 의미로 12번을 (영구 vs 임시) 결번으로 정해 놓곤 한다.

04. 인터넷 중고 장터에 올라온 (허비 vs 허위) 매물 때문에 다수의 피해자가 발생했다.

05. 교내 급식의 음식물 쓰레기 발생 (현황 vs 방황)을 파악한 뒤 이에 대한 개선책을 마련해야 한다.

06. 자원이 부족할 때에는 에너지를 (일률적 vs 효율적)으로 이용해야 한다.

07. 전선과 통신선 등을 땅속에 설치하게 되면서 도로에서 (잔재주 vs 전신주)를 보기 힘들어졌다.

| 정답 | 01. 면박 02. 상설 03. 영구 04. 허위 05. 현황 06. 효율적 07. 전신주

면박(面낯 **면** 駁논박할 **박**) 면전에서 꾸짖거나 나무람.

예문 • 사람들은 여자가 무슨 축구를 하냐며 면박을 주기도 했지만 그녀는 자신의 꿈을 포기하지 않았다.
　　 • 흥부는 놀부네 집에 곡식을 빌리러 갔다가 면박만 당하고 돌아왔다.

상설(常항상 **상** 設베풀 **설**) 언제든지 이용할 수 있도록 시설이나 설비 따위를 갖추어 둠.

예문 • 우리 지역에도 드디어 문화재 상설 전시관이 건립되었다.
　　 • 시민 단체에서 결식아동과 독거노인들을 위한 상설 무료 급식소를 열었다.

쌤Tip '상설'은 시설이나 설비 등을 갖추어 두는 것, '낭설'은 터무니없는 헛소문!

영구(永길 **영** 久오랠 **구**) 어떤 상태가 시간상으로 무한히 이어짐.

예문 • 폭언을 하는 회원은 단체 채팅방에서 영구 추방하기로 결의했다.
　　 • 정부는 국제 종자 저장고에 우리나라의 토종 종자 3만여 점을 영구 보존하기로 했다.

허위(虛빌 **허** 僞거짓 **위**) 진실이 아닌 것을 진실인 것처럼 꾸민 것.

예문 • 119에 장난 전화나 허위 신고를 하면 처벌을 받을 수 있다.
　　 • 위선과 허위로 가득한 세상이지만 진실은 언젠가 밝혀지게 되어 있다.

현황(現나타날 **현** 況상황 **황**) 현재의 상황.

예문 • 학교 측에서는 교내 동아리 운영 현황을 점검한 뒤 필요한 장비와 시설들을 마련해 주기로 하였다.
　　 • 어린이 보호 구역 내 교통사고 현황을 철저히 파악하여 대책을 세워야 한다.

효율적(效본받을 **효** 率비율 **율** 的과녁 **적**) 들인 노력에 비하여 얻는 결과가 큰 것.

예문 • 한글의 창제 방식은 아주 간결하고 효율적이다.
　　 • 인공 지능을 이용한 공장 자동화는 효율적인 제품 생산을 위한 필수 요소가 되었다.

쌤Tip '효율적'은 노력에 비해 결과가 큰 것, '일률적'은 태도나 방식 따위가 한결같은 것!

전신주(電번개 **전** 信믿을 **신** 柱기둥 **주**) 전선이나 통신선을 늘여 매기 위하여 세운 기둥. = 전봇대.

예문 • 지진이 일어났을 때에는 전신주 등 넘어지기 쉬운 사물 옆은 피해야 한다.
　　 • 자동차가 전신주를 들이받는 바람에 전선이 끊겨 주변 지역이 정전되었다.

※ 다음 문장의 문맥에 알맞은 단어를 ( ) 안에서 골라 ○표 하세요.

01. 대표 팀 감독은 국제 경기를 앞두고 선수들에게 (잔인한 vs 강인한) 정신력을 강조했다.

02. 우리 어머니는 다른 사람과 통화하실 때면 갑자기 말투를 (고상하게 vs 수상하게) 바꾸신다.

03. 간략하게나마 이 영상으로 소개의 말을 (갈음할까 vs 가름할까) 합니다.

04. 학교 공부와 아르바이트를 (직행하는 vs 병행하는) 것은 쉬운 일이 아니다.

05. 매년 환경부에서는 수많은 새끼 연어들을 하천에 (방류 vs 방생)하고 있다.

06. 이 섬에 있는 돌과 흙은 육지로의 무단 (반출 vs 배출)이 금지되어 있다.

07. 시민들의 신속한 신고 덕분에 응급 환자의 긴급 (이송 vs 배송)이 빠르게 이루어졌다.

| 정답 | 01. 강인한 02. 고상하게 03. 갈음할까 04. 병행하는 05. 방류 06. 반출 07. 이송

강인하다(強강할 강 靭질길 인—) 억세고 질기다.

예문 • 남들은 내가 강인한 줄 안다. 사실 나는 정말 여린데.
• 명수는 강인한 의지로 힘든 재활 훈련을 모두 마쳤다.

고상하다(高높을 고 尙오히려 상—) 품위나 몸가짐의 수준이 높고 훌륭하다.

예문 • 단정한 차림새 덕분에 그녀의 고상함이 돋보였다.
• 남의 말을 엿듣다니 별로 고상한 취미는 아니군요.

갈음하다 다른 것으로 바꾸어 대신하다.

예문 • 자세한 경과 설명은 보고서로 갈음하겠습니다.
• 이상 간략한 인사말로 개회사를 갈음하겠습니다.

> **쌤Tip** '갈음하다'는 대신하는 것, '가름하다'는 쪼개어 나누거나 승부를 정하는 것!

병행하다(竝아우를 병 行다닐 행—) 둘 이상의 일을 한꺼번에 행하다.

예문 • 개념 학습과 문제 풀이를 병행해야 학습 효과를 높일 수 있다.
• 동우는 건강을 위해 식단 조절과 운동을 병행하고 있다.

방류(放놓을 방 流흐를 류) ① 모아서 가두어 둔 물을 흘려 보냄. ② 물고기를 기르기 위하여, 어린 새끼 고기를 강물에 놓아 보냄.

예문 • 폐수를 하천에 무단 방류한 공장들이 환경 감시단에 의해 적발되었다.
• 2년 전에 방류한 어린 명태들이 성장해 속초 앞바다에서 발견되고 있다.

반출(搬옮길 반 出날 출) 운반하여 냄.

예문 • 일제 강점기에 군산항을 통해 우리 쌀의 대량 반출이 이루어졌다.
• 지금까지 해외로 무단 반출된 문화재를 되찾기 위한 노력이 필요하다.

> **쌤Tip** '반출'의 반대말은 운반하여 들여온다는 뜻의 '반입'이에요.

이송(移옮길 이 送보낼 송) 다른 데로 옮겨 보냄.

예문 • 경기 중에 부상을 입은 선수들이 병원에 이송되었다.
• 죄수들이 이송 중에 탈출하는 사건이 발생했다.

> **쌤Tip** '배송'은 물건을 보내고 배달하는 것!

※ 다음 문장의 문맥에 알맞은 단어를 ( ) 안에서 골라 ○표 하세요.

01. 백범 김구 선생님의 뜻을 (좇아 vs 쫓아) 문화가 빛나는 아름다운 나라를 만들자.

02. 사냥꾼은 도망치는 멧돼지를 (좇아 vs 쫓아) 산속으로 깊이 들어갔다.

03. 대학 (탐방 vs 탐험) 보고서를 작성하며 내가 정말 하고 싶은 것이 무엇인지 깨달았다.

04. 주기적으로 자동차를 (정리하듯 vs 정비하듯) 우리의 몸과 마음도 보살핌과 손질이 필요하다.

05. (적절한 vs 적막한) 수면을 취하지 못하면 시험 볼 때 집중력을 발휘할 수 없다.

06. 수비에 (자중하던 vs 치중하던) 상대 팀 선수들이 종료 직전 갑자기 공격 대형으로 바뀌었다.

07. 선수들의 불화와 연습 부족은 1무 10패라는 (참혹한 vs 참신한) 결과를 안겨 주었다.

08. ○○시는 쓰레기 무단 (투입 vs 투기)가 잦은 지역에 정원을 조성하는 계획을 추진 중이다.

| 정답 | 01. 좇아 02. 쫓아 03. 탐방 04. 정비하듯 05. 적절한 06. 치중하던 07. 참혹한 08. 투기

좇다 ① 목표, 이상, 행복 따위를 추구하다. ② 남의 말이나 뜻을 따르다.

예문 · 그는 소방관이라는 자신의 꿈을 좇아 열심히 노력하고 있다.
· 그녀는 부모님의 뜻을 좇아 과학자가 되기로 결정했다.

쫓다 ① 사람이나 짐승을 잡거나 만나기 위하여 뒤를 급히 따르다. ② 어떤 자리에서 떠나도록 몰다. ③ 밀려드는 졸음이나 잡념 따위를 물리치다.

예문 · 경찰과 탈주범들의 쫓고 쫓기는 추격전이 벌어지고 있다.
· 황소가 꼬리를 흔들어 등에 앉은 파리를 쫓았다.
· 성규는 쏟아지는 잠을 쫓기 위해 찬물로 세수를 했다.

탐방(探찾을 탐 訪찾을 방) ① 어떤 사실이나 소식 따위를 알아내기 위하여 사람이나 장소를 찾아감. ② 명승지나 유적지 따위를 구경하기 위하여 찾아감.

예문 · 교지 편집부에서는 이번 호 특집으로 선배들의 모교 탐방 기사를 싣기로 했다.
· 수학여행의 마지막 여정으로 불국사를 탐방했다.

쌤Tip '탐방'은 무엇을 알거나 구경하기 위해 찾아가는 것, '탐험'은 위험을 무릅쓰고 찾아가 살피고 조사하는 것!

정비(整가지런할 정 備갖출 비) ① 흐트러진 체계를 정리하여 제대로 갖춤. ② 기계나 설비가 제대로 작동하도록 보살피고 손질함. ③ 도로나 시설 따위가 제 기능을 하도록 정리함.

예문 · 세종은 나라의 법과 제도를 정비하고 국력을 크게 키웠다.
· 고장 난 자동차를 정비하느라 돈이 많이 들었다.
· 장마철 집중 호우에 대비하여 도로의 배수로를 정비했다.

적절하다(適맞을 적 切끊을 절—) 꼭 알맞다.

예문 · 면담을 하기 전에는 목적에 맞게 적절한 질문을 만들어야 한다.
· 그는 선생님의 질문에 적절한 대답을 하지 못했다.

쌤Tip '적절한' 것은 꼭 알맞은 것, '적막한' 것은 고요하고 쓸쓸하며 나외로운 것!

치중하다(置둘 치 重중요할 중—) 어떠한 것에 특히 중점을 두다.

예문 · 음식의 모양새에 치중하다 보면 정작 음식의 맛이 떨어질 수 있다.
· 너무 한 과목에만 치중해서 공부를 하는 것은 좋지 않다.

쌤Tip '자중'은 말이나 행동, 몸가짐을 신중하게 한다는 뜻이에요.

참혹하다 (慘참혹할 참 酷독독할 혹—) ① 비참하고 끔찍하다. ② 지나칠 정도로 한심하다.

예문 • 지진이나 홍수 등의 재해로 인해 가족을 잃는 참혹한 일이 생기지 않도록 미리 대비해야 한다.
　　• 내가 아무리 공부를 안 했어도 이토록 참혹한 성적을 받을 줄은 몰랐다.

투기 (投던질 투 棄버릴 기) 내던져 버림.

예문 • 쓰레기 무단 투기를 예방하기 위해 건물 주위에 감시 카메라를 설치했다.
　　• 건축 폐기물의 불법 투기가 늘어나자 당국이 단속에 나섰다.

| 듣기 · 말하기 개념어 ② |

개념어도 함께 알아봐요

토의 (討칠 토 議의논할 의) 어떤 문제에 대한 최선의 해결 방법을 얻기 위해 함께 의논하는 것.

개념+ '토의'는 공동체의 문제에 대해 최선의 해결책을 얻기 위해 여러 사람이 의논하는 것을 말해요. 참가자 전원이 관심을 가질 수 있는 시의적절한 주제에 대해 의논하며, 제시된 해결책의 장단점을 비교 · 검토한 후 최선의 해결책을 선택하게 돼요. 실제 문제를 해결하는 것을 목적으로 하기 때문에, 구체적이고 현실적인 실행 방안을 모색하는 것이 필요합니다.
　　예 쓰레기 분리 수거 방법에 대한 토의 / 감염병 예방 실천 방안에 대한 토의

토론 (討칠 토 論논의할 론) 어떤 문제에 대해 상반된 입장을 가진 참여자가 논거를 들어 상대를 설득하는 것.

개념+ '토론'은 어떤 논제에 대해 찬성 측 토론자와 반대 측 토론자가 각각 논리적인 근거를 들어 자신의 주장이 옳음을 입증하는 것을 말해요. 사회적 쟁점이나 일상생활의 문제들을 합리적으로 해결하는 것을 목적으로 하지요. 가장 대표적인 토론 형식으로는 반대 신문식 토론이 있어요. 찬성 측과 반대 측의 입론과 반론에 대해, 반대 신문의 절차를 반복하며 서로의 논리적 허점을 논박하는 방식이에요.
　　예 교내 휴대폰 사용 문제에 대한 토론 / 교실에 CCTV를 설치하는 문제에 대한 토론

쟁점	논제와 관련해 찬성 측과 반대 측의 견해가 나뉘는 지점. 문제의 심각성, 해결 가능성이나 실행 가능성, 효과 및 개선 이익 등이 필수 쟁점이 됨.
입론	찬성 측과 반대 측이 논제와 관련된 자신의 주장을 근거를 들어 발언하는 것.
반론	상대측 주장에 근거가 부족함을 지적하고, 자기 측 논증의 논리성을 강조하며 주장을 강화하는 것.
논박	어떤 주장이나 의견에 대해 논리적 허점을 조리 있게 공격하여 말하는 것.

논제 (論논의할 논 題제목 제) 토론의 주제.

개념+ '논제'는 토론에서 문제의 해결을 위해 제안된 주장을 의미해요. 사실 논제, 가치 논제, 정책 논제로 나눌 수 있어요.

사실 논제	'참인가 거짓인가' 사실을 따지는 논제. **예** 독도는 우리 땅이다.
가치 논제	'옳은가 그른가', '바람직한가 그렇지 않은가' 가치를 따지는 논제. **예** 선의의 거짓말은 필요하다.
정책 논제	사실과 가치 판단을 바탕으로 행동 변화를 추구해야 하는지에 대한 논제. 보통 '~해야 한다'의 형식으로 이루어짐. **예** 등교 시간을 8시까지로 해야 한다.

청중 (聽들을 청 衆무리 중) 토의나 토론 등을 듣기 위하여 모인 사람들.

개념+ '청중'은 토의와 토론의 과정을 지켜보는 사람들이에요. 그러나 단순히 제3자가 아니라, 문제와 직접 관련을 맺거나 문제에 관심이 많은 사람들로서, 적극적인 자세로 토의와 토론을 지켜보는 사람들이랍니다.

토의의 청중	토의의 한 주체임을 인식하고 토의 내용을 경청하며, 질의응답 시 직접적 의사 표현을 통해 토의에 참여함.
토론의 청중	객관적인 입장에서 찬성 측과 반대 측의 의견을 들으며, 주장의 일관성과 논거의 공정성, 신뢰성, 타당성을 평가함.

문제로 단어 익히기

01 다음 뜻풀이에 해당하는 단어를, 제시된 초성을 참고하여 쓰시오.

(1) 언제든지 이용할 수 있도록 시설이나 설비 따위를 갖추어 둠.

ㅅ ㅅ : _____

(2) 어떤 상태가 시간상으로 무한히 이어짐.

ㅇ ㄱ : _____

(3) 진실이 아닌 것을 진실인 것처럼 꾸민 것.

ㅎ ㅇ : _____

(4) 전선이나 통신선을 늘여 매기 위하여 세운 기둥.

ㅈ ㅅ ㅈ : _____

02 다음 단어의 뜻풀이로 알맞은 것을 찾아 선으로 바르게 연결하시오.

(1) 치중하다 •
(2) 병행하다 •
(3) 적절하다 •

• ㉠ 꼭 알맞다.

• ㉡ 어떠한 것에 특히 중점을 두다.

• ㉢ 둘 이상의 일을 한꺼번에 행하다.

03 다음 빈칸에 들어갈 단어 중, 의미상 거리가 가장 먼 것은?

시간을 [   ]으로 활용하고 싶으신가요? '시간 가계부'를 만들면 됩니다. 우선 자신의 하루를 되돌아보고, '수면 시간, 식사 시간, 이동 시간, 수업 시간, 휴식 시간, 취미 시간, 간식 시간' 등 나의 시간들을 나누어서 정리해 보세요.

① 효율적
② 획기적
③ 경제적
④ 능률적
⑤ 효과적

04 제시된 초성과 뜻풀이를 참고하여 (   ) 안에 들어갈 알맞은 말을 쓰시오.

(1) ㄱ ㅇ 하다 : 억세고 질기다.

　예 그녀는 쓰러져도 다시 일어서는 풀처럼 (   )한 생명력을 지닌 존재로 살아왔다.

(2) ㄱ ㅅ 하다 : 품위나 몸가짐의 수준이 높고 훌륭하다.

　예 그분은 교양 있는 말투만큼이나 너그럽고 (   )한 인격을 지닌 것으로 유명하다.

05 다음 사다리를 타 보고, 단어의 뜻풀이로 알맞은 것을 〈보기〉에서 골라 (   ) 안에 기호를 쓰시오.

(1) 현황　　(2) 반출　　(3) 투기　　(4) 이송

(   )　　(   )　　(   )　　(   )

〈보기〉
㉠ 운반하여 냄.　　　㉡ 현재의 상황.
㉢ 내던져 버림.　　　㉣ 다른 데로 옮겨 보냄.

06 다음 밑줄 친 말과 바꾸어 쓸 수 있는 단어를 〈보기〉에서 찾아 빈칸에 쓰시오.

〈보기〉
허례　　허위　　영원　　조속

(1) 조사 결과 그의 말이 모두 거짓이었음이 드러났다.

　→ [ ][ ]였음이

(2) 협회에서는 그의 회원 자격을 영구히 박탈하기로 결정했다.

　→ [ ][ ]히

07 제시된 단어와 뜻풀이를 고려할 때, 밑줄 친 단어가 제시된 의미로 사용된 것을 골라 ○표 하시오.

(1)
> 탐방 : 명승지나 유적지 따위를 구경하기 위하여 찾아감.

　　㉠ 이번 과제는 문학관 <u>탐방</u> 보고서 작성이다.
　　㉡ 북악산 <u>탐방</u> 코스가 사람들에게 다시 개방되었다.

(2)
> 참혹하다 : 지나칠 정도로 한심하다.

　　㉠ 사고 현장의 <u>참혹한</u> 상황이 뉴스를 통해 흘러나왔다.
　　㉡ 연습을 게을리한 그 선수의 경기 결과는 <u>참혹했다</u>.

08 다음 밑줄 친 단어의 쓰임이 적절하면 ○, 틀리면 ×에 표시하시오.

(1) 그는 나이 어린 상사로부터 민망할 정도로 <u>면박</u>을 받아도 늘 다소곳이 받아들이곤 했다. 　　　(○ , ×)
(2) 어업 관련 폐기물의 불법 <u>투자</u>가 늘어나자 환경부가 단속에 나서기 시작했다. 　　　　　　　(○ , ×)
(3) 이번 사업의 담당자인 그녀는 매일 현장을 찾아다니면서 작업 <u>현황</u>을 직접 살핀다. 　　　(○ , ×)

09 다음 밑줄 친 단어의 문맥적 의미로 알맞은 것을 골라 ○표 하시오.

(1)
> 폭우로 인해 급하게 댐의 물을 <u>방류</u>하면서 저지대 농경지가 물에 잠기는 피해가 발생하였다.

　　㉠ 모아서 가두어 둔 물을 흘려 보냄.
　　㉡ 물고기를 기르기 위하여, 어린 새끼 고기를 강물에 놓아 보냄.

(2)
> 구청에서는 장마철을 맞아 쓰레기로 오염된 하수도를 <u>정비</u>하기로 했다.

　　㉠ 흐트러진 체계를 정리하여 제대로 갖춤.
　　㉡ 기계나 설비가 제대로 작동하도록 보살피고 손질함.
　　㉢ 도로나 시설 따위가 제 기능을 하도록 정리함.

10 다음 ㉮~㉲의 예문으로 적절하지 **않은** 것은?

> • 좇다
> 　㉮ 목표, 이상, 행복 따위를 추구하다.
> 　㉯ 남의 말이나 뜻을 따르다.
> • 쫓다
> 　㉰ 사람이나 짐승을 잡거나 만나기 위하여 뒤를 급히 따르다.
> 　㉱ 어떤 자리에서 떠나도록 몰다.
> 　㉲ 밀려드는 졸음이나 잡념 따위를 물리치다.

① ㉮ : 그는 오로지 권력만을 <u>좇는</u> 사람이었다.
② ㉯ : 우현은 결국 부모님의 의견을 <u>좇기</u>로 했다.
③ ㉰ : 눈앞의 이익만을 <u>좇다</u>가는 낭패를 보기 쉽다.
④ ㉱ : 논가의 아이들은 장대를 휘둘러 참새를 <u>쫓았다</u>.
⑤ ㉲ : 동우는 자꾸 떠오르는 무서운 기억을 애써 <u>쫓았다</u>.

11 다음 ㉮~㉰에 들어갈 단어가 바르게 묶인 것은?

> 선생님 : 우리말에는 발음과 형태가 비슷해서 혼동하기 쉬운 단어들이 있어요. 다른 것으로 바꾸어 대신한다는 뜻의 [㉮], 승부나 등수 따위를 정한다는 뜻의 [㉯], 사물을 어림잡아 헤아린다는 뜻의 [㉰]가 그런 예에 해당해요.

	㉮	㉯	㉰
①	가름하다	갈음하다	가늠하다
②	갈음하다	가름하다	가늠하다
③	가름하다	가늠하다	갈음하다
④	갈음하다	가늠하다	가름하다
⑤	가늠하다	가름하다	갈음하다

12 다음 설명이 맞으면 ○, 틀리면 ×에 표시하시오.

(1) '토론'은 어떤 문제에 대한 최선의 해결 방법을 얻기 위해 여러 사람이 함께 의논하는 말하기이다. 　(○ , ×)
(2) '토의'는 어떤 문제에 대해 상반된 입장을 가진 참여자가 논거를 들어 상대를 설득하는 말하기이다. 　(○ , ×)

| 13~15 | 다음을 읽고 물음에 답하시오.

사회자 : 지금부터 고전 소설 「흥부전」에 대한 토론을 진행하겠습니다. 오늘의 논제는 ㉠'흥부는 무능하고 책임감이 없는 사람이다.'입니다. 먼저 찬성 측 토론자의 [㉮]을 듣겠습니다.

찬성1 : 우리는 그동안 흥부는 착한 사람이라고만 생각했습니다. 그러나 현대적인 관점에서 보면, 무능력하고 무책임한 것으로 볼 수도 있습니다. 우선 흥부는 천성이 게을러서, 특별한 직업이 없었습니다. 한마디로 무능한 가장인 것입니다. 또, 흥부 부부는 수십 명의 아이를 낳았습니다. 놀부가 흥부에게 "너는 벌어 오는 것도 없으면서 자식만 낳는구나. 내 너를 거둘 수 없으니 나가 살아라."라고 말한 것에서도 흥부가 무책임하다는 것을 알 수 있습니다. 따라서 흥부는 책임감이 없는 사람이라고 생각합니다.

사회자 : 반대 측, 반대 신문해 주십시오.

반대2 : 흥부의 천성이 게으르다고 하셨는데, 단지 가난하고 자식이 많다는 이유만으로 그런 평가를 할 수는 없다고 봅니다. 형 놀부에게 모든 것을 빼앗긴 흥부는 먹고살기 위해 매품팔이까지 마다하지 않는, 가족을 위해 희생하는 인물입니다. 그리고 찬성 측이 근거로 제시한, 놀부가 흥부를 [ⓐ] 말은 흥부를 쫓아내기 위한 핑계일 뿐입니다.

찬성1 : 게으르다는 것이 직접 제시되지 않았더라도, 가난한 형편과 수많은 자식들을 통해 충분히 그렇게 판단할 수 있다고 생각합니다.

사회자 : 반대 측, [㉮] 해 주십시오.

반대1 : 흥부에 대한 평가를 위해 현대적 관점을 말씀하셨습니다. 그런데 과연 흥부는 게을러서 가난하고, 놀부는 부지런해서 부자인 걸까요? 놀부가 부자인 것은 당시의 장자 상속 관습에 따라 모든 재산을 놀부가 차지했기 때문입니다. 아무것도 상속받지 못한 흥부로서는 몸으로 매품을 파는 것 외에는 할 수 있는 것이 없었던 것입니다. 만약 흥부와 놀부가 현대에 살았다면 형제가 동일하게 상속을 받았을 것입니다. 결국 흥부가 가난한 원인은 흥부가 책임감이 없었기 때문이 아니라 당시의 관습이 잘못되었기 때문입니다.

13 〈보기〉를 참고할 때, ㉠은 어떤 논제에 해당하는지 쓰시오.

〈보기〉

'논제'는 토론의 주제를 의미하는 것으로, 객관적 사실의 진위를 따지는 '사실 논제', 어떤 대상이나 현상이 바람직한지 아닌지를 따지는 '가치 논제', 그리고 구체적인 사안에 대한 문제 제기를 통해 행동 변화를 추구하는 '정책 논제'로 나눌 수 있다.

(   )

14 ㉮에 공통적으로 들어갈 말로 가장 적절한 것은?

① 발표   ② 쟁점   ③ 입론
④ 반론   ⑤ 논박

15 ⓐ에 들어갈 말로 적절하지 않은 것은?

① 구박하는   ② 타박하는
③ 핀잔하는   ④ 면박하는
⑤ 하소연하는

속담, 한자성어, 관용표현으로 한 걸음더

'뗄 수 없는 우정'을 뜻하는 한자성어를 살펴봐요

◉ **관포지교(管鮑之交)**
우정이 아주 돈독한 친구 관계를 이르는 말. 중국 춘추 시대 사람인 관중과 포숙아의 우정이 퍽 두터웠다는 중국의 고사에서 나온 말.

◉ **수어지교(水魚之交)**
물이 없으면 살 수 없는 물고기와 물의 관계라는 뜻으로, 아주 친밀하여 떨어질 수 없는 사이를 비유적으로 이르는 말.

◉ **문경지교(刎頸之交)**
서로를 위해서라면 목이 잘린다 해도 후회하지 않을 정도의 사이라는 뜻으로, 생사를 같이할 수 있는 아주 가까운 사이, 또는 그런 친구를 이르는 말.

◉ **죽마고우(竹馬故友)**
대말(대로 된 막대기)을 타고 놀던 벗이라는 뜻으로, 어릴 때부터 같이 놀며 자란 벗.

◉ **백아절현(伯牙絕絃)**
자기를 알아주는 참다운 벗의 죽음을 슬퍼함. 중국 춘추 시대에 백아는 거문고를 매우 잘 탔고 그의 벗 종자기는 그 거문고 소리를 잘 들었는데, 종자기가 죽어 그 거문고 소리를 들을 사람이 없게 되자 백아가 절망하여 거문고 줄을 끊어 버리고 다시는 거문고를 타지 않았다는 데서 유래한 말.

◉ **지음(知音)**
소리를 알아듣는다는 뜻으로, 마음이 서로 통하는 친한 벗을 비유적으로 이르는 말. 백아와 종자기의 고사에서 유래함.

---

16 다음 중 위에 제시된 한자성어 '죽마고우'와 의미가 가장 가까운 것은?

① 글동무   ② 길동무   ③ 말동무
④ 소꿉동무   ⑤ 어깨동무

---

17 위에 제시된 한자성어 중, 다음 이야기에서 유래된 것을 찾아 쓰시오.

> 중국 삼국 시대 때, 촉나라의 유비는 제갈공명을 세 번이나 찾아가 간청한 끝에 그를 자신의 사람으로 만드는 데 성공했다. 유비는 공명을 스승으로 여겨 공경하였으며, 둘의 사이는 갈수록 친밀해졌다. 이를 본 관우와 장비가 군주와 신하의 관계에 맞지 않는다며 불평하자, 유비는 "나에게 공명이 있다는 것은 고기가 물을 얻은 것과 마찬가지네. 다시는 불평하지 말도록 하게."라고 그들을 타일렀다. 그 후 관우와 장비는 다시는 불평하지 않았다고 한다.

(   )

24 듣기·말하기(3)

 오늘의 어휘, 어디까지 알고 있니?

※ 다음 문장의 문맥에 알맞은 단어를 ( ) 안에서 골라 ○표 하세요.

01. 파란색은 남성적, 분홍색은 여성적이라는 (관습적 vs 습관적) 색의 구분이 아직도 존재한다.

02. (자연적 vs 인위적)으로 식욕을 억제하는 다이어트 제품은 부작용을 유발할 수 있다.

03. 참가자들의 안전을 위해 관계자를 제외하고는 통행이 (전면적 vs 전문적)으로 통제되었다.

04. (심리적 vs 합리적) 선택을 위해서는 내가 들여야 할 비용과 얻을 수 있는 이익을 비교해 보아야 한다.

05. (비위 vs 범위)에 맞지 않는 음식을 억지로 먹는다는 것은 쉬운 일이 아니다.

06. 모든 국민은 인간으로서의 (장엄 vs 존엄)과 가치를 가지며, 행복을 추구할 권리를 가진다.

07. 한류 열풍으로 인해 한민족이라는 (자긍심 vs 자만심)이 높아졌다는 해외 동포들이 많다.

| 정답 | 01. 관습적 02. 인위적 03. 전면적 04. 합리적 05. 비위 06. 존엄 07. 자긍심

관습적(慣버릇 관 習익힐 습 的과녁 적) 한 사회에서 굳어진 전통적 행동 양식이나 질서에 따르는 것.

예문 • 이 시에는 관습적 의미를 지니는 시어들이 많이 사용되었다.
• 관습적인 음악에 대한 거부가 바로 인디 밴드의 존재 이유이다.

인위적(人사람 인 爲할 위 的과녁 적) 자연의 힘이 아닌 사람의 힘으로 이루어지는 것.

예문 • 노자와 상자의 사상에서는 인위적인 것을 배격하고 자연 그대로의 상태를 지향한다.
• 외모는 인위적으로 꾸밀 수 있지만 인상은 진실한 마음가짐에서 배어나는 것이다.

전면적(全온전할 전 面낮 면 的과녁 적) 일정한 범위 전체에 걸치는 것.

예문 • 폭설로 산사태 위험이 높아지자 한라산 입산이 전면적으로 금지되었다.
• 평화 협상의 결렬로 두 나라 간의 전면적 충돌이 불가피해졌다.

합리적(合합할 합 理다스릴 리 的과녁 적) 이론이나 이치에 합당한 것.

예문 • 인간의 행동과 선택을 언제나 합리적으로 설명할 수 있는 것은 아니다.
• 당사자가 모두 모였으니, 합리적 해결 방법을 함께 모색해 봅시다.

비위(脾지라 비 胃밥통 위) ① 비장(지라)과 위를 통틀어 이르는 말로, 음식물을 삭여 내는 능력을 뜻함. ② 어떤 것을 좋아하거나 싫어하는 성미나 기분.

예문 • 그는 비위가 약하여 비린 음식은 잘 못 먹는다.
• 까다로운 사장의 비위를 맞추기란 쉬운 일이 아니다.

존엄(尊높을 존 嚴엄할 엄) 인물이나 지위 따위가 감히 범할 수 없을 정도로 높고 엄숙함.

예문 • 그는 무엇보다도 자신의 존엄이 짓밟힌 것에 대해 분노했다.
• 그 선생님은 어린아이들 한 명 한 명을 모두 존엄한 인간으로 대해 주셨다.

쌤Tip '장엄'은 씩씩하고 웅장한 것!

자긍심(自스스로 자 矜불쌍히 여길 긍 心마음 심) 스스로 자신의 능력을 믿음으로써 당당함을 느끼는 마음.

예문 • 그는 음식 배달이 사람들에게 꼭 필요한 일이라는 자긍심을 갖고 있다.
• 한글은 우리가 문화 민족이라는 자긍심을 지니게 해 주는 소중한 유산이다.

※ 다음 문장의 문맥에 알맞은 단어를 (   ) 안에서 골라 ○표 하세요.

01. 학교를 졸업하고 나서 부딪친 세상은 생각만큼 (녹녹하지 vs 녹록하지) 않았다.

02. 우리 반에서 나만 학교와 (동떨어진 vs 덜떨어진) 마을에서 통학한다.

03. 아이들은 (영악한 vs 열악한) 교육 환경 속에서도 자신들만의 꿈을 키우고 있었다.

04. 새로 부임한 감독은 선수들에게 (혹독한 vs 돈독한) 체력 훈련을 시키는 것으로 유명하다.

05. 철없는 시절에 저지른 학교 폭력이 언젠가는 인생의 (열쇠 vs 족쇄)가 될 것이다.

06. 빠른 문제 해결을 위해 개설한 단체 채팅방에서 예상치 못한 (폐해 vs 상해)가 발생하였다.

07. 좋은 글은 (부스러기 vs 군더더기) 없이 핵심을 정확히 전달하기 마련이다.

| 정답 | 01. 녹록하지 02. 동떨어진 03. 열악한 04. 혹독한 05. 족쇄 06. 폐해 07. 군더더기

녹록하다(碌푸른 빛 녹 碌푸른 빛 록—) ① 평범하고 보잘것없다. ② 만만하고 상대하기 쉽다.

예문 • 내가 그 사람에게는 정말 녹록하게 보였었나 보다.
  • 몇 마디 주고받자 그가 녹록한 상대가 아님을 알 수 있었다.

쌤Tip '녹녹하다'는 촉촉한 기운이 있는 것으로, '녹록하다'보다 느낌이 작은 말!

동떨어지다 ① 거리가 멀리 떨어지다. ② 둘 사이에 관련성이 거의 없다.

예문 • 할아버지의 밭은 집과 동떨어진 산 중턱에 있어서 오고 가기가 쉽지 않았다.
  • 영수는 성적 때문에 자신의 꿈과는 동떨어진 학과에 입학하게 되었다.

열악하다(劣못할 열 惡악할 악—) 품질이나 능력, 시설 따위가 매우 떨어지고 나쁘다.

예문 • 회원들이 자발적으로 내는 회비에만 의존하다 보니 단체의 재정 상태가 몹시 열악했다.
  • 그는 냉난방도 안 되는 열악한 근무 환경을 견디지 못하고 사표를 냈다.

쌤Tip '영악하다'는 계산적이고 약은 것!

혹독하다(酷혹독할 혹 毒독 독—) ① 몹시 심하다. ② 성질이나 하는 짓이 몹시 모질고 악하다.

예문 • 기상 이변으로 전 세계에 혹독한 추위가 닥쳐왔다.
  • 그 영화에 대한 누리꾼들의 평가는 지나치게 혹독했다.

족쇄(足발 족 鎖쇠사슬 쇄) ① 죄인의 발목에 채우던 쇠사슬. ② 자유를 구속하는 대상을 비유적으로 이르는 말.

예문 • 노예상인 스펙 형제가 족쇄를 채운 흑인 노예들을 끌고 가고 있었다.
  • 직장인의 족쇄 같았던 넥타이와 정장에서 벗어난 편한 옷차림이 보급되고 있다.

폐해(弊폐단 폐 害해로울 해) 어떤 일이나 행동에서 나타나는 옳지 못한 경향으로 인한 해로움.

예문 • 무능한 지도자가 국민들에게 끼치는 폐해는 정말 막대하다.
  • 대기 오염의 폐해로 인해 비염이나 알레르기 등의 환자가 점점 늘어나고 있다.

쌤Tip '상해'는 몸에 상처를 내서 해를 끼치는 것!

군더더기 쓸데없이 덧붙은 것.

예문 • 그 집의 매운탕은 군더더기 없는 깔끔한 국물 맛이 최고였다.
  • 말은 하면 할수록 군더더기가 생기는 법이다.

※ 다음 문장의 문맥에 알맞은 단어를 ( ) 안에서 골라 ○표 하세요.

01. 새로운 일에 도전할 때에는 실패의 위험을 (감사하겠다는 vs 감수하겠다는) 각오가 필요하다.

02. 사고가 난 후에 부랴부랴 대책을 (강요할 vs 강구할) 것이 아니라, 평소에 사고가 나지 않도록 예방해야 한다.

03. 영어를 원어민처럼 자유롭게 (구사하려면 vs 구성하려면) 어떻게 공부하는 것이 좋을까?

04. 나는 내 안에 무한한 창의성과 가능성이 (부재하고 vs 내재하고) 있음을 굳게 믿는다.

05. 어머니는 나를 좋은 학교에 입학시키기 위해 과감하게 이사를 (단행하였다 vs 대행하였다).

06. 블라인드 면접은 편견을 (배가하고 vs 배제하고) 능력 중심으로 인재를 뽑는 방법이다.

07. 구구단도 못 외는 동생에게 어려운 공식들을 억지로 (주입해 vs 주문해) 보아야 아무 소용이 없다.

08. 내가 공부를 하는 이유는 어리석은 주장에 대해 나 또한 어리석은 (비판 vs 결판)을 하지 않기 위해서이다.

| 정답 | 01. 감수하겠다는 02. 강구할 03. 구사하려면 04. 내재하고 05. 단행하였다 06. 배제하고 07. 주입해 08. 비판

감수하다 (甘달 감 受받을 수 –) 책망이나 괴로움 따위를 달갑게 받아들이다.

예문 • 그는 자신에게 돌아올지도 모르는 불이익을 감수하고 진실을 밝혔다.
• 그녀는 자식들을 위해서라면 어떤 어려움도 감수할 사람이다.

강구하다 (講강론할 강 究궁구할 구 –) 좋은 대책과 방법을 궁리하여 찾아내거나 좋은 대책을 세우다.

예문 • 우리 가족은 정전이 저녁까지 계속될 경우의 대책을 강구했다.
• 문제를 해결할 수 있는 방안을 다각도로 강구해 보자.

구사하다 (驅몰 구 使부릴 사 –) 말이나 수사법, 기교, 수단 따위를 능수하게 마음대로 부려 쓰다.

예문 • 감독이 바뀐 후부터 우리나라 국가 대표 팀은 공격 축구를 구사하게 되었다.
• 그 시인은 아름다운 우리말을 자유자재로 구사하는 언어의 마법사였다.

내재하다 (內안 내 在있을 재 –) 어떤 사물이나 범위의 안에 들어 있다.

예문 • 인간의 마음에는 죽음에 대한 공포가 내재해 있다.
• 그는 자신의 마음 깊은 곳에 내재한 악마의 모습을 이미 알고 있었다.

단행하다 (斷끊을 단 行다닐 행 –) 결단하여 실행하다.

쌤Tip '대행하다'는 남을 대신하여 하는 것!

예문 • 라디오 방송국들은 봄철 프로그램 개편을 단행하였다.
• 새로 부임한 사장은 직원들의 업무 능률을 높이기 위해 파격적인 임금 인상을 단행하였다.

배제하다 (排물리칠 배 除덜 제 –) 받아들이지 아니하고 물리쳐 제외하다.

예문 • 보도 기사는 감상과 주관을 배제하고 객관적 사실 중심으로 써야 한다.
• 새로 만들어진 회칙은 오래된 회원들을 철저히 배제한 내용이 많았다.

주입하다 (注물댈 주 入들 입 –) ① 흘러 들어가도록 부어 넣다. ② 기억과 암기를 주로 하여 지식을 넣어 주다.

예문 • 환자에게 치료약을 주입하자 환자는 조금씩 진정되었다.
• 학생들에게 한쪽으로 치우친 시각을 주입해서는 안 된다.

비판(批비평할 비 判판가름할 판) 현상이나 사물의 옳고 그름을 판단하여 밝히거나 잘못된 점을 지적함.

쌤Tip '비판'은 옳고 그름을 판단하거나 잘못된 점을 지적하는 것, '결판'은 승부에 대해 판정을 내리는 것!

예문 • 칭찬을 하든 비판을 하든 분명한 이유를 대야 사람들에게 인정받을 수 있다.
• 감독은 자신의 영화에 대한 사람들의 신랄한 비판도 묵묵히 받아들였다.

| 듣기 · 말하기 개념어 ③ |

개념어도 함께 알아봐요

연설(演멀리 흐를 연 說말씀 설) 설득을 목적으로 여러 사람 앞에서 자기의 주장 또는 의견을 진술하는 것.

개념+ 연설은 사적인 대화와는 달리, 공식적 상황에서 청중에게 자신의 견해를 말로 전달하는 의도적이고 목표 지향적인 말하기예요. 연설에서는 청중이 연설 내용을 믿음직하다고 느끼는 데 영향을 미치는 연설자의 공신력이 중요하지요. 또 청중을 설득하는 여러 가지 전략, 즉 설득 전략도 연설의 목표를 달성하는 데 큰 영향을 미쳐요.

예 • 학생회장 선거에 출마하여 학생들 앞에서 자신의 공약에 대한 연설을 했다.
• 마틴 루터 킹 목사는 수십만 명의 군중 앞에서 역사에 길이 남을 연설을 했다.

설득 전략(說말씀 설 得얻을 특 戰싸울 전 略다스릴 략) 말하는 사람이 듣는 사람의 신념, 태도, 행동을 변화시키려는 목적으로 말을 할 때 쓰는 전략.

개념+ 연설은 결국 청중을 설득하는 것을 목적으로 하기 때문에 효과적으로 청중을 설득할 수 있는 방법, 즉 '설득 전략'이 중요해요. 설득 전략은 크게 '이성적 설득 전략', '감성적 설득 전략', '인성적 설득 전략' 등으로 나누어 볼 수 있어요.

이성적 설득 전략	• 논리적 설득 전략이라고도 하며, 타당한 근거 제시를 통해 청중을 설득하는 전략. • 연역, 귀납, 유추 등을 통한 논리적인 증명, 통계 자료, 전문가의 의견, 역사적 사실 등을 이용하여 설득하는 전략.
감성적 설득 전략	청중의 마음을 움직일 수 있는 사례나 상황 등을 제시하여 감정에 호소하는 전략.
인성적 설득 전략	연설자의 지성이나 도덕성, 선의 등, 인격적 측면을 중심으로 청중을 설득하는 전략.

청중의 태도(聽들을 청 衆무리 중, 態모양 태 度법도 도) 연설을 하는 사람의 말에 대해 청중이 가져야 하는 태도.

개념+ 연설이 설득적 말하기인 만큼 청중은 말하는 사람이 이야기하는 내용을 무조건적으로 수용하기보다는 비판적으로 판단하며 들어야 해요. 이때 청중은 '신뢰성', '타당성', '공정성'의 측면에서 내용을 판단할 수 있어요. 이는 토론을 듣는 청중도 마찬가지랍니다.

신뢰성	• 연설자의 전문 지식과 기술의 소유 정도, 직업 및 인격 등을 파악해야 함. • 연설자가 인용한 근거 자료의 출처가 명확한지 등을 파악해야 함.
타당성	• 연설자의 주장하는 내용이 옳고 그른지에 대해 판단해야 함. • 연설자가 제시한 주장의 근거가 적절한지를 파악해야 함.
공정성	• 연설의 내용이 다른 관점에서도 형평성을 유지하고 있는지 파악해야 함.

문제로 단어 익히기

01 다음 뜻풀이에 해당하는 단어를, 제시된 초성을 참고하여 쓰시오.

(1) 품질이나 능력, 시설 따위가 매우 떨어지고 나쁘다.

ㅇ ㅇ 하다 : _____

(2) 좋은 대책과 방법을 궁리하여 찾아내거나 좋은 대책을 세우다.

ㄱ ㄱ 하다 : _____

(3) 말이나 수사법, 기교, 수단 따위를 능숙하게 마음대로 부려 쓰다.

ㄱ ㅅ 하다 : _____

02 다음 사다리를 타 보고, 단어의 뜻풀이로 알맞은 것을 〈보기〉에서 골라 ( ) 안에 기호를 쓰시오.

(1) 존엄   (2) 비판   (3) 자긍심   (4) 폐해

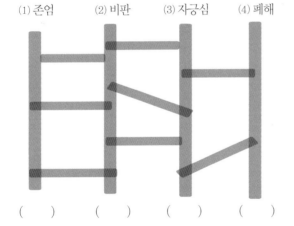

( )   ( )   ( )   ( )

〈보기〉

㉠ 스스로 자신의 능력을 믿음으로써 당당함을 느끼는 마음.

㉡ 인물이나 지위 따위가 감히 범할 수 없을 정도로 높고 엄숙함.

㉢ 어떤 일이나 행동에서 나타나는 옳지 못한 경향으로 인한 해로움.

㉣ 현상이나 사물의 옳고 그름을 판단하여 밝히거나 잘못된 점을 지적함.

03 다음 단어의 뜻풀이로 알맞은 것을 찾아 선으로 바르게 연결하시오.

(1) 감수하다 •   • ㉠ 결단하여 실행하다.

(2) 내재하다 •   • ㉡ 어떤 사물이나 범위의 안에 들어 있다.

(3) 단행하다 •   • ㉢ 받아들이지 아니하고 물리쳐 제외하다.

(4) 배제하다 •   • ㉣ 책망이나 괴로움 따위를 달갑게 받아들이다.

04 제시된 단어와 뜻풀이를 고려할 때, 밑줄 친 단어가 제시된 의미로 사용된 것을 골라 ○표 하시오.

(1)
비위 : 어떤 것을 좋아하거나 싫어하는 성미나 기분.

㉠ 직원들은 사장의 비위를 맞추는 것이 정말 힘들었다.
㉡ 우리 집 아이들은 비위가 좋아서 가리는 음식이 없다.

(2)
주입하다 : 흘러 들어가도록 부어 넣다.

㉠ 선생님의 역할은 학생들에게 지식을 주입하는 것만이 아니다.
㉡ 경유 차에 휘발유를 잘못 주입하여 엔진이 망가지는 경우가 있다.

05 제시된 뜻풀이에 해당하는 단어를 〈보기〉의 글자를 조합하여 쓰시오.

〈보기〉

| 리 | 위 | 면 | 인 | 합 | 전 |

(1) 이론이나 이치에 합당한 것.
( )적

(2) 일정한 범위 전체에 걸치는 것.
( )적

(3) 자연의 힘이 아닌 사람의 힘으로 이루어지는 것.
( )적

06 다음 왼쪽 그림에 제시된 단어와 뜻이 비슷한 단어를 모두 골라 ○표 하시오.

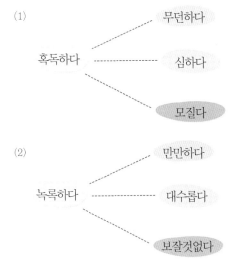

(1) 혹독하다 ─── 무던하다 / 심하다 / (모질다)

(2) 녹록하다 ─── 만만하다 / 대수롭다 / (보잘것없다)

07 다음 빈칸에 들어갈 단어 중 그 의미가 <u>다른</u> 하나는?

> 그동안 꿈꾸어 왔던 삶과 지금의 생활이 터무니없이 [　　　] 있다는 느낌은 나를 슬프게 했다.

① 벌어져 　　　　② 동떨어져
③ 괴리(乖離)되어 　④ 유리(遊離)되어
⑤ 격리(隔離)되어

08 제시된 초성을 참고하여 빈칸에 들어갈 알맞은 말을 쓰시오.

> 우리 민족 고유의 세시 풍속은 변화무쌍한 사계절을 따라 ㄱ ㅅ 적으로 반복되던 여러 생활 양식들 중, 여러 세대에 걸쳐 자리가 잡혀 이어 내려오는 것들이라 할 수 있다.

(　　　　)

09 다음 빈칸에 들어갈 말로 가장 적절한 것은?

> 중국 전국 시대 때 여러 사람들이 모여 뱀 그림을 가장 먼저 그리는 사람이 이기는 내기를 하였다. 한 사람이 가장 먼저 뱀 그림을 완성하였는데, 그는 시간이 남는다며 있지도 않은 뱀의 다리까지 그려 넣었고, 결국 그 사람은 내기에서 지고 말았다. 이처럼 없어도 되는 [　　　]을(를) 덧붙여 일을 그르치게 되었을 때 '뱀 발'이라는 의미의 '사족(蛇足)'이라는 말을 쓰게 되었다.

① 족쇄 　　　　② 폐해
③ 비판 　　　　④ 관습
⑤ 군더더기

10 제시된 초성을 참고하여 다음 빈칸에 공통으로 들어갈 알맞은 단어를 쓰시오.

> 다른 사람에 대해 ㅂ ㅍ 을 하되 비난을 해서는 안 된다. ㅂ ㅍ 은 옳고 그름을 판단하여 밝히거나 잘못을 지적하는 것이지만, 비난은 상대의 결점을 들추어서 나쁘게 말하는 것이기 때문이다.

(　　　　)

11 다음 설명이 맞으면 ○, 틀리면 ×에 표시하시오.

(1) '연설'은 상대방을 설득하는 것을 목적으로 하는 사적인 말하기이다. (○ , ×)
(2) '청중'은 연설자의 말을 신뢰성, 타당성, 공정성의 측면에서 비판적으로 들어야 한다. (○ , ×)

우리 역사에서 자유를 위한 가장 훌륭한 시위가 있던 날로 기록될 오늘 이 자리에 여러분과 함께하게 된 것을 기쁘게 생각합니다. 백 년 전, 한 위대한 미국인이 노예 해방령에 서명을 했습니다. 지금 우리가 서 있는 이곳이 바로 그 상징적인 자리입니다. 그 중대한 선언은 불의의 불길에 시들어 가고 있던 수백만 흑인 노예들에게 희망의 횃불로 다가왔습니다. 그 선언은 오랜 노예 생활에 종지부를 찍는 즐겁고 새로운 날의 시작으로 다가왔습니다.

그러나 그로부터 백 년이 지난 오늘, 우리는 흑인들이 여전히 자유롭지 못하다는 비극적인 사실을 직시해야 합니다. 백 년 후에도 흑인들은 여전히 인종 차별이라는 [㉠] 속에서 비참하고 불우하게 살아가고 있습니다. 백 년 후에도 흑인들은 이 거대한 물질적 풍요의 바다 한가운데 있는 빈곤의 섬에서 외롭게 살아가고 있습니다. 백 년 후에도 흑인들은 여전히 미국 사회의 한 귀퉁이에서 고달프게 살아가고 있습니다. 그들은 자기 땅에서 유배당한 것입니다.

(중략)

[A]
나의 친구인 여러분들에게 말씀드립니다. 고난과 좌절의 순간에도, 나는 꿈을 가지고 있다고. 이 꿈은 아메리칸 드림에 깊이 뿌리를 내리고 있는 꿈입니다. 나에게는 꿈이 있습니다. 언젠가 이 나라가 모든 인간은 평등하게 태어났다는 것을 자명한 진실로 받아들이고, 그 진정한 의미를 신조로 살아가게 되는 날이 오리라는 꿈입니다. 언젠가는 조지아의 붉은 언덕 위에 예전에 노예였던 부모의 자식과 그 노예의 주인이었던 부모의 자식들이 형제애의 식탁에 함께 둘러앉는 날이 오리라는 꿈입니다.

언젠가는 불의와 억압의 열기에 신음하던 저 황폐한 미시시피주가 자유와 평등의 오아시스가 될 것이라는 꿈입니다. 나의 네 자녀들이 피부색이 아니라 인격에 따라 평가받는 그런 나라에 살게 되는 날이 오리라는 꿈입니다. 오늘 나에게는 꿈이 있습니다.

– 마틴 루터 킹 주니어, 「나에게는 꿈이 있습니다」

12 위의 연설을 들은 청중의 태도와 관점이 바르게 연결된 것은?

① '신뢰성'의 관점 – 연설자가 주장하는 흑인들의 현실이 맞는지 아닌지를 판단해 본다.
② '타당성'의 관점 – 연설자가 이야기한 비극적인 사실의 출처가 명확한지를 파악해 본다.
③ '타당성'의 관점 – 연설자가 인종 차별에 대한 전문 지식과 식견을 갖춘 사람인지 파악해 본다.
④ '공정성'의 관점 – 흑인들이 자유롭지 못한 근거가 적절하게 제시되었는지를 파악해 본다.
⑤ '공정성'의 관점 – 연설의 내용이 흑인이 아닌 사람들의 관점에서도 형평성을 유지하는지 파악해 본다.

13 〈보기〉를 참고할 때, [A]에서 연설자가 활용한 설득 전략이 무엇인지 쓰시오.

〈보기〉

연설을 할 때 청중을 효과적으로 설득하기 위해 사용할 수 있는 전략으로, 타당한 근거를 제시하는 이성적 설득 전략, 청중의 감정에 호소하는 감성적 설득 전략, 연설자의 인격적 측면을 내세우는 인성적 설득 전략이 있다.

( )

14 ㉠에 들어갈 수 있는 말로 적절하지 않은 것은?

① 편자
② 족쇄
③ 굴레
④ 멍에
⑤ 사슬

그 밖의 다양한 한자성어를 살펴봐요

◉ **삼순구식(三旬九食)**
삼십 일 동안 아홉 끼니밖에 먹지 못한다는 뜻으로, 몹시 가난함을 이르는 말.

◉ **칠전팔기(七顚八起)**
일곱 번 넘어지고 여덟 번 일어난다는 뜻으로, 여러 번 실패하여도 굴하지 아니하고 꾸준히 노력함을 이르는 말.

◉ **전광석화(電光石火)**
번갯불이나 부싯돌의 불이 번쩍거리는 것과 같이 매우 짧은 시간이나 매우 재빠른 움직임 따위를 비유적으로 이르는 말.

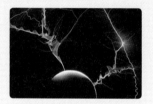

◉ **일도양단(一刀兩斷)**
칼로 무엇을 대번에 쳐서 두 도막을 냄. 또는 어떤 일을 머뭇거리지 아니하고 선뜻 결정함을 비유적으로 이르는 말.

◉ **십중팔구(十中八九)**
열 가운데 여덟이나 아홉 정도로 거의 대부분이거나 거의 틀림없음.

◉ **부지기수(不知其數)**
헤아릴 수가 없을 만큼 많음. 또는 그렇게 많은 수효.

---

15 다음 중, 위에 제시된 한자성어 '삼순구식'과 의미가 가장 비슷한 관용 표현은?

① 한술 밥에 배부르랴
② 고생을 사서 한다
③ 책력 보아 가며 밥 먹는다
④ 급히 먹는 밥이 목이 멘다
⑤ 못 먹는 밥에 재 집어넣기

---

16 위에 제시된 한자성어 중, 다음 밑줄 친 부분과 의미가 가장 가까운 것을 찾아 쓰시오.

> 어머니 : 친구가 곧 온다니까 미루고 미루던 방 청소도 <u>번갯불에 콩 볶아 먹듯</u> 해내는구나!
> 아들 : 어머니, 원래 모든 일은 마감 직전에 제일 잘되는 거 아닐까요?

( )

---

17 위에 제시된 한자성어 중, 밑줄 친 부분과 같은 상황을 나타내기에 가장 적절한 것을 찾아 쓰시오.

> 청소년 봉사 단체인 ○○는 국내외에서 뜻깊은 봉사 활동을 하는 것으로 유명할 뿐 아니라, 최근에는 환경까지 고려한 활동들을 기획하고 있다고 알려져 이미 함께하겠다고 나선 학생들만도 <u>셀 수 없을 만큼 많다</u>고 한다.

( )

PART IV

문법

25 문법(1)

 문법 개념어, 어디까지 알고 있니?

※ 다음 문장의 문맥에 알맞은 단어를 ( ) 안에서 골라 ○표 하세요.

01. 같은 물건을 '연필'로도 부르고, 'pencil'로도 부르는 것에서 언어의 (자의성 vs 필연성)을 확인할 수 있다.

02. 원활한 의사소통을 위해서는 약속된 말을 사용해야 한다는 점에서 언어의 (사회성 vs 역사성)을 확인할 수 있다.

03. '버스(bus)'는 외국에서 들어왔지만 우리말처럼 쓰이는 말로, 대신할 우리말이 없는 (외국어 vs 외래어)이다.

04. '나무 : 소나무, 대나무, 느티나무,…'의 관계에서 '나무'는 다른 단어를 포함하는 (상위어 vs 하위어)이다.

05. '마을'과 '동네'처럼 뜻이 서로 비슷한 말을 (유의어 vs 반의어)라고 한다.

06. 먹는 과일 '배'와, 사람이나 짐을 싣고 다니는 '배'는 발음은 같고 뜻은 다른 (다의어 vs 동음이의어)이다.

| 정답 | 01. 자의성 02. 사회성 03. 외래어 04. 상위어 05. 유의어 06. 동음이의어

언어의 특성 – 자의성(恣意性)/사회성(社會性)/역사성(歷史性)

자의성	언어에서, 소리와 의미의 관계가 필연적이지 않은 특성. 🌳를 한국어로는 '나무', 영어로는 'tree'라고 함.
사회성	언어에서, 소리와 의미의 관계가 사회적으로 약속된 것이어서 개인이 마음대로 바꿀 수 없는 특성.
역사성	언어에서, 시간이 흐름에 따라 단어의 소리나 의미, 또는 문법 요소 등이 변화하는 특성.

개념+ 세상에는 수많은 언어가 있어서, 🌳를 꼭 '나무'라고 해야 한다는 법은 없어요. 이처럼 소리와 의미가 우연적으로 결합하는 언어의 특성을 '자의성'이라고 해요. 그런데 한 언어를 쓰는 공동체에서는 같은 대상을 같은 말로 표현해야 해요. 🌳를 지기 혼자서만 '너무'라고 하면 서로 대화가 안 될 테니까요. 이러한 언어의 특성이 '사회성'이에요.

한국어의 어휘 체계 – 고유어(固有語)/한자어(漢字語)/외래어(外來語)

고유어	본디부터 있던 말이나 그것에 기초하여 새로 만들어진 말. 예 아버지, 어머니, 하늘, 땅
한자어	한자에 기초하여 만들어진 말. 예 부모(父母), 천지(天地)
외래어	외국에서 들어온 말로 국어에서 널리 쓰이는 말. 예 버스, 컴퓨터, 피아노

개념+ 한국어의 어휘는 '고유어, 한자어, 외래어'로 나누어져요. 이때 '외래어'가 '외국어'와는 다르다는 점에 주의하세요. '예쁘다'라는 우리말로 표현이 가능한 '프리티(pretty)'는 외국어이고, 대신할 우리말이 없는 '텔레비전(television)'은 외래어예요. 그리고 '한자'와 '한자어'를 혼동하면 안 돼요. '天'과 같은 글자는 한자이고, 그 한자로 쓸 수 있는 단어 '천지(天地)'는 '한자어'랍니다.

단어의 의미 관계 – 유의어(類義語)/반의어(反義語), 상위어(上位語)/하위어(下位語), 동음이의어(同音異義語)/다의어(多義語)

유의어	뜻이 서로 비슷한 말. 예 걱정 – 근심
반의어	뜻이 서로 정반대되는 관계에 있는 말. 예 크다 – 작다, 남자 – 여자, 위 – 아래
상위어·하위어	의미의 포함 관계에서, 상위어는 다른 단어를 포함하는 말, 하위어는 다른 단어에 포함되는 말.
동음이의어	서로 소리는 같지만 뜻이 다른 단어. 예 사람의 다리 – 한강 다리
다의어	두 가지 이상의 뜻을 가진 단어. 예 다리 : ① 동물의 하체 ② 사물의 아랫부분

개념+ '유의어'는 의미가 비슷할 뿐 쓰임까지 똑같지는 않아서 마음대로 바꿔 쓰면 안 돼요. '반의어'는 많은 공통 요소를 가지고 있으면서 차이점이 딱 하나 있는 단어이고요. '다의어'의 경우, 사전에 제시된 의미 중 첫 번째로 제시된 의미를 '중심 의미'라고 하고, 중심 의미에서 확장된 나머지 의미들을 '주변적 의미'라고 한답니다.

※ 다음 문장의 문맥에 알맞은 단어를 ( ) 안에서 골라 ○표 하세요.

01. '깡충깡충, 대롱대롱, 훨훨'처럼 모양을 흉내 낸 말을 (의성어 vs 의태어)라고 한다.

02. 병의 증상에 대해 설명하는 의사들의 (전문어 vs 비속어)를 환자들이 이해하기 어려울 때가 많다.

03. '그리고, 그러나, 그러므로'처럼 문장과 문장을 이어 주는 구실을 하는 말을 (지시어 vs 접속어)라고 한다.

04. 소리를 내어 말을 하는 것을 (발화 vs 담화)라고 하며, 여러 문장이 모여서 이루어진 말의 단위를 (발화 vs 담화)라고 한다.

05. '상황 (맥락 vs 변수)'에 따라 똑같은 말도 전혀 다른 의미로 받아들여질 수 있으므로 주의해야 한다.

| 정답 | 01. 의태어 02. 전문어 03. 접속어 04. 발화, 담화 05. 맥락

다양한 우리말 표현 – 의성어(擬聲語)/의태어(擬態語)/감각어(感覺語)

음성 상징어	의성어	사람이나 사물의 소리를 흉내 낸 말. 예 쌕쌕, 멍멍, 땡땡, 우당탕
	의태어	사람이나 사물의 모양이나 움직임을 흉내 낸 말. 예 아장아장, 엉금엉금, 번쩍번쩍
감각어		신체의 내부 또는 외부의 자극에 의하여 일어나는 느낌을 표현하는 단어. 예 뻐근하다, 저리다, 짜다, 푸르다

개념+ '의성어'와 '의태어'는 소리와 의미의 관계가 다른 단어들과 달리 필연적인 특성이 있기 때문에 이 둘을 함께 묶어서 '음성 상징어'라고 하는데, 어떤 음성 상징어는 의성어이면서 의태어이기도 해요. 예를 들어 '뚝뚝'이라는 단어는 소리를 흉내 낼 때도 있고, 모양을 흉내 낼 때도 있거든요. 그리고 우리말은 다양한 '감각어'가 발달해 있어요. '파랗다, 퍼렇다, 푸르스름하다' 같은 색채어가 많고, '뻐근하다, 욱신거리다, 저리다, 쑤시다'처럼 미묘하게 다른 느낌을 표현하는 말들 역시 많아요.

어휘의 다양한 양상 – 전문어(專門語)/비속어(卑俗語)

전문어	학술이나 기타 전문 분야에서 특별한 의미로 쓰는 말. 예 어레스트, 코마, 석션(의학 용어)
비속어	격이 낮고 속된 말. 예 대가리, 쪽팔리다

개념+ '전문어'는 전문성이 필요한 분야에서 정확하고 효과적인 의사 전달을 위해 쓰는 말이에요. 하지만 그 분야에 대한 지식이 없으면 알아 듣기 어려워요. 그리고 '비속어'는 속어라고도 하는데 가능하면 안 쓰는 것이 좋아요.

발화(發話)/담화(談話)

발화	소리를 내어 말을 하는 언어 행위. 또는 그렇게 이루어진 말.
담화	둘 이상의 발화 또는 문장이 연속되어 이루어지는 말의 단위로, 다양한 맥락 속에서 실현됨.

개념+ '발화'는 생각이 말로 표현되어 문장 단위로 실현된 것이고, '담화'는 그러한 발화가 모여서 이루어진 거예요.

지시어(指示語)/접속어(接續語)

지시어	문맥 내에서 주로 어떤 말을 가리킬 때 쓰이는 말. 예 이, 그, 이것, 그것
접속어	단어와 단어, 구절과 구절, 문장과 문장을 이어 주는 구실을 하는 말. 예 그리고, 그러나

개념+ 담화에서 '지시어'와 '접속어'를 적절하게 사용해야 담화 내용이 긴밀하게 연결되는 응집성을 갖출 수 있어요.

상황 맥락(狀況脈絡) 담화를 하는 화자와 청자, 담화가 이루어지는 장면을 아울러 가리킴.

개념+ "잘했다, 잘했어."라는 발화는 말 그대로 무언가를 훌륭하게 해낸 사람을 칭찬하는 말일 수도 있고, 반대로 누군가의 행동이 못마땅하다는 표현일 수도 있어요. 이처럼 발화는 누가, 누구에게, 어떤 시간적·공간적 배경에서 이야기했는가에 따라 의미가 달라질 수 있어요. 발화의 의미에 영향을 미치는 화자, 청자, 담화 상황 등을 '상황 맥락'이라고 해요.

※ 다음 문장의 문맥에 알맞은 단어를 ( ) 안에서 골라 ○표 하세요.

01. '고기'와 '고리'의 뜻을 구별해 주는 것은 'ㄱ'과 'ㄹ'이라는 (음운 vs 음향)의 차이이다.

02. 폐에서 나오는 공기가 목이나 입안 어딘가에 부딪혀 만들어지는 소리는 (자음 vs 모음)이다. | 정답 | 01. 음운 02. 자음

음운(音韻) 말의 뜻을 구별하여 주는 소리의 가장 작은 단위로, 자음과 모음 등이 있음.

개념+ '달'과 '말'은 'ㄷ'과 'ㅁ'이 달라서, '달'은 '돌'은 'ㅏ'와 'ㅗ'가 달라서 뜻의 차이가 생겨요. 이처럼 언어에서 의미 차이를 만드는 가장 작은 소리 단위를 '음운'이라고 하고, 음운에는 'ㄷ, ㅁ' 같은 자음, 'ㅏ, ㅗ' 같은 모음이 있어요.

자음(子音) 소리를 낼 때 목 안이나 입안의 어떤 곳에서 공기의 흐름이 방해를 받으며 나는 소리.

개념+ '자음'은 공기의 흐름이 방해를 받아 나는 소리인데, 이처럼 방해가 일어나는 부분이 곧 발음 위치가 됩니다. 자음은 아래 표에서와 같이 발음 위치와 발음 방법에 따라 여러 가지로 나누어 살펴볼 수 있어요. 19개의 자음을 소리의 특성, 즉 발음 위치와 발음 방법을 생각하면서 발음해 보세요. 이때 자음은 홀로 발음할 수 없으므로, 모음 'ㅡ'를 결합하여 '브, 쁘, 프'처럼 발음하는 것이 좋아요.

발음 방법		발음 위치	입술소리	잇몸소리	센입천장소리	여린입천장소리	목청소리
안울림소리	파열음	예사소리	ㅂ	ㄷ		ㄱ	
		된소리	ㅃ	ㄸ		ㄲ	
		거센소리	ㅍ	ㅌ		ㅋ	
	파찰음	예사소리			ㅈ		
		된소리			ㅉ		
		거센소리			ㅊ		
	마찰음	예사소리		ㅅ			ㅎ
		된소리		ㅆ			
울림소리	비음		ㅁ	ㄴ		ㅇ	
	유음			ㄹ			

발음 위치	입술소리	두 입술 사이에서 나는 소리.
	잇몸소리	혀끝과 윗잇몸이 닿아서 나는 소리.
	센입천장소리	혓바닥과 센입천장(경구개) 사이에서 나는 소리.
	여린입천장소리	혀의 뒷부분과 여린입천장(연구개) 사이에서 나는 소리.
	목청소리	성대를 막거나 마찰시켜서 내는 소리.

목청의 울림	안울림소리	발음할 때 성대를 진동시키지 않고 내는 소리.
	울림소리	발음할 때 성대가 떨려 울리는 소리. 'ㄴ, ㄹ, ㅁ, ㅇ'과 모든 모음.

발음 방법	파열음	폐에서 나오는 공기를 일단 막았다가 그 막은 자리를 터뜨리면서 내는 소리.
	파찰음	파열음과 마찰음의 두 가지 성질을 다 가지는 소리.
	마찰음	입 안이나 목청 따위의 발음 기관이 좁혀진 사이로 공기가 비집고 나오면서 마찰하여 나는 소리.
	비음	입 안의 통로를 막고 코로 공기를 내보내면서 내는 소리.
	유음	혀끝을 잇몸에 가볍게 대었다가 떼거나, 잇몸에 댄 채 공기를 그 양옆으로 흘려 보내면서 내는 소리.

소리의 세기	예사소리	소리를 낼 때 목이나 입을 긴장시키지 않고 약하게 발음하는 자음.
	된소리	소리를 낼 때 입의 발음 기관을 강하게 긴장시키며 발음하는 자음.
	거센소리	소리를 낼 때 숨을 거세게 내뱉으며 발음하는 자음.

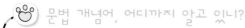
※ 다음 문장의 문맥에 알맞은 단어를 ( ) 안에서 골라 ○표 하세요.

01. (자음 vs 모음)은 다른 음운과 결합하지 않고도 홀로 소리가 날 수 있다.

02. 영어의 알파벳 표기와 달리 한글은 음운을 (모아쓰기 vs 풀어쓰기) 방식으로 표기한다.

03. '女(여자 녀)'의 한자어 표기가 '남녀'와 '여자'로 다른 것은 (두음 법칙 vs 음절의 끝소리 법칙) 때문이다.

| 정답 | 01. 모음 02. 모아쓰기 03. 두음 법칙

모음(母音) 성대의 진동을 받은 소리(울림소리)가 목, 입, 코를 거쳐 나오면서, 그 통로가 좁아지거나 완전히 막히거나 하는 따위의 장애를 받지 않고 나는 소리.

개념+ '모음'은 공기의 흐름이 방해를 거의 받지 않고 나는 소리인데, 혀의 최고점의 위치나 입술의 모양, 혀의 높이에 따라 소리가 달라져요. 우리말에서 모음은 발음할 때 같은 소리가 유지되는 '단모음'이 10개, 발음할 때 입술 모양이나 혀의 위치가 변하면서 소리도 중간에 달라지는 '이중 모음'이 11개예요. 또 자음은 모음과 결합해야 소리가 날 수 있지만, 모음은 자음과 결합하지 않고도 홀로 소리가 날 수 있어요.

혀의 최고점의 위치 입술의 모양 혀의 높이	전설 모음		후설 모음	
	평순 모음	원순 모음	평순 모음	원순 모음
고모음 (혀의 높이 높음)	ㅣ	ㅟ	ㅡ	ㅜ
중모음 (혀의 높이 중간)	ㅔ	ㅚ	ㅓ	ㅗ
저모음 (혀의 높이 낮음)	ㅐ		ㅏ	

단모음	소리를 내는 도중에 입술 모양이나 혀의 위치가 달라지지 않는 모음. ㅏ, ㅐ, ㅓ, ㅔ, ㅗ, ㅚ, ㅜ, ㅟ, ㅡ, ㅣ
이중 모음	입술 모양이나 혀의 위치를 처음과 나중이 서로 달라지게 하여 내는 모음. ㅑ, ㅒ, ㅕ, ㅖ, ㅘ, ㅙ, ㅛ, ㅝ, ㅞ, ㅠ, ㅢ

전설 모음	혀의 최고점이 입 안의 앞쪽에 위치하여 발음되는 모음.
후설 모음	혀의 최고점이 입 안의 뒤쪽에 위치하여 발음되는 모음.

평순 모음	입술을 둥글게 오므리지 않고 발음하는 모음.
원순 모음	입술을 둥글게 오므려 발음하는 모음.

양성 모음	소리의 느낌이 밝고 산뜻한 모음. ㅏ, ㅗ, ㅑ, ㅛ, ㅘ, ㅚ, ㅐ
음성 모음	소리의 느낌이 어둡고 큰 모음. ㅓ, ㅜ, ㅕ, ㅠ, ㅔ, ㅝ, ㅟ, ㅖ

모아쓰기·풀어쓰기

개념+ 한글과 영어의 알파벳은 모두 소리를 기호로 나타내는 문자이지만, 영어는 'school'처럼 알파벳을 차례대로 늘어놓아 쓰는 풀어쓰기 방식으로 표기하는 데 비해, 우리 한글은 '학교'처럼 자음과 모음을 묶어서 써요. 이처럼 발음의 단위, 즉 음절 단위에 따라 묶어 쓰는 표기 방식을 '모아쓰기'라고 해요.

모아쓰기	한글 자음과 모음을 가로세로로 묶어서 쓰는 방식으로, 한글의 일반적인 표기 방식. 예 학교
풀어쓰기	한글의 자음과 모음을 풀어서 초성, 중성, 종성의 차례대로 늘어놓아 쓰는 방식. 예 ㅎㅏㄱㄱㅛ

두음 법칙(頭音法則) 어떤 소리가 단어의 첫머리에 발음되는 것을 꺼려 나타나지 않거나 다른 소리로 발음되는 일.

개념+ '두음'이란 단어의 첫머리를 뜻해요. 'ㅣ, ㅑ, ㅕ, ㅛ, ㅠ' 앞에서 'ㄹ'과 'ㄴ'이 없어지거나 'ㅏ, ㅗ, ㅜ, ㅡ, ㅐ, ㅔ, ㅚ' 앞의 'ㄹ'이 'ㄴ'으로 변하는 일이 있는데 이러한 현상이 두음 법칙에 따른 것이에요. '논리(論理)'의 '리'가 '이성(理性)'에서 '이'로 발음되거나 '경로(敬老)'의 '로'가 '노인(老人)'에서 '노'로 발음되는 것이 두음 법칙이 적용된 예에 해당해요.

01 다음 사건이 일어난 후 밑줄 친 인물들에게 발생할 수 있는 문제와 가장 관련이 깊은 언어의 특성은?

> 성규와 다섯 아이들은 다 함께 완성한 서약서를 읽었다.
> "우리는 앞으로 절대 '손'이라는 말을 쓰지 않겠다. 그 대신 '꽉꽉'이라는 말을 쓸 것이며, 다른 사람들도 그 렇게 하도록 최선을 다할 것이다."
> 그런 다음 차례대로 서약서에 제각기 이름을 썼다.

① 사회성
② 역사성
③ 규칙성
④ 기호성
⑤ 창조성

02 다음 밑줄 친 말들이 다의어에 해당하는 것은?

① 다리가 퉁퉁 부었다. – 다리를 다 건넜다.
② 머리를 짧게 깎았다. – 은혜는 머리가 좋다.
③ 햇빛에 눈이 부시다. – 그릇을 물로 부시다.
④ 배를 깎아 먹자. – 거기 가려면 배를 타야 해.
⑤ 오래 걸어서 발이 아프다. – 총을 수십 발 쏘았다.

03 다음 그림을 바탕으로 '반의어'에 대해 탐구한 내용으로 적절한 것은?

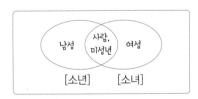

① 반의어는 모든 의미 요소가 공통되고, 단어의 표기만 다르다.
② 반의어는 모든 의미 요소가 다르지만, 단어의 표기는 공통된다.
③ 반의어는 하나의 의미 요소만 공통되고 나머지 의미 요소는 다르다.
④ 반의어는 하나의 의미 요소만 다르고, 나머지 의미 요소는 공통된다.
⑤ 반의어는 세 개의 의미 요소는 다르고, 나머지 의미 요소는 공통된다.

04 다음 단어의 특징을 찾아 선으로 바르게 연결하시오.

(1) 깡충깡충 •
(2) 무럭무럭 •
(3) 퐁당퐁당 •

• ㉠ 양성 모음끼리 어울려 쓰인 의성어
• ㉡ 음성 모음끼리 어울려 쓰인 의태어
• ㉢ 양성 모음과 음성 모음이 함께 쓰인 의태어

05 다음 빈칸에 들어갈 말로 가장 적절한 것은?

> 서윤 : 선생님, '이것, 그것, 저것' 같은 지시어는 어떤 차이가 있나요?
> 선생님 : '이것'은 말하는 이에게 가까운 것을 가리키고, '그것'은 듣는 이에게 가까운 것을 가리킨단다. 그렇 다면 '저것'은 어떤 것을 가리킬까? '서윤아, 저것 좀 가져다줘.' 같은 말을 떠올리며 생각해 보자.
> 서윤 : 아! '저것'은 [   ]을 가리켜요.

① 말하는 이와 듣는 이 모두에게 먼 것
② 말하는 이와 듣는 이 모두에게 가까운 것
③ 말하는 이에게 가깝고, 듣는 이에게 먼 것
④ 말하는 이에게 멀고, 듣는 이에게 가까운 것
⑤ 말하는 이에게는 보이지만, 듣는 이에게 안 보이는 것

06 다음 빈칸에 들어갈 알맞은 말을 4음절로 쓰시오.

> 같은 말도 어떤 시간과 장소에서 누가 누구에게 하느 냐에 따라 전혀 다른 의미일 수 있다. 혼자 운동장에 있던 철수가 "아! 춥다."라고 말하는 것과, 창문이 열린 교실에서 철수가 창가 자리의 학생을 보며 "아! 춥다." 라고 말하는 것은 전혀 다른 의미인 것이다. 이처럼 발 화에 영향을 미치는 담화 상황을 [   ](이)라 고 한다.

(   )

07 아래 그림을 참고하여, 다음 자음들과 발음되는 위치에 따른 명칭을 선으로 바르게 연결하시오.

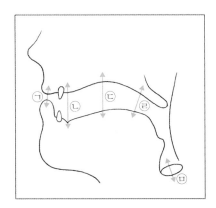

(1) ㅎ •
(2) ㅈ, ㅉ, ㅊ •
(3) ㄱ, ㄲ, ㅋ, ㅇ •
(4) ㅂ, ㅃ, ㅍ, ㅁ •
(5) ㄷ, ㄸ, ㅌ, ㅅ, ㅆ, ㄴ, ㄹ •

• ㉠ 입술소리
• ㉡ 잇몸소리
• ㉢ 센입천장소리
• ㉣ 여린입천장소리
• ㉤ 목청소리

08 다음 자음에 해당하는 발음 방법으로 알맞은 것을 선으로 바르게 연결하시오.

(1) 파열음 •
(2) 파찰음 •
(3) 마찰음 •
(4) 비음 •
(5) 유음 •

• ㉠ 터뜨리는 것과 마찰하는 것이 다 있는 소리.
• ㉡ 공기를 일단 막았다가 터뜨리면서 내는 소리.
• ㉢ 입 안의 통로를 막고 코로 공기를 내보내면서 내는 소리.
• ㉣ 혀끝을 잇몸에 댄 채 공기를 양옆으로 흘려 보내면서 내는 소리.
• ㉤ 입 안이나 목청 따위가 좁혀진 사이로 공기가 비집고 나오며 내는 소리.

09 다음 설명을 뒷받침하는 예로 적절하지 <u>않은</u> 것은?

우리말의 자음은 소리의 세기에 따라 '예사소리 – 된소리 – 거센소리'로 구분된다. 이때 된소리는 예사소리보다 더 강하고 단단한 느낌을, 거센소리는 된소리보다 더 크고 거센 느낌을 만들어 준다. 우리말에서는 이러한 차이에 의해 단어의 기본적 의미는 그대로 두고 느낌만 달라지는 경우를 흔히 볼 수 있다.

① 깜깜하다 – 캄캄하다
② 든든하다 – 튼튼하다
③ 방긋대다 – 빵긋대다
④ 식식대다 – 씩씩대다
⑤ 종알대다 – 쫑알대다

10 다음 빈칸에 들어갈 말로 가장 적절한 것은?

로제 : 나는 '개'하고 '게'의 발음 구분이 힘들어.
지수 : 'ㅐ'와 'ㅔ'가 둘 다 전설 모음이면서 평순 모음이라서 그런 거야. 'ㅐ'는 저모음이고 'ㅔ'는 중모음이니까, '개'라고 말할 때 혀를 더 낮게 하면 돼.
로제 : 혀를 낮게 하는 게 무슨 뜻인지 모르겠어.
지수 : 좋은 방법이 있어. 혀의 위치를 낮게 하려면 입을 더 [   ] 벌리면 돼.

① 작게
② 크게
③ 동그랗게
④ 평평하게
⑤ 납작하게

11 다음 빈칸에 들어갈 알맞은 말을 2음절로 쓰시오.

제니 : 제니야, 우리 끝말잇기 할까?
리사 : 좋아. 내가 먼저 할게. '오리'
제니 : '이발'
리사 : '이발'이라고? '오리'는 '리'로 끝나는데?
제니 : 당연히 [   ] 법칙 적용하는 거 아니었어? '리'는 단어의 첫머리에 나타나지 않으니 '이'로 바꾸어 찾는 걸 허용해 줘야지!
리사 : 그런 법칙이 있어? 그럼 내 이름도 '이사'라고 써야 하는 거야? @.@

(   )

국어에서 자음과 모음은 모두 고유의 소리를 가지며, 그 고유의 소리는 항상 동일하다. 이것이 국어와 마찬가지로 소리를 표기하는 글자인 영어의 알파벳과 다른 점이다. 국어에서 'ㅏ'는 언제나 [아]로 발음되지만, 영어에서 알파벳 'a'는 art[아트], apple[애플], cake[케이크]처럼 그때그때 다르게 발음되는 것이다.

그런데 국어의 음운 가운데 'ㅇ'은 특이하게도 소리가 있을 때가 있고 없을 때가 있다. 'ㅇ'이 음절의 끝소리에 쓰일 때에는, '가'와 '강'의 발음을 비교해 보면 알 수 있듯이 [ŋ] 발음이 있다. 반면 'ㅇ'이 첫소리에 쓰일 때에는 아무 소리가 없다. 'ㅏ'와 '아'를 발음해 보면 두 발음이 똑같다는 것을 알 수 있다. 그리고 'ㅇ'이 첫소리로 쓰여 아무 소리가 나지 않는 것을 '소릿값이 없다'고 표현한다. '소릿값'이라는 것은 발음 기관에 의해 만들어지는 실제 소리를 가리키는 말로, 소릿값이 없는 경우 음운으로 분류하지 않는다. 따라서 '공'은 3개의 음운으로 이루어진 단어이지만 '운'은 2개의 음운으로 이루어진 단어인 것이다.

국어의 자음 중에도 특이한 것이 있는데, '나뭇가지'와 같은 단어의 받침에 쓰인 'ㅅ'이다. 원래 '나뭇가지'라는 단어는 '나무'와 '가지'라는 두 단어가 결합하여 만들어진 말이다. 그런데 두 단어가 합쳐지면서 '가지'의 'ㄱ'이 된소리 'ㄲ'으로 바뀌어 발음되는데, 이런 경우 두 단어 사이에 'ㅅ'을 붙여 표기한다. '나뭇가지'의 '나무'에 결합한 받침 'ㅅ'은 원래 있던 것이 아니라, '가지'를 [까지]로 발음하게 된다는 것을 표시해 주는 기호인 것이다. 이처럼 두 단어가 결합할 때, 두 단어 사이에서 발음이 변하는 것을 표시하기 위해 덧붙이는 'ㅅ'을 ㉠ '사이시옷'이라고 한다.

12 윗글의 내용과 일치하지 <u>않는</u> 것은?

① 국어의 자음, 모음은 모두 고유의 소리를 가지고 있다.
② 영어의 알파벳은 동일한 문자가 다양한 소리로 발음될 수 있다.
③ 국어의 자음, 모음은 모아쓰기 방식으로, 영어의 알파벳은 풀어쓰기 방식으로 표기한다.
④ 국어의 자음, 모음과 영어의 알파벳은 모두 소리를 나타내는 글자이다.
⑤ 국어의 자음, 모음은 소릿값이 없어도 음운으로 분류한다.

13 윗글을 바탕으로, 〈보기〉를 읽고 추론한 내용으로 적절한 것은?

─────────〈보기〉
우리말에서 'ㄹ'과 'ㄴ'은 첫머리에서 발음되는 것을 꺼릴 때가 있다. 논리(論理)에 쓰인 글자 '리(理)'가 단어의 첫머리에서는 '이론(理論)'에서와 같이 '이'가 되고, '남녀(男女)'에 쓰인 글자 '녀(女)'가 단어의 첫머리에서는 '여자(女子)'에서와 같이 '여'가 되는 것이다. 한편 '미래(未來)'에 쓰인 '래(來)'는 단어의 첫머리에서 '내일(來日)'에서와 같이 '내'가 된다.

① '이론'은 'ㄹ' 음운이 'ㅇ'으로 바뀐 것이다.
② '여자'는 'ㄴ' 음운이 'ㅇ'으로 바뀐 것이다.
③ '내일'은 'ㄴ' 음운이 'ㄹ'으로 바뀐 것이다.
④ '내일'은 'ㄹ'과 'ㅇ' 음운이 모두 사라진 것이다.
⑤ '이론'과 '여자'는 'ㄹ'과 'ㄴ' 음운이 사라진 것이다.

14 ㉠이 들어간 단어의 예로 적절하지 <u>않은</u> 것은?

① 나룻배   ② 쇳조각   ③ 옷걸이
④ 아랫집   ⑤ 혓바늘

속담, 한자성어, 관용표현으로 한 걸음 더

자주 쓰는 관용 표현을 살펴봐요

⊙ **숨이 턱에 닿다**
몹시 숨이 차다.

⊙ **등을 떠밀다**
일을 억지로 시키거나 부추기다.

⊙ **눈에 불을 켜다**
① 몹시 욕심을 내거나 관심을 기울이다. ② 화가
나서 눈을 부릅뜨다.

⊙ **코가 빠지다**
근심에 싸여 기가 죽고 맥이 빠지다.

⊙ **입을 모으다**
여러 사람이 같은 의견을 말하다.

⊙ **입을 맞추다**
서로의 말이 일치하도록 하다.

⊙ **가슴이 무너져 내리다**
심한 충격을 받아 마음을 다
잡기 힘들게 되다.

---

15 다음 관용 표현 중, 위에 제시된 '코가 빠지다'와 의미가 가장 가까운 것은?

① 코가 높다

② 코가 솟다

③ 코가 꿰이다

④ 코가 우뚝하다

⑤ 코가 납작해지다

---

16 다음 밑줄 친 관용 표현과 바꾸어 쓸 수 있는 말로 가장 적절한 것은?

> 동생들은 나에게 <u>입을 모아</u> 무서운 이야기를 해 달라고 졸랐다.

① 일언반구(一言半句)로

② 일구이언(一口二言)으로

③ 이구동성(異口同聲)으로

④ 이심전심(以心傳心)으로

⑤ 유구무언(有口無言)으로

---

17 위에 제시된 관용 표현들의 쓰임이 적절하지 <u>않은</u> 것은?

① 친구들은 나에게 회장 선거에 출마하라며 <u>등을 떠밀었다</u>.

② 마침내 아들이 무사히 돌아오자 어머니는 <u>가슴이 무너져 내렸다</u>.

③ 형사의 조사가 시작되자 범인들은 서로 <u>입을 맞춘</u> 듯이 대답했다.

④ 경기장에 들어찬 사람들은 <u>입을 모아</u> 우리나라 선수들을 응원했다.

⑤ 오랜만에 친구들과 축구를 했더니 <u>숨이 턱에 닿아</u> 쓰러질 것 같았다.

26 문법(2)

공부한 날 : ___월 ___일

문법 개념어, 어디까지 알고 있니?

※ 다음 문장의 문맥에 알맞은 단어를 ( ) 안에서 골라 ○표 하세요.

01. '교실'은 (명사 vs 대명사)이고, '여기'는 (명사 vs 대명사)이다.

02. '꽃이 예쁘다.'의 '예쁘다'는 (동사 vs 형용사)이고, '꽃이 피다.'의 '피다'는 (동사 vs 형용사)이다.

03. '새 옷'의 '새'는 (관형사 vs 부사)이고, '너무 큰 옷'의 '너무'는 (관형사 vs 부사)이다.

04. '에구머니', '어머나'처럼 말하는 사람의 느낌이나 대답 등을 나타내는 말을 (수사 vs 감탄사)라 한다.

05. '내가 너를 사랑해.'에서 '가, 를'은 (조사 vs 수사)이다.

06. '가다, 갔다, 간다, 가겠다'처럼 형태가 바뀌는 단어를 (가변어 vs 불변어)라고 한다.

| 정답 | 01. 명사, 대명사 02. 형용사, 동사 03. 관형사, 부사 04. 감탄사 05. 조사 06. 가변어

단어(單語) 분리하여 자립적으로 쓸 수 있는 말이나 이에 준하는 말. 또는 그 말의 뒤에 붙어서 문법적 기능을 나타내는 말.

품사(品詞) 단어를 기능, 형태, 의미에 따라 나눈 갈래.

개념+ 우리말에서 단어는 의미를 기준으로 '명사, 대명사, 수사, 동사, 형용사, 관형사, 부사, 조사, 감탄사'의 아홉 가지 품사로 나눌 수 있어요. 또한 단어의 기능을 기준으로 아홉 품사를 '체언, 용언, 수식언, 관계언, 독립언'으로 묶을 수 있어요. 단어의 형태를 기준으로는 '불변어'와 '가변어'로 묶을 수 있어요.

명사	사람이나 사물, 장소의 이름을 나타내는 단어. 예 사람, 학생, 책, 가방, 구름	문장에서 주체가 되는 단어	체언
대명사	사람이나 사물, 장소 등의 이름을 대신 나타내는 단어. 예 이것, 그것, 여기, 거기, 나, 너, 그, 그녀, 누구		
수사	사물의 수량이나 순서를 나타내는 단어. 예 하나, 둘, 셋, 첫째, 둘째, 셋째		
동사	사람이나 사물의 동작이나 작용을 나타내는 단어. 예 먹다, 가다, 보다, 잡다	주체의 동작이나 상태, 성질을 서술하며 활용(형태 변화)을 하는 단어	용언
형용사	사람이나 사물의 성질이나 상태를 나타내는 단어. 예 아름답다, 크다, 많다, 푸르다		
관형사	체언 앞에 놓여서, 그 체언의 내용을 자세히 꾸며 주는 단어. 예 새, 헌, 옛, 이, 그, 저, 한, 두, 세	다른 단어를 꾸며 주는 단어	수식언
부사	용언 또는 다른 말이나 문장 전체를 꾸며 주는 단어. 예 가장, 너무, 이리, 그리, 못, 아니, 과연, 설마, 그리고, 그러나		
조사	체언이나 부사, 어미 따위에 붙어 다른 말과의 문법적 관계를 나타내거나 특별한 의미를 더해 주는 단어. 예 이/가, 을/를, 의, 에, 에게, 이다	단어들의 문법적 관계를 나타내는 단어	관계언
감탄사	말하는 사람의 느낌이나 부름, 대답 등을 나타내는 단어. 예 아, 아차, 어머나, 여보세요, 자, 예[네], 아니, 어	다른 품사와 관계없이 독립적으로 쓰이는 단어	독립언

불변어	형태가 변하지 않는 단어. 명사, 대명사, 수사, 관형사, 부사, 조사, 감탄사가 여기에 속함.
가변어	문장 속에서 활용하여 형태가 변하는 단어. 동사, 형용사, 서술격 조사 '이다'가 여기에 속함. 예 먹다(먹고, 먹니, 먹어서), 학생이다(이고, 이니, 이어서)

※ 다음 문장의 문맥에 알맞은 단어를 ( ) 안에서 골라 ○표 하세요.

01. 우리말에서 뜻을 지닌 가장 작은 말의 단위를 (단어 vs 형태소)라고 한다.

02. '맨땅'의 '맨-'은 (어근 vs 접사)이고, '땅'은 (어근 vs 접사)이다.

03. '나무꾼'의 '나무'는 (어근 vs 접사)이고, '-꾼'은 (어근 vs 접사)이다.

04. '예쁘니'의 '예쁘-'는 (어간 vs 어미)이고, '-니'는 (어간 vs 어미)이다.

05. '부르고'의 '부르-'는 (어간 vs 어미)이고, '-고'는 (어간 vs 어미)이다.

| 정답 | 01. 형태소 02. 접사, 어근 03. 어근, 접사 04. 어간, 어미 03. 어간, 어미

형태소(形態素) 일정한 뜻을 가진 가장 작은 말의 단위.

개념+ '형태소'는 뜻을 가진 가장 작은 말의 단위로, 더 이상 쪼개면 뜻을 잃어버리는 최소의 의미 단위를 의미해요. 이때의 뜻은 실질적인 뜻과 문법적인 뜻을 모두 포함한 개념이에요. 형태소는 자립성의 유무에 따라, 혼자 자립할 수 있는 '자립 형태소'와, 다른 말에 기대어서만 쓰일 수 있는 '의존 형태소'로 나뉘어요. 또 실질적인 의미의 유무에 따라, 실질적 의미가 있는 '실질 형태소'(명사, 대명사, 수사, 동사 어간, 형용사 어간, 관형사, 부사, 감탄사)와, 문법적 기능만 하는 '형식 형태소'(조사, 어미, 접사)로 나뉜답니다.

예쁜 꽃이 피었다						
예쁘-	-ㄴ	꽃	이	피-	-었-	-다
형용사 어간	어미	명사	조사	동사 어간	어미	어미
실질 형태소	형식 형태소	실질 형태소	형식 형태소	실질 형태소	형식 형태소	형식 형태소
의존 형태소	의존 형태소	자립 형태소	의존 형태소	의존 형태소	의존 형태소	의존 형태소

어근(語根) / 접사(接辭)

개념+ '어근'과 '접사'는 새로운 단어가 만들어질 때 사용되는 개념이에요. 예를 들어 명사 '땅'에 '맨-'이라는 말이 결합하면 '다른 것이 없는 땅'이라는 뜻의 명사 '맨땅'이 만들어지고, 형용사 '높다'에 '드-'라는 말이 결합하면 '매우 높다'라는 뜻의 형용사 '드높다'가 만들어져요. 또 동사 '날다'의 어근 '날-'에 '-개'라는 말이 결합하면 '날개'라는 새로운 명사가 만들어지죠. 이처럼 새로운 단어가 만들어질 때 실질적인 의미를 나타내는 부분을 '어근', 어근에 붙어 새로운 의미를 덧붙이거나 품사를 바꿔 주는 말을 '접사'라고 해요. 접사 중에서 어근 앞에 결합하는 '맨-', '드-'와 같은 접사를 '접두사', 어근 뒤에 결합하는 '-개'와 같은 접사를 '접미사'라고 하지요.

단어의 파생	어근	단어에서 실질적인 의미를 나타내는 중심 부분. 예 '맨땅'에 쓰인 명사 '땅', '드높다'에 쓰인 형용사 '높-', '날개'에 쓰인 동사 '날-'
	접사	어근에 붙어 특별한 의미를 더하거나 문법적 기능을 부여하는 형태소. 예 '맨땅'에 쓰인 접두사 '맨-', '드높다'에 쓰인 접두사 '드-', '날개'에 쓰인 접미사 '-개'

어간(語幹) / 어미(語尾)

개념+ 동사와 형용사, 그리고 서술격 조사 '이다'는 문장에서 다양하게 형태가 변해요. 예를 들어 형용사 '예쁘다'는 '예쁘고, 예쁘니, 예쁘구나, 예쁘지만' 등으로 다양하게 변하죠. 이러한 형태 변화를 '활용'이라고 하고, 활용을 하는 단어라는 의미에서 동사와 형용사를 용언이라고 해요. 이처럼 활용하는 단어를 형태소 단위로 분석해 보면, 어간과 어미로 나눌 수 있어요. 단어가 활용할 때 변하지 않고 고정되어 있는 부분을 '어간'이라고 하고, 어간 뒤에 연결되어 여러 가지 문법적 의미를 더해 주는 부분을 '어미'라고 해요. 이때 어간에 어미 '-다'가 결합된 형태를 그 단어의 기본형이라고 한답니다.

용언의 활용	어간	용언(동사, 형용사) 및 서술격 조사 '이다'가 활용할 때 변하지 않는 부분으로, 기본형에서 '-다'를 제외한 부분. 예 동사 '먹다'의 '먹-', 형용사 '예쁘다'의 '예쁘-'
	어미	용언 및 서술격 조사 '이다'가 활용할 때 변하는 부분. 예 '먹고, 먹어, 먹으니, 먹더라도, 먹을수록'의 '-고, -어, -으니, -더라도, -을수록'

 문법 개념어, 어디까지 알고 있니?

※ 다음 문장의 문맥에 알맞은 단어를 ( ) 안에서 골라 ○표 하세요.

01. '나는 너와 다르다.'는 세 개의 (음절 vs 어절)로 구성된 문장이다.

02. '명수가 의사가 되었다.'의 '명수가'는 (주어 vs 보어)이고, '의사가'는 (주어 vs 보어)이다.

03. '성규가 옷을 입는다.'의 '옷을'은 (목적어 vs 서술어)이고, '입는다'는 (목적어 vs 서술어)이다.

04. '예쁜 꽃이 활짝 피었다.'의 '예쁜'은 (관형어 vs 부사어)이고, '활짝'은 (관형어 vs 부사어)이다.

05. '아, 하늘이 정말 파랗다.'의 '아'는 (부사어 vs 독립어)이고, '정말'은 (부사어 vs 독립어)이다.

| 정답 | 01. 어절 02. 주어, 보어 03. 목적어, 서술어 04 관형어, 부사어 05 독립어, 부사어

음절(音節) 하나의 종합된 음의 느낌을 주는 말소리의 단위.

개념+ '음절'은 자음과 모음, 즉 음운들이 모여서 이루어진 소리의 덩어리예요. '아침'은 '아'라는 음절과 '침'이라는 음절로 이루어져 있어요.

어절(語節) 문장을 구성하고 있는 각각의 마디.

개념+ '어절'은 문장을 구성하는 각각의 마디로, 띄어쓰기의 단위와 일치해요. 보통 한 단어가 하나의 어절을 이루는 경우가 많지만, 조사처럼 문법적 기능을 하는 단어는 앞에 있는 말에 붙어 하나의 어절을 이루기도 해요.

문장 성분(文章成分) 문장을 구성하는 기능적 단위.

개념+ '문장 성분'은 문장 안에서 일정한 문법적 기능을 하는 기본 단위가 되며, 어절 단위로 끊어 분석해요. 문장에서의 기능에 따라 '주어, 서술어, 목적어, 보어, 관형어, 부사어, 독립어'의 일곱 가지 성분으로 나눌 수 있는데, 이를 문장에서의 중요도에 따라 '주성분, 부속 성분, 독립 성분'으로 묶을 수 있어요.

주어	• 서술어가 나타내는 동작, 상태, 성질이 주체가 되는 성분. • '누가', '무엇이'에 해당하는 말. 예 명수가 밥을 먹는다. / 할머니께서 진지를 잡수신다.	문장의 골격을 이루는 필수적인 성분	주성분
서술어	• 주어의 동작, 상태, 성질을 풀이하는 성분. • '어찌하다(동사)', '어떠하다(형용사)', '무엇이다(체언 + 서술격 조사)'에 해당하는 말. 예 성규가 학교에 간다. / 날씨가 좋다. / 동우는 대학생이다.		
목적어	• 서술어가 나타내는 동작의 대상이 되는 성분. • '무엇을', '누구를'에 해당하는 말. 예 우현이 책을 읽는다. / 선생님께서 성열을 부르셨다.		
보어	• 서술어 '되다, 아니다' 앞에 오는 말로, 주어가 아닌 성분. 예 성종이 선생님이 되었다. / 그는 범인이 아니다.		
관형어	• 체언을 꾸미는 성분. • '관형사', '체언 + 의(관형격 조사)', '용언의 관형사형' 등 예 우현이 새 옷을 샀다. / 물의 온도가 딱 알맞다. / 명수는 따뜻한 전골을 좋아한다.	주성분을 꾸미는 성분	부속 성분
부사어	• 주로 용언을 꾸미며, 문장 전체를 꾸미기도 하는 성분. • '부사', '체언 + 에, 에게, 으로, 와(부사격 조사)' 등 예 하늘이 너무 흐리다. / 성규가 집에 갔다. / 날씨가 어제와 다르다.		
독립어	• 다른 성분과 직접 관련이 없는 문장 성분. • '감탄사', '체언 + 아/야(호격 조사)', '대답하는 말' 등 예 어머나, 벌써 집에 갈 시간이네! / 명수야, 우리 내일 또 보자. 네, 부르셨어요? / 아니요, 저는 모르는데요.	다른 성분과 직접적인 관계가 없는 성분	독립 성분

※ 다음 문장의 문맥에 알맞은 단어를 ( ) 안에서 골라 ○표 하세요.

01. 주어와 서술어의 관계가 두 번 이상 나타나는 문장은 (홑문장 vs 겹문장)이다.
02. 주어와 서술어의 관계가 두 번 이상 나타나는 문장에서 전체 문장에 포함된 작은 문장은 (절 vs 어절)이다.
03. '토끼는 앞발이 짧다.'라는 문장은 (홑문장 vs 겹문장)이다.
04. '여름은 덥고 겨울은 춥다.'라는 문장은 (대등하게 vs 종속적으로) 이어진 문장이다.
05. '농부들은 비가 오기를 기다린다.'라는 문장은 (관형절 vs 명사절)을 안은 문장이다.

| 정답 | 01. 겹문장 02. 절 03. 겹문장 04. 대등하게 05. 명사절

홑문장/겹문장(-文章)

개념+ '홑문장'은 한 문장에서 주어와 서술어의 관계가 한 번만 나타나는 문장이에요. 아무리 긴 문장이라도 주어와 서술어의 관계가 한 번만 나타나면 홑문장에 해당해요. '겹문장'은 한 문장에서 주어와 서술어의 관계가 두 번 이상 나타나는 문장이에요. 겹문장에는 홑문장이 서로 이어져 있는 '이어진문장'과, 한 개의 홑문장이 다른 문장 속에 한 성분으로 들어가 있는 '안은문장'이 있어요.

홑문장	주어와 서술어의 관계가 한 번만 나타나는 문장. 예 눈이 펑펑 내린다.(주어 + 부사어 + 서술어)
겹문장	주어와 서술어의 관계가 두 번 이상 나타나는 문장. 이어진문장과 안은문장이 있음. 예 눈이 와서, 길이 미끄럽다.([주어 + 서술어] + [주어 + 서술어]) 나는 눈이 그치기를 기다린다.(주어 + [주어 + 서술어] + 서술어)

이어진문장

개념+ '이어진문장'은 둘 이상의 홑문장이 연결 어미에 의해 나란히 연결된 문장으로, 두 문장의 의미 관계에 따라 '대등하게 이어진 문장'과 '종속적으로 이어진 문장'으로 나뉘어요.

대등하게 이어진 문장	둘 이상의 홑문장이 대등한 자격으로 이어진 문장. '나열, 대조, 선택' 등의 의미를 나타냄. 예 비가 오고, 바람이 분다.([주어 + 서술어] + [주어 + 서술어])
종속적으로 이어진 문장	• 앞 문장이 뒤 문장에 대해 '원인, 조건, 의도(목적), 양보' 등 종속적인 의미 관계로 이어진 문장. • 앞 문장과 뒤 문장의 순서를 바꾸면 문장이 성립하지 않거나 의미가 달라짐. 예 비가 오면, 기온이 내려간다.([주어 + 서술어] + [주어 + 서술어])

안은문장/안긴문장(절)

개념+ 다른 홑문장을 안고 있는 전체 문장을 '안은문장'이라고 하고, 안은문장에서 문장 성분처럼 사용되는 홑문장을 '안긴문장(= 절)'이라고 해요. 안긴문장은 형태와 기능에 따라 '명사절, 관형절, 부사절, 서술절, 인용절'로 나눌 수 있어요.

명사절을 안은 문장	절이 명사의 역할을 하는 문장. 안긴문장에 '-(으)ㅁ, -기' 등이 붙어 만들어짐. 예 나는 명수가 오기를 기다린다.(주어 + [주어 + 서술어] + 서술어)
관형절을 안은 문장	절이 관형어의 역할을 하는 문장. 안긴문장에 '-(으)ㄴ, -는, -(으)ㄹ, -던' 등이 붙어 만들어짐. 예 나는 명수가 온다는 소식을 들었다.(주어 + [주어 + 서술어] + 목적어 + 서술어)
부사절을 안은 문장	절이 부사어의 역할을 하는 문장. 안긴문장에 '-게, -도록' 등이 붙어 만들어짐. 예 나는 명수를 눈이 빠지게 기다린다.(주어 + 목적어 + [주어 + 서술어] + 서술어)
서술절을 안은 문장	절이 서술어의 역할을 하는 문장. 서술절 전체가 안은문장의 서술어 역할을 함. 예 나는 시간이 없다.(주어 + [주어 + 서술어])
인용절을 안은 문장	다른 사람의 말이나 글을 인용한 절을 포함한 문장. 안긴문장에 '고(간접 인용), 라고(직접 인용)'가 붙어 만들어짐. 예 우현이 명수가 출발했다고 말했다.(주어 + [주어 + 서술어] + 서술어)

문제로 단어 익히기

01 〈보기〉를 참고할 때, 다음 중 품사가 <u>다른</u> 것은?

〈보기〉

> 동사와 형용사를 쉽게 구별하는 방법은 용언의 어간에 현재형 어미 '-ㄴ다 / -는다'나 명령형 어미 '-아라 / -어라', 청유형 어미 '-자'를 붙여 보는 것이다. 일반적으로 '먹는다, 먹어라, 먹자'처럼 자연스러우면 동사, '높는다, 높아라, 높자'처럼 어색하면 형용사에 해당한다.

① 뛰다   ② 잡다
③ 숨다   ④ 웃다
⑤ 좁다

02 밑줄 친 부분이 〈보기〉의 ㉠에 해당하는 것은?

〈보기〉

> 대체로 체언 뒤에 붙는 조사는 대화 상황에서 생략할 수 있는 경우가 많다. 그러나 문장에서의 역할에 따라 ㉠ 조사를 생략하기 어려운 경우도 있다.

① 명수<u>가</u> 벌써 왔어?
② 우현아, 어디<u>에</u> 가니?
③ 성규가 너를 좋아한대.
④ 성열은 동생<u>에게</u> 전화했다.
⑤ 나는 동우<u>의</u> 노래를 좋아해.

03 〈보기〉를 참고할 때, 밑줄 친 부분이 체언이 <u>아닌</u> 것은?

〈보기〉

> 체언은 문장의 중심이 되는 부분으로, 주로 조사와 결합하여 쓰인다. 따라서 어떤 단어가 체언인지 확인하려면 조사와 결합할 수 있는지를 따져 보면 된다.

① <u>당신</u>에게 전할 말이 있소.
② 더 이상 망설일 <u>수</u>는 없다.
③ 모든 문제는 <u>내</u>가 책임진다.
④ 그는 <u>자기</u> 뜻을 굽히지 않았다.
⑤ 나도 <u>그것</u>까지는 생각하지 못했다.

04 다음 중 대명사가 사용되지 <u>않은</u> 문장은?

① 저 사람은 누구야?
② 이것이 좋을까, 저것이 좋을까?
③ 둘 중에 어느 것이 진짜인가요?
④ 표를 구매하실 분들은 이쪽으로 오세요.
⑤ 여기에서 은행까지 가려면 버스를 타야 한다.

05 〈보기〉의 선생님의 질문에 대한 답으로 적절한 것은?

〈보기〉

> 선생님 : '먹다'라는 단어를 보면, 실질적 의미를 지니는 부분인 어근은 '먹-'이고, 활용할 때 변하지 않는 부분인 어간 역시 '먹-'이에요. 그러나 '짓밟다'처럼 접사 '짓-'이 결합해서 만들어진 파생어의 경우는 조금 달라요. '짓밟다'의 어근은 '밟-'이지만 어간은 '짓밟-'이에요. '짓밟고, 짓밟아, 짓밟으니'처럼 활용하기 때문이죠. 그럼 '치솟다'의 어근과 어간을 각각 말해 볼까요?
> 명수 : _____

① 어근은 '솟-'이고, 어간도 '솟-'입니다.
② 어근은 '솟-'이고, 어간은 '치솟-'입니다.
③ 어근은 '치솟-'이고, 어간은 '솟-'입니다.
④ 어근은 '치솟-'이고, 어간도 '치솟-'입니다.
⑤ 어근은 '치솟-'이고, 어간은 '치솟다'입니다.

06 〈보기〉는 문장의 형태소를 분석한 것이다. 각각에 해당하는 형태소를 쓰시오.

〈보기〉

> 하늘이 푸르다.
> → '하늘', '이', '푸르-', '-다'

(1) 자립 형태소 : (   )
(2) 의존 형태소 : (   )
(3) 실질 형태소 : (   )
(4) 형식 형태소 : (   )

07 다음 문장 성분에 대한 설명으로 알맞은 것을 찾아 선으로 바르게 연결하시오.

(1) 주어 •
(2) 서술어 •
(3) 목적어 •
(4) 보어 •
(5) 관형어 •
(6) 부사어 •

• ㉠ 서술어가 나타내는 동작의 대상이 되는 성분.
• ㉡ 동작, 상태, 성질의 주체가 되는 성분.
• ㉢ 서술어 '되다, 아니다' 앞에 오는 말로, 주어가 아닌 성분.
• ㉣ 주어의 동작, 상태, 성질을 풀이하는 성분.
• ㉤ 주로 용언을 꾸미며, 문장 전체를 꾸미기도 하는 성분.
• ㉥ 체언을 꾸미는 성분.

08 다음 ㉠~㉤ 중, 문장의 주성분에 해당하지 <u>않는</u> 것은?

• 아라는 ㉠ 책을 보고 있다.
• 예지는 ㉡ 우리의 ㉢ 희망이다.
• ㉣ 민지가 ㉤ 선생님이 되었다.

① ㉠   ② ㉡   ③ ㉢
④ ㉣   ⑤ ㉤

09 다음 밑줄 친 말이 부사어가 <u>아닌</u> 것은?

① 성종은 아버지와 많이 닮았다.
② 설마 그걸 다 먹기야 하겠니?
③ 너는 다른 생각 말고 공부나 해.
④ 명수는 꽃다발을 정아에게 주었다.
⑤ 과연 이 일은 앞으로 어떻게 될 것인가?

10 〈보기〉를 참고할 때, 주어진 문장이 ㉠의 의미 관계 중무엇을 나타내는지 쓰시오.

〈보기〉
대등하게 이어진 문장은 둘 이상의 홑문장이 대등한 자격으로 이어진 문장으로, 앞 문장과 뒤 문장이 ㉠ '나열, 대조, 선택' 등의 의미 관계를 지닌다.

(1) 암벽 등반은 힘들고 재미있다. : (   )
(2) 암벽 등반은 힘들거나 재미있다. : (   )
(3) 암벽 등반은 힘들지만 재미있다. : (   )

11 〈보기〉의 ㉠에 해당하는 문장으로 가장 적절한 것은?

〈보기〉
종속적으로 이어진 문장은 앞 문장과 뒤 문장이 연결 어미로 이어져 있다. 이때 앞 문장과 뒤 문장은 '원인, 조건, ㉠ 의도, 양보, 배경' 등의 의미 관계를 나타낸다.

① 밥을 급하게 먹으면 건강에 안 좋다.
② 밥을 먹으려고 가까운 식당을 찾았다.
③ 밥을 아무리 먹어도 배가 부르지 않다.
④ 밥을 먹고 있는데 친구가 나를 불렀다.
⑤ 밥을 못 먹어서 그는 쓰러질 것 같았다.

12 〈보기〉를 참고할 때, 주어진 문장의 밑줄 친 부분이 ㉠ 중무엇에 해당하는지 쓰시오.

〈보기〉
안긴문장은 안은문장에서 문장 성분처럼 사용되는 홑문장으로, 형태와 기능에 따라 ㉠ '명사절, 관형절, 부사절, 서술절, 인용절'로 구분된다.

(1) 그는 걱정이 많다. : (   )
(2) 그는 발이 닳도록 걸었다. : (   )
(3) 그는 형이 준 책을 읽었다. : (   )
(4) 그는 그녀가 범인임을 몰랐다. : (   )
(5) 그는 "내가 할게."라고 말했다. : (   )

국어 단어는 '명사, 대명사, 수사, 동사, 형용사, 관형사, 부사, 감탄사, 조사' 등 모두 아홉 개의 품사로 나눌 수 있다. 이 중 조사는 다른 말과의 문법적 관계를 표시하거나 특별한 의미를 더해 주는 단어로, 다른 단어와 달리 앞말에 붙여 쓴다. 조사 가운데 격 조사는 앞말이 문장 안에서 일정한 자격을 갖도록 해 주는데, '책상'이라는 명사에 주격 조사 '이'가 결합하면 주어가 되고, 목적격 조사 '을'이 결합하면 목적어가 된다. 또한 ㉠ 보조사는 앞말에 특별한 뜻을 더해 주는 조사로, '대조, 한정, 첨가' 등 다양한 의미를 더해 준다.

품사가 단어의 고유 성질로 변하지 않는 것과 달리, 문장에서의 기능에 따라 분류하는 문장 성분은 그때그때 달라질 수 있다. 예를 들어 '책'이라는 명사가 '책이 많다.'에서는 주어로, '책을 읽다.'에서는 목적어로, '책의 내용을 파악하다.'에서는 관형어로, '책에서 찾다'에서는 부사어로, '이것은 책이다.'에서는 서술어로 쓰이는 것이다. 이러한 문장 성분을 파악할 때 헷갈리기 쉬운 것이 관형어와 부사어이다. 문장 성분의 단위인 관형어, 부사어를 품사인 관형사, 부사와 혼동하는 경우가 있기 때문이다.

'온갖 꽃이 피었다.'에서 '온갖'은 문장 성분도 관형어, 품사도 관형사이다. 그러나 '많은 꽃이 피었다.'에서 '많은'은, 문장 성분은 '꽃'이라는 명사를 수식하는 관형어이지만 품사는 형용사이다. 이처럼 용언이 문장에서 관형어나 부사어로 쓰일 수 있게 해 주는 것이 바로 어미이다. 용언 어간에 결합하는 어미는 문장을 종결하거나 연결하는 역할도 하지만, ㉡ 용언이 특정 품사처럼 쓰일 수 있도록 성질을 바꾸어 주는 역할도 한다.

13 다음 중 ㉠이 사용된 문장이 **아닌** 것은?

① 키가 크다.
② 키는 크다.
③ 키만 크다.
④ 키도 크다.
⑤ 키까지 크다.

14 윗글을 참고할 때, 〈보기〉의 밑줄 친 부분에 대한 설명으로 적절하지 **않은** 것은?

〈보기〉

㉮ 새 책을 읽다.
㉯ 새로운 책을 읽다.
㉰ 책을 대충 읽다.
㉱ 책을 빠르게 읽다.

① ㉮에서 '새'의 품사는 관형사이고, 문장 성분은 관형어이다.
② ㉯에서 '새로운'의 품사는 형용사이고, 문장 성분은 관형어이다.
③ ㉰에서 '대충'의 품사는 관형사이고, 문장 성분은 부사어이다.
④ ㉱에서 '빠르게'의 품사는 형용사이고, 문장 성분은 부사어이다.
⑤ ㉯의 '새로운'과 ㉱의 '빠르게'는 문장 성분은 다르지만 품사는 같다.

15 다음 밑줄 친 어미가 ㉡과 같은 역할을 하는 것은?

① 우선 밥부터 먹자.
② 밥은 먹고 왔니?
③ 밥 먹기를 좋아한다.
④ 일단 한 번 먹어 봐.
⑤ 아니, 그걸 다 먹어?

자주 쓰는 관용 표현을 살펴봐요

◉ **첫발을 떼다**
어떤 일이나 사업의 시작에 들어서다.

◉ **파김치가 되다**
몹시 지쳐서 기운이 아주 나른하게 되다.

◉ **치가 떨리다**
참을 수 없이 몹시 분하거나 지긋지긋하다.

◉ **침을 삼키다**
① 음식 따위를 몹시 먹고 싶어 하다. ② 자기 소유로 하고자 몹시 탐내다.

◉ **엉덩이가 근질근질하다**
한군데 가만히 앉아 있지 못하고 자꾸 일어나 움직이고 싶어 하다.

◉ **애간장을 태우다**
몹시 초조하고 안타까워서 속을 많이 태우다.
※ 애간장 : '애(초조한 마음속)'를 강조하여 이르는 말

---

16 다음 중 위에 제시된 관용 표현 '첫발을 떼다'와 의미가 가장 가까운 것은?

① 운을 떼다
② 학을 떼다
③ 한 손을 떼다
④ 첫술에 배부르랴
⑤ 첫 단추를 끼우다

---

17 위에 제시된 관용 표현 '침을 삼키다'와 바꾸어 쓰기에 가장 적절한 것을 〈보기〉에서 골라 쓰시오.

〈보기〉
• 침을 흘리다 • 침이 마르다 • 침 발라 놓다

( )

---

18 다음 중 밑줄 친 부분이 관용 표현으로 사용되지 <u>않은</u> 것은?

① 아이들은 <u>침을 삼키며</u> 고구마가 다 익기만 기다리고 있다.
② 체육 대회가 끝난 후 완전히 <u>파김치가 되어</u> 집에 돌아왔다.
③ 이제 곧 학교를 졸업하고 사회생활의 <u>첫발을 뗄</u> 순간이 올 것이다.
④ 철수는 아까부터 <u>엉덩이가 근질근질해서</u> 친구들 몰래 긁고 있었다.
⑤ 그는 억울하게 범인으로 몰렸던 그때만 생각하면 아직도 <u>치가 떨린다</u>.

실패란 넘어지는 것이 아니라

그 자리에 머무는 것이다.

Never give up!

중학국어 어휘 총정리

필수어휘편 × 실전문제편

한권으로 끝내기

한권으로 끝

| 문동열·이석호 지음 |

정답 및 해설

중학국어
어휘 총정리

필수어휘편 × 실전문제편

한권으로 끝내기

| 문동열·이석호 지음 |

정답 및 해설

01 문학 - 시(1)

문제로 단어 익히기

본문 14쪽

01 (1) 무상 (2) 부산 (3) 칠칠 02 (1) ⓒ (2) ㉠ (3) ⓛ 03 (1) × (2) ○ (3) ○ 04 (1) 관점 (2) 공감 (3) 비평 (4) 정경 05 (1) ⓛ (2) ㉠ 06 (1) 군짓 (2) 미쁘다 07 (1) ㉫ (2) ㉣ (3) ㉰ 08 (1) 에다 (2) 군짓 (3) 단내 (4) 검댕 09 ⑤ 10 (1) ⓒ (2) ㉠ (3) ㉣ (4) ⓛ 11 ④ 12 ② 13 ③ 14 역설법 15 (1) 가재는 게 편 (2) 까마귀 날자 배 떨어진다 16 개구리 올챙이 적 생각 못 한다

03
이게 정답! (1) '처마'는 지붕의 윗부분이 아니라, 건물의 외벽 바깥쪽으로 빠져나온 지붕의 아랫부분을 가리키는 말이다.

05
이게 정답! (1) '잘다'가 '둥근 물건이나 글씨 따위의 크기가 작다.'라는 의미로 사용된 것은 ⓛ이다. ㉠은 '생각이나 성질이 대담하지 못하고 좀스럽다.'라는 의미로 사용된 예이다.
(2) '모질다'가 '마음씨나 기세가 매섭고 독하다.'라는 의미로 사용된 것은 ㉠이다. ⓛ은 '괴로움이나 아픔 따위의 정도가 지나치게 심하다.'라는 의미로 사용된 예이다.

06
이게 정답! (1) 문맥상 빈칸에 들어갈 말은 안 해도 좋을 쓸데없는 짓을 의미하는 '군짓'이다.
(2) 문맥상 빈칸에 들어갈 말은 굳게 믿고 의지할 수 있는 성질이 있다는 의미의 '미쁘다'이다.

07
이게 정답! (1) '공감'은 '남의 감정, 주장, 의견 따위에 대하여 자기도 그렇다고 느낌'이라는 뜻으로 이와 유사한 의미를 지닌 단어는 '어떤 견해나 의견에 같은 생각을 가짐. 또는 그 생각'을 의미하는 '동감'이다.
(2) '관점'은 '사물이나 현상을 관찰할 때, 그 사람이 보고 생각하는 태도나 방향 또는 처지'라는 뜻으로, 이와 유사한 의미를 지닌 단어는 '어떤 관점의 바탕이 되는 기본 테두리의 생각'을 의미하는 '입장'이다.
(3) '비평'은 '사물의 옳고 그름, 아름다움과 추함 따위를 분석하여 가치를 논함'이라는 뜻으로, 이와 유사한 의미를 지닌 단어는 '사물의 가치, 우열, 선악 따위를 평가하여 논함'을 의미하는 '평론'이다.

왜 답이 아니지?
㉮ '초점'은 '사람들의 관심이나 주의가 집중되는 사물의 중심 부분'이라는 뜻이다.
㉯ '동정'은 '남의 어려운 처지를 자기 일처럼 딱하고 가엾게 여김'이라는 뜻이다.
㉰ '질책'은 '꾸짖어 나무람'이라는 뜻이다.

08
이게 정답!

가	방	포	단	내	바
위	군	비	웃	음	보
몸	짓	누	르	다	검
치	사	구	딩	동	댕
과	외	에	다	고	기

09
답 ⑤
이게 정답! '무한하다'는 '수나 양, 시간, 공간 따위에 제한이나 한계가 없다.'라는 의미이므로 '부귀영화'를 대하는 태도로는 적절하지 않다.

왜 답이 아니지? ① '덧없다'는 '알지 못하는 가운데 지나가는 시간이 매우 빠르다.' 또는 '보람이나 쓸모가 없어 헛되고 허전하다.'라는 의미이므로, 빈칸에 들어가기에 적절하다.
② '무상하다'는 '아무 보람 없이 헛되고 덧없다.'라는 의미이므로, 빈칸에 들어가기에 적절하다.
③ '부질없다'는 '대수롭지 아니하거나 쓸모가 없다.'라는 의미이므로, 빈칸에 들어가기에 적절하다.
④ '허무하다'는 '무가치하고 무의미하게 느껴져 매우 허전하고 쓸쓸하다.'라는 의미이므로, 빈칸에 들어가기에 적절하다.

11
답 ④
이게 정답! '윗목'은 아궁이의 불길이 잘 닿지 않아 차가운 쪽이므로, 집안의 어른에게는 윗목이 아니라 따뜻한 아랫목을 양보하는 것이 예절이었다.

왜 답이 아니지? ① '단내'는 '몸의 열이 높을 때 입이나 코 안에서 나는 냄새'라는 뜻이므로 적절하게 사용되었다.
② '정경'은 '사람이 처해 있는 모습이나 형편'이라는 뜻이므로 적절하게 사용되었다.
③ '처마'는 '건물의 외벽 바깥쪽으로 빠져나온 지붕의 아랫부분'을 가리키므로, 처마 끝으로 빗물이 떨어지거나 처마 밑에 고드름이 매달리기도 한다.
⑤ '에다'는 '마음을 몹시 아프게 하다.'라는 뜻이므로 적절하게 사용되었다.

12

답 ②

이게 정답! '말없이'는 뒷부분 '고이 보내 드리우리다'와 연결해 볼 때 이별을 담담히 받아들이는 화자의 태도가 드러난 말이며, 이 시에서 화자가 임을 무시하고 있지는 않다.

왜 답이 아니지? ① 이 시에서 화자는 '나'라는 형태로 시 속에 나타나 있다.

③ 화자가 임이 떠나는 길에 '진달래꽃'을 뿌리겠다는 것으로 보아, '진달래꽃'은 단순한 꽃이 아니라 임에 대한 화자의 사랑을 함축하고 있는 소재로 볼 수 있다.

④ '나 보기가 역겨워(7) / 가실 때에는(5)', '말없이 고이 보내(7) 드리우리다(5)'와 같이 1, 3, 4연은 모두 일곱 글자와 다섯 글자의 반복(7·5조)으로 이루어져 있어 낭송할 때 리듬감이 느껴진다.

⑤ 1연과 4연은 '나 보기가 역겨워 / 가실 때에는'이라는 동일한 시구를 반복함으로써 운율을 형성하고 있다.

13

답 ③

이게 정답! 이 시의 화자는 겉으로는 이별의 슬픔을 이겨 내면서 임의 앞길을 축복하고 있다. 〈보기〉에 따르면 이것은 모두 반어적인 표현으로, 화자가 사실은 이별의 슬픔에 눈물 흘리며 임이 떠나지 않기를 바라고 있다고 볼 수 있다. 따라서 '꽃길만 걸으시길 진심으로 빌어요.'는 화자의 속마음이 아니라 겉으로 표현된 심리로 볼 수 있다.

왜 답이 아니지? ①, ④ 겉으로 표현된, 이별을 담담하게 받아들이는 화자의 심리에 해당한다.

②, ⑤ 임과의 이별을 슬퍼하는 화자의 속마음에 해당한다.

14

이게 정답! '사뿐히'와 '즈려밟고'가 서로 모순되는 말이어서 '사뿐히 즈려밟고 가시옵소서'는 앞뒤가 안 맞는 표현이지만, 그 속에 중요한 의미를 함축하고 있으므로 역설법이 사용되었다고 볼 수 있다.

15

이게 정답! (1) '팔이 안으로 굽지 밖으로 굽니?'는 자기 혹은 자기와 가까운 사람에게 정이 더 쏠리거나 유리하게 일을 처리함은 당연하다는 뜻으로, '가재는 게 편'과 의미가 가장 비슷하다.

(2) '이하부정관'은 자두나무 밑에서 갓을 고쳐 쓰면 자두를 훔치는 것으로 의심받을 수 있다는 뜻으로, '까마귀 날자 배 떨어진다'와 의미가 가장 비슷하다.

16

이게 정답! 더하기나 빼기처럼 쉬운 수학도 못 했던 과거는 잊어버리고 지금 잘난 체를 하는 미주의 상황과 의미가 통하는 속담은 '개구리 올챙이 적 생각 못 한다'이다.

02 문학 _ 시(2)

문제로 단어 익히기

본문 22쪽

01 (1) ㉡ (2) ㉢ (3) ㉣ (4) ㉠　02 (1) 참신 (2) 비장 (3) 숭고　03 (1) × (2) ○ (3) ○　04 (1) 활용 (2) 심미적 (3) 빗대다 (4) 수용　05 ③　06 ㉡　07 (1) 바람, 소망 (2) 이별, 작별　08 ④　09 ⑤　10 (1) ㉢ (2) ㉣ (3) ㉠ (4) ㉡　11 (1) 상징 (2) 의인법 (3) 직유법 (4) 은유법　12 ④　13 (1) 비유 (2) 과장　14 ④　15 (1) 콩 심은 데 콩 나고 팥 심은 데 팥 난다 (2) 원숭이도 나무에서 떨어진다　16 물은 건너 보아야 알고 사람은 지내보아야 안다

03

이게 정답! (1) '부적'은 '잡귀를 쫓고 재앙을 물리치기 위하여 붉은색으로 글씨를 쓰거나 그림을 그려 몸에 지니거나 집에 붙이는 종이'라는 뜻이다. '술법을 부리거나 귀신을 쫓을 때 외는 글귀'라는 뜻을 가진 단어는 '주문'이다.

05

답 ③

이게 정답! '겸비'는 '두 가지 이상을 아울러 갖춤'이라는 뜻으로, 보통 대등한 성격을 지니는 두세 가지 대상이 앞에 제시된다. 이와 달리 '모든 필기도구'처럼 있어야 할 것을 빠짐없이 다 갖춘다는 의미로 쓰이는 말은 '겸비'가 아니라 '구비'이다. 그러므로 '모든 필기도구를 빠짐없이 구비한 문구점'과 같이 표현해야 한다.

06

이게 정답! '분분하다'가 '소문, 의견 따위가 많아 갈피를 잡을 수 없다.'라는 의미로 사용된 것은 ㉡이다. ㉠은 '여럿이 한데 뒤섞여 어수선하다.'라는 의미로 사용된 예이다.

07

이게 정답! (1) '염원'은 '마음에 간절히 생각하고 기원함'이라는 뜻이다. 이와 뜻이 비슷한 단어로는 '어떤 일이 이루어지기를 기다리는 간절한 마음'이라는 뜻의 '바람'과, '어떤 일을 바람. 또는 그 바라는 것'이라는 뜻의 '소망'이 있다. '염려'는 '앞일에 대하여 여러 가지로 마음을 써서 걱정함'이라는 뜻으로, '염원'과는 의미가 전혀 다른 단어이다.

(2) '송별'은 '떠나는 사람을 이별하여 보냄'이라는 뜻이다. 이와 뜻이 비슷한 단어로는 '서로 갈리어 떨어짐'이라는 뜻의 '이별'과, '인사를 나누고 헤어짐'이라는 뜻의 '작별'이 있다. '기별'은 '다른 곳에 있는 사람에게 소식을 전함. 또는 소식을 전한 종이'라는 뜻으로, '송별'과는 의미가 전혀 다른 단어이다.

08

답 ④

이게 정답! '의연하다'는 '의지가 굳세어서 끄떡없다.'라는 뜻이므

로 제시된 문맥에 어울리지 않는다. 제시된 문맥에는 '남의 시선을 의식하여 조심하거나 굽히는 데가 없다.'라는 뜻의 '버젓하다'가 들어가는 것이 적절하다.

09
답 ⑤

이게 정답! '척하면'은 '한마디만 하면. 또는 약간의 암시만'이라는 뜻으로, 시도 때도 없이 형이 성규의 방에 들어오는 상황과는 관련이 없는 단어이다.

왜 답이 아니지? ①, ③ '걸핏하면'과 '제꺽하면'은 '조금이라도 일이 있기만 하면 곧'이라는 뜻이므로, 빈칸에 들어가기에 적절하다.

② '툭하면'은 '조금이라도 일이 있기만 하면 버릇처럼 곧'이라는 뜻이므로, 빈칸에 들어가기에 적절하다.

④ '수시로'는 '아무 때나 늘'이라는 뜻이므로, 빈칸에 들어가기에 적절하다.

11

이게 정답! (1) '십자가'는 '삶의 무게, 책임' 등을 원관념으로 하는 상징적 표현이다. 상징은 추상적인 사물이나 관념 또는 사상을 구체적인 사물로 나타내는 것으로, 원관념을 숨기고 보조 관념만으로 생각을 전달한다는 특징이 있다.

(2) 자연물인 '푸른 바다'가 사람처럼 '미소를 보낸다'라고 하였으므로, 사람이 아닌 것을 사람인 것처럼 표현하는 의인법이 사용되었다.

(3) 원관념인 '영희의 얼굴'을 연결어 '같은'을 사용하여 보조 관념인 '보름달'에 직접 빗대어 나타낸 것으로, 연결어를 사용하여 직접 비유하는 직유법이 사용되었다.

(4) 원관념인 '그리움'을 보조 관념인 '나무'에 비유한 것으로, 연결어를 사용하지 않고 암시적으로 비유하는 은유법이 사용되었다. 은유법의 형식 중 하나인 'A의 B' 형태로 구성된 표현이다.

12
답 ④

이게 정답! (다)의 설명을 참고할 때, 이방원이 (가)를 지은 이유는 정몽주를 자신들의 편으로 끌어들이기 위한 것임을 알 수 있다. 따라서 '어루만지고 잘 달래어 시키는 말을 듣도록 함'이라는 뜻의 '회유'를 목적으로 지은 작품에 해당한다.

왜 답이 아니지? ①, ③ (가)에 정몽주의 덕망이나 패기를 노래하는 내용은 나오지 않으며, 이는 (다)의 내용과도 거리가 멀다.

② 이방원이 (가)를 지은 이유는 정몽주의 입장을 수용하기 위해서가 아니라, 정몽주가 자신의 입장을 수용하기를 원했기 때문으로 볼 수 있다.

⑤ (가)는 정몽주와의 송별을 암시하는 것이 아니라, 정몽주와 함께하고 싶은 마음을 강조한 것으로 볼 수 있다.

13

이게 정답! (1) '만수산 칡덩굴'이 얽혀 있는 것은 단순한 자연물에 대한 묘사가 아니라, 이방원의 무리와 정몽주가 하나로 엮이는 상황을 비유한 것으로 볼 수 있다.

(2) (나)에서 백 번을 되풀이해서 죽어 백골이 진토가 되어 영혼이 있든 없든 임에 대한 일편단심은 변하지 않을 것이라고 한 것은, 정몽주가 임금에 대한 자신의 변함없는 충성심을 강조하기 위해 과장법을 사용한 것이라고 볼 수 있다.

14
답 ④

이게 정답! (나)는 이방원의 회유에도 흔들리지 않는 정몽주의 군센 의지와 변함없는 충성심을 보여 주는 작품이다. 따라서 ㉠에는 '의지가 군세어서 끄떡없다.'라는 뜻의 '의연하다'가 들어가는 것이 적절하다.

왜 답이 아니지? ① '의젓하다'는 '말이나 행동 따위가 점잖고 무게가 있다.'라는 뜻으로, 의지가 군센 것과는 관련이 없다.

② '의뭉하다'는 '겉으로는 어리석은 것처럼 보이면서 속으로는 엉큼하다.'라는 뜻으로, (나)와는 관련이 없다.

③ '의지하다'는 '다른 것에 마음을 기대어 도움을 받다.'라는 뜻으로, (나)와는 관련이 없다.

④ '의탁하다'는 '어떤 것에 몸이나 마음을 의지하여 맡기다.'라는 뜻으로, (나)와는 관련이 없다.

15

이게 정답! (1) '인과응보'는 원인에 따라 결과가 이루어진다는 뜻의 한자성어로, 뿌린 대로 거두게 된다는 의미이다. 이와 의미가 가장 가까운 속담은 '콩 심은 데 콩 나고 팥 심은 데 팥 난다'이다.

(2) '돌다리도 두들겨 보고 건너라'라는 속담도 항상 조심하고 주의해야 한다는 의미를 지니고 있다. 그러나 어떤 사람이라도 완전할 수는 없다는 사실을 깨우쳐 주는 속담으로 더 적절한 것은 '원숭이도 나무에서 떨어진다'이다.

16

이게 정답! 평소에는 알 수 없었던 진엽의 인간성이 게임을 하는 과정에서 드러나고 있다. 이러한 상황과 의미가 통하는 속담은 사람은 오래 겪어 보아야 알 수 있다는 뜻의 '물은 건너 보아야 알고 사람은 지내보아야 안다'이다.

03 문학 – 소설 (1)

문제로 단어 익히기

본문 30쪽

01 (1) 회포 (2) 빙자 (3) 넋두리 (4) 개선장군　02 (1) ㉢ (2) ㉡
(3) ㉣ (4) ㉠　03 (1) ✕ (2) ◯　04 (1) 숙고 (2) 공습 (3) 아량
(4) 곤욕　05 군자　06 (1) ㉡ (2) ㉠　07 ③　08 ④　09
마름　10 (1) ㉣ (2) ㉢ (3) ㉺　11 발단　12 ④　13 (1) 독수
공방 (2) 탐관오리　14 ⑤　15 (1) 티끌 모아 태산 (2) 시작이
반이다　16 (1) 천 리 길도 한 걸음부터 (2) 낙숫물이 댓돌을
뚫는다

03

이게 정답! (1) '슬하'는 무릎의 아래라는 뜻으로, 주로 부모의 보
호를 받는 테두리 안을 이르는 말이다. '장군의 지휘 아래 있음'
을 뜻하는 단어는 '휘하'이다.

05

이게 정답! '소인'의 반대말로, '행실이 점잖고 어질며 덕과 학식
이 높은 사람'을 뜻하는 말은 '군자'이다.

06

이게 정답! (1) '수작'이 '남의 말이나 행동, 계획을 낮잡아 이르는
말'이라는 의미로 사용된 것은 ㉡이다. ㉠은 '술잔을 서로 주고받
음'이라는 의미로 사용된 예이다.
(2) '시효'가 '권리를 얻거나 잃게 되는 법률적 기간'이라는 의미로
사용된 것은 ㉠이다. ㉡은 '어떤 효력이 지속되는 일정한 기간'이
라는 의미로 사용된 예이다.

07

답 ③

이게 정답! '빌미'는 '재앙이나 탈 따위가 생기는 원인'이라는 뜻으
로, 대부분 부정적인 상황에 쓰인다. 주어진 문장에는 '어떤 일
이 일어나거나 변화하도록 만드는 결정적인 원인이나 기회'를
뜻하는 '계기'를 쓰는 것이 적절하다.
왜 답이 아니지? ① '깜냥'은 '어떤 일을 스스로 해낼 만한 능력'이
라는 뜻이므로 적절하게 사용되었다.
② '반향'은 '어떤 사건이나 발표 따위가 세상에 영향을 미치어
일어나는 반응'이라는 뜻이므로 적절하게 사용되었다.
④ '고역'은 '몹시 힘들고 고되어 견디기 어려운 일'이라는 뜻이므
로 적절하게 사용되었다.
⑤ '요행히'는 '뜻밖에 얻는 행운'이라는 뜻의 '요행'에 부사를 만
드는 말인 '-히'가 결합한 것이므로 적절하게 사용되었다.

08

답 ④

이게 정답! '우대'는 '특별히 잘 대우함. 또는 그런 대우'라는 뜻으
로, 옹고집이 스님들을 집 밖으로 내쫓는 상황과는 관련이 없다.

왜 답이 아니지? ① '박대'는 '인정 없이 모질게 대함'이라는 뜻이
므로, 빈칸에 들어가기에 적절하다.
②, ⑤ '냉대'와 '푸대접'은 '정성을 들이지 않고 아무렇게나 하는
대접'이라는 뜻이므로, 빈칸에 들어가기에 적절하다.
③ '천대'는 '업신여기어 천하게 대우하거나 푸대접함'이라는 뜻
이므로, 빈칸에 들어가기에 적절하다.

09

이게 정답! 「동백꽃」에 나오는 '점순네'는 '우리'가 마을에 들어와
서 집터를 빌리고 농사를 지을 수 있도록 허락해 준 존재이다.
'점순네'처럼 '지주(토지의 주인)를 대리하여 소작권(돈을 내고
남의 땅을 빌려 농사짓는 권리)을 관리하는 사람'을 '마름'이라고
한다.

10

이게 정답! (1) '냉소'는 '쌀쌀한 태도로 비웃음. 또는 그런 웃음'이
라는 뜻으로, '찬웃음'과 같은 의미이다.
(2) '부조리'는 '이치에 맞지 아니하거나 도리에 어긋남'이라는 뜻
으로, '이론이나 이치에 합당하지 아니함'이라는 뜻의 '불합리'와
의미가 유사하다.
(3) '곤욕'은 '심한 모욕. 또는 참기 힘든 일'이라는 뜻으로, '깔보
고 욕되게 함'이라는 뜻의 '모욕'과 의미가 유사하다.
왜 답이 아니지? ㉠ '헛웃음'은 '마음에 없이 지어서 웃는 웃음' 또
는 '어이가 없어서 피식 웃는 웃음'을 뜻하는 말이다.
㉡ '불규칙'은 '규칙에서 벗어나 있음. 또는 규칙이 없음'을 뜻하
는 말로, '부조리'와는 의미가 다르다.
㉢ '탐욕'은 '지나치게 탐하는 욕심'을 뜻하는 말이다.

11

이게 정답! 소설에서 이야기의 실마리가 제시되며, 인물과 배경
이 소개되는 단계를 '발단'이라 한다.

12

답 ④

이게 정답! 이 글에서는 암행어사이지만 신분을 숨긴 이몽룡이
탐관오리인 변 사또의 횡포를 한시를 통해 비판하고 있다. 운봉
영장은 이 시를 듣고, 이몽룡이 암행어사임을 알아챘기 때문
에 '일이 났다'며 놀라고 있다. 즉, 암행어사 이몽룡이 곧 변 사또
를 엄벌에 처하리라는 것을 추측할 수 있으므로, 제시된 부분은
소설의 구성 단계 중 '절정'에 해당함을 알 수 있다.
왜 답이 아니지? ① 이몽룡이 생일잔치에 온 사람들에게 자신을
'걸인'이라 하며 한시 깨나 읽었다고 소개하고는 있으나 이는 사
람들에게 자신의 시를 들려주려고 한 말이며, 소설의 발단에서
서술자가 등장인물을 소개하는 것과는 거리가 멀다.
② 이 글에는 이몽룡과 춘향의 갈등이 드러나 있지 않다.
③ 이 글에는 이몽룡과 백성들의 갈등이 드러나 있지 않다.

⑤ 이몽룡이 한시를 통해 변 사또를 비판하고는 있으나, 갈등이 마무리되었다고 볼 수는 없다. 또 아직 두 사람의 운명이 결정되지도 않았다.

13
이게 정답! (1) 혼자서 외롭게 지내는 것을 '독수공방'이라고 한다.
(2) 백성의 재물을 탐내어 빼앗는, 행실이 깨끗하지 못한 관리를 '탐관오리'라고 한다.

14 　　　　　　　　　　　　　　　　　답 ⑤
이게 정답! 사람의 '피'와 '기름'을 아울러 이르는 말이 '고혈'이며, 이는 백성들이 몹시 고생하여 얻은 재산을 비유적으로 표현한 말로도 볼 수 있다.
왜 답이 아니지? ① '출혈'은 '피가 혈관 밖으로 나옴' 또는 '희생이나 손실을 비유적으로 이르는 말'이다.
② '지혈'은 '나오던 피가 멈춤. 또는 나오던 피를 멈춤'이라는 뜻이다.
③ '유혈'은 '피를 흘림. 또는 흘러나오는 피'를 뜻하는 말이다.
④ '선혈'은 '생생한 피'라는 뜻이다.

16
이게 정답! (1) 어떤 일이든 시작이 중요하며, 너무 급하게 서두르면 오히려 건강을 해칠 수 있다고 이야기하고 있으므로, '천 리 길도 한 걸음부터'라는 속담과 의미가 가장 가깝다.
(2) 어려운 일도 끊임없이 노력하면 이룰 수 있다는 의미와 가장 가까운 속담은 '낙숫물이 댓돌을 뚫는다'이다. '티끌 모아 태산'은 꾸준히 계속 노력할 것을 의미한다기보다는, 작은 것도 모이면 큰 덩어리가 될 수 있다는 의미의 속담이다.

---

04 문학 - 소설 (2)

문제로 단어 익히기 　　　　　　　　　　　본문 38쪽

01 (1) 금세 (2) 무릇 (3) 면밀히 　02 (1) ㄹ (2) ㄱ (3) ㄷ (4) ㄴ
03 가타부타 　04 (1) 거지반 (2) 우격다짐 (3) 부질없이 (4) 고스란히 (5) 홀연히 　05 (1) ㄹ (2) ㄷ (3) ㄴ (4) ㄱ 　06 (1) 코앞, 턱밑 (2) 비난, 힐책 　07 ④ 　08 바투 　09 (1) ㉯ (2) ㉰ (3) ㉱
10 ④ 　11 (1) ○ (2) ○ (3) × 　12 1인칭 주인공 시점 　13 ⑤
14 ⑤ 　15 등잔 밑이 어둡다 　16 (1) 품 안의 자식 (2) 내 코가 석 자

03
이게 정답! '왈가왈부'는 '어떤 일에 대하여 옳거니 옳지 않거니 하고 말함'이라는 뜻으로, '가타부타'와 비슷한 의미의 단어이다. '가타부타'는 가(可)하다 부(否)하다의 준말로, 어떤 일에 대하여 옳다느니 그르다느니 하는 것을 의미한다.

06
이게 정답! (1) '지척'은 '아주 가까운 거리'를 뜻하는 말로, 이와 뜻이 비슷한 단어로는 '코앞(코의 바로 앞이라는 뜻으로, 아주 가까운 곳을 이르는 말)'과 '턱밑(아주 가까운 곳을 비유적으로 이르는 말)' 등이 있다. 그러나 '귀밑'은 '뺨에서 귀에 가까운 부분'을 가리키는 말일 뿐, '아주 가까운 거리'라는 의미와는 관련이 없다.
(2) '힐난'은 '트집을 잡아 거북할 만큼 따지고 물음'을 뜻하는 말로, 이와 뜻이 비슷한 단어로는 '비난(남의 잘못이나 결점을 꼬집어 나쁘게 말함)'과 '힐책(잘못된 점을 따져 나무람)' 등이 있다. 그러나 '고난'은 '괴로움과 어려움을 아울러 이르는 말'일 뿐, 상대에게 따지는 태도와는 관련이 없다.

07 　　　　　　　　　　　　　　　　　답 ④
이게 정답! '당최'는 '처음부터 도무지'라는 뜻으로, '무슨 말인지 당최 모르겠다. / 네가 하는 말은 어려워서 당최 이해할 수가 없다.'처럼 쓰인다. 문맥상 빈칸에 들어갈 단어로는 적절하지 않다.
왜 답이 아니지? ① '처음'은 '시간적으로나 순서상으로 맨 앞'이라는 뜻이므로, 빈칸에 들어가기에 적절하다.
② '당초'는 '일이 생기기 시작한 처음'이라는 뜻이므로, 빈칸에 들어가기에 적절하다.
③ '애초'는 '맨 처음'이라는 뜻이므로, 빈칸에 들어가기에 적절하다.
⑤ '애당초'는 '일의 맨 처음'이라는 뜻으로, '당초'를 강조하여 이르는 말'이므로, 빈칸에 들어가기에 적절하다.

08
이게 정답! (가)는 어머니께서 성규에게 다가가 성규의 손을 잡고 위로하는 상황이다. 이러한 상황에 쓸 수 있는 단어로 적절한 것

은 '두 대상이나 물체의 사이가 썩 가깝게'라는 뜻의 '바투'이다. (나)는 명수가 동아리 모임 날짜를 시간적인 여유를 두지 않고 정해서 성열이 불평하고 있는 상황이다. 이러한 상황에 쓸 수 있는 단어로 적절한 것은 '시간이나 길이가 아주 짧게'라는 뜻의 '바투'이다.

09

이게 정답! (1) '설령'은 '가정해서 말하여'라는 뜻으로, 부정적인 뜻을 가진 문장에 쓰이는 경우가 많다. 이와 유사한 단어로는 '가정해서 말하여'라는 뜻의 '설사(設使)'가 있으며, 역시 부정적인 뜻을 가진 문장에 주로 쓰인다.
(2) '부득불'은 '하지 않을 수 없어'라는 뜻으로, 이와 유사한 단어로는 역시 '하지 않을 수 없어' 또는 '마지못하여'라는 뜻의 '불가불'이 있다.
(3) '삽시간'은 '매우 짧은 시간'이라는 뜻으로, 이와 유사한 단어로는 '눈을 한 번 깜짝하거나 숨을 한 번 쉴 만한 아주 짧은 동안'이라는 뜻의 '순식간'이 있다.
왜 답이 아니지? ㉮ '설욕'은 '부끄러움을 씻음'이라는 뜻이다.
㉰ '불가능'은 '가능하지 않음, 실현해 낼 수 없음'이라는 뜻이다.
㉲ '매시간'은 '한 시간 한 시간'이라는 뜻이다.

10
답 ④
이게 정답! '고질적'은 '오랫동안 앓고 있어 고치기 어려운 것' 또는 '오래되어 바로잡기 어려운 것'이라는 뜻으로, 주어진 문맥에는 어울리지 않는 단어이다. 선택지의 문장에는 '일정한 상태로 있어 움직이지 않는 것'이라는 의미의 '고정적'이라는 단어를 쓰는 것이 적절하다.
왜 답이 아니지? ① '득달같이'는 '잠시도 머뭇거림이 없이'라는 뜻이므로, 주어진 문맥에 적합하다.
② '지척'은 '아주 가까운 거리'라는 뜻이므로, 주어진 문맥에 적합하다.
③ '엉겁결'은 '미처 생각하지 못하거나 뜻하지 아니한 순간'이라는 뜻이므로, 주어진 문맥에 적합하다.
⑤ '누누이'는 '여러 번 자꾸'라는 뜻이므로, 주어진 문맥에 적합하다.

11
이게 정답! (2) '전지적 작가 시점'은 모든 것을 다 안다는 뜻의 '전지(全知)'라는 말처럼, 서술자가 작품의 모든 것을 다 아는 상태에서 서술하는 시점이다. 따라서 인물의 심리와 사건 전개 방향 등 모든 상황을 독자에게 상세히 전달할 수 있다.
(3) '3인칭 관찰자 시점'은 서술자가 인물의 대화와 행동 및 사건을 관찰하여 독자에게 전달하는 시점이다. 그러나 서술자는 작품 밖에서 작품 안의 상황을 지켜보는 것으로 설정되어 있을 뿐, 작품 안에 등장하지는 않는다. 관찰자인 서술자가 작품 안에 등장하는 것은 '1인칭 관찰자 시점'에 해당한다.

12
이게 정답! 이 글은 작품 안에 등장하는 '나'라는 인물이 자신의 경험을 서술하는 소설이다. 따라서 주인공인 '나'가 자신의 이야기를 서술하는 1인칭 주인공 시점에 해당한다.

13
답 ⑤
이게 정답! 이 글은 1인칭 주인공 시점으로 주인공 '나'가 자신의 내면 심리를 상세하게 제시할 수 있는 장점이 있다. 그러나 '나' 또한 작품 안에 등장하는 인물일 뿐이므로, '점순이'를 비롯한 다른 사람의 내면 심리를 알고 있다고 판단하기는 어렵고 독자에게 직접 전달할 수도 없다.
왜 답이 아니지? ① 서술자인 '나'가 작품 안에 등장하여 작중 상황을 서술하고 있다.
② 서술자인 '나'가 자신과 '점순이'가 주고받는 대화와 행동을 독자에게 보여 주고 있다.
③ 작품 안에 등장하는 '나'는 주인공이면서 동시에 서술자로 자신의 이야기를 독자에게 들려주는 역할을 하고 있다.
④ 서술자인 '나'가 '사람도 아마 그런가 부다'처럼 자신의 판단을 직접 드러내고 있다.

14
답 ⑤
이게 정답! 이 글의 '점순이'는 결혼(성례)에 대해 너무 소극적인 태도를 보이고 있는 '나'에게 더 적극적인 행동을 취할 것을 요구하고 있다. 따라서 ㉠에 들어갈 말로 가장 적절한 것은 '마음속에 품은 불평을 늘어놓음'을 뜻하는 '푸념'이다.
왜 답이 아니지? ① '묵념'은 '죽은 사람을 추모하기 위해 머리를 숙여 경건한 마음으로 조용히 빎' 또는 '눈을 감고 말없이 조용히 생각에 잠김'이라는 뜻이다.
② '잡념'은 '여러 가지의 잡스러운 생각'이라는 뜻이다.
③ '집념'은 '한 가지 일이나 사물에만 끈질기게 매달려 마음을 쏟음'이라는 뜻이다.
④ '체념'은 '품었던 생각이나 기대, 희망 등을 아주 버리고 더 이상 기대하지 않음'이라는 뜻이다.

15
이게 정답! '업은 아이 삼 년 찾는다'는 '무엇을 몸에 지니거나 가까이 두고도 까맣게 잊어버리고 엉뚱한 데에 가서 오래도록 찾아 헤매는 경우를 비유적으로 이르는 말'이다. 따라서 '등잔 밑이 어둡다'라는 속담과 의미가 가장 가깝다고 볼 수 있다.

16
이게 정답! (1) 엄마가 우현에게 방을 치우라고 하자, 우현이 엄마의 말을 듣지 않고 자신의 주장만 내세우고 있다. 따라서 자식이 어렸을 때와는 달리 자라면 제 뜻대로 행동하려 함을 이르는 '품 안의 자식'과 의미가 통한다.

(2) 명수는 자신의 힘든 상황을 이야기하며 동우에게 도움을 청하지만, 동우는 그에 비할 수 없이 더 힘든 상황이다. 따라서 내 사정이 급하고 어려워 남을 돌볼 여유가 없음을 뜻하는 '내 코가 석 자'와 의미가 통한다.

문학 - 소설 (3)

문제로 단어 익히기

01 (1) 박두 (2) 되뇌다 (3) 눙치다 (4) 뇌까리다　02 (1) ㉠ (2) ㉢ (3) ㉠ (4) ㉣　03 (1) 갈취 (2) 관철 (3) 매료 (4) 무마　04 (1) ✕ (2) ◯　05 (1) 엄습 (2) 유발 (3) 물색　06 (1) ㉡ (2) ㉠　07 ③ 08 ⑤　09 ⑤　10 냉대, 박대　11 (1) ㉤ (2) ㉣ (3) ㉮　12 ③　13 ⑤　14 ③　15 ⑤　16 토끼 둘을 잡으려다가 하나도 못 잡는다　17 소 잃고 외양간 고친다

04
이게 정답! (1) '긷다'는 '우물이나 샘 따위에서 두레박이나 바가지 따위로 물을 떠내다.'라는 뜻이다. 지하수를 기계로 끌어 올리는 것과는 거리가 멀다.

06
이게 정답! (1) '사르다'가 '불에 태워 없애다.'의 의미로 사용된 것은 ㉡이다. ㉠은 '사르다'가 '어떤 것을 남김없이 없애 버리다.'의 의미로 사용된 예이다.
(2) '축내다'가 '일정한 수나 양에서 모자람이 생기게 하다.'의 의미로 사용된 것은 ㉠이다. ㉡은 '축내다'가 '몸이나 얼굴 따위에서 살이 빠지게 하다.'의 의미로 사용된 예이다.

07　　　　　　　　　　　　　　　　답 ③
이게 정답! '꾸짖다'는 '윗사람이 아랫사람의 잘못에 대하여 엄하게 나무라다.'라는 뜻으로, 형에게 짓궂게 구는 동생의 태도와는 어울리지 않는 단어이다.
왜 답이 아니? ① '놀리다'는 '장난스럽게 괴롭히거나 함부로 대하여 웃음거리로 만들다.'라는 뜻이므로, 빈칸에 들어가기에 적절하다.
② '비꼬다'는 '마음을 상하게 할 정도로 말이나 행동을 어긋나게 하며 빈정거리다.'라는 뜻이므로, 빈칸에 들어가기에 적절하다.
④ '빈정대다'는 '남을 은근히 비웃는 태도로 자꾸 놀리다.'라는 뜻이므로, 빈칸에 들어가기에 적절하다.
⑤ '비아냥대다'는 '얄미운 태도로 비웃으며 놀려 말하다.'라는 뜻이므로, 빈칸에 들어가기에 적절하다.

08　　　　　　　　　　　　　　　　답 ⑤
이게 정답! '속절없다(속절없이)'는 '단념할 수밖에 달리 어찌할 도리가 없다.'라는 뜻으로, 어쩔 수 없이 가게 문을 닫게 된 상황에 적합한 단어이다.
왜 답이 아니? ① '숨김없다(숨김없이)'는 '감추거나 드러내지 않는 일이 없다.'라는 뜻으로, 주어진 문맥에는 어울리지 않는 단어이다.
② '난데없다(난데없이)'는 '갑자기 불쑥 나타나 어디서 왔는지

중학국어 어휘 총정리

알 수 없다.'라는 뜻으로, 주어진 문맥에는 어울리지 않는 단어이다.
③ '본데없다(본데없이)'는 '보고 배운 것이 없어 예의범절이나 지식 따위가 없다.'라는 뜻으로, 주어진 문맥에는 어울리지 않는 단어이다.
④ '사정없다(사정없이)'는 '남의 형편이나 처지 따위를 헤아려 주지 않을 정도로 무자비하고 매몰차다.'라는 뜻으로, 주어진 문맥에는 어울리지 않는 단어이다.

09   답 ⑤
이게 정답! '애걸'은 '소원이나 요구 따위를 들어 달라고 애처롭고 간절하게 빎'이라는 뜻이다. 따라서 주어진 문장에는 '애걸'보다는 '돈이나 곡식, 물건 따위를 거저 달라고 빎'이라는 뜻의 '구걸'을 쓰는 것이 적절하다.
왜 답이 아니? ① '눙치다'는 '마음 따위를 풀어 누그러지게 하다.'라는 뜻이므로 적절하게 사용되었다.
② '뇌까리다'는 '상대편의 말이나 행동, 태도에 대하여 불쾌하다는 뜻을 담은 말을 거듭해서 자꾸 말하다.'라는 뜻이므로 적절하게 사용되었다.
③ '타도'는 '어떤 대상이나 세력을 쳐서 거꾸러뜨림'이라는 뜻이므로 적절하게 사용되었다.
④ '허비'는 '헛되이 씀. 또는 그렇게 쓰는 비용'이라는 뜻이므로 적절하게 사용되었다.

10
이게 정답! '푸대접'은 '정성을 들이지 않고 아무렇게나 하는 대접'이라는 뜻으로, '냉대', '박대'와 같은 뜻의 단어이다.
왜 답이 아니? '존대'는 '존경하여 받들어 대접하거나 대함'이라는 뜻이다.
'환대'는 '반갑게 맞아 정성껏 후하게 대접함'이라는 뜻이다.
'학대'는 '몹시 괴롭히거나 가혹하게 대우함'이라는 뜻이다.
'우대'는 '특별히 잘 대우함'이라는 뜻이다.

11
이게 정답! (1) '예배당'은 영신이 아이들에게 한글을 가르치는 곳으로, '공간적 배경'에 해당한다.
(2) '저녁때'는 영신이 순사로부터 뜻밖의 말을 듣는 시간으로, 사건의 '시간적 배경'에 해당한다.
(3) '순사'는 일제 강점기 때 경찰관을 가리키던 말로, 지금은 사용하지 않는 말이므로 '시대적 배경'을 알 수 있게 해 준다.

12   답 ③
이게 정답! ㉠을 통해 주인공 길동이 서러움을 참지 못하게 된 근본적인 원인이 적자와 서자를 차별하는 '당시의 사회 제도' 때문임을 알 수 있다. 따라서 ㉠에서 두드러지게 나타나는 갈등은, 인물과 그 인물을 억압하는 사회 제도가 충돌하여 발생하는 갈등인 '인물과 사회의 갈등'으로 볼 수 있다.

13   답 ⑤
이게 정답! ㉡ '두 줄기의 눈물'은 길동이 겪어 온 서러움을 드러내는 동시에(②), 길동의 마음을 홍 판서에게 전하는 수단이 된다(①). 또한 홍 판서가 길동을 불쌍히 여기게 되어(④), 길동의 한을 풀어 주는 계기가 된다(③). 그러나 ㉡을 통해 길동과 홍 판서가 갈등하게 되는 상황은 확인할 수 없다.

14   답 ③
이게 정답! ㉢의 앞뒤 문맥을 보면 길동이 아버지 홍 판서의 곁을 떠나는 상황임을 알 수 있다. 그러므로 '먼 길을 떠날 때 웃어른께 작별을 고하다.'라는 뜻의 '하직하다'가 들어가는 것이 가장 적절하다.

15   답 ⑤
이게 정답! '언 발에 오줌 누기'는 문제를 해결하려 하지만 근본적인 해결이 안 되는 상황을 뜻하는 속담이다. 따라서 일이 몹시 급하여 임시변통으로 이리저리 둘러맞추어 일함을 비유적으로 이르는 속담인 '윗돌 빼서 아랫돌 괴고 아랫돌 빼서 윗돌 괴기'와 의미가 가장 가깝다.
왜 답이 아니? ① '가는 날이 장날'은 일을 보러 가니 공교롭게 장이 서는 날이라는 뜻으로, 어떤 일을 하려고 하는데 뜻하지 않은 일을 공교롭게 당함을 비유적으로 이르는 속담이다.
② '모난 돌이 정 맞는다'는 '두각을 나타내는 사람이 남에게 미움을 받게 됨' 또는 '강직한 사람은 남의 공격을 받게 됨'이라는 의미의 속담이다.
③ '불난 집에 부채질한다'는 남의 재앙을 점점 더 커지도록 만들거나 성난 사람을 더욱 성나게 함을 비유적으로 이르는 속담이다.
④ '개똥도 약에 쓰려면 없다'는 평소에 흔하던 것도 막상 긴하게 쓰려고 구하면 없다는 의미의 속담이다.

16
이게 정답! 명수는 '이 책' 단 한 권으로 '어휘력'과 '문제 해결 능력'이라는 두 가지 능력을 모두 기를 수 있음을 이야기하고 있다. 이것은 '욕심을 부려 한꺼번에 여러 가지 일을 하려 하면 그 가운데 하나도 이루지 못한다'는 의미의 '토끼 둘을 잡으려다가 하나도 못 잡는다'라는 속담과 상반되는 내용으로 볼 수 있다.

17
이게 정답! '사후 약방문'은 사람이 죽은 다음에야 약을 구한다는 뜻으로, 때가 지나 일이 다 틀어진 후에야 뒤늦게 대책을 세움을 비유적으로 이르는 속담이다. 따라서 일이 이미 잘못된 뒤에는 손을 써도 소용이 없음을 의미하는 '소 잃고 외양간 고친다'라는 속담과 의미가 가장 가깝다.

문제로 단어 익히기

본문 54쪽

01 (1) 남세 (2) 망측 (3) 을씨년 (4) 천연덕 02 (1) × (2) ×
03 (1) 기박 (2) 생경 (3) 낭자 (4) 허망 04 (1) ⓒ (2) ⓒ (3) ⓔ
(4) ⓛ 05 ① 06 (1) ⓒ (2) ⓛ 07 ② 08 ③ 09 ④
10 모순 11 ③ 12 (1) ○ (2) × 13 풍자 14 뱉어내벤
또, 차에코풀구싶어 15 ② 16 ① 17 메뚜기도 유월이
한철이다 18 입술이 없으면 이가 시리다

02

이게 정답! (1) '안절부절못하다'는 마음이 초조하고 불안하여 어찌할 바를 모르는 상태를 의미하는 말이다.
(2) '데면데면'은 사람을 대하는 태도가 친밀감이 없이 예사로운 것을 의미하는 말이다.

05

답 ①
이게 정답! 문맥상 빈칸에는 평범하지 않고 뛰어나다는 의미의 단어가 들어가야 한다. 따라서 '보통 수준보다 훨씬 뛰어남'이라는 뜻을 지닌 '비범함'이 가장 적절하다.
왜 답이 아니지? ② '비참함'은 '더할 수 없이 슬프고 끔찍함'이라는 의미이므로 문맥에 어울리지 않는다.
③ '분별함'은 '서로 다른 일이나 사물을 구별하여 가름'이라는 의미이므로 문맥에 어울리지 않는다.
④ '망측함'은 '정상적인 상태에서 어그러져 어이가 없거나 차마 보기가 어려움'이라는 의미이므로 문맥에 어울리지 않는다.
⑤ '생경함'은 '익숙하지 않아 어색함'이라는 의미이므로 문맥에 어울리지 않는다.

06

이게 정답! (1) '옹색하다'가 '형편이 넉넉하지 못하여 생활에 필요한 것이 없거나 부족하다.'라는 의미로 쓰인 것은 ⓒ이다. ⓛ은 '집이나 방 따위의 자리가 비좁고 답답하다.'라는 의미로 쓰인 예이다.
(2) '불측하다'가 '미루어 헤아릴 수 없다.'라는 의미로 쓰인 것은 ⓛ이다. ⓒ은 '생각이나 행동 따위가 괘씸하고 엉큼하다.'라는 의미로 쓰인 예이다.

07

답 ②
이게 정답! '야멸차다'는 '자기만 생각하고 남의 사정을 돌볼 마음이 거의 없다.' 또는 '태도가 차고 아무지다.'라는 뜻이다. 따라서 주어진 문장에는 '야멸차다'가 아니라 '무엇을 이루어 보겠다는 욕망이나 소망이 마음속에 가득하다.'라는 의미의 '야심만만하다(야심만만하게)'를 쓰는 것이 적절하다.
왜 답이 아니지? ① '후하다'는 '마음 씀씀이나 태도가 너그럽다.'

라는 뜻이므로 적절하게 사용되었다.
③ '생때같다'는 '공을 많이 들여 매우 소중하다.'라는 뜻이므로 적절하게 사용되었다.
④ '냉담'은 '어떤 대상에 관심이나 흥미를 보이지 않음'이라는 뜻이므로 적절하게 사용되었다.
⑤ '허망하다'는 '어이없고 허무하다.'라는 뜻이므로 적절하게 사용되었다.

08

답 ③
이게 정답! '맹랑하다'는 '똘똘하고 깜찍하다.'라는 의미를 포함하고 있기 때문에 학생이 선생님에 대해 평가하는 표현으로는 적절하지 않다. 엄마 입장에서는 그런 철수의 말이야말로 '맹랑하다'며 지적할 수 있다.

09

답 ④
이게 정답! 빈칸에는 떡볶이 가게 사장님이 남들의 칭찬에 부끄러워하고 쑥스러워하는 태도를 나타내는 말이 들어가는 것이 자연스럽다. 그런데 '미심쩍다'는 '분명하지 못하여 마음이 놓이지 않는 데가 있다.'라는 의미이므로 문맥에 어울리지 않는다.
왜 답이 아니지? ①, ③ '겸연쩍다'와, '겸연쩍다'의 발음이 변해 만들어진 '계면쩍다'는 둘 다 쑥스럽거나 미안하여 어색하다는 의미이므로, 빈칸에 들어가기에 적절하다.
②, ⑤ '쑥스럽다'와 '부끄럽다'는 멋쩍고 수줍다는 의미이므로, 빈칸에 들어가기에 적절하다.

10

이게 정답! 제시된 이야기는 '모순(矛盾)'의 유래에 해당하는 고사로, 이로부터 함께 성립할 수 없는 것을 같이 제시할 때 사용하는 '모순', '모순되다'라는 말이 나오게 되었다.

11

답 ③
이게 정답! 문맥상 빈칸에는 과거부터 지금까지 변함없이 '가난'한 인물의 형편을 단적으로 드러낼 수 있는 단어가 들어가야 한다. 따라서 '옷 따위가 낡아 해지고 차림새가 너저분하다.'라는 의미의 '남루한'이 들어가는 것이 가장 적절하다.

12

이게 정답! (2) '풍자'는 대상의 결점이나 잘못을 다른 것에 빗대어 비웃으면서 비판하는 것을 의미한다.

13

이게 정답! 이 소설은 재벌 총수가 값비싼 비단잉어를 기르는 모습을 통해 1970년대 상류층의 사치와 허영심을 비판하는 작품이다. 따라서 빈칸에 들어갈 말로 적절한 것은 대상의 잘못을 다른 것에 빗대어 비웃으면서 비판하는 소설 기법인 '풍자'이다.

14

이게 정답! '뱉어내벤또'와 '차에코풀구싶어'는 '베토벤'과 '차이콥스키'를 비슷한 발음의 말을 이용하여 재미있게 표현한 언어유희에 해당한다. '벤또'는 '도시락'을 뜻하는 일본말이다. 이러한 언어유희는 해학적 표현에 해당하는데, 이를 통해 값비싼 비단잉어에 대한 불만과, 그런 우아한 음악과 거리가 먼 자신의 처지에 대한 씁쓸함을 드러내고 있다.

15
답 ②

이게 정답! 이 소설에서 '흘기눈('흑보기'의 잘못된 표현)을 떴다'는 문맥상 대상에 대한 못마땅함을 드러내는 표현으로 볼 수 있다. 따라서 ㉠과 바꿔 쓸 수 있는 말로 가장 적절한 것은 섭섭하고 야속하여 마음이 언짢다는 의미의 '고깝다'를 활용한 '고깝게 생각했다'이다.

16
답 ①

이게 정답! 빈칸에는 '어린 나와 달리 험악하게 인상을 쓸 줄 아는 '형'의 요구 사항은 잘 들어주는 상황과 관련된 말이 들어가야 한다. '무는 개를 돌아본다'는 너무 순하기만 하면 무시당할 수 있다는 의미이므로 빈칸에 들어가기에 적절하다.

왜 답이 아니지? ② '발 없는 말이 천 리 간다'는 말은 비록 발이 없지만 천 리 밖까지도 순식간에 퍼진다는 뜻으로, 말을 삼가야 함을 비유적으로 이르는 말이다.
③ '호랑이도 제 말 하면 온다'는 다른 사람에 관한 이야기를 하는데 공교롭게 그 사람이 나타나는 경우를 이르는 말이다.
④ '달면 삼키고 쓰면 뱉는다'는 옳고 그름이나 신의를 돌보지 않고 자기의 이익만 꾀함을 비유적으로 이르는 말이다.
⑤ '먹을 때는 개도 때리지 않는다'는 음식을 먹고 있을 때에는 아무리 잘못한 것이 있더라도 때리거나 꾸짖지 말아야 한다는 말이다.

17

이게 정답! '물 들어올 때 노 젓는다'는 최근 쓰이는 관용어로, 어떤 일에서 좋은 시기가 왔을 때 부지런히 일을 하여 때를 놓치지 말라는 의미이다. 따라서 누구나 한창 활동할 수 있는 시기는 얼마 되지 아니하니 그때를 놓치지 말라는 의미의 '메뚜기도 유월이 한철이다'와 의미가 가장 가깝다.

18

이게 정답! 제시된 이야기는 곽나라가 망하자 우나라도 망하게 되었다는 내용으로, 한자성어인 '순망치한(脣亡齒寒)'과 관련된 이야기이다. '순망치한'을 우리말로 풀이한 것이 '입술이 없으면 이가 시리다'인데, 이는 서로 밀접한 관계에 있어서 하나가 망하면 다른 하나도 망하게 되는 경우를 비유적으로 이르는 말이다.

---

07 문학 – 극·수필 (1)

문제로 단어 익히기
본문 62쪽

01 (1) 상책 (2) 결의 (3) 소작　　02 (1) ㉢ (2) ㉣ (3) ㉠ (4) ㉡
03 (1) 식솔 (2) 혼백 (3) 난장판　　04 (1) ㉤ (2) ㉢ (3) ㉡ (4) ㉠
05 (1) ○ (2) × (3) ○　　06 불현듯　　07 임종　　08 ④　　09 ③
10 통찰　　11 ④　　12 (1) ○ (2) ×　　13 ③　　14 행동 지시문
15 ②　　16 ⑤　　17 ③　　18 말 속에 말 들었는데(말 뒤에 말이 있는데)?

05

이게 정답! (2) '선연히'는 '실제로 보는 것같이 생생하게'라는 뜻이다. '분명하지 아니하고 어렴풋하다.'라는 뜻을 가진 단어는 '흐리다'이다.

08
답 ④

이게 정답! 제시된 내용은 온통 황토색이었던 들판에 푸릇푸릇 새싹들이 돋아났다는 내용이다. 따라서 빈칸에 들어갈 단어로 적절한 것은 '한 가지의 빛깔'을 뜻하는 '일색(一色)'이다.

왜 답이 아니지? ① '기색'은 '마음의 작용으로 얼굴에 드러나는 빛'이라는 뜻이므로, 빈칸에 들어가기에 적절하지 않다.
② '난색'은 '꺼리거나 어려워하는 기색'이라는 뜻이므로, 빈칸에 들어가기에 적절하지 않다.
③ '명색'은 '실속 없이 그럴듯하게 불리는 허울만 좋은 이름'이라는 뜻이므로, 빈칸에 들어가기에 적절하지 않다.
⑤ '본색'은 '본디의 빛깔이나 생김새' 또는 '본디의 특색이나 정체'라는 뜻이므로, 빈칸에 들어가기에 적절하지 않다.

09
답 ③

이게 정답! '소양'은 평소 닦아 놓은 학문이나 지식을 뜻하는 말이다. 따라서 주어진 문장에는 '소양'이 아니라 몸과 마음을 갈고닦아 품성이나 지식, 도덕 따위를 높은 경지로 끌어올림을 뜻하는 '수양'을 쓰는 것이 더 적절하다.

10

이게 정답! 동물의 크기에 관계없이 생명을 가진 존재라면 그 자체로 가치 있다는 사실은 글쓴이가 삶과 사물을 주의 깊게 살펴보고 생각한 결론이라고 할 수 있다. 따라서 빈칸에는 '예리한 관찰력으로 사물을 꿰뚫어 봄'이라는 뜻을 지닌 '통찰'이 들어가는 것이 가장 적절하다.

왜 답이 아니지? '마찰'은 '두 물체가 서로 닿아 비벼짐. 또는 그렇게 함'이라는 뜻이므로, 빈칸에 들어가기에 적절하지 않다.
'사찰'은 '남의 행동을 몰래 엿보아 살핌'이라는 뜻이므로, 빈칸에 들어가기에 적절하지 않다.
'통보'는 '통지하여 보고함. 또는 그 보고'라는 뜻이므로, 빈칸에 들어가기에 적절하지 않다.

11 답 ④

이게 정답! 글쓴이는 자연 친화적인 집을 짓기 위해 애썼지만, 큰 유리창에 새들이 와서 부딪혀 죽는 것을 보고 '자연 친화적 좋아하네.'라며 스스로를 비웃은 것이다. 따라서 이 같은 글쓴이의 태도를 '자조적'이라고 표현할 수 있다. '자조적'은 '자기를 비웃는 듯한 것'이라는 뜻이다.

왜 답이 아니지? ① '자발적'은 '남이 시키거나 요청하지 아니하여도 자기 스스로 나아가 행하는 것'이라는 뜻이다.
② '자립적'은 '남에게 예속되거나 의지하지 아니하는 것'이라는 뜻이다.
③ '자율적'은 '자기 스스로의 원칙에 따라 어떤 일을 하거나 자기 스스로를 통제하여 절제하는 것'이라는 뜻이다.
⑤ '자족적'은 '스스로 넉넉하게 여기고 만족하는 성질이 있는 것'이라는 뜻이다.

12

이게 정답! (2) 희곡에서 등장인물이 하는 말을 '대사'라고 하며, '대사' 가운데 등장인물끼리 주고받는 말을 '대화'라고 한다.

13 답 ③

이게 정답! 빈털터리인 '남자'가 자신이 부자인 것처럼 저택을 꾸민 후 맞선을 보는 상황이므로, 집 안에 놓는 화려한 살림살이를 누군가에게 빌렸다고 보는 것이 자연스럽다. 따라서 ㉮에 들어갈 말로 가장 적절한 것은 '집안 살림에 쓰는 여러 물건'을 가리키는 '가재도구'이다.

왜 답이 아니지? ① '필기도구'는 필기하는 데에 쓰는 여러 종류의 물건, 즉 종이, 먹, 붓, 볼펜이나 연필 따위를 이르는 말이다.
② '세면도구'는 얼굴을 씻거나 머리를 감거나 면도 따위를 하는 데에 쓰는 여러 가지 물건, 즉 비누, 칫솔, 수건 따위를 이르는 말이다.
④ '취사도구'는 음식을 만드는 데에 쓰는 기구를 통틀어 이르는 말이다.
⑤ '생산 도구'는 어떤 물품을 생산하는 데 필요한 도구나 기구를 이르는 말이다.

14

이게 정답! 희곡에서 등장인물의 행동, 표정, 말투, 퇴장 시기 등을 지시하는 부분을 '행동 지시문'이라 하며, ㉠과 같이 대사 앞에 괄호를 하여 표시한다.

15 답 ②

이게 정답! 희곡의 대사 중 무대 위에 다른 등장인물이 있지만 그들에게는 들리지 않고 관객에게만 들리는 것으로 약속된 말을 '방백'이라고 한다. ⓑ는 '남자'의 속마음을 나타내는 대사로, 관객에게는 들리지만 같은 공간에 있는 '여자'에게는 들리지 않는 것으로 설정된 방백에 해당한다.

왜 답이 아니지? ① ⓐ는 이에 대해 '남자'가 대답하고 있지는 않지만, '남자'가 듣기를 바라고 건네는 말이므로 '대화'에 해당한다.
③~⑤ ⓒ, ⓓ, ⓔ는 '여자'와 '남자'가 주고받는 대사이므로 '대화'에 해당한다.

16 답 ⑤

이게 정답! '말 한마디에 천 냥 빚도 갚는다'는 '말'의 긍정적인 기능을 강조한 속담이다. 이처럼 말의 긍정적 기능을 강조한 속담으로는, 상대편이 말을 고맙게 하면 제가 생각하였던 것보다 훨씬 더 후하게 해 주게 된다는 뜻인 '말이 고마우면 비지 사러 갔다가 두부 사 온다'가 있다.

왜 답이 아니지? ① '혀 밑에 죽을 말 있다'는 말을 잘못하면 재앙을 받게 되니 말조심을 하라는 뜻으로, '말'의 부정적 기능을 강조하는 속담이다.
② '웃느라 한 말에 초상난다'는 농담으로 한 말이 듣는 사람에게 치명적인 영향을 주어 마침내 죽게 한다는 뜻으로, 말을 매우 조심스럽게 해야 한다는 의미의 속담이다.
③ '말은 할수록 늘고 되질은 할수록 준다'는 말은 퍼질수록 보태어지고 물건은 옮겨 갈수록 줄어 준다는 의미의 속담이다.
④ '쌀은 쏟고 주워도 말은 하고 못 줍는다'는 쌀은 쏟아도 주울 수 있으나 말은 다시 수습할 수 없다는 뜻으로, 말을 삼가야 한다는 의미의 속담이다.

17 답 ③

이게 정답! '고기는 씹어야 맛이요, 말은 해야 맛이라'는 하고 싶은 말이 있으면 시원하게 해 버리는 것이 좋다는 의미의 속담이다. 이와 같은 의미의 속담으로는, 마음속으로만 애태울 것이 아니라 시원스럽게 말을 하여야 한다는 의미의 '말 안 하면 귀신도 모른다'가 있다.

왜 답이 아니지? ① '말이 씨가 된다'는 늘 말하던 것이 마침내 사실대로 되었을 때를 이르는 속담이다.
② '말 많은 집은 장맛도 쓰다'는 집안에 잔말이 많으면 살림이 잘 안된다는 의미의 속담이다.
④ '말이 많으면 쓸 말이 적다'는 하지 않아도 될 말을 이것저것 많이 늘어놓으면 그만큼 쓸 말은 적어진다는 뜻으로, 말을 삼가야 한다는 의미의 속담이다.
⑤ '호랑이도 제 말 하면 온다'는 다른 사람에 관한 이야기를 하는데 공교롭게 그 사람이 나타나는 경우를 이르는 속담이다.

18

이게 정답! '수연'은 발표 전날 모이자는 자신의 의견에 '진수'가 친구 생일을 이유로 곤란함을 표하자 과제보단 우정을 지키는 게 중요하다고 하였는데 이는 진수의 말에 비꼬아 대답한 것이다. 따라서 이런 상황에서 진수의 '말 속에 뼈가 느껴지는데?'라는 말은, 말 속에 드러나지 아니한 깊은 뜻이 있다는 의미의 '말 속에 말 들었는데(말 뒤에 말이 있는데)?'와 의미가 통한다.

문제로 단어 익히기

본문 70쪽

01 (1) 돈독 (2) 각박 (3) 냉혹 02 (1) ○ (2) × 03 (1) 불미 (2) 억척 (3) 기거 (4) 음흉 04 (1) ⓒ (2) ⓛ (3) ㉠ 05 꾸짖다, 나무라다 06 (1) ㉠ (2) ㉠ 07 ② 08 ④ 09 (1) ○ (2) ○ (3) × (4) × 10 조신 11 ② 12 ③ 13 (1) 아름이의 병실 (2) 밤 14 ③ 15 ④ 16 ④ 17 열 번 갈아서 안 드는 도끼가 없다 18 고기도 먹어 본 사람이 많이 먹는다

02

이게 정답! (2) '처절하다'는 '몹시 처참하고 끔찍하다.'라는 뜻이다. '하는 짓이나 말이 매우 버릇없고 막되어 괘씸하다.'라는 뜻을 가진 단어는 '발칙하다'이다.

05

이게 정답! '질책'은 '잘못을 꾸짖어 나무람'이라는 뜻이다. 따라서 '꾸짖다', '나무라다'와 뜻이 비슷하다.

왜 답이 아니지? '어르다'는 '어린아이를 달래거나 기쁘게 하여 주다.', '사람이나 짐승을 놀리며 장난하다.', '어떤 일을 하도록 구슬리다.'라는 뜻이다.

06

이게 정답! (1) '덧없다'가 '보람이나 쓸모가 없어 헛되고 허전하다.'라는 의미로 사용된 것은 ㉠이다. ⓛ은 '알지 못하는 가운데 지나가는 시간이 매우 빠르다.'라는 의미로 사용된 예이다.

(2) '참담하다'가 '몹시 슬프고 괴롭다.'라는 의미로 사용된 것은 ㉠이다. ⓛ은 '끔찍하고 절망적이다.'라는 의미로 사용된 예이다.

07

답 ②

이게 정답! '음흉하다'는 '겉으로는 부드러워 보이나 속으로는 엉큼하고 흉악하다.'라는 뜻이다. 주어진 문장에는 '분위기가 술렁술렁하여 매우 어수선하다.'라는 뜻의 '흉흉하다(흉흉하게)'를 쓰는 것이 적절하다.

08

답 ④

이게 정답! '숙지하다'는 '익숙하게 또는 충분히 알다.'라는 뜻으로, 밑줄 친 말과 바꾸어 쓰기에 가장 적절하다.

왜 답이 아니지? ① '숙성하다'는 '충분히 이루어지다.' 또는 '효소나 미생물의 작용에 의하여 발효된 것이 잘 익다.'라는 뜻이므로 바꾸어 쓰기에 적절하지 않다.

② '숙면하다'는 '잠이 깊이 들다.'라는 뜻이므로 바꾸어 쓰기에 적절하지 않다.

③ '숙청하다'는 '어지러운 상태를 바로잡다.' 또는 '정책이나 조직의 일체성을 확보하기 위하여 반대파를 처단하거나 제거하다.'라는 뜻이므로 바꾸어 쓰기에 적절하지 않다.

⑤ '숙박하다'는 '여관이나 호텔 따위에서 잠을 자고 머무르다.'라는 뜻이므로 바꾸어 쓰기에 적절하지 않다.

09

이게 정답! (3) '낙향'은 '시골로 거처를 옮기거나 이사함'이라는 뜻이다. 주어진 문장에서는 노인이 딸의 초청을 받아 서울로 가는 상황이므로, '지방에서 서울로 감'이라는 뜻의 '상경'이 들어가는 것이 더 적절하다.

(4) '잠입하다'는 '아무도 알아차리지 못하게 몰래 숨어들다.'라는 뜻이다. 주어진 문장에서는 취재 기자들이 무질서하게 사무실로 들어온 상황이므로, '어지럽고 무질서하게 함부로 들어오거나 들어감'이라는 뜻의 '난입'이 들어가는 것이 더 적절하다.

10

이게 정답! '조신하다'는 '몸가짐이 조심스럽고 얌전하다.'라는 뜻의 단어이다. 그런데 대부분의 사람들이 이런 태도는 여성에게만 어울린다는 잘못된 고정 관념을 가지고 있다 보니, '조신한 남자'라는 말이 사람들의 웃음을 유발한 것이라고 볼 수 있다.

11

답 ②

이게 정답! 제시된 문장에서는 과잣값을 인상할 수밖에 없다는 내용을 다루고 있다. 따라서 '(어떤 상황을) 피할 수 없다.'라는 뜻의 '불가피하다'가 들어가는 것이 가장 적절하다.

왜 답이 아니지? ① '불가결하다'는 '없어서는 아니 되다.'라는 뜻이므로, 빈칸에 들어가기에 적절하지 않다.

③ '불가근하다'는 '가까이하기 어렵다.'라는 뜻이므로, 빈칸에 들어가기에 적절하지 않다.

④ '불가능하다'는 '가능하지 아니하다.'라는 뜻이므로, 빈칸에 들어가기에 적절하지 않다.

⑤ '불가해하다'는 '이해할 수 없다.'라는 뜻이므로, 빈칸에 들어가기에 적절하지 않다.

12

답 ③

이게 정답! 〈보기〉에서 화자 '나'는 자신의 무기력한 모습을 돌아보며 자신이 시를 쓰는 일이 부끄럽다고 말하고 있다. 이는 암울한 현실을 살아가는 화자 자신의 삶을 성찰하고 있는 것으로 볼 수 있다. '성찰'은 '자기의 마음이나 지난 일을 반성하고 살핌'이라는 뜻으로, 작품에 드러나는 화자의 태도를 나타내는 말로 가장 적절하다.

왜 답이 아니지? ① '순찰'은 '여러 곳을 돌아다니며 사정을 살핌'이라는 뜻이다.

② '관찰'은 '사물이나 현상을 주의하여 자세히 살펴봄'이라는 뜻이다.

④ '진찰'은 '의사가 여러 가지 방법으로 환자의 병이나 증상을

살핌'이라는 뜻이다.

⑤ '시찰'은 '직접 돌아다니며 둘러보고 실제의 사정을 살핌'이라
는 뜻이다.

13

이게 정답! 시나리오에서 장면(Scene)은 동일한 시간과 공간에서
벌어지는 사건을 담은 단위이며, 장면의 시간적·공간적 배경은
각 장면 번호 옆에 제시된다. 따라서 'S# 49'의 경우 공간적 배경
은 '아름이의 병실', 시간적 배경은 '밤'이다.

14   답 ③

이게 정답! ㉠에서는 서하의 전자 우편을 애타게 기다리지만 새
편지가 0통임을 알고 실망하는 아름의 모습을 반복해서 보여 주
고 있다. 그러므로 ㉠에서 알 수 있는 아름의 심리를 나타내는
말로는, '바라던 일이 뜻대로 되지 않아 마음이 몹시 상하다.'라
는 뜻의 '낙담하다'가 가장 적절하다.

15   답 ④

이게 정답! ㉡에 사용된 '(소리)'는 시나리오 용어 중 'E.'와 비슷한
것으로, 화면 밖에서 들리는 인물의 대사를 뜻한다. 즉, ㉡은 서
하가 아름에게 보낸 전자 우편의 내용이, 화면에 등장하지 않는
서하의 목소리로 전달되는 것이다. 따라서 이때 화면은 바로 앞
장면 '떨리는 손으로 전자 우편을 여는 아름이'와 연결되어 컴퓨
터 모니터를 보고 있는 아름의 모습이 제시되는 것이 가장 적절
하다.

왜 답이 아니지? ①, ② 화면에 서하의 모습은 나타나지 않아야
한다.

③ 서하의 손 사진은 서하의 소리가 들린 이후의 장면이며, 아름
이 놀라는 모습은 이 글에서 확인할 수 없다.

⑤ 확대된 손 사진이 제시되는 것은 서하의 소리가 들리고, 아름
이 첨부된 사진을 연 이후의 장면이다.

16   답 ④

이게 정답! '부뚜막의 소금도 집어넣어야 짜다'는 아무리 좋은 조
건이 마련되었거나 손쉬운 일이라도 힘을 들이어 이용하거나 하
지 아니하면 안 됨을 비유적으로 이르는 속담이다. 이와 의미가
가장 가까운 것은 아무리 훌륭하고 좋은 것이라도 다듬고 정리
하여 쓸모 있게 만들어 놓아야 값어치가 있음을 비유적으로 이
르는 속담인 '구슬이 서 말이라도 꿰어야 보배'이다.

왜 답이 아니지? ① '쇠뿔도 단김에 빼라'는 어떤 일이든지 하려고
생각했으면 한창 열이 올랐을 때 망설이지 말고 곧 행동으로 옮
겨야 함을 비유적으로 이르는 속담이다.

② '강물이 돌을 굴리지 못한다'는 강물이 아무리 흘러도 돌을 움
직여 굴리지는 못한다는 뜻으로, 세태에 흔들리지 않고 지조 있
게 꿋꿋이 행동함을 비유적으로 이르는 속담이다.

③ '돌다리도 두들겨 보고 건너라'는 잘 아는 일이라도 세심하게

주의를 하라는 의미의 속담이다.

⑤ '자라 보고 놀란 가슴 솥뚜껑 보고 놀란다'는 어떤 사물에 몹
시 놀란 사람은 비슷한 사물만 보아도 겁을 냄을 이르는 속담이다.

17

이게 정답! 동우가 꾸준히 성실하게 노력하여 좋은 성과를 거두
게 된 상황이므로, 무슨 일이나 꾸준히 공을 들이면 기대한 바대
로 성과를 거두게 됨을 이르는 속담인 '열 번 갈아서 안 드는 도
끼가 없다'가 들어가는 것이 가장 적절하다.

18

이게 정답! 명수는 싸움도 많이 해 본 사람이 잘한다며, 문제를
많이 풀다 보면 어떤 문제가 시험에 나올지 알게 된다고 이야기
하고 있다. 이는 무슨 일이든지 늘 하던 사람이 더 잘한다는 의
미의 속담인 '고기도 먹어 본 사람이 많이 먹는다'와 의미가 통한
다고 볼 수 있다.

II. 비문학

09 비문학 _ 인문 (1)

문제로 단어 익히기

본문 80쪽

01 (1) 계발 (2) 망상 (3) 집대성 (4) 딜레마　02 (1) 지향 (2) 얼
03 (1) 섭렵 (2) 연마 (3) 표절 (4) 함양　04 (1) 기호 (2) 체득 (3)
오류 (4) 정석 (5) 번뇌　05 (1) × (2) × (3) ○ (4) ○　06 (1)
○ (2) × (3) × (4) ○ (5) ×　07 (1) ㉃ (2) ㉠ (3) ㉁ (4) ㉂　08
(1) ㉠ (2) ㉃　09 (1) 헛생각 (2) 역량　10 (1) ㉃ (2) ㉠ (3) ㉁
11 (1) ⑤ (2) ②　12 ⑤　13 ⑤　14 계발, 환경　15 형설지
공　16 (1) 주경야독 (2) 위편삼절

02

이게 정답! (1) 문맥상 '복지 국가'는 긍정적인 목표이므로 '어떤
목표로 뜻이 쏠리어 향함. 또는 그 방향이나 그쪽으로 쏠리는 의
지'라는 뜻을 지닌 '지향'이 적절하다.

(2) '우리 민족의'라는 말을 고려할 때, '정신의 줏대'라는 뜻을 지
닌 '얼'이 적절하다.

03

이게 정답! (1) '섭렵'은 '많은 책을 널리 읽거나 여기저기 찾아다
니며 경험함'이라는 뜻이므로, '두루 읽은'과 바꾸어 쓰기에 적절
하다.

(2) '연마'는 '학문이나 기술 따위를 힘써 배우고 닦음'이라는 뜻이
므로, '학문이나 재주 따위를 힘써 배우고 익히다.'라는 뜻의 '갈
고닦은'과 바꾸어 쓰기에 적절하다.

(3) '표절'은 '시나 글, 노래 따위를 지을 때에 남의 작품의 일부를
몰래 따다 씀'이라는 뜻이므로, '몰래 베끼는'과 바꾸어 쓰기에
적절하다.

(4) '함양'은 '능력이나 품성 따위를 길러 쌓거나 갖춤'이라는 뜻이
므로, '육체나 정신을 단련하여 더 강하게 만들다.'라는 뜻의 '기
르는'과 바꾸어 쓰기에 적절하다.

05

이게 정답! (1) '책벌레'는 지나치게 책을 읽거나 공부하는 데만 열
중하는 사람을 놀림조로 이르는 말이다.

(2) '짜깁기'는 기존의 글이나 영화 따위를 편집하여 하나의 완성
품으로 만드는 일이다. '글, 이론 따위의 내용이 앞뒤의 연관과
체계를 제대로 갖춘 상태'라는 뜻을 지닌 단어는 '짜임새'이다.

06

이게 정답! (2) 문맥상 '기념관'이 대상이므로, '건물, 기념비, 동
상, 탑 따위를 만들어 세움'이라는 뜻의 '건립'이 적절하다.

---

(3) 문맥상 '세태나 남의 세력을 이용하여 자신의 이익을 거둠'을
비유적으로 이르는 말인 '편승'이 적절하다.

(5) 문맥상 '너그럽고 속이 깊은 마음씨'라는 뜻을 지닌 '아량'이
적절하다.

08

이게 정답! (1) 수정으로 안경알을 만든 것이므로, 문맥상 '연마'가
'주로 돌이나 쇠붙이, 보석 따위의 고체를 갈고 닦아서 표면을
반질반질하게 함'이라는 뜻으로 사용되었음을 알 수 있다. 참고
로, '연마'처럼 둘 이상의 뜻을 지닌 단어를 다의어라고 한다.

(2) 회사에서 예상 소비자들의 기호에 맞는 제품을 생산한다는
의미이므로, 문맥상 '기호'가 '즐기고 좋아함'이라는 뜻으로 사용
되었음을 알 수 있다. 참고로, '어떠한 뜻을 나타내기 위하여 쓰
이는 부호, 문자, 표지 따위를 통틀어 이르는 말'이라는 뜻을 지
닌 단어는 '기호(記號)'이다. ㉠의 뜻을 지닌 '기호'와 ㉡의 뜻을
기닌 '기호'처럼 소리는 같으나 의미가 다른 말을 동음이의어라
고 한다.

09

이게 정답! (1) '망상'은 '이치에 맞지 않는 허황된 생각을 함. 또는
그 생각'이라는 뜻이고, '헛생각'은 '전혀 실현 가능성이 없는 황
당한 생각'이라는 뜻이므로 의미가 가장 유사하다. 참고로, '군
소리'는 '하지 아니하여도 좋을 쓸데없는 말'이라는 뜻이고, '지레
짐작'은 '어떤 일이 일어나기 전 또는 어떤 기회나 때가 무르익기
전에 확실하지 않은 것을 성급하게 미리 하는 짐작'이라는 뜻이
다.

(2) 문맥상 '힘'이 '어떤 일을 할 수 있는 능력이나 역량'이라는 뜻
으로 사용되었으므로, '어떤 일을 해낼 수 있는 힘'이라는 뜻의
'역량'과 의미가 가장 유사하다.

12
답 ⑤

이게 정답! 4문단의 '이때 현실을 무시해서는 안 된다. 현실과 지
나치게 동떨어진 사고는 자칫 망상으로 이어질 수 있기 때문이
다.'를 볼 때, 현실에서 벗어난 상상은 창의적 사고가 아니라 현
실과 동떨어진 망상이 될 가능성이 있음을 알 수 있다. 따라서
현실에서 벗어난 상상만이 창의적 해결의 바탕이 된다는 것은
적절하지 않다.

왜 답이 아니지? ① 2문단의 '창의력은 사회·문화적 환경이 갖추
어지고 적절한 교육이 이루어진다면 충분히 계발할 수 있다.'에
서 확인할 수 있다.

② 4문단의 '학생들이 다양한 분야의 책을 섭렵할 수 있도록 하
는 것도 필요하다. ~ 독창적인 관점으로 상황을 바라보는 데 도
움이 된다.'에서 확인할 수 있다.

③ 1문단의 '남들과는 다른 시각으로 사물이나 현상을 바라보고, 그것을 뚜렷하고 분명하게 표현해 내는 것이 창의적 사고의 시작점이다.'에서 확인할 수 있다.

④ 3문단의 '이미 대답이 정해져 있는 질문을 하기보다는, 학생들의 자유로운 생각을 유도하는 질문을 적극적으로 하는 것이 필요하다.'에서 확인할 수 있다.

13
답 ⑤

이게 정답! '사실이 아니거나 사실 여부가 분명하지 않은 것을 사실이라고 가정하여 생각함'이라는 뜻을 지닌 단어는 '가상(假想)'이다.

14

이게 정답! 이 글의 주제 문장은 2문단의 '창의력은 사회·문화적 환경이 갖추어지고 적절한 교육이 이루어진다면 충분히 계발할 수 있다.'로 볼 수 있다. 그러므로 이 글의 요지, 즉 주제는 '창의력을 계발하려면 창의적 사고가 가능한 환경을 먼저 만들어야 한다.'라는 내용이 적절하다.

15

이게 정답! '형설지공'의 표면적인 뜻은 '반딧불·눈과 함께 하는 노력'이라는 뜻이다. 주어진 이야기에서 손강의 고사는 반딧불과, 차윤의 고사는 눈과 관련된 것이다.

16

이게 정답! (1) 장사를 마친 밤에 방송 강의를 들으며 공부를 했다는 것은 낮에는 일을 하고 밤에는 공부를 했음을 의미하므로, '주경야독'이 가장 적절하다.

(2) 명수가 좋아하는 책들의 표지가 너덜너덜해진 까닭은 그 책을 여러 번 읽었기 때문이므로 '위편삼절'이 가장 적절하다.

---

10 비문학 _ 인문(2)

문제로 단어 익히기

01 (1) 섣달 (2) 역경 (3) 잣대 (4) 안목　　02 (1) 선친 (2) 본분
03 (1) ○ (2) × (3) ○ (4) ×　　04 (1) 서문 (2) 회자 (3) 세파 (4) 연명　05 (1) ○ (2) × (3) ○ (4) × (5) ○　　06 ㉠　　07 (1) ㉡ (2) ㉠ (3) ㉣ (4) ㉢　08 (1) 매개 (2) 본분 (3) 연륜 (4) 안목　09 ④
10 (1) 어려움 (2) 분투하는　　11 (1) ㉣ (2) ㉠ (3) ㉢ (4) ㉡　　12 ②
13 ⑤　　14 ③　　15 백성　16 새옹지마　17 소탐대실　18 인과응보

03

이게 정답! (2) '상복'은 '죽은 사람의 가족들이 장례 중에 입는 옷'이라는 뜻이다. '겉옷의 안쪽에 몸에 직접 닿게 입는 옷'이라는 뜻을 지닌 단어는 '속옷' 또는 '내복'이다.

(4) '격조'는 '사람이나 예술 작품 등이 지니고 있는 고상한 품격과 취향'이라는 뜻이다. '빈부, 임금, 기술 수준 따위가 서로 벌어져 다른 정도'라는 뜻을 지닌 단어는 '격차'이다.

04

이게 정답! (1) '머리글'은 책이나 논문 등의 첫머리에 내용이나 목적을 간략하게 적은 글이므로, '서문'으로 바꾸어 쓸 수 있다.

(2) 문맥상 '사람들의 입에 오르내리다'가 '남의 말할 거리가 되다.'라는 뜻으로 사용되었으므로 '회자(되다)'로 바꾸어 쓸 수 있다.

(3) '세파'는 '모질고 거센 세상의 어려움'이라는 뜻이므로 '세상의 모진 어려움'과 바꾸어 쓸 수 있다.

(4) '연명'은 '목숨을 겨우 이어 살아감'이라는 뜻이므로 '목숨을 이었다'와 바꾸어 쓸 수 있다.

05

이게 정답! (2) '절기'는 '한 해를 스물넷으로 나누어 정한, 계절의 표준이 되는 것'이라는 뜻이다. 그러나 추석과 설날은 계절과 관련된 절기가 아니라 명절에 해당하므로 적절하지 않다.

(4) '분투'는 '있는 힘을 다하여 싸우거나 노력함'이라는 뜻이므로 '북받쳐 오르는'이나 '억누를 수 없었다'와 같은 표현과는 어울리지 않는다. 문맥상 '분투'보다는 '감동'이나 '눈물'이 적절하다.

06

이게 정답! 문맥상 '격조'는 '사람이나 예술 작품 등이 지니고 있는 고상한 품격과 취향'이라는 뜻으로 사용되었다. 이는 격조의 대상이 '어투(말을 하는 버릇이나 생김새)'라는 점을 통해 알 수 있다. '멀리 떨어져 있어 서로 통하지 못함'이라는 뜻을 지닌 단어는 '격조(隔阻)'이다. 참고로 ㉠과 ㉡은 글자는 '격조'로 같지만, 한자가 각각 '格調'와 '隔阻'로 다르다. 두 단어는 소리는 같지만 뜻이 다른 동음이의어에 해당한다.

09

답 ④

이게 정답! 문맥상 '척도'가 '무엇의 가치를 평가하거나 판단할 때의 기준'이라는 뜻으로 사용되었음을 알 수 있다. 그러므로 '어떤 현상이나 문제를 판단할 때 근거로 하는 기준을 비유적으로 이르는 말'인 '잣대'와 바꾸어 쓸 수 있다.

10

이게 정답! (1) '역경'은 '일이 순조롭지 않아 매우 어렵게 된 처지나 환경'이라는 뜻이다. 따라서 '어려움'과 뜻이 가장 유사하다.
(2) '애쓰다'는 '마음과 힘을 다하여 무엇을 이루려고 힘쓰다.'라는 뜻이다. 따라서 '있는 힘을 다하여 싸우거나 노력함'이라는 뜻의 '분투'와 뜻이 가장 유사하다.

12

답 ②

이게 정답! 〈보기〉에서 '그 책을 읽은 횟수가 천만 번에 이르게 되면 결국 내 것이 되는 법'이라고 하였으므로, '노수신'은 같은 책이나 글을 충분히 이해할 때까지 거듭해서 읽는 '백독'의 독서 방법을 사용했음을 알 수 있다.

13

답 ⑤

이게 정답! 윤리에 어긋나는 행동을 하는 백성들을 가르쳐서 바르게 이끌 수 있는 대책을 마련해야 한다고 주장하였을 뿐이지, 나라에 불순종한 마음을 품고 있는 사람들을 찾아내 큰 벌을 내려야 한다고 주장한 것은 아니다.

왜 답이 아니지? ① 1문단의 '사대부들은 옛 성현이 만든 예법을 엄격하게 지켰고, 백성들은 충과 효에 스스로 힘썼습니다.'에서 확인할 수 있다.
② 2문단의 '임진왜란이라는 역경을 겪으면서 윤리가 흐트러져 나라에 순종하지 않는 마음을 품는가 하면, 법도에 벗어나는 말을 외치기도 합니다.'에서 확인할 수 있다.
③ 2문단의 '배움이 있는 사람도 이렇게(법도나 윤리에 어긋나게 행동하는 것) 하거늘, 아는 것이 없는 민초들은 어떠하겠습니까?'에서 확인할 수 있다.
④ 3문단의 '무릇 효자의 집안에서 충성스러운 신하를 ~ 눈을 씻고 보아도 찾을 수 없을 것입니다.'에서 확인할 수 있다.

14

답 ③

이게 정답! '본분'은 '마땅히 지켜 행하여야 할 도리나 기본적인 의무'라는 뜻이다. '타고난 직업이나 마땅히 해야 할 일'이라는 뜻을 지닌 말은 '천직'이다.

15

이게 정답! '민초'는 '백성'을 질긴 생명력을 가진 잡초에 비유하여 이르는 말이다. 따라서 나라의 근본을 이루는 일반 국민을 예스럽게 이르는 말인 '백성'으로 바꾸어 쓸 수 있다.

16

이게 정답! '새옹지마'는 '변방 노인의 말'이라는 뜻으로, 변방에 살던 노인의 이야기에서 유래된 것이다.

17

이게 정답! '빈대 잡으려고 초가삼간 태운다'는 손해를 크게 볼 것은 생각하지 않고 당장 자기에게 마땅치 아니한 것을 없애려고 그저 덤비기만 하는 경우를 비유적으로 이르는 속담이다. 따라서 한자성어 '소탐대실'과 의미가 가장 유사하다.

11 비문학 _ 인문(3)

문제로 단어 익히기

본문 96쪽

01 (1) 숫기 (2) 후덕 (3) 무기력 (4) 기구 02 (1) 요긴 (2) 지대
(3) 연연 03 해어지다 04 (1) ○ (2) × (3) ○ (4) × 05 (1)
㉠ (2) ㉢ (3) ㉣ (4) ㉡ 06 (1) × (2) ○ (3) × (4) ○ 07 ①
08 (1) ③ (2) ② (3) ⑤ 09 ① 10 ④ 11 (1) ㉢ (2) ㉣ (3)
㉠ (4) ㉡ 12 ② 13 ⑤ 14 ④ 15 백미 16 동량지재
17 문일지십

04

이게 정답! (2) '완곡하다'는 '말하는 투가, 듣는 사람의 감정이 상
하지 않도록 모나지 않고 부드럽다.'라는 뜻이다. '못마땅하거나
만족스럽지 못하여 말이나 태도가 무뚝뚝하다.'라는 뜻을 지닌
단어는 '퉁명하다'이다.
(4) '유약하다'는 '부드럽고 약하다.'라는 뜻이다. '대담하지 못하
고 조심성이 지나치게 많다.'라는 뜻을 지닌 단어는 '소심하다'이다.

06

이게 정답! (1) '하나를 가르치면 열을 알았다.'라는 내용을 고려할
때, '슬기롭지 못하고 머리가 둔하다.'라는 뜻을 지닌 '아둔하다'
는 적절하지 않다. 문맥상 '총명하여'나 '똑똑하여' 등이 들어가는
것이 적절하다.
(3) 한쪽 말만 듣고 그를 범인으로 단정하는 것은 이치에 맞지 않
은 일이므로, '어떤 기준, 조건, 용도, 도리 따위에 꼭 알맞다.'라
는 뜻을 지닌 '합당하다'는 적절하지 않다. 문맥상 '이치에 맞지
아니하다.'라는 뜻을 지닌 '부당하다'가 들어가는 것이 적절하다.

07 답 ①

이게 정답! 문맥상 우리 민족이 외세의 오랜 압박과 억압을 이겨
냈다는 의미이므로, '굴하다'가 들어가는 것이 가장 적절하다.

08

이게 정답! (1) '열정적'은 '어떤 일에 열렬한 애정을 가지고 열중
하는 것'이라는 뜻이다. 따라서 반의어로는 '행동이나 태도가 맺
고 끊는 데가 없이 흐리멍덩한 것'이라는 뜻을 지닌 '미온적'이
가장 적절하다.
(2) '후덕하다'는 '어질고 덕이 많다.'라는 뜻이다. 따라서 반의어
로는 '자기만 생각하고 인정이 없다.'라는 뜻을 지닌 '야박하다'가
가장 적절하다.
(3) '내성적'은 '겉으로 드러내지 아니하고 마음속으로만 생각하
는 것'이라는 뜻이다. 따라서 반의어로는 '감정이나 생각을 밖으
로 적극적으로 나타내는 것'이라는 뜻을 지닌 '외향적'이 가장 적
절하다. 참고로 '내향적'은 '성격이 내성적이고 비사교적인 것'이
라는 뜻으로 '내성적'의 유의어이다.

09 답 ①

이게 정답! '애매하다'는 '희미하여 분명하지 아니하다.'라는 뜻이
다. 따라서 '말이나 태도가 흐릿하여 분명하지 않다.'라는 뜻을
지닌 '모호하다'와 바꾸어 쓸 수 있다.

10 답 ④

이게 정답! '살갑다'는 '마음씨가 부드럽고 상냥하다.'라는 뜻이
다. 그런데 '야박하다'는 '자기만 생각하고 인정이 없다.'라는 뜻
이므로 바꾸어 쓰기에 적절하지 않다.
왜 답이 아니지? ① '연연하다'는 '집착하여 미련을 가지다.'라는
뜻이므로 '미련을 갖지'와 바꾸어 쓸 수 있다.
② '무기력'은 '어떠한 일을 감당할 수 있는 기운과 힘이 없음'이
라는 뜻이므로 '기운이 없어'와 바꾸어 쓸 수 있다.
③ '합당하다'는 '어떤 기준, 조건, 용도, 도리 따위에 꼭 알맞다.'
라는 뜻이므로 '이치에 맞는'과 바꾸어 쓸 수 있다.
⑤ 문맥상 '미적지근하다'는 '성격이나 행동, 태도 따위가 맺고
끊는 데가 없이 흐리멍덩하다.'라는 뜻으로 쓰였으므로, '행동이
나 태도가 맺고 끊는 데가 없이 흐리멍덩한 것'이라는 뜻의 '미온
적인'으로 바꾸어 쓸 수 있다.

12 답 ②

이게 정답! 1문단과 2문단에서는 독서를 함으로써 인간다운 능
력을 발전시킬 수 있음을 제시하고 있으며, 3문단에서는 독서에
많은 시간과 노력이 필요함을 제시하고 있다. 따라서 '독서의 필
요성과 어려움'이 글의 중심 내용으로 가장 적절하다.
왜 답이 아니지? ① 2문단에 책의 효용이 제시되어 있긴 하지만,
책의 발전 과정은 제시되어 있지 않다.
③ 독서를 활성화하기 위한 방법은 제시되어 있지 않다.
④ 2문단에서 책이나 독서를 맹목적으로 예찬할 필요는 없다고
하였으나 그로 인한 위험성은 언급하고 있지 않다.
⑤ 1문단과 2문단에서 기억, 생각, 상상, 표현 등이 인간을 인간
답게 만드는 능력들임을 추론할 수 있긴 하지만, 이러한 능력들
은 독서의 필요성이나 효용을 설명하기 위해 언급한 것이지, 그
것 자체를 설명하고 있는 것은 아니다.

13 답 ⑤

이게 정답! ㉤ '기구하다'는 '세상살이가 순탄하지 못하고 힘든 일
이 많다.'라는 뜻이므로 이를 '특별하지 않은'으로 바꾸어 쓰는
것은 적절하지 않다. '어려운, 힘든 일이 많은' 정도의 표현이 적
절하다.
왜 답이 아니지? ① ㉠ '지대하다'는 '더할 수 없이 크다.'라는 뜻이
므로 '매우 큰'으로 바꾸어 쓸 수 있다.
② ㉡ '맹목적'은 '자신만의 생각이나 원칙이 없이 덮어놓고 행동하
는 것'이라는 뜻이므로 '덮어놓고 무조건'으로 바꾸어 쓸 수 있다.
③ ㉢ '요긴하다'는 '꼭 필요하고 중요하다.'라는 뜻이므로 '꼭 필
요한'으로 바꾸어 쓸 수 있다.

④ ㉣ '아둔하다'는 '슬기롭지 못하고 머리가 둔하다.'라는 뜻이므로 '슬기롭지 못한'으로 바꾸어 쓸 수 있다.

14
답 ④
이게 정답! ⓐ는 좋은 책이 있어도 그것을 직접 읽어야만 도움이 된다는 뜻이다. '부뚜막의 소금도 집어넣어야 짜다'는 가까운 부뚜막에 있는 소금도 넣지 아니하면 음식이 짠맛이 날 수 없다는 뜻으로, 아무리 좋은 조건이 마련되었거나 손쉬운 일이라도 힘을 들이어 이용하거나 하지 아니하면 안 됨을 비유적으로 이르는 속담이다. 따라서 ⓐ의 상황을 나타내기에 가장 적절하다.

왜 답이 아니지? ① 실속 없는 사람이 겉으로 더 떠들어 댐을 비유적으로 이르는 말이다.
② 기역 자 모양으로 생긴 낫을 놓고도 기역 자를 모른다는 뜻으로, 사람이 글자를 모르거나 아주 무식함을 비유적으로 이르는 말이다.
③ 무슨 일이든지 두 편에서 서로 뜻이 맞아야 이루어질 수 있다는 말이다.
⑤ 잘될 사람은 어려서부터 남달리 장래성이 엿보인다는 말이다.

15
이게 정답! '백미'의 표면적 의미는 '흰 눈썹'이라는 뜻이다. 이는 마씨 다섯 형제 중 눈썹 속에 흰 털이 있는 마량의 재주가 가장 뛰어났다는 이야기에서 유래된 것이다.

17
이게 정답! '하나를 알면 백을 안다'는 한마디 말을 듣고도 여러 가지 사실을 미루어 알아낼 정도로 매우 총기가 있다는 말이므로 '문일지십'과 의미가 가장 유사하다.

12 비문학 – 인문(4)

문제로 단어 익히기
본문 104쪽

01 (1) ○ (2) × (3) ○   02 (1) ㉠ (2) ㉢ (3) ㉣ (4) ㉢   03 (1) ㉢ (2) ㉠   04 (1) 측은 (2) 잠재적 (3) 언중 (4) 발현   05 (1) 포괄 (2) 군림 (3) 발상 (4) 왜곡   06 (1) 희열 (2) 쇄신 (3) 투고 (4) 일관   07 (1) ㉢ (2) ㉠ (3) ㉢   08 (1) ○ (2) ○   09 (1) ㉢ (2) ㉢ (3) ㉠   10 (1) 돌연 (2) 대개 (3) 갈무리 (4) 설사   11 (1) ㉢ (2) ㉠ (3) ㉣ (4) ㉢   12 ④   13 ②   14 개인적인, 마련이다
15 청풍명월   16 구절양장   17 망망대해

01
이게 정답! (2) '단언'은 '주저하지 아니하고 딱 잘라 말함'이라는 뜻이다. '말로 거들거나 깨우쳐 주는 말'이라는 뜻을 지닌 단어는 '조언'이다.

03
이게 정답! (1) '갈무리'가 '일을 처리하여 마무리함'이라는 의미로 사용된 것은 ㉢이다. ㉠은 '물건 따위를 잘 정리하거나 간수함'이라는 의미로 사용된 예이다.
(2) '양성'이 '가르쳐서 능력 있는 사람을 길러 냄'이라는 의미로 사용된 것은 ㉠이다. ㉢은 '실력이나 역량 따위를 길러서 발전시킴'이라는 의미로 사용된 예이다.

07
이게 정답! (1) '철석같이'는 '마음이나 의지, 약속 따위가 매우 굳고 단단하게'라는 뜻이므로 '굳게'로 바꾸어 쓸 수 있다.
(2) 문맥상 '대개'가 '일반적인 경우에'라는 뜻으로 사용되었으므로 '보통'으로 바꾸어 쓸 수 있다.
(3) '돌연'은 '예기치 못한 사이에 급히'라는 뜻이므로 '갑자기'로 바꾸어 쓸 수 있다.

10
이게 정답!

철	회	일	관	배	치
석	상	희	갈	무	리
닭	달	열	설	쇄	신
돌	연	투	사	대	측
단	언	고	얼	개	은

12
답 ④
이게 정답! 맹자의 생각은 글의 마지막 문단에 나타나 있다. 맹자는 백성들 한 명 한 명을 직접 건네주려 하지 말고, 강에 다리를 놓아 누구나 쉽게 강을 건널 수 있도록 해야 한다고 하였다. 즉, 맹자는 개개인에게 은혜를 베푸는 것보다는, 문제를 해결할 근

본적인 대책을 마련하는 것이 정치인의 책무라고 보았음을 알 수 있다.

왜 답이 아니지? ① "정치인이 모든 사람들을 한 명 한 명 기쁘게 해 주려면 날마다 그 일만 해도 부족할 것이다."라는 맹자의 말과 관련이 있기는 하지만, 그렇다고 해서 맹자가 정치인은 모두를 만족시키려 해서는 안 된다고 여겼던 것은 아니다.

② 자산이 몇몇 사람을 수레에 태워 건네주게 된 이유와 관련이 있으며, 맹자 역시 백성들을 위하고 있으므로 백성을 측은히 여겼음을 알 수 있다. 그러나 자산에 대한 맹자의 비판과는 거리가 멀다.

③ 제시된 글의 내용이나 맹자의 생각과는 거리가 멀다.

⑤ 선택지의 '사소하게 여겨지는 일'은 자산이 자신의 수레에 백성 몇 명을 태워 물을 건네준 것과 같은 일이다. 그런데 맹자는 이런 일을 비판하고 있다. 즉, 정치인은 백성 한 명 한 명을 모두 건네주려 하지 말고, 누구나 이용할 수 있는 다리를 놓아야 한다는 것이다. 따라서 사소하게 여겨지는 일도 최선을 다해야 한다는 것은 글에 나타난 맹자의 생각과는 거리가 멀다.

13
답 ②
이게 정답! '군림'은 '어떤 분야에서 절대적인 세력을 가지고 남을 압도함'을 비유적으로 이르는 말이다. '여러 사람을 이끌고 감'이라는 뜻을 지닌 단어는 '인솔'이다.

14
이게 정답! 제시된 글은 정치인은 백성들을 위해 문제 상황을 근본적으로 해결하는 방안을 마련해야 한다는 내용을 담고 있다. 그중 1문단에서는 항상 백성을 먼저 생각하는 관리로 이름이 나 있었던 자산의 일화를 제시하고 있다. 그런데 '개인적인 이익 때문에 죄 없는 백성을 괴롭히는 관리는 반드시 그 벌을 받기 마련이다.'는 잘못된 관리에 대한 내용이므로, 1문단의 내용이나 글 전체의 주제에서 어긋나 통일성을 해치고 있다.

16
이게 정답! 산길을 묘사한 표현인 '꼬불꼬불 돌고 돌면서'라는 문구를 통해 '구절양장'이 적절함을 알 수 있다.

17
이게 정답! '만경창파'와 '망망대해'는 모두 매우 넓은 바다라는 뜻을 지닌 한자성어이다.

문제로 단어 익히기
본문 112쪽

01 (1) 꼼수 (2) 선불 (3) 자산　02 (1) 악용 (2) 비약적　03 (1) ⓒ (2) ㄱ　04 (1) ㄱ (2) ㄹ (3) ㄷ (4) ㄴ　05 (1) × (2) ○ (3) ○　06 ㄴ　07 (1) 소요 (2) 경제적 (3) 임차료 (4) 지표　08 (1) 산업화, 증대 (2) 공공재, 수익　09 (1) ○ (2) × (3) ○　10 ④　11 ①　12 ⑤　13 (1) ㄱ (2) ㄷ (3) ㄹ (4) ㄴ　14 ②　15 ④　16 ③　17 ③　18 고복격양　19 입신양명

03
이게 정답! (1) '궤도'가 '일이 발전하는 본격적인 방향과 단계'라는 의미로 사용된 것은 ㄴ이다. ㄱ은 '기차나 전차의 바퀴가 굴러가도록 레일을 깔아 놓은 길'이라는 의미로 사용된 예이다.
(2) '전망'이 '멀리 내다보이는 경치'라는 의미로 사용된 것은 ㄱ이다. ㄴ은 '앞날을 헤아려 내다봄. 또는 내다보이는 장래의 상황'이라는 의미로 사용된 예이다.

05
이게 정답! (1) '증대'는 '양이 많아지거나 규모가 커짐'이라는 뜻이다. '많아지거나 적어짐. 또는 늘리거나 줄임'이라는 뜻을 지닌 단어는 '증감'이다.

06
이게 정답! '경영'의 대상이 '세상'임을 고려할 때, '기초를 닦고 계획을 세워 어떤 일을 해 나감'이라는 뜻으로 사용되었음을 알 수 있다.

09
이게 정답! (2) '대출'은 '돈이나 물건 따위를 빌려주거나 빌림'이라는 뜻이므로, 용돈 대부분을 만화책을 사는 데 쓴다는 내용과는 어울리지 않는다. 문맥상 '어떤 목적을 위하여 돈을 지급하는 일'이라는 뜻을 지닌 '지출'이 적절하다.

10
답 ④
이게 정답! 문맥상 '보너스'가 직원에게 월급 외에 성과에 따라 별도로 주는 돈이라는 뜻으로 사용되었음을 알 수 있다. 따라서 '직원에게 정기적으로 주는 임금과 별도로 특별히 주는 돈'이라는 뜻을 지닌 '상여금'으로 바꾸어 쓸 수 있다. 참고로 외래어인 '보너스'의 순화어가 '상여금'이다.

11
답 ①
이게 정답! 문맥상 첫 번째 문장에는 '돈이나 시간, 노력을 적게 들이는 것'이라는 뜻으로 쓰인 '경제적'이, 두 번째 문장에는 '인간의 생활에 필요한 물건이나 노동을 생산하고 분배하고 소비

하는 모든 활동에 관한 것'이라는 뜻으로 쓰인 '경제적'이 들어갈 수 있다.

12 답 ⑤
이게 정답! ①~④의 '과열'은 모두 '지나치게 뜨거워짐. 또는 그런 열'이라는 뜻으로 사용되었으나, ⑤의 '과열'은 '지나치게 활기를 띰'이라는 뜻으로 사용되었다.

14 답 ②
이게 정답! 개와 고양이가 사람을 대하는 태도를 차이점을 중심으로 설명하고 있다. 둘 이상의 대상을 견주어 차이점을 위주로 설명하는 방법은 '대조'이다.

15 답 ④
이게 정답! 글쓴이는 1문단에서 전 세계 경제의 연간 총 생산액이 50조 달러에 이른다는 것을 구체적으로 제시하고 있으며, 2문단에서는 자원봉사와 가사 노동 같은 무보수 활동이 경제 활동만큼 가치가 있는 생산적인 일임을 이야기하고 있다. 글쓴이는 이를 근거로 3문단에서 '이제 우리는 겉으로 보이는 경제적인 수치만으로 부를 평가하고 그것을 행복의 기준으로 삼는 데서 벗어나야 한다.'라고 주장하고 있다. 따라서 '경제적 수치를 행복의 기준으로 삼는 태도에서 벗어나야 한다.'를 글쓴이의 궁극적인 주장으로 볼 수 있다.
왜 답이 아니지? ① 1문단의 '산업화 이후 경제가 비약적으로 발전하면서 돈의 힘이 더욱 커졌다.'라는 내용과 관련이 있지만, 이는 현재 상황을 제시한 것이므로 글쓴이의 궁극적인 주장으로 적절하지 않다.
② 2문단에서는 자원봉사 활동이나 가사 노동이 많은 시간과 노동력이 소요되는 생산적인 일임을 언급하고 있다. 그러나 선택지에는 가사 노동이 포함되어 있지 않으며, 글쓴이는 자원봉사 활동과 가사 노동이 생산적인 일이라는 내용을 근거로 3문단의 주장을 펼치고 있으므로 궁극적인 주장으로 적절하지 않다.
③ 2문단에서 보이지 않는 곳에 또 다른 50조 달러가 있다고 언급하고 있긴 하지만, 이는 글쓴이의 궁극적인 주장이 아니라 주장을 뒷받침하는 내용으로 볼 수 있다.
⑤ 글쓴이는 눈에 보이는 돈만을 행복의 기준으로 삼는 사람들의 태도를 비판적으로 지적하면서, 자원봉사 활동과 가족을 위한 가사 노동 같은 무보수 활동도 경제 활동만큼이나 가치가 있다고 이야기하고 있다. 그러나 글쓴이가 진정한 행복을 위해서 무보수 활동을 해야 한다고 주장하는 것은 아니다.

16 답 ③
이게 정답! 문맥상 '자산'이 '개인이나 단체가 소유하고 있는 경제적 가치가 있는 재산'이라는 뜻으로 사용되었음을 알 수 있다. '사람이 바라는 바를 모자람이 없게 해 주는 모든 물건'이라는 뜻을 지닌 단어는 '재화'이다.

17 답 ③
이게 정답! '부귀영화'는 '재산이 많고 지위가 높으며 귀하게 되어서 세상에 드러나 온갖 영광을 누림'이라는 뜻이므로 ⓐ를 표현하기에 가장 적절하다.

18
이게 정답! '고복격양'의 표면적인 뜻은 '손으로 배를 두드리고 발로 땅을 구르다'이다. 중국 요임금 때 한 노인이 배를 두드리고 땅을 치면서 요임금의 덕을 찬양하고 태평성대를 즐겼다는 데서 유래한 한자성어이다.

19
이게 정답! '나라에 큰 공을 세우고 이름을 만대에 빛내는 것'은 출세하여 유명해지는 것이므로 '입신양명'으로 표현할 수 있다.

문제로 단어 익히기

본문 120쪽

01 (1) ⓒ (2) ⓐ (3) ⓑ   02 (1) ○ (2) × (3) × (4) ○   03 (1) ⓒ
(2) ⓐ (3) ⓓ (4) ⓑ   04 (1) ⓑ (2) ⓐ   05 ⓑ   06 (1) 바람 (2) 돈
07 (1) 굶주림 (2) 게으른   08 (1) ⓒ (2) ⓐ   09 (1) 필사적 (2)
악의적 (3) 선풍적   10 (1) 선망 (2) 박해 (3) 도탄 (4) 일탈   11
(1) ④ (2) ③   12 (1) ② (2) ③   13 (1) ⓐ (2) ⓑ (3) ⓒ (4) ⓒ
14 ①   15 ②   16 ④   17 우이독경   18 허장성세   19
(1) 감언이설 (2) 천방지축 (3) 작심삼일

02

이게 정답! (2) '유포'는 '세상에 널리 퍼짐. 또는 세상에 널리 퍼뜨
림'이라는 뜻이다. '신문이나 책자 따위를 널리 나누어 줌'이라는
뜻을 지닌 단어는 '배포'이다.
(3) '애물단지'는 '몹시 애를 태우거나 성가시게 구는 물건이나 사
람(애물)'을 낮잡아 이르는 말이다. '아주 귀중히 여기는, 가치 있
는 존재'를 비유적으로 이르는 말은 '보물단지'이다.

05

이게 정답! '난도질'의 대상이 민들레의 뿌리이므로, '칼로 사람이
나 물건을 함부로 마구 베는 짓'이라는 의미로 사용되었음을 알
수 있다.

07

이게 정답! (1) '기아'는 '먹을 것이 없어 배를 곯는 것'이라는 뜻이
므로 '굶주림'과 의미가 가장 유사하다.
(2) '나태'는 '행동, 성격 따위가 느리고 게으름'이라는 뜻이므로
'게으른'과 의미가 가장 유사하다.

08

이게 정답! (1) '자정'이 '어떤 집단이나 사회가 잘못된 것을 스스
로 바로잡음을 비유적으로 이르는 말'이라는 의미로 사용된 것
은 ⓒ이다. ⓐ은 '오염된 물이나 땅 따위가 저절로 깨끗해짐'이라
는 의미로, ⓑ은 '밤 열두 시'라는 의미로 사용된 예이다.
참고로, ⓐ의 '자정'과 ⓒ의 '자정'은 다의 관계이고, ⓑ의 '자정'과
ⓐ, ⓒ의 '자정'은 동음이의 관계이다.
(2) '흉물스럽다'가 '성질이 음흉한 데가 있다.'라는 의미로 사용된
것은 ⓐ이다. ⓑ은 '모양이 흉하고 괴상한 데가 있다.'라는 의미
로 사용된 예이다.

09

이게 정답! (1) 우리나라의 독립이라는 목적을 위해 독립운동가들
이 일제에 저항하였다는 의미이므로, '죽을힘을 다하는 것'이라
는 뜻의 '필사적'이 들어가는 것이 적절하다.

(2) 연예인들에게 나쁜 의도로 댓글을 달아 사회적 문제가 되고
있다는 의미이므로, '나쁜 마음이나 좋지 않은 뜻을 가진 것'이라
는 뜻의 '악의적'이 들어가는 것이 적절하다.
(3) 우리나라의 드라마와 영화가 해외에서 큰 인기를 끌고 있다
는 의미이므로, '갑자기 일어나 사회에 큰 영향을 미치거나 관심
을 끌 만한 것'이라는 뜻의 '선풍적'이 들어가는 것이 적절하다.

11

이게 정답! (1) '중독'이 문맥상 '어떤 사상이나 사물에 젖어 버려
정상적으로 사물을 판단할 수 없는 상태'라는 뜻으로 사용되었
으므로, '어떤 것에 의지하는 정도가 지나침'이라는 뜻의 '과의존'
과 의미가 가장 유사하다. 참고로 '과의존'이라는 말은 부정적인
의미가 강한 '중독'을 대신하기 위해 새로 만든 단어이다.
(2) '노골적'이 문맥상 '숨김없이 모두를 있는 그대로 드러내는 것'
이라는 뜻으로 사용되었으므로, '숨김이나 거리낌이 없이 그대로
드러나 있다.'라는 뜻의 '공공연하다'와 의미가 유사하다.

12

이게 정답! (1) '근면'은 '부지런히 일하며 힘씀'이라는 뜻이므로,
'행동, 성격 따위가 느리고 게으름'이란 뜻의 '나태'와 의미가 반
대된다.
(2) '여유롭다'는 '물질적이나 시간적으로 넉넉하고 남음이 있다.'
라는 뜻이므로, '상황이나 상태가 조금도 여유가 없이 매우 급함'
이라는 뜻의 '급박'과 의미가 반대된다.

14
답 ①

이게 정답! 2문단의 '소수의 사람들이 처음 이스터섬에 정착했을
때 섬은 울창한 숲으로 덮여 있었다. 사람들은 농사지을 땅을 만
들기 위해 섬의 나무를 베어 내었다. 그래도 인구가 적고 숲의
면적이 넓었던 초기에는 별 문제가 없었다.'라는 내용에서, 초기
정착 시절에 사람들이 나무를 베어 낸 것은 맞지만 그것이 숲 전
체에는 큰 영향을 주지 않았음을 알 수 있다. 이스터섬에서 나무
가 모두 베어진 것은 원주민이 늘어난 뒤 씨족 간에 모아이 석상
을 세우는 경쟁을 하면서부터이다.

15
답 ②

이게 정답! '도탄'은 '진흙 구렁에 빠지고 숯불에 탄다는 뜻으로,
생활이 몹시 어렵고 고통스러운 지경'을 이르는 말이다. '사회적인
규범으로부터 벗어나는 일'이라는 뜻을 지닌 단어는 '일탈'이다.

16
답 ④

이게 정답! '숲의 황폐화 → 식량 감소 → 씨족 간의 전쟁 발생 →
인구 감소 및 문명의 쇠퇴'라는 이스터섬의 역사를 인과의 방법
을 중심으로 설명하고 있다.

15 비문학 – 사회(3)

문제로 단어 익히기

01 (1) 비준 (2) 면책 (3) 축적 (4) 여파　02 (1) × (2) × (3) ○
(4) ○　03 (1) 도래 (2) 신상 (3) 국한 (4) 추세　04 (1) ㄹ (2) ㄴ
(3) ㄱ (4) ㄷ　05 (1) 국한 (2) 빈도 (3) 신상 (4) 도래　06 (1) ㄷ
(2) ㄱ　07 (1) 통용 (2) 전파 (3) 유입 (4) 제정　08 (1) × (2) ○
(3) ×　09 쌓음　10 (1) ④ (2) ⑤　11 ②　12 (1) ㄱ (2) ㄴ
13 ④　14 ④　15 ①　16 오리무중　17 풍비박산　18
(1) 청천벽력 (2) 속수무책 (3) 절체절명

02

이게 정답! (1) '실태'는 '있는 그대로의 상태. 또는 실제의 모양'이라는 뜻이다.
(2) '현존'은 '현재 살아 있음' 또는 '현재에 있음'이라는 뜻이다.

06

이게 정답! (1) '이면'은 '겉으로 나타나지 않거나 눈에 보이지 않는 부분'이라는 뜻이므로 '표면'과 의미가 반대된다.
(2) '피고'는 '소송을 당한 사람'이라는 뜻이므로 '원고'와 의미가 반대된다.

07

이게 정답! (1) '통용'은 '일반적으로 두루 씀'이라는 뜻이므로 '두루 사용되고'와 바꾸어 쓸 수 있다.
(2) '전파'는 '전하여 널리 퍼뜨림'이라는 뜻이므로 '널리 알릴'과 바꾸어 쓸 수 있다.
(3) '유입'은 '사람이 어떤 곳으로 모여듦'이라는 뜻이므로 '(우리나라로) 들어오기'와 바꾸어 쓸 수 있다.
(4) '제정'은 '제도나 법률 따위를 만들어서 정함'이라는 뜻이므로 '(법률을) 만들'과 바꾸어 쓸 수 있다.

08

이게 정답! (1) 문맥상 '짐작으로 미루어 셈함. 또는 그런 셈'이라는 뜻의 '추산'보다는, '어떤 현상이 일정한 방향으로 나아가는 경향'이라는 뜻의 '추세'가 적절하다.
(3) 학생들에게 장학금을 주는 것이므로 '전하여 널리 퍼뜨림'이라는 뜻의 '전파'보다는, '물건 등을 사람에게 전하여 받게 함'이라는 뜻의 '전달'이 적절하다.

10

이게 정답! (1) 문맥상 '흐름'이 '한 줄기로 잇따라 진행되는 현상'을 비유적으로 이르는 말로 사용되었으므로, '어떤 현상이 일정한 방향으로 나아가는 경향'이라는 뜻을 지닌 '추세'와 바꾸어 쓸 수 있다.
(2) '어림짐작'은 '대강 헤아리는 짐작'이라는 뜻이므로 '짐작으로

미루어 셈함. 또는 그런 셈'이라는 뜻을 지닌 '추산'과 바꾸어 쓸 수 있다.

11　　　　　　　　　　　　　　　　　　　　　답 ②

이게 정답! 문맥상 일정한 규정에 따라 머리카락 길이나 비속어 사용을 제한한다는 뜻이므로, '규칙이나 규정에 의하여 일정한 한도를 정하거나 정한 한도를 넘지 못하게 막음'이라는 뜻의 '규제'가 들어가는 것이 적절하다.

13　　　　　　　　　　　　　　　　　　　　　답 ④

이게 정답! 1문단에 책이나 예술 작품 등의 저작물에 저작권이 부여된다는 설명은 제시되어 있지만, 저작물이 어떤 조건을 지녀야 저작권이 부여되는지에 대한 내용은 제시되어 있지 않다.
왜 답이 아니지? ① 1문단의 '저작권이란 책이나 예술 작품 등의 저작물을 보호하기 위해 저작자에게 법적으로 부여된 권리를 말한다.'에서 확인할 수 있다.
② 1문단의 '저작권은 소유한 물건을 자기 마음대로 ~ 소설 내용에 대한 저작권을 지니게 되는 것은 아니다.'에서 확인할 수 있다.
③ 3문단의 '법까지 제정하여 ~ 동기를 제공할 수 있다.'에서 확인할 수 있다.
⑤ 2문단의 '특히 영화나 음원같이 복제하기 쉬운 디지털 자료에서 주로 일어난다.'에서 확인할 수 있다.

14　　　　　　　　　　　　　　　　　　　　　답 ④

이게 정답! '빈도'는 '같은 현상이나 일이 되풀이하여 일어나는 정도나 횟수'라는 뜻이다. '일반적으로 두루 씀'이라는 뜻을 지닌 단어는 '통용'이다.

15　　　　　　　　　　　　　　　　　　　　　답 ①

이게 정답! ⓐ '꼼짝 못 하고'는 어찌할 방법이 없다는 뜻이므로, '손을 묶은 것처럼 어찌할 도리가 없어 꼼짝 못 함'이라는 뜻을 지닌 '속수무책'으로 표현할 수 있다.

16

이게 정답! 장해가 사람들이 자신을 찾을 수 없도록 오 리나 되는 짙은 안개를 만들어 냈다는 내용이므로, '오리무중'이라는 한자 성어와 관련이 있음을 알 수 있다.

18

이게 정답! (1) 어머니가 갑자기 쓰러지셨다는 소식을 듣고 정신을 잃은 상황이므로 '청천벽력'이 가장 적절하다.
(2) 인간이 미처 경험해 보지 못했던 바이러스에 일방적으로 당하는 상황이므로 '속수무책'이 가장 적절하다.
(3) 추위 속에서 의식을 잃어 가던 상황이므로 '절체절명'이 가장 적절하다.

16 비문학_사회(4)

문제로 단어 익히기

본문 136쪽

01 (1) 속박 (2) 운영 02 (1) ○ (2) × (3) ×
(3) ㄹ (4) ㄷ 04 (1) × (2) ○ 05 (1) 동질성 (2) 경관 (3) 알선
06 (1) ○ (2) × (3) ○ 07 (1) ㄱ (2) ㄴ 08 (1) 관계망 (2) 연
고 (3) 이주민 (4) 인신공격 09 (1) ⑤ (2) ③ 10 ① 11 [가
로] (1) 편견 (3) 살갑다 (4) 이주민 (5) 의례적 [세로] (2) 견주다
(4) 이타적 12 (1) ㄷ (2) ㄱ (3) ㄴ 13 ③ 14 ④ 15 ②
16 조삼모사 17 (1) 유야무야 (2) 이전투구 (3) 용두사미

02

이게 정답! (2) '공고하다'는 '단단하고 튼튼하다.'라는 뜻이다. '융
통성이 없이 올곧고 고집이 세다.'라는 뜻을 지닌 단어는 '완고하
다'이다.
(3) '살갑다'는 '마음씨가 부드럽고 상냥하다.'라는 뜻이다. '믿을
만하거나 믿음이 가다.'라는 뜻을 지닌 단어는 '미쁘다'이다.

06

이게 정답! (2) '너무 서두르지 말고'라는 표현을 고려할 때, '시각
을 다툴 만큼 몹시 급하게'라는 뜻의 '시급하게'보다는 '여유가 있
고 넉넉하게'라는 뜻의 '느긋하게'가 들어가는 것이 적절하다.

07

이게 정답! (1) '연고'가 '일의 까닭'이라는 의미로 사용된 것은 ㄱ이
다. ㄴ은 '혈통, 정, 법률, 지역 따위로 맺어진 관계'라는 의미로
사용된 예이다.
(2) '부상'이 '물 위로 떠오름'이라는 의미로 사용된 것은 ㄴ이다.
ㄱ은 '어떤 현상이 관심의 대상이 되거나 어떤 사람이 훨씬 좋은
위치로 올라섬'이라는 의미로 사용된 예이다.

09

이게 정답! (1) '경관'은 '산이나 들, 강, 바다 따위의 자연이나 지
역의 모습'이라는 뜻이다. 이는 같은 의미를 지닌 '풍경'과 바꾸
어 쓸 수 있다.
(2) '알선'은 '남의 일이 잘되도록 여러 가지 방법으로 힘쓰는 일'
이라는 뜻이다. 따라서 '일이 잘되도록 여러 가지 방법으로 힘씀'
이라는 뜻을 지닌 '주선'으로 바꾸어 쓸 수 있다.

10
답 ①

이게 정답! '자질구레하다'는 '모두가 잘고 시시하여 대수롭지 아
니하다.'라는 뜻이다. 따라서 '작고 대수롭지 아니하다.'라는 뜻
을 지닌 '소소하다'로 바꾸어 쓸 수 있다.

11

이게 정답!

		(1)편	(2)견		
			주		
(3)살	갑	다		(4)이	주	민
				타	
		(5)의	례	적	

13
답 ③

이게 정답! 윤리적 소비자가 대기업이 만든 제품을 소비하는 것
을 꺼린다는 내용은 찾아볼 수 없다. 3문단에 따르면, 윤리적
소비자는 생산이나 유통 과정에서 환경을 오염시키거나 노동자
를 착취하는 기업의 제품을 사지 않으려 하는 것이지, 대기업이
만들었다고 해서 소비를 꺼리하는 것은 아니다.
왜 답이 아니지? ① 2문단의 '커피나 초콜릿의 원료는 저개발 국
가에서 주로 생산되는데 ~ 충분한 임금을 지급하고 생산물을
구입한다.'에서 확인할 수 있다.
② 1문단의 '품질이 같고 가격이 다른 ~ 합리적 소비자라고 한
다.'에서 확인할 수 있다.
④, ⑤ 1문단의 '우리가 사는 세상을 더 좋게 만들 수 있는지를
따져서 소비하는 것이다.'와, 2문단의 '빈부 격차와 환경 오염은
시급하게 ~ 일상적인 소비를 통해 이러한 문제를 해결하려 한
다.'에서 확인할 수 있다.

14
답 ④

이게 정답! 일반적인 사실이나 원리를 근거로 하여 구체적이고
개별적인 결론을 이끌어 내는 논증 방식을 연역이라고 한다. 제
시된 글에서 연역의 논증 방식은 사용되지 않았다.
왜 답이 아니지? ① 1문단에서 소비자를 소비 행태에 따라 합리적
소비자와 윤리적 소비자로 구분하여 제시하고 있다.
② 2문단에서 공정 무역 커피와 초콜릿의 예를 들어 윤리적 소
비자의 소비에 대해 쉽게 설명하고 있다.
③ 1문단의 '자신이 누릴 수 있는 편리만 생각하는 것이 아니라
우리가 사는 세상을 더 좋게 만들 수 있는지를 따져서 소비하는
것이다. 이런 소비자를 윤리적 소비자라고 한다.'에서 윤리적 소
비자의 개념을 정의하고 있다.
⑤ 2문단에서 빈부 격차와 환경 오염이라는 전 세계적인 문제를
제시한 뒤, 2문단과 3문단에서 이러한 문제를 해결할 수 있는
방안으로 윤리적 소비의 실천을 제시하고 있다.

15
답 ②

이게 정답! '알선'은 '남의 일이 잘되도록 여러 가지 방법으로 힘
쓰는 일'이라는 뜻이다. '목적에 맞게 다스리고 이끌어 나감'이라
는 뜻을 지닌 단어는 '운영'이다.

16

이게 정답! '아침에 세 개, 저녁에 네 개'를 한자로 표현하면 '조삼모사'이다.

18

이게 정답! (1) 어느 한쪽이 대충 넘어가면 흐지부지된다는 뜻이므로 '유야무야'가 들어가는 것이 적절하다.

(2) 살아남기 위해 경쟁자와 죽기 살기로 경쟁을 해야 하는 상황이므로 '이전투구'가 들어가는 것이 적절하다.

(3) 처음에는 거창하고 재미있으나 끝으로 갈수록 보잘것없어지는 상황이므로 '용두사미'가 들어가는 것이 적절하다.

---

17 비문학 – 예술

문제로 단어 익히기 본문 144쪽

01 (1) ㉠ (2) ㉢ (3) ㉣ (4) ㉡   02 (1) 고전적 (2) 이국적 (3) 주춧돌
03 (1) ○ (2) ○ (3) ×   04 (1) × (2) ○ (3) × (4) ○   05 (1) 매혹, 전승 (2) 구현, 불가사의   06 ㉠   07 빼어난   08 심오
09 (1) ② (2) ③   10 ③   11 ③   12 ②   13 ②   14 (1) ㉡
(2) ㉣ (3) ㉠ (4) ㉢ (5) ㉤   15 ④   16 ①   17 ③   18 단장
19 노심초사   20 (1) 일편단심 (2) 자포자기 (3) 혼비백산

03

이게 정답! '다채롭다'는 '여러 가지 색깔이나 형태, 종류 따위가 한데 어울리어 화려한 데가 있다.'라는 뜻이다. '빼어나게 아름답다.'라는 뜻을 지닌 단어는 '수려하다'이다.

04

이게 정답! (1) 남겨진 유골을 바탕으로 그 사람의 생전 모습을 되살리는 것이므로, '한 번 하였던 행위나 일을 다시 되풀이함'이라는 뜻의 '재연'이 아니라, '다시 나타남. 또는 다시 나타냄'이라는 뜻의 '재현'을 사용하는 것이 적절하다.

(3) 컴퓨터에 대한 지식이 많다는 의미이므로, '어떤 일에 전문적인 지식이 없는 사람'이라는 뜻의 '문외한'이 아니라, '어떤 분야에 상당한 지식과 경험을 가진 사람'이라는 뜻의 '전문가'를 사용하는 것이 적절하다.

06

이게 정답! '재연'이 '한 번 하였던 행위나 일을 다시 되풀이함'이라는 의미로 사용된 것은 ㉠이다. ㉡은 '연극이나 영화 따위를 다시 상연하거나 상영함'이라는 의미로 사용된 예이다.

07

이게 정답! '수려하다'는 '빼어나게 아름답다.'라는 뜻이므로 '여럿 가운데서 두드러지게 뛰어나다.'라는 뜻을 지닌 '빼어나다'와 뜻이 가장 유사하다.

왜 답이 아니지? '모호하다(모호한)'는 '말이나 태도가 흐릿하여 분명하지 않다.'라는 뜻이고, '엔간하다(엔간한)'는 '대중으로 보아 정도가 표준에 꽤 가깝다.'라는 뜻이다.

09

이게 정답! (1) '또랑또랑하다'는 '조금도 흐리지 않고 아주 밝고 똑똑하다.'라는 뜻이므로 '소리가 맑고 또렷하다.'라는 뜻을 지닌 '낭랑하다'와 바꾸어 쓸 수 있다.

(2) 문맥상 '사로잡히다'가 '생각이나 마음이 온통 한곳으로 쏠리게 되다.'라는 뜻으로 사용되었으므로 '남의 마음을 사로잡아 정신을 흐리게 함'이라는 뜻을 지닌 '매혹'에, 접미사 '-되다'가 결합한 '매혹되다'와 바꾸어 쓸 수 있다.

10 답 ③

이게 정답! '찬미'는 '아름답고 훌륭한 것이나 위대한 것 따위를 기리어 칭찬함'이라는 뜻이다. 그러나 '책망'은 '잘못을 꾸짖거나 나무라며 못마땅하게 여김'이라는 뜻이므로 반대말에 가깝다.

왜 답이 아니지? ① 예찬은 '무엇이 훌륭하거나 좋거나 아름답다고 찬양함'이라는 뜻이다.

② 찬양은 '아름답고 훌륭함을 크게 기리고 드러냄'이라는 뜻이다.

④ 칭송은 '칭찬하여 일컬음. 또는 그런 말'이라는 뜻이다.

11 답 ③

이게 정답! 문맥상 '정적'이 '고요하고 잠잠함'이라는 뜻으로 사용되었으므로 '시끄럽고 어수선함'이라는 뜻을 지닌 '소란'이 반대말로 적절하다.

왜 답이 아니지? ① '고요'는 '조용하고 잠잠한 상태'라는 뜻이므로 '정적'과 뜻이 비슷하다.

②, ⑤ '불안'은 '마음이 편하지 아니하고 조마조마함'이라는 뜻이고, '혼란'은 '뒤죽박죽이 되어 어지럽고 질서가 없음'이라는 뜻이므로 두 단어 모두 '정적'과는 관련이 없다.

④ '적막'은 '고요하고 쓸쓸함'이라는 뜻이므로 '정적'과 뜻이 비슷하다.

12 답 ②

이게 정답! 〈보기〉와 선택지 ②의 '대비'는 둘 다 '미술에서, 어떤 요소를 강조하기 위하여 그와 상반되는 형태·색채 등을 나란히 배치하는 일'이라는 뜻으로 사용되었다.

왜 답이 아니지? ①, ③, ⑤ '앞으로 일어날지도 모르는 어떠한 일에 대응하기 위하여 미리 준비함. 또는 그런 준비'라는 뜻으로 사용되었다.

④ '두 가지의 차이를 밝히기 위하여 서로 맞대어 비교함'이라는 뜻으로 사용되었다.

15 답 ④

이게 정답! 3문단의 '모네는 대상의 세부적인 모습보다는 전체적인 느낌과 분위기, 빛의 효과를 주의 깊게 살폈다.'라는 설명에서, 모네는 대상의 세부적인 모습보다는 전체적인 느낌에 더 주목했음을 알 수 있다.

왜 답이 아니지? ① 1문단의 '고전적이고 전통적인 회화에서 중시되었던 사실주의적 회화 기법'과 2문단의 '대상을 사실적으로 재현하는 회화적 전통'에서 확인할 수 있다.

② 1문단의 '사진이 등장하면서 회화는 대상을 사실적으로 재현(再現)하는 역할을 사진에 넘겨주게 되었다. 그에 따라 화가들은 ~ 다시 생각하게 되었다.'에서 확인할 수 있다.

③ 3문단의 '이로 인해 (모네의 그림은) 대상의 윤곽이 모호해지면서 색채 효과가 대상의 형태 묘사를 압도하는 듯한 느낌을 준다.'에서 확인할 수 있다.

⑤ 3문단의 '빛에 의해 달라지는 대상의 순간적인 인상을 포착하여, 대상을 빠른 속도로 그려 내었다.'에서 확인할 수 있다.

16 답 ①

이게 정답! '재현'은 '다시 나타남. 또는 다시 나타냄'이라는 뜻이다. '한 번 하였던 행위나 일을 다시 되풀이함'이라는 뜻을 지닌 단어는 '재연'이다.

17 답 ③

이게 정답! '전승'은 '문화, 풍속, 제도 따위를 이어받아 계승함. 또는 그것을 물려주어 잇게 함'이라는 뜻이다. ⓐ는 대상을 사실적으로 묘사하는 회화 기법이나 회화의 근본적인 목적이 화가들 사이에서 전해 내려왔음을 뜻하므로 '전승되던'으로 바꾸어 쓸 수 있다.

18 비문학 _ 과학 (1)

문제로 단어 익히기

본문 152쪽

01 (1) 촉진 (2) 분비 (3) 육안 (4) 중화　02 (1) ⓒ (2) ⓛ (3) ⓔ
(4) ㉠　03 떨어짐　04 (1) 입증 (2) 노화 (3) 가설　05 (1) 도약
(2) 면역 (3) 과식 (4) 결핍　06 (1) ㉠ (2) ㉠　07 ⓛ　08 (1) ⑤
(2) ③　09 ④　10 ③　11 ①　12 [가로] (2) 중화 (4) 혈당
[세로] (1) 노화 (2) 중추 (3) 지혈　13 (1) ⓒ (2) ⓛ (3) ㉠　14
②　15 ④　16 ③　17 ②　18 학수고대　19 (1) 구곡간
장 (2) 허심탄회 (3) 망연자실

03
이게 정답! '감퇴'는 '어떤 욕구나 능력, 힘 따위가 줄어서 약해짐'
이라는 뜻이므로, 문맥상 면역력이 떨어졌다는 의미로 사용되었
음을 알 수 있다.

06
이게 정답! (1) '부산물'이 '어떤 일을 할 때에 그것에 따라서 생기
는 일이나 현상'이라는 의미로 사용된 것은 ㉠이다. ⓛ은 '어떤
것을 생산하는 과정에서 더불어 생기는 물건'이라는 의미로 사
용된 예이다.
(2) '중추'가 '사물의 중심이 되는 중요한 부분'이라는 의미로 사용
된 것은 ㉠이다. ⓛ은 '신체의 신경 세포가 모여 있는 부분'이라
는 의미로 사용된 예이다.

07
이게 정답! '비밀스러운 즐거움'으로 '가슴'이 고동쳤다는 문맥을
고려할 때, 밑줄 친 '고동치다'는 '마음에 희망이나 꿈이 가득 차
생기다.'라는 뜻으로 사용되었음을 알 수 있다.

08
이게 정답! (1) '함유'는 '물질이 어떤 성분을 포함하고 있음'이라는
뜻이므로 '들다'와 바꾸어 쓸 수 있다.
(2) '저하'는 '정도, 수준, 능률 따위가 떨어져 낮아짐'이라는 뜻이
므로 '줄어들다'와 바꾸어 쓸 수 있다.

09　　답 ④
이게 정답! '지각'은 '사물의 이치나 도리를 분별하는 능력'이라는
뜻이다. 따라서 '사물을 분별하고 판단하여 앎'이라는 뜻의 '인식'
과 의미가 가장 유사하다.

10　　답 ③
이게 정답! '지혈'은 '나오던 피가 멈춤. 또는 나오던 피를 멈춤'이라
는 뜻이다. 따라서 '피가 혈관 밖으로 나옴'이라는 뜻의 '출혈'
이 반대말로 가장 적절하다.
왜 답이 아니지? ① '빈혈'은 '혈액 속의 적혈구 또는 혈색소가 정

상값보다 감소되어 있는 상태'라는 뜻이다.
② '수혈'은 '피가 부족한 환자의 혈관 내에 다른 사람의 혈액을
주입하여 보충함'이라는 뜻이다.
④ '채혈'은 '병의 진단이나 수혈 따위를 위하여 피를 뽑는 일'이
라는 뜻이다.
⑤ '혼혈'은 '서로 인종이 다른 혈통이 섞임. 또는 그 혈통' 또는
'혈통이 다른 종족 사이에서 태어난 사람'이라는 뜻이다.

12
이게 정답!

	(1)노	다	(3)지	
(2)중	화		(4)혈	당
추				

14　　답 ②
이게 정답! 3문단에서 아난다마이드라는 물질이 우리를 행복하
게 해 주는 기능을 한다고 언급하고 있지만, 우리 몸 안에서 어
떤 식으로 작용을 하는지는 설명하지 않았다.
왜 답이 아니지? ① 2문단의 '초콜릿에는 약 350여 종 이상의 화
합물이 함유되어 있다.'에서 확인할 수 있다.
③ 2문단의 '초콜릿을 지나치게 섭취하면 카페인 중독이나 비만
을 유발할 수 있으니 조심해야 한다.'에서 확인할 수 있다.
④ 3문단의 '초콜릿에는 소량의 아난다마이드와 함께, ~ 행복과
안정감을 느낄 수 있는 것이다.'에서 확인할 수 있다.
⑤ 2문단의 '다크 초콜릿에 들어 있는 마그네슘은 숙면에 도움
을 준다.'에서 확인할 수 있다.

15　　답 ④
이게 정답! '공복'은 '배 속이 비어 있는 상태. 또는 그 배 속'이라
는 뜻이다. '있어야 할 것이 없어지거나 모자람'이라는 뜻을 지닌
단어는 '결핍'이다.

16　　답 ③
이게 정답! 문맥상 ⓐ의 앞 문장은 초콜릿의 긍정적인 면을, 뒤
문장은 초콜릿의 부정적인 면을 제시하고 있다. 따라서 역접의 접
속어인 '그러나, 하지만, 반면에' 등이 들어가는 것이 적절하다.

17　　답 ②
이게 정답! ⓑ의 '섭취하다'는 문맥상 '먹다'라는 뜻으로 사용되었
다. 따라서 ⓑ '지나치게 섭취하면'은 '지나치게 많이 먹음'이라는
뜻의 '과식'을 사용하여 '과식하면'으로 바꾸어 쓸 수 있다.

18
이게 정답! '손 내밀어 주시기를 학처럼 기다리겠습니다.'라는 표
현과 제시된 내용을 통해 '학수고대'와 관련된 이야기임을 알 수
있다.

정답 및 해설 **27**

문제로 단어 익히기

본문 160쪽

01 (1) 해저 (2) 정착 (3) 비옥 (4) 푸성귀   02 (1) ㄹ (2) ㄷ (3) ㄱ
(4) ㄴ   03 (1) ㄴ (2) ㄷ   04 ④   05 (1) 사멸 (2) 생태 (3) 개
체 (4) 천적   06 살다   07 (1) ○ (2) ○ (3) × (4) ×   08 (1)
ㄴ (2) ㄱ (3) ㄷ   09 (1) ③ (2) ②   10 (1) ② (2) ⓒ (3) ㄱ (4) ⓒ
11 (1) ㄴ (2) ㅁ (3) ㄱ (4) ㄹ (5) ㄷ   12 ④   13 ③   14 극지
15 천재일우   16 천신만고   17 설상가상

03

이게 정답! (1) 현대 의학의 혜택을 받지 못하는 곳이라는 뜻이므
로 '불모지'가 '어떠한 사물이나 현상이 발달되어 있지 않은 곳'이
라는 뜻으로 사용되었음을 알 수 있다.
(2) 귀화의 주체가 사람이 아니라 황소개구리와 향어이므로 '귀
화'가 '원산지가 아닌 지역으로 옮겨진 동식물이 그곳의 기후나
땅의 조건에 적응하여 번식하는 일'이라는 뜻으로 사용되었음을
알 수 있다.

04

답 ④

이게 정답! 문맥상 '늘렸다'는 재산을 본디보다 많아지게 만들었
다는 뜻이므로 '늘어서 많아짐. 또는 늘려서 많게 함'이라는 뜻의
'증식'과 의미가 가장 유사하다.

06

이게 정답! '서식'은 '생물 따위가 일정한 곳에 자리를 잡고 삶'이
라는 뜻이므로 문맥상 '어느 곳에 거주하거나 거처하다.'라는 뜻
의 '살다'와 의미가 가장 유사하다.

07

이게 정답! (3) 문맥상 외국산 자동차가 우리나라에서 점점 더 많
이 팔리는 것이므로, '생물 따위가 일정한 곳에 자리를 잡고 삶'
이라는 뜻의 '서식'이 아니라, '누에가 뽕잎을 먹듯이 점차 조금
씩 침략하여 먹어 들어감'이라는 뜻의 '잠식'이 적절하다.
(4) 문맥상 버려지다시피 한 땅을 열심히 노력하여 좋게 만든 것
이므로, '건물이나 성 따위가 파괴되어 못 쓰게 된 터'라는 뜻의
'폐허'가 아니라, '농작물이 잘 자랄 수 있는 영양분이 풍부한 좋
은 땅'이라는 뜻의 '옥토'가 적절하다.

09

이게 정답! (1) '움'은 '풀이나 나무에 새로 돋아 나오는 싹'이라는
뜻이다. 따라서 '새로 돋아 나오는 싹'이라는 뜻의 '새싹'으로 바
꾸어 쓸 수 있다.
(2) '놓아주다'는 '억눌린 상태에 있던 것을 자유로운 상태가 되도
록 풀어 주다.'라는 뜻이다. 따라서 '사람에게 잡힌 생물을 놓아

주는 일'이라는 뜻의 '방생'과 바꾸어 쓸 수 있다.

12

답 ④

이게 정답! 1문단의 '얼핏 불모지처럼 보이는 북극에도 자생하는
식물이 있으며, 북극곰을 비롯한 여러 가지 동물이 서식하고 있
다.'에서, 북극에 동물과 식물이 모두 살고 있음을 알 수 있다.

왜 답이 아니지? ① 2문단에서 '북극을 이루는 얼음덩어리는 기온
이 영상으로 오르는 여름에도 어떻게 녹지 않고 바다에 떠 있을
수 있을까?'라고 하였으므로, 기온이 영상으로 오르는 여름에도
북극에서는 얼음이 다 녹지 않음을 알 수 있다.
② 1문단에서 '바다 위로 보이는 부분은 전체 얼음덩어리의 10%
정도에 불과하다.'라고 하였으므로, 북극 해빙의 전체 부피는 물
위에서 보이는 것보다 훨씬 클 것임을 알 수 있다.
③ 3문단에서 '얼음은 물과 맞닿는 면적이 넓을수록 빨리 녹는
다.'라고 하였으므로, 두 얼음의 부피가 같다면 물에 닿는 면적
이 넓을수록 녹는 시간이 짧아질 것임을 알 수 있다.
⑤ 3문단에서 '물속의 얼음이 녹는 속도는 얼음의 부피와 얼음
이 물에 닿는 면적과 관련이 있다.'라고 하였고, 부피가 큰 북극
해빙이 부피가 작은 냉수 속 얼음보다 늦게 녹는다고 하였다. 따
라서 물에 닿는 면적이 같다면, 부피가 큰 얼음이 녹는 시간이
부피가 작은 얼음이 녹는 시간보다 길 것임을 알 수 있다.

13

답 ③

이게 정답! '서식'은 '생물 따위가 일정한 곳에 자리를 잡고 삶'이
라는 뜻이다. '생물이 살아가는 모양이나 상태'라는 뜻을 지닌 단
어는 '생태'이다.

14

이게 정답! '남극과 북극을 중심으로 한 그 주변 지역'을 '극지'라
고 한다. 따라서 '북극'을 포함하는 상위어는 '극지'이다.

15

이게 정답! '천 년에 한 번 오는 만남'이라는 표현을 통해 '천재일
우'라는 한자성어와 관련이 있음을 알 수 있다.

17

이게 정답! '금상첨화'는 '좋은 일 위에 또 좋은 일이 더하여짐을
비유적으로 이르는 말'이므로 '난처한 일이나 불행한 일이 잇따
라 일어남을 이르는 말'인 '설상가상'과 뜻이 반대된다.

문제로 단어 익히기

본문 168쪽

01 (1) 천체 (2) 뇌파 (3) 압도　02 (1) ⓒ (2) ⊙ (3) ⓔ (4) ⓛ
03 (1) 능사 (2) 기피 (3) 원리 (4) 수시로　04 (1) ⊙ (2) ⊙　05 (1)
능사 (2) 촉매 (3) 연안 (4) 반사　06 (1) ✕ (2) ◯ (3) ✕ (4) ◯
07 ⑤　08 ⑤　09 (1) ① (2) ⑤　10 ②　11 ④　12 (1) ⓒ
(2) ⊙ (3) ⓔ (4) ⓛ (5) ⓛ　13 ②　14 ①　15 ⓐ, ⓒ　16 (1)
이실직고 (2) 자초지종　17 중언부언　18 (1) 일구이언 (2) 유
구무언

04

이게 정답! (1) '결정체'가 '노력의 결과로 얻은 보람을 비유적으로
이르는 말'이라는 의미로 사용된 것은 ⊙이다. ⓛ은 '원자, 이온,
분자 따위가 규칙적으로 배열되어 있는 물질의 덩어리'라는 의
미로 사용된 예이다.
(2) '분자'가 '어떤 특성을 가진 인간 개체'라는 의미로 사용된 것
은 ⊙이다. ⓛ은 '물질에서 화학적 형태와 성질을 지니고 있는
가장 작은 입자'라는 의미로 사용된 예이다.

06

이게 정답! (1) '발효'는 '생명력에 의해 만들어진 물질이 효모나
세균 등 미생물의 작용으로 분해되면서 유용하게 변하는 현상'
이라는 뜻이므로, 식중독을 일으키는 경우가 많다는 내용과 어
울리지 않는다. 문맥상 '발효'보다는 '단백질이나 지방 등의 물질
이 미생물의 작용으로 분해되어 냄새가 나면서 썩는 현상'이라
는 뜻의 '부패'가 적절하다.
(3) '부패'는 '단백질이나 지방 등의 물질이 미생물의 작용으로 분
해되어 냄새가 나면서 썩는 현상'이라는 뜻이므로, 감칠맛이 난
다는 내용과 어울리지 않는다. 문맥상 '부패'보다는 '생명력에 의
해 만들어진 물질이 효모나 세균 등 미생물의 작용으로 분해되
면서 유용하게 변하는 현상'이라는 뜻의 '발효'가 적절하다.

07

답 ⑤

이게 정답! '방전'은 '전기를 지닌 물체에서 전기가 외부로 흘러나
오는 현상'이라는 뜻이므로, '전지나 전자 제품 등에 전기를 채워
넣는 일'이라는 뜻의 '충전'이 반대말로 적절하다.
왜 답이 아니지? ① '감전'은 '전기가 통하고 있는 물체에 몸이 닿
아 충격을 받음'이라는 뜻이다.
② '단전'은 '전기의 공급이 중단됨. 또는 그렇게 함'이라는 뜻이
다.
③ '발전'은 '전기를 일으킴'이라는 뜻이다.
④ '정전'은 '공급되던 전기가 일시적으로 끊어짐'이라는 뜻이다.

08

답 ⑤

이게 정답! '둘째가다'는 '어떤 품위나 차례에서 두 번째 위치이
다.'라는 뜻이므로, '으뜸의 바로 아래가 되다.'라는 뜻의 '버금가
다'와 의미가 가장 유사하다. 참고로 '첫째가다'는 '무엇보다 우선
적으로 꼽히거나 으뜸이 되다.'라는 뜻이다.

09

이게 정답! (1) 문맥상 '지나치다'가 '일정한 한도를 넘어 정도가
심하다.'라는 뜻으로 쓰였으므로, '정도에 지나치다.'라는 뜻의
'과도하다'와 바꾸어 쓰기에 적절하다.
(2) 문맥상 '높이다'가 '품질, 수준, 능력, 가치 따위를 더 높은 수
준으로 만들다.'라는 뜻으로 쓰였으므로, '기운이나 세력 따위가
점점 더 늘어 가고 나아감'이라는 뜻의 '증진'과 바꾸어 쓰기에
적절하다.

10

답 ②

이게 정답! 문맥상 '뛰어나다'가 '남들보다 월등히 훌륭하거나 앞
서 있다.'라는 뜻으로 쓰였으므로, '남보다 두드러지게 뛰어나
다.'라는 뜻의 '탁월하다'와 뜻이 가장 비슷하다.

11

답 ④

이게 정답! 〈보기〉의 '부패'는 '단백질이나 지방 등의 물질이 미생
물의 작용으로 분해되어 냄새가 나면서 썩는 현상'이라는 뜻으
로 사용되었다. 이와 같은 뜻으로 사용된 것은 ④이다.
왜 답이 아니지? ①, ②, ③, ⑤는 모두 '정치, 사상, 의식 따위가
타락함'이라는 뜻으로 사용되었다.

13

답 ②

이게 정답! 3문단에서 반딧불이의 꼬리 부분에 있는 효소의 유전
자를 대장균에 넣어 암을 유발하는 물질을 찾아내기도 한다고
하였다. 즉, 효소와 대장균을 이용하여 암 유발 물질을 찾아내는
것이지, 효소를 이용하여 몸속의 대장균을 없애는 것은 아니다.
왜 답이 아니지? ① 1문단에서 효소는 우리 몸속에서 일어나는 화
학 반응에 필요한 에너지양을 감소시켜서 화학 반응 속도를 높
이는 역할을 한다고 하였다.
③ 3문단에서 생명 공학 분야에서 효소를 활용한 다양한 연구가
진행 중이라고 하였다.
④ 1문단에서 대부분의 효소는 35~45℃를 벗어나면 단백질 구
조가 변해 제 기능을 하지 못한다고 하였다.
⑤ 2문단에서 인류는 효소의 존재나 작용 원리를 과학적으로 밝
히기 훨씬 이전부터 효소를 사용해 왔다고 하였다.

14

답 ①

이게 정답! '촉매'는 '화학 반응에서, 자신은 변하지 않고 다른 물
질의 화학 반응을 빠르게 하거나 늦추는 작용을 하는 물질'이라

는 뜻이다. '기운이나 세력 따위가 점점 더 늘어 가고 나아감'이라는 뜻을 지닌 단어는 '증진'이다.

15

이게 정답! ⓐ 포도주와 메주, 김치 등의 예를 드는 예시의 방법을 통해, 인류가 오래 전부터 효소를 사용해 왔다는 내용을 뒷받침하고 있다.

ⓒ '효모는 효소를 만들어 내는 미생물이다.'에서 효모의 개념을 제시하는 정의의 설명 방법을 사용하고 있다.

왜 답이 아니지? 유사한 두 대상을 대조하여 차이점을 밝히거나 문제가 되는 현상의 원인을 과학적으로 밝히고 있지는 않다.

18

이게 정답! (1) '한 입으로 두말하기'는 '한 가지 일에 대하여 말을 이렇게 하였다 저렇게 하였다 한다는 말로, '일구이언'과 뜻이 유사하다.

(2) '입이 열 개라도 할 말이 없다'는 '잘못이 명백히 드러나 변명의 여지가 없음을 비유적으로 이르는 말로, '유구무언'과 뜻이 유사하다.

문제로 단어 익히기
본문 176쪽

01 (1) 주행 (2) 정화 (3) 교외 (4) 이기 　02 (1) ⓔ (2) ⓛ (3) ⓒ (4) ㉠ 　03 (1) 어림 (2) 대체 　04 (1) 배수로 (2) 공학 (3) 명주 (4) 구들장 　05 (1) ① (2) ② 　06 (1) 정제 (2) 도정 (3) 전락 (4) 접목 　07 (1) ④ (2) ⑤ 　08 ㉠ 　09 [가로] (1) 도정 (3) 제어 (5) 주기 (6) 전산망 [세로] (2) 정제 (4) 이기 (5) 주행 (6) 전락 10 (1) ㉠ (2) ⓒ (3) ⓔ (4) ⓛ 　11 ⑤ 　12 ④ 　13 ② 　14 ② 15 양상군자 　16 갑남을녀

03

이게 정답! (1) '가늠'은 '사물을 어림잡아 헤아림'이라는 뜻이므로, '대강 짐작으로 헤아림. 또는 그런 셈이나 짐작'이라는 뜻의 '어림'과 의미가 가장 비슷하다.

(2) 문맥상 '바꾸다'는 '원래 있던 것을 없애고 다른 것으로 채워 넣거나 대신하게 하다.'라는 뜻이므로, '다른 것으로 대신함'이라는 뜻의 '대체'와 의미가 가장 비슷하다.

05

이게 정답! (1) 문맥상 '다지다'가 '기초나 터전 따위를 굳고 튼튼하게 하다.'라는 뜻으로 쓰였으므로, '어떤 일이나 조직, 체계 등의 기초를 닦아 세움'이라는 뜻의 '구축'과 바꾸어 쓰기에 가장 적절하다.

(2) 문맥상 '줄이다'가 '수나 분량을 본디보다 적게 하다.'라는 뜻으로 쓰였으므로, '아끼어 줄임'이라는 뜻의 '절감'과 바꾸어 쓰기에 가장 적절하다.

07

이게 정답! (1) 문맥상 '제어'가 '억눌러 다스림'이라는 뜻으로 사용되었으므로 '내버려 둠'이라는 뜻의 '방치'가 반대말로 적절하다.

왜 답이 아니지? ① '방류'는 '모아서 가두어 둔 물을 흘려 보냄'이라는 뜻이다.

② '방어'는 '상대편의 공격을 막음'이라는 뜻이다.

③ '방출'은 '미리 모아 놓은 것을 내놓음'이라는 뜻이다.

⑤ '방해'는 '남의 일을 간섭하고 막아 해를 끼침'이라는 뜻이다.

이게 정답! (2) '정교하다'는 '솜씨나 기술 따위가 정밀하고 교묘하다.'라는 뜻이므로 '말이나 행동, 솜씨 따위가 거칠고 잡스러워 품위가 없다.'라는 뜻의 '조잡하다'가 반대말로 적절하다.

왜 답이 아니지? ① '미미하다'는 '보잘것없이 아주 작다.'라는 뜻이다.

④ '정밀하다'는 '아주 정교하고 치밀하여 빈틈이 없고 자세하다.'라는 뜻이다.

08

이게 정답! '제어'가 '감정, 충동, 생각 따위를 막거나 누름'이라

는 의미로 사용된 것은 ㉠이다. ㉡은 '억눌러 다스림'이라는 의미로, ㉢은 '기계 따위를 목적에 알맞게 조절함'이라는 의미로 사용된 예이다.

09

이게 정답!

⁽¹⁾도	⁽²⁾정		⁽⁴⁾이
	⁽³⁾제	어	⁽⁵⁾주	기
			행
⁽⁶⁾전	산	망	
락			

11

답 ⑤

이게 정답! 대상을 일정한 기준에 따라 나누는 분류의 설명 방법은 사용되지 않았다.

왜 답이 아니지? ① 2문단의 '2018년 세계보건기구'의 통계에 따르면'에서 인용한 자료의 출처를 제시하여 신뢰성을 높이고 있다.
② 1문단의 '운전자가 없어도 자동차가 알아서 도로를 달려 목적지까지 우리를 데려다 준다면 얼마나 편할까?'와, 3문단의 '자동차를 만든 회사, ~ 과연 누가 책임을 져야 할까?'에서 의문문을 사용하여 독자의 관심을 유도하고 있다.
③ 1문단의 '자율 주행 자동차는 수많은 장치와 인공 지능을 갖추고 있어서 사람이 직접 조작하지 않아도 자동차 스스로 도로 사정을 파악하여 안전하게 주행하는 자동차를 말한다.'에서 자율 주행 자동차의 개념을 정의하고 있다.
④ 2문단에서는 자율 주행 자동차의 장점을, 3문단에서는 자율 주행 자동차의 현실적인 한계를 각각 설명하고 있다.

12

답 ④

이게 정답! 지문만으로는 자동차의 가격이 지금보다 저렴해질 것인지 알 수 없다. 자율 주행 자동차의 가격에 대한 정보는 글에서 다루고 있지 않기 때문이다. 2문단에서 '비용도 절감될 것이다.'라고 언급한 것은 교통 약자 등의 이동 비용에 대한 것이지, 자동차 가격에 대한 것이 아니다. 다만, 자율 주행 자동차가 수많은 장치와 인공 지능을 갖추고 있다는 것을 고려할 때, 지금보다 더 비싸질 가능성이 높다고 추측할 수 있다.

왜 답이 아니지? ① 2문단의 '교통사고의 90% 이상이 운전자 실수로 일어난다. 그렇기 때문에 자율 주행 자동차가 일반화되면 사람의 실수로 인한 교통사고는 거의 일어나지 않게 될 것이다.'를 통해 추측할 수 있다.
②, ③ 1문단에 따르면, 자율 주행 자동차는 사람이 직접 운전하지 않아도 된다. 따라서 지금과 같은 운전 면허증은 필요 없어질 수 있다. 또 자동차가 스스로 길을 찾고 주행을 할 수 있으므로, 운전기사라는 직업이 사라질 수 있다.
⑤ 2문단의 '운전이 어려운 교통 약자의 이동이 훨씬 편리해지

고 비용도 절감될 것이다.'를 통해 추측할 수 있다.

13

답 ②

이게 정답! '이기'는 문맥상 '실제로 생활에서 쓰기에 편리한 기계나 기구'라는 뜻으로 사용되었다. '간단하고 편리함'이라는 뜻을 지닌 단어는 '간이'이다.

14

답 ②

이게 정답! 문맥상 '세밀하다'가 '자세하고 꼼꼼하다.'라는 뜻으로 쓰였으므로, '솜씨나 기술 따위가 정밀하고 교묘하다.'라는 뜻의 '정교하다'와 바꾸어 쓰기에 가장 적절하다.

왜 답이 아니지? ① '정갈하다'는 '깨끗하고 깔끔하다.'라는 뜻이다.
③ '정당하다'는 '이치에 맞아 올바르고 마땅하다.'라는 뜻이다.
④ '정제하다'는 '물질에 섞인 불순물을 없애 그 물질을 더 순수하게 하다.'라는 뜻이다.
⑤ '정중하다'는 '태도나 분위기가 점잖고 엄숙하다.'라는 뜻이다.

15

이게 정답! '저 대들보 위에 앉아 있는 군자'라는 말에서 '양상군자'와 관련된 이야기임을 알 수 있다.

22 듣기·말하기(1)

문제로 단어 익히기

본문 186쪽

01 (1) 공감대 (2) 조리 (3) 타박 　　02 (1) ㉢ (2) ㉣ (3) ㉠ (4) ㉡
03 (1) 공적 (2) 사적 　　04 (1) 서가 (2) 상소 (3) 건성 (4) 구제
05 도화선 　06 ① 　07 (1) 차 (2) 밥 　08 (1) ○ (2) ○ (3) ×
09 ㉠ 　10 (1) ㉢ (2) ㉡, ㉢ (3) ㉠ 　11 ③ 　12 (1) ○ (2) ×
13 ⑤ 　14 (1) ㉠, ㉢, ㉤ (2) ㉡, ㉣, ㉥ 　15 ⑤ 　16 ③ 　17
삼고초려 　18 (1) 동고동락 (2) 십시일반

04
이게 정답!

도	서	관	면	서	바
대	기	구	정	가	방
내	선	제	지	다	정
공	건	성	성	상	소
부	담	감	큰	공	포

05
이게 정답! 한일 학생들 간의 싸움이 광주 학생 항일 운동의 직접적 원인이 되었다는 내용이므로, 빈칸에 들어갈 알맞은 단어는 '사건이 일어나게 된 직접적인 원인'이라는 뜻의 '도화선'이다.

06　　　　　　　　　　　　　　답 ①
이게 정답! '랜덤(random)'은 '무작위의, 닥치는 대로(임의로, 마구잡이로)'라는 뜻의 영어 단어로, 우리말로는 '무작위'라는 한자어로 순화하여 사용할 수 있다.

07
이게 정답! '다반사(茶飯事)'는 차를 마시고 밥을 먹는 일처럼 예사로운 일이라는 뜻의 한자어로, '차 다(茶)', '밥 반(飯)', '일 사(事)' 자를 쓴다.

08
이게 정답! (1) '구제'는 '어려움이나 위험에 빠진 사람을 돕거나 구해 줌'이라는 뜻이므로, 문맥에 적절하게 사용되었다.
(2) '교섭'은 '어떤 일을 이루기 위하여 서로 의논하고 절충함'이라는 뜻이므로, 문맥에 적절하게 사용되었다.
(3) '조언'은 '도움이 되도록 말로 거들거나 깨우쳐 줌. 또는 그 말'이라는 뜻이므로, 문맥에 어울리지 않는다. 주어진 문장에는 '이치나 사리에 맞지 아니하고 망령되게 말함. 또는 그 말'이라는 뜻의 '망언'이 들어가는 것이 적절하다.

09
이게 정답! '조율'이 '문제를 어떤 대상에 알맞거나 마땅하도록 조절함을 비유적으로 이르는 말'이라는 의미로 사용된 것은 ㉠이다. ㉡은 '악기의 음을 표준음에 맞추어 고름'이라는 의미로 사용된 예이다.

10
이게 정답! (1) '겸허하다'는 '스스로 자신을 낮추고 마음을 비우는 태도가 있다.'라는 뜻으로, 이와 뜻이 비슷한 단어로는 '남을 존중하고 자기를 내세우지 않는 태도가 있다.'라는 뜻의 '겸손하다'가 있다.
'겸하다'는 '두 가지 이상의 기능을 함께 지니다.' 또는 '한 사람이 이미 맡고 있던 역할 외에 다른 직무를 더 맡아 하다.'라는 뜻이며, '겸비하다'는 '두 가지 이상을 아울러 갖추다.'라는 뜻이다.
(2) '경청하다'는 '귀를 기울여 주의 깊게 듣다.'라는 뜻으로, 이와 뜻이 비슷한 단어로는 '잊지 아니하도록 주의해서 듣다.'라는 뜻의 '새겨듣다'와, '주의하여 잘 듣다.'라는 뜻의 '귀담아듣다'가 있다.
'가려듣다'는 '소문이나 말 따위의 옳고 그름, 좋고 나쁨 따위와 그 정체를 구별하여 알다.'라는 뜻이다.
(3) '호소하다'는 '억울하거나 딱한 사정을 남에게 간곡히 알리다.'라는 뜻으로, 이와 비슷한 단어로는 '억울한 일이나 잘못된 일, 딱한 사정 따위를 말하다.'라는 뜻의 '하소연하다'가 있다.
'변명하다'는 '어떤 잘못이나 실수에 대하여 구실을 대며 그 까닭을 말하다.'라는 뜻이며, '털어놓다'는 '마음속에 품고 있는 사실을 숨김없이 말하다.'라는 뜻이다.

11　　　　　　　　　　　　　　답 ③
이게 정답! '동조'는 '남의 주장에 자기의 의견을 일치시키거나 보조를 맞춤'이라는 뜻으로, 이와 뜻이 비슷한 단어로는 '의사나 의견을 같이하다.'라는 뜻의 '동의하다', '어떤 행동이나 견해, 제안 따위가 옳거나 좋다고 판단하여 수긍하다.'라는 뜻의 '찬성하다 / 찬동하다', '남의 말에 서로 호응하거나 동의하다.'라는 뜻의 '맞장구치다' 등이 있다. '환영하다'는 '오는 사람을 기쁜 마음으로 반갑게 맞다.'라는 뜻이므로, '동조하다'와 바꾸어 쓰기에 적절하지 않다.

12
이게 정답! (2) '협상'은 개인이나 집단 사이에 존재하는 의견 차이나 갈등을 해소하기 위해 협의하는 것이다. '찬성과 반대의 입장으로 나뉘는 주제에 대해 서로 자신의 입장을 관철시키기 위해 이루어지는 말하기'는 '토론'이다.

13 답 ⑤

이게 정답! 이 글에서 '나'와 '장인'은 '나'와 점순의 성례 문제로 협상을 벌이고 있다. 장인은 처음에는 여러 핑계를 대며 성례를 시켜 주지 않으려 했지만, 결국 '나'를 달래어 붙잡으려는 태도를 보이고 있다. 하지만 장인이 자신의 제안이 받아들여지지 않았을 때 발생할 결과를 강조하는 부분은 확인할 수 없다.

왜 답이 아니지? ① '나'의 첫 번째 발언에서 확인할 수 있다.

② '나'의 다섯 번째 발언에서 확인할 수 있다.

③ '장인'의 첫 번째 발언에서 확인할 수 있다.

④ '장인'의 세 번째 발언에서 확인할 수 있다.

14

이게 정답! ㉠, ㉢, ㉤은 인물의 행동을 제시하고 있으므로 비언어적 표현에 해당한다. ㉡, ㉣, ㉥은 어조나 목소리의 크기를 제시하고 있으므로 준언어적 표현에 해당한다.

15 답 ⑤

이게 정답! ⓐ에는 '나'가 자신과 '장인'의 요구 사항을 알맞게 조절해서 내놓은 제안을 가리키는 말이 들어가야 한다. 그러므로 '두 가지 이상의 안을 서로 보충하여 알맞게 조절한 안'이라는 뜻의 '절충안'이 들어가는 것이 적절하다.

왜 답이 아니지? ① '가결안'은 '회의에 제출되어 통과된 의안'이라는 뜻이다.

② '개정안'은 '고쳐 바로잡은 안건'이라는 뜻이다.

③ '건의안'은 '회의에서 토의할 안건이나 건의할 내용을 적은 초안'이라는 뜻이다.

④ '수정안'은 '원안(原案)의 잘못된 점을 바로잡아 고친 안'이라는 뜻이다.

16 답 ③

이게 정답! '역지사지'는 '남과 처지를 바꾸어서 생각하여 봄'이라는 뜻으로, 무슨 일을 할 때 다른 사람을 배려하는 자세를 지녀야 한다는 교훈을 준다. 이와 가장 유사한 교훈을 주는 것은 자기만 만족하면 남의 곤란함을 모르고 돌보아 주지 아니함을 비유적으로 이르는 말인 '내 배가 부르니 종의 배고픔을 모른다'이다.

왜 답이 아니지? ① '배 먹고 이 닦기'는 배를 먹으면 이까지 하얗게 닦아진다는 뜻으로, 한 가지 일에 두 가지 이로움이 있음을 비유적으로 이르는 말이다.

② '배만 부르면 제 세상인 줄 안다'는 '배불리 먹기만 하면 아무 근심 걱정을 모른다는 말' 또는 '돈만 있으면 제 세상인 줄 알고 제멋대로 행동한다는 말'이다.

④ '고기를 잡고자 하거든 돌아가 그물을 떠라'는 목적한 바가 있으면 먼저 그 일을 이룰 준비를 단단히 하라는 말이다.

⑤ '자식은 내 자식이 커 보이고 벼는 남의 벼가 커 보인다'는 자식은 자기 자식이 잘나 보이고 재물은 남의 것이 더 좋아 보여 탐이 남을 이르는 말이다.

17

이게 정답! 허생은 대장에게 '와룡 선생' 같은 사람을 소개할 테니 임금이 직접 그 인재를 찾아가게 하라고 말하고 있다. 이는 삼국지에서 유비가 제갈량의 초가를 세 번이나 찾아갔듯이, 임금이 직접 훌륭한 인재를 맞아들이기 위해 노력할 것을 촉구하는 말이다. 따라서 '삼고초려'가 들어가는 것이 적절하다.

문제로 단어 익히기

본문 194쪽

01 (1) 상설 (2) 영구 (3) 허위 (4) 전신주   02 (1) ㉢ (2) ㉡ (3) ㉠
03 ②   04 (1) 강인 (2) 고상   05 (1) ㉡ (2) ㉠ (3) ㉢ (4) ㉣
06 (1) 허위 (2) 영원   07 (1) ㉡ (2) ㉡   08 (1) ○ (2) × (3) ○
09 (1) ㉠ (2) ㉡   10 ③   11 ②   12 (1) × (2) ×   13 가치
논제   14 ③   15 ⑤   16 ④   17 수어지교

03
답 ②

이게 정답! '획기적'은 '어떤 과정이나 분야에서 전혀 새로운 시기를 열어 놓을 만큼 뚜렷이 구분되는 것'을 뜻하는 말로, 들인 노력에 비해 결과가 큰 것을 의미하는 다른 단어들과는 의미상 거리가 멀다.

왜 답이 아니지? ① '효율적'은 '들인 노력에 비하여 얻는 결과가 큰 것'이라는 뜻이다.

③ '경제적'은 '돈이나 시간, 노력을 적게 들이는 것'이라는 뜻이므로 '효율적'과 의미가 비슷하다.

④ '능률적'은 '일정 시간에 많은 일을 할 수 있는 것'이라는 뜻이다.

⑤ '효과적'은 '어떤 목적을 지닌 행위에 의하여 보람이나 좋은 결과가 드러나는 것'이라는 뜻이다.

07

이게 정답! (1) '탐방'이 '명승지나 유적지 따위를 구경하기 위하여 찾아감'이라는 의미로 사용된 것은 ㉡이다. ㉠은 '어떤 사실이나 소식 따위를 알아내기 위하여 사람이나 장소를 찾아감'이라는 의미로 사용된 예이다.

(2) '참혹하다'가 '지나칠 정도로 한심하다.'라는 의미로 사용된 것은 ㉡이다. ㉠은 '비참하고 끔찍하다.'라는 의미로 사용된 예이다.

08

이게 정답! (2) '투자'는 '이익을 얻기 위하여 어떤 일이나 사업에 자본을 대거나 시간이나 정성을 쏟음'이라는 뜻이므로, 문맥상 적절하지 않다. 주어진 문장에는 '투자'가 아니라 '내던져 버림'이라는 뜻의 '투기'가 들어가는 것이 적절하다.

10
답 ③

이게 정답! '눈앞의 이익만을 쫓다가는 낭패를 보기 쉽다.'에서 '쫓다'는 ㉯ '사람이나 짐승을 잡거나 만나기 위하여 뒤를 급히 따르다.'의 의미가 아니라, ㉮ '목표, 이상, 행복 따위를 추구하다.'라는 의미로 쓰인 것이다. 따라서 이 예문의 '쫓다가는'은 '좇다가는'을 잘못 쓴 것이다. '쫓다'가 ㉯의 의미로 쓰인 예문으로는 '경찰과 도둑이 쫓고 쫓기는 추격전을 벌이고 있다.'와 같은 것이 적절하다.

11
답 ②

이게 정답! 발음과 형태가 비슷해서 혼동하기 쉬운 단어로 '갈음하다', '가름하다', '가늠하다'를 들 수 있다. 이 중 '다른 것으로 바꾸어 대신하다.'라는 의미를 가진 단어는 '갈음하다'이며, '승부나 등수 따위를 정하다.'라는 의미를 가진 단어는 '가름하다'이다. 그리고 '사물을 어림잡아 헤아리다.'라는 의미를 가진 단어는 '가늠하다'이다.

12

이게 정답! (1) 어떤 문제에 대한 최선의 해결 방법을 얻기 위해 여러 사람이 함께 의논하는 말하기는 '토론'이 아니라 '토의'이다.
(2) 어떤 문제에 대해 상반된 입장을 가진 참여자가 논거를 들어 상대를 설득하는 말하기는 '토의'가 아니라 '토론'이다.

13

이게 정답! 이 토론의 논제는 '흥부는 무능하고 책임감이 없는 사람이다.'로, 이는 객관적인 사실의 진위 판단과는 거리가 멀며, 구체적 사안에 대한 문제 제기를 통해 행동 변화를 촉구하는 것도 아니다. 이 논제는 '흥부'를 어떤 사람이라고 판단할 것인지를 다루고 있으므로, 어떤 대상이 바람직한지 아닌지를 따지는 '가치 논제'로 보는 것이 가장 적절하다.

14
답 ③

이게 정답! ㉮가 포함된 문장에서 사회자는, 찬성 측과 반대 측이 각각 논제와 관련된 자신의 주장을 이야기할 수 있도록 이끌고 있다. 바로 이어지는 '찬성 1'과 '반대 1'의 발언을 통해 이를 알 수 있다. 따라서 ㉮에 공통적으로 들어갈 말로 가장 적절한 것은 '찬성 측과 반대 측이 논제와 관련된 자신의 주장을 근거를 들어 발언하는 것'을 뜻하는 '입론'이다.

15
답 ⑤

이게 정답! ⓐ에 들어갈 말로 적절한 것은 상대를 나무라면서 괴롭히는 것을 의미하는 표현이다. '하소연하다'는 '억울한 일이나 잘못된 일, 딱한 사정 따위를 말하다.'라는 뜻으로, 놀부가 흥부에게 하소연을 하는 것은 아니므로 문맥상 적절하지 않다.

왜 답이 아니지? ① '구박하다'는 '못 견디게 괴롭히다.'라는 뜻이므로, ⓐ에 들어가기에 적절하다.

② '타박하다'는 '허물이나 결함을 나무라거나 핀잔하다.'라는 뜻이므로, ⓐ에 들어가기에 적절하다.

③ '핀잔하다'는 '맞대어 놓고 언짢게 꾸짖거나 비꼬아 꾸짖다.'라는 뜻이므로, ⓐ에 들어가기에 적절하다.

④ '면박하다'는 '면전에서 꾸짖거나 나무라다.'라는 뜻이므로, ⓐ에 들어가기에 적절하다.

16 답 ④

이게 정답! '죽마고우'는 어릴 때부터 같이 놀며 자란 벗을 뜻하는 한자성어로, 이와 의미가 가장 가까운 것은 '어릴 때 소꿉놀이를 하며 같이 놀던 동무'를 뜻하는 '소꿉동무'이다.

왜 답이 아니지? ① '글동무'는 '같은 곳에서 함께 공부한 동무'를 뜻하는 말이다.

② '길동무'는 '길을 함께 가는 동무. 또는 같은 길을 가는 사람'을 뜻하는 말이다.

③ '말동무'는 '더불어 이야기할 만한 친구'를 뜻하는 말이다.

⑤ '어깨동무'는 '상대편의 어깨에 서로 팔을 얹어 끼고 나란히 섬. 또는 그렇게 하고 노는 아이들의 놀이' 또는 '나이나 키가 비슷한 동무'를 뜻하는 말이다.

17

이게 정답! 유비의 말 중에서 '고기가 물을 얻은 것과 마찬가지'라는 표현을 통해, 이 글이 '수어지교'의 유래가 되는 고사임을 알 수 있다.

---

24 듣기·말하기(3)

문제로 단어 익히기

본문 202쪽

01 (1) 열악 (2) 강구 (3) 구사   02 (1) ㉠ (2) ㉣ (3) ㉢ (4) ㉣
03 (1) ㉣ (2) ㉢ (3) ㉠ (4) ㉢   04 (1) ㉠ (2) ㉢   05 (1) 합리 (2) 전면 (3) 인위   06 (1) 심하다, 모질다 (2) 만만하다, 보잘것없다   07 ⑤   08 관습   09 ⑤   10 비판   11 (1) × (2) ○
12 ⑤   13 감성적 설득 전략   14 ①   15 ③   16 전광석화
17 부지기수

03

이게 정답! (1) '비위'가 '어떤 것을 좋아하거나 싫어하는 성미나 기분'이라는 의미로 사용된 것은 ㉠이다. ㉢은 '음식물을 삭여 내는 능력'이라는 의미로 사용된 예이다.

(2) '주입하다'가 '흘러 들어가도록 부어 넣다.'라는 의미로 사용된 것은 ㉢이다. ㉠은 '기억과 암기를 주로 하여 지식을 넣어 주다.'라는 의미로 사용된 예이다.

06

이게 정답! (1) '혹독하다'는 '몹시 심하다.' 또는 '성질이나 하는 짓이 몹시 모질고 악하다.'라는 뜻이다. 이와 뜻이 비슷한 단어로는 '정도가 지나치다.'라는 뜻의 '심하다'와 '기세가 몹시 매섭고 사납다.'라는 뜻의 '모질다'가 있다. '무던하다'는 '정도가 어지간하다.' 또는 '성질이 너그럽고 수더분하다.'라는 뜻이다.

(2) '녹록하다'는 '평범하고 보잘것없다.' 또는 '만만하고 상대하기 쉽다.'라는 뜻이다. 이와 뜻이 비슷한 단어로는 '부담스럽거나 무서울 것이 없어 쉽게 다루거나 대할 만하다.'라는 뜻의 '만만하다'와 '볼만한 가치가 없을 정도로 하찮다.'라는 뜻의 '보잘것없다'가 있다. '대수롭다'는 '중요하게 여길 만하다.'라는 뜻이므로, '대수롭지 않다'라고 해야 '녹록하다'와 비슷한 뜻이 된다.

07 답 ⑤

이게 정답! '격리되다'는 '다른 것과 통하지 못하게 사이가 막히거나 분리되다.'라는 의미이므로, '꿈'과 '현실'의 거리를 이야기하는 맥락과는 어울리지 않는다.

왜 답이 아니지? ① '벌어지다'는 '차이가 커지다.'라는 뜻이므로 문맥에 적합하다.

② '동떨어지다'는 '거리가 멀리 떨어지다.' 또는 '둘 사이에 관련성이 거의 없다.'라는 뜻이므로 문맥에 적합하다.

③ '괴리되다'는 '서로 어그러져 동떨어지다.'라는 뜻이므로 문맥에 적합하다.

④ '유리되다'는 '따로 떨어지게 되다.'라는 뜻이므로 문맥에 적합하다.

08

이게 정답! 세시 풍속은 한 해의 절기나 달, 계절에 따라 때마다 반복되던 조상들의 생활 양식을 의미한다. 그러므로 빈칸에 들어갈 알맞은 말은, 굳어진 전통적 행동 양식이나 질서에 따르는 것을 의미하는 '관습'이다.

11

이게 정답! (1) '연설'은 상대방을 설득하는 것을 목적으로 하는 공적인 말하기이다.
(2) '청중'은 연설자의 말을 비판적으로 들어야 하며, 이때 '신뢰성, 타당성, 공정성'의 측면에서 내용을 판단해야 한다.

12   답 ⑤

이게 정답! 연설자는 미국에서 노예 제도가 없어진 지 백 년이 지났음에도 불구하고 흑인들이 여전히 자유롭지 못한 비극적인 상황에 처해 있음을 이야기하고 있다. 그런데 자유롭거나 평등하다는 판단은 관점에 따라 달라질 수 있는 상대적인 것이므로, '공정성'의 관점에서 흑인이 아닌 다른 사람들의 삶과 비교해 보고 다른 관점에서도 형평성을 유지하는지 파악하면서 듣는 것이 필요하다.

왜 답이 아니지? ① 연설자의 주장이 맞는지 아닌지를 판단하며 듣는 것은 '타당성'의 관점에서 비판적으로 들은 것이다.
② 연설자가 이야기한 내용의 출처가 명확한지를 파악하며 듣는 것은 '신뢰성'의 관점에서 비판적으로 들은 것이다.
③ 연설자가 전문 지식과 식견을 갖춘 사람인지 파악하며 듣는 것은 '신뢰성'의 관점에서 비판적으로 들은 것이다.
④ 연설자가 주장한 내용의 근거가 적절하게 제시되었는지 파악하며 듣는 것은 '타당성'의 관점에서 비판적으로 들은 것이다.

13

이게 정답! 연설자는 [A]에서 흑인과 백인의 자녀들이 함께 식탁에 둘러앉아 식사를 하는 평등하고 평화로운 미래의 모습을 이야기하고 있다. 따라서 [A]에 활용된 설득 전략은 청중의 마음을 움직일 수 있는 사례나 상황 등을 제시하여 감정에 호소하는 감성적 설득 전략이라고 할 수 있다.

14   답 ①

이게 정답! ㉠에는 '인종 차별'의 성격을 드러내는 말로, 구속과 억압을 의미하는 단어가 들어가는 것이 적절하다. 그러나 '편자'는 '말굽에 대어 붙이는 'U' 자 모양의 쇳조각'이라는 뜻으로, 사전적 의미 그대로 도구의 의미로만 사용된다.

왜 답이 아니지? ② '족쇄'는 죄인의 발목에 채우던 쇠사슬을 의미하는데, 비유적으로 자유를 구속하는 대상을 이르는 말로 사용된다.
③ '굴레'는 말이나 소 따위를 부리기 위하여 머리와 목에서 고삐에 걸쳐 얽어매는 줄을 의미하는데, 비유적으로 부자연스럽게 얽매이는 일을 이르는 말로 사용된다.
④ '멍에'는 수레나 쟁기를 끌기 위하여 마소의 목에 얹는 구부러진 막대를 의미하는데, 비유적으로 쉽게 벗어날 수 없는 구속이나 억압을 이르는 말로 사용된다.
⑤ '사슬'은 쇠로 만든 고리를 여러 개 죽 이어서 만든 줄을 의미하는데, 비유적으로 억압이나 압박을 이르는 말로 사용된다.

15   답 ③

이게 정답! '책력 보아 가며 밥 먹는다'는 매일 밥을 먹을 수가 없어 책력(달력)을 보아 가며 좋은 날만을 택하여 밥을 먹는다는 뜻으로, 가난하여 끼니를 자주 거르는 상황을 뜻하는 속담이다. 따라서 삼십 일 동안 아홉 끼니밖에 먹지 못한다는 뜻의 '삼순구식'과 의미가 가장 가깝다.

왜 답이 아니지? ① '한술 밥에 배부르랴'는 어떤 일이든지 단번에 만족할 수는 없다는 의미의 속담이다.
② '고생을 사서 한다'는 잘못 처신한 탓으로 하지 않아도 될 고생을 하게 됨을 이르는 속담이다.
④ '급히 먹는 밥이 목이 멘다'는 너무 급히 서둘러 일을 하면 잘못하고 실패하게 됨을 비유적으로 이르는 속담이다.
⑤ '못 먹는 밥에 재 집어넣기'는 제 것으로 만들지 못할 바에야 남도 갖지 못하게 못쓰게 만들자는 뒤틀린 마음을 이르는 속담이다.

16

이게 정답! '번갯불에 콩 볶아 먹겠다'는 번쩍하는 번갯불에 콩을 볶아서 먹을 만하다는 뜻으로, 행동이 매우 민첩함을 이르는 말이다. 따라서 매우 재빠른 움직임을 비유적으로 이르는 '전광석화'와 의미가 가장 가깝다.

17

이게 정답! 청소년 봉사 단체에 함께하겠다는 학생들이 셀 수 없을 만큼 많은 상황은 '헤아릴 수가 없을 만큼 많음'을 뜻하는 '부지기수'를 활용해 나타낼 수 있다.

25 문법(1)

문제로 단어 익히기

본문 212쪽

01 ① 02 ② 03 ④ 04 (1) ⓒ (2) ⓛ (3) ① 05 ① 06
상황 맥락 07 (1) ⓜ (2) ⓒ (3) ⓔ (4) ① (5) ⓛ 08 (1) ⓛ (2)
① (3) ⓜ (4) ⓒ (5) ⓔ 09 ② 10 ② 11 두음 12 ⑤
13 ⑤ 14 ③ 15 ⑤ 16 ③ 17 ②

01
답 ①

이게 정답! 같은 공동체에서 살아가는 사람들은 동일한 언어를 사용해야 의사소통이 가능하다. 그런데 성규와 다섯 아이들만 '손'을 '꽉꽉'이라고 하게 되면 다른 사람들과의 의사소통에 어려움을 겪을 것이다. 이와 같은 문제와 관련이 깊은 것은, 언어가 사회적 약속이라는 언어의 '사회성'이다.

왜 답이 아니지? ② '역사성'은 시간이 흐름에 따라 단어의 소리나 의미, 또는 문법 요소 등이 변화하는 특성이다.
③ '규칙성'은 언어가 문법적 규칙을 가지고 있다는 특성이다.
④ '기호성'은 음성 언어와 문자 언어가 특별한 기호(한글, 알파벳 등)로 표현된다는 특성이다.
⑤ '창조성'은 한정된 소리와 글자로 무한한 문장을 만들 수 있다는 특성이다.

02
답 ②

이게 정답! '머리'의 중심 의미는 '사람이나 동물의 목 위의 부분'이며, 이러한 의미에서 확장되어 '머리에 난 털', '생각하고 판단하는 능력' 등의 주변적 의미를 지닌다. 따라서 '머리를 짧게 깎았다.'와 '은혜는 머리가 좋다.'에서의 '머리'는 다의어에 해당한다.

왜 답이 아니지? ① 퉁퉁 부은 '다리'는 '사람이나 동물의 몸통 아래 붙어 있는 신체의 부분'을 의미하고, 건너는 '다리'는 '물을 건너거나 또는 한편의 높은 곳에서 다른 편의 높은 곳으로 건너다닐 수 있도록 만든 시설물'을 의미하므로, 두 단어는 다의어가 아니라 동음이의어이다.
③ '눈이 부시다'에서 '부시다'는 '빛이나 색채가 강렬하여 마주 보기가 어려운 상태에 있다.'라는 뜻이고, '그릇을 부시다'에서 '부시다'는 '그릇 따위를 씻어 깨끗하게 하다.'라는 뜻이므로, 두 단어는 다의어가 아니라 동음이의어이다.
④ 깎아 먹는 '배'는 과일을 의미하고, 타는 '배'는 교통수단을 의미하므로 두 단어는 다의어가 아니라 동음이의어이다.
⑤ 오래 걸어서 아픈 '발'은 신체 부위를 가리키고, '총을 수십 발 쏘았다.'에서 '발'은 '총알, 포탄, 화살 따위를 세는 단위'를 의미하므로, 두 단어는 다의어가 아니라 동음이의어이다.

03
답 ④

이게 정답! 제시된 그림에서 '소년'과 '소녀'는 '사람, 미성년'이라는 두 개의 의미 요소가 공통되고 '남성'과 '여성'이라는 '성별'의 의미 요소만 다르다. 따라서 반의어는 하나의 의미 요소만 다르고, 나머지 의미 요소는 공통되는 의미 관계임을 알 수 있다.

05
답 ①

이게 정답! 지시어 '저것'은 말하는 이와 듣는 이 모두로부터 멀리 떨어진 것을 가리킬 때 쓰는 말이다. 참고로, 듣는 이에게 가까운 것을 가리키는 '그것'은 듣는 이가 생각하고 있는 내용이나 앞에서 이미 이야기한 내용을 가리키기도 하지만, '저것'은 말하는 사람과 듣는 사람 모두에게 보이는 사물을 가리킬 때만 쓰는 지시어이다.

06

이게 정답! "아! 춥다."라는 말을 철수가 혼자 운동장에 서 있으면서 했다면 춥다는 느낌의 표현으로 볼 수 있다. 그러나 "아! 춥다."라는 말을 창문이 열린 교실에서 철수가 창가 자리의 학생을 보며 했다면, 이는 창문을 닫아 주었으면 좋겠다는 의사의 전달이라고 볼 수 있다. 이 사례에서 알 수 있듯이 같은 말도 누가 누구에게 어떤 시간적·공간적 배경에서 했느냐에 따라 의미가 달라지게 되는데, 이처럼 발화에 영향을 미치는 담화 상황을 상황 맥락이라고 한다.

09
답 ②

이게 정답! '든든하다'는 '어떤 것에 대한 믿음으로 마음이 허전하거나 두렵지 않고 굳세다.' 또는 '물건이나 몸이 실하다.'라는 뜻이다. 그러나 '튼튼하다'는 '무르거나 느슨하지 아니하고 몹시 야무지고 굳세다.' 또는 '사람의 몸이나 뼈, 이 따위가 단단하고 굳세거나, 병에 잘 걸리지 아니하는 힘을 가지고 있다.'라는 뜻이다. 따라서 두 단어는, 예사소리 'ㄷ'과 거센소리 'ㅌ'의 차이를 가지고 있기는 하지만 단어의 기본적 의미가 다르기 때문에 제시된 설명을 뒷받침하는 예로 적절하지 않다.

왜 답이 아니지? ① '깜깜하다'와 '캄캄하다'는 둘 다 '아주 까맣게 어둡다.'라는 뜻이며, '캄캄하다'가 더 거센 느낌을 준다.
③ '방긋대다'와 '빵긋대다'는 둘 다 '입을 예쁘게 약간 벌리며 소리 없이 가볍게 자꾸 웃다.'라는 뜻이며, '빵긋대다'가 더 센 느낌을 준다.
④ '식식대다'와 '씩씩대다'는 둘 다 '숨을 매우 가쁘고 거칠게 쉬는 소리를 잇따라 내다.'라는 뜻이며, '씩씩대다'가 더 센 느낌을 준다.
⑤ '종알대다'와 '쫑알대다'는 둘 다 '남이 잘 알아듣지 못할 정도의 작은 목소리로 혼잣말을 자꾸 하다.'라는 뜻이며, '쫑알대다'가 더 센 느낌을 준다.

10 답 ②

이게 정답! 혀의 위치를 낮게 만들기 위해서는 입을 크게 벌려야 한다. 입을 크게 벌리면 입을 작게 벌릴 때보다 혀의 위치가 입안에서 상대적으로 낮아지기 때문이다.

11

이게 정답! 'ㄹ'이 단어의 첫머리에 올 때 'ㅣ, ㅑ, ㅕ, ㅛ, ㅠ' 앞에서 사라지는 것을 두음 법칙이라고 한다. 두음 법칙은 '리사' 같은 사람 이름이나 '리본' 같은 외래어에는 적용되지 않고, 주로 한자어를 표기할 때 적용된다.

12 답 ⑤

이게 정답! 2문단에서 '소릿값'은 발음 기관에 의해 만들어지는 실제 소리를 가리키는 말로, 국어에서 소릿값이 없는 경우 음운으로 분류하지 않음을 알 수 있다. '공'은 3개, '운'은 2개의 음운으로 이루어진 단어라고 한 것에서도 이를 확인할 수 있다.

왜 답이 아니지? ① 1문단에서 국어의 자음과 모음은 모두 고유의 소리를 가진다고 하였다.

② 1문단에서 영어 알파벳 'a'는 [아], [애], [에이] 등으로 다양하게 발음된다고 하였다.

③ 지문 전체에서 국어는 한글 자음과 모음을 가로세로로 묶어서 '공'과 같이 모아쓰기 방식으로 표기함을 알 수 있다. 또 1문단에서 영어는 'art', 'apple', 'cake'와 같이 자음과 모음을 풀어서 알파벳을 차례대로 늘어놓아 쓰는 풀어쓰기 방식으로 표기함을 알 수 있다.

④ 1문단에서 국어와 마찬가지로 영어의 알파벳이 소리를 나타내는 글자임을 알 수 있다.

13 답 ⑤

이게 정답! '논리'의 '리'가 '이론'에서 '이'가 될 때는 'ㄹ' 음운이 사라진 것이며, '남녀'의 '녀'가 '여자'에서 '여'가 될 때는 'ㄴ' 음운이 사라진 것이다. 2문단을 참고할 때, '이'와 '여'에 첫소리로 쓰인 'ㅇ'은 음운이 아니며 아무런 소릿값이 없기 때문이다.

왜 답이 아니지? ① '이론'은 'ㄹ' 음운이 사라진 것이다.

② '여자'는 'ㄴ' 음운이 사라진 것이다.

③, ④ '내일'은 'ㄹ' 음운이 'ㄴ'으로 바뀐 것이다.

14 답 ③

이게 정답! ㉠ '사이시옷'은 두 단어가 결합할 때, 두 단어 사이에서 된소리되기처럼 발음이 변하는 것을 표시하기 위한 기호이다. '옷걸이[옫꺼리]'의 경우 '옷'과 '걸이'가 결합한 말로 뒤 음절의 첫소리가 된소리로 발음되지만, '옷'의 'ㅅ'은 원래 있던 음운일 뿐 사이시옷이 아니다.

왜 답이 아니지? ① '나루'와 '배'가 결합하여 '나룻배[나루빼/나룯빼]'와 같이 된소리로 발음되는 것을 표시하기 위해 사이시옷이 쓰였다.

② '쇠'와 '조각'이 결합하여 '쇳조각[쇠쪼각/쇧쪼각]과 같이 된소리로 발음되는 것을 표시하기 위해 사이시옷이 쓰였다.

④ '아래'와 '집'이 결합하여 '아랫집[아래찝/아랟찝]과 같이 된소리로 발음되는 것을 표시하기 위해 사이시옷이 쓰였다.

⑤ '혀'와 '바늘'이 결합하여 '혓바늘[혀빠늘/혇빠늘]'과 같이 된소리로 발음되는 것을 표시하기 위해 사이시옷이 쓰였다.

15 답 ⑤

이게 정답! '코가 납작해지다'는 '몹시 무안을 당하거나 기가 죽어 위신이 뚝 떨어지다.'라는 뜻이므로 '코가 빠지다'와 의미가 가장 가깝다.

왜 답이 아니지? ① '코가 높다'는 '잘난 체하고 뽐내는 기세가 있다.'라는 뜻이다.

② '코가 솟다'는 '뽐낼 일이 있어 우쭐해지다.'라는 뜻이다.

③ '코가 꿰이다'는 '약점이 잡히다.'라는 뜻이다.

④ '코가 우뚝하다'는 '잘난 체하며 거만하게 굴다.'라는 뜻이다.

16 답 ③

이게 정답! '입을 모으다'는 '여러 사람이 같은 의견을 말하다.'라는 뜻으로, 이와 의미가 가까운 한자성어로는 입은 다르나 목소리는 같다는 뜻으로, 여러 사람의 말이 한결같음을 이르는 말인 '이구동성'이 있다.

왜 답이 아니지? ① '일언반구'는 한 마디 말과 반 구절이라는 뜻으로, 아주 짧은 말을 이르는 말이다.

② '일구이언'은 한 입으로 두말을 한다는 뜻으로, 한 가지 일에 대하여 말을 이랬다저랬다 함을 이르는 말이다.

④ '이심전심'은 마음과 마음으로 서로 뜻이 통함을 이르는 말이다.

⑤ '유구무언'은 입은 있어도 말은 없다는 뜻으로, 변명할 말이 없거나 변명을 못함을 이르는 말이다.

17 답 ②

이게 정답! 아들이 무사히 돌아온 상황이므로, '심한 충격을 받아 마음을 다잡기 힘들게 되다.'라는 의미의 '가슴이 무너져 내리다'라는 표현은 적절하지 않다. 이때에는 곤란한 일이나 걱정 따위가 해결되어 마음을 놓는다는 의미의 '가슴을 쓸어내리다'를 사용하는 것이 적절하다.

문제로 단어 익히기

본문 220쪽

01 ⑤   02 ④   03 ③   04 ③   05 ②   06 (1) 하늘 (2) 이, 푸르-, -다 (3) 하늘, 푸르- (4) 이, -다   07 (1) ㉡ (2) ㉣ (3) ㉠ (4) ㉢ (5) ㉤ (6) ㉥   08 ②   09 ③   10 (1) 나열 (2) 선택 (3) 대조   11 ②   12 (1) 서술절 (2) 부사절 (3) 관형절 (4) 명사절 (5) 인용절   13 ①   14 ③   15 ③   16 ⑤   17 침을 흘리다   18 ④

01
답 ⑤

이게 정답! '좁다'는 '좁는다, 좁아라, 좁자'처럼 활용하지 못하므로 형용사에 해당한다.

왜 답이 아니지? ① '뛰다'는 '뛴다, 뛰어라, 뛰자'처럼 활용할 수 있으므로 동사이다.

② '잡다'는 '잡는다, 잡아라, 잡자'처럼 활용할 수 있으므로 동사이다.

③ '숨다'는 '숨는다, 숨어라, 숨자'처럼 활용할 수 있으므로 동사이다.

④ '웃다'는 '웃는다, 웃어라, 웃자'처럼 활용할 수 있으므로 동사이다.

02
답 ④

이게 정답! '에게'는 어떤 행동이 미치는 대상을 나타내는 부사격 조사로, 이를 생략하면 성열이 전화한 대상이 누구인지 명확하지 않게 된다.

03
답 ③

이게 정답! '모든'은 '빠짐이나 남김이 없이 전부의'라는 뜻으로, 뒤에 오는 명사 '문제'를 수식하고 있으므로 관형사이며, 관형사는 수식언에 해당한다. 또한 '모든'에 조사가 결합할 수 없다는 점을 통해서도 체언이 아님을 확인할 수 있다.

왜 답이 아니지? ① '당신'은 듣는 이를 가리키는 이인칭 대명사이며, 대명사는 체언에 해당한다. 또한 '당신'에 부사격 조사 '에게'가 결합되어 있는 것을 통해 체언임을 확인할 수 있다.

② '수'는 '어떤 일을 할 만한 능력이나 어떤 일이 일어날 가능성'을 뜻하는 의존 명사이며, 의존 명사는 체언에 해당한다. 또한 '수'에 보조사 '는'이 결합되어 있는 것을 통해 체언임을 확인할 수 있다.

④ '자기'는 앞에서 이미 말하였거나 나온 바 있는 사람을 도로 가리키는 삼인칭 대명사이므로 체언에 해당한다. 또한 선택지에는 조사가 생략되어 있지만, 관형격 조사 '의'가 결합할 수 있으므로 체언임을 확인할 수 있다.

⑤ '그것'은 듣는 이에게 가까이 있거나 듣는 이가 생각하고 있는 사물을 가리키는 지시 대명사이므로 체언에 해당한다. 또한 보조사 '까지'와 '는'이 결합되어 있는 것을 통해 체언임을 확인할 수 있다.

04
답 ③

이게 정답! '둘 중에 어느 것이 진짜인가요?'라는 문장에는 대명사가 나타나 있지 않다. '둘'은 수사이고, '어느'는 의존 명사 '것'을 꾸미는 관형사이다.

왜 답이 아니지? ①의 '누구', ②의 '이것'과 '저것', ④의 '이쪽', ⑤의 '여기'는 모두 대명사에 해당한다.

05
답 ②

이게 정답! '치솟다'는 동사 '솟다'에, '위로 향하게' 또는 '위로 올려'의 뜻을 더하는 접두사 '치-'가 붙어 만들어진 파생어이다. 따라서 실질적 의미를 지니는 어근은 '솟-'이며, '치솟고, 치솟아'처럼 활용하므로 어간은 '치솟-'이다.

06

이게 정답! (1), (2) 자립성 유무에 따라 형태소를 나누었을 때, 자립하여 쓰일 수 있는 자립 형태소는 '하늘'이며, 다른 말에 기대어서만 쓰일 수 있는 의존 형태소는 '이', '푸르-', '-다'이다.

(3), (4) 실질적 의미의 유무에 따라 형태소를 나누었을 때, 실질적 의미가 있는 실질 형태소는 명사 '하늘'과 형용사 어간 '푸르-'이며, 문법적 기능을 하는 형식 형태소는 조사 '이'와 어미 '-다'이다.

08
답 ②

이게 정답! '우리의'는 대명사 '우리'에 관형격 조사 '의'가 결합한 관형어로, 부속 성분에 해당한다.

왜 답이 아니지? ① '책을'은 목적어로 주성분이다.

③ '희망이다'는 서술어로 주성분이다.

④ '민지가'는 주어로 주성분이다.

⑤ '선생님이'는 보어로 주성분이다.

09
답 ③

이게 정답! '다른'은 명사 '생각'을 수식하는 관형어이다.

왜 답이 아니지? ① '아버지와'는 동사 '닮다'를 수식하는 부사어이다.

② '설마'는 문장 전체를 수식하는 부사어이다.

④ '정아에게'는 동사 '주다'를 수식하는 부사어이다.

⑤ '과연'은 문장 전체를 수식하는 부사어이다.

10

이게 정답! (1) 연결 어미 '-고'를 사용하여 앞 문장과 뒤 문장을 나열의 의미 관계로 이어 주고 있다.

(2) 연결 어미 '-거나'를 사용하여 앞 문장과 뒤 문장을 선택의

의미 관계로 이어 주고 있다.

(3) 연결 어미 '-지만'을 사용하여 앞 문장과 뒤 문장을 대조의 의미 관계로 이어 주고 있다.

11 답 ②

이게 정답! 연결 어미 '-으려고'를 사용하여 앞 문장과 뒤 문장을 의도의 의미 관계로 이어 주고 있다.

왜 답이 아니지? ① 연결 어미 '-으면'을 사용하여 앞 문장과 뒤 문장을 조건의 의미 관계로 이어 주고 있다.

③ 연결 어미 '-어도'를 사용하여 앞 문장과 뒤 문장을 양보의 의미 관계로 이어 주고 있다.

④ 연결 어미 '-는데'를 사용하여 앞 문장과 뒤 문장을 배경의 의미 관계로 이어 주고 있다.

⑤ 연결 어미 '-어서'를 사용하여 앞 문장과 뒤 문장을 원인의 의미 관계로 이어 주고 있다.

12

이게 정답! (1) '걱정이 많다'는 안은문장 전체의 서술어로 쓰이는 서술절이다.

(2) '발이 닳도록'은 안은문장에서 용언 '걸었다'를 수식하는 부사절이다.

(3) '형이 준'은 안은문장에서 명사 '책'을 수식하는 관형절이다.

(4) '그녀가 범인임'은 안은문장에서 목적어로 쓰이는 명사절이다.

(5) '"내가 할게."라고'는 안은문장에서 다른 사람의 말을 직접 인용한 인용절이다.

13 답 ①

이게 정답! '키가 크다.'는 주격 조사 '가'를 사용하여 주어의 상태만을 진술하고 있다. 보조사는 쓰이지 않았다.

왜 답이 아니지? ② '키는 크다.'의 '는'은 어떤 대상이 다른 것과 대조됨을 나타내는 보조사이다.

③ '키만 크다.'의 '만'은 다른 것으로부터 제한하여 어느 것을 한정함을 나타내는 보조사이다.

④, ⑤ '키도 크다.'의 '도', '키까지 크다.'의 '까지'는 이미 어떤 것이 포함되고 그 위에 더함의 뜻을 나타내는 보조사이다.

14 답 ③

이게 정답! ㉰에서 '대충'의 품사는 부사이고 문장 성분은 부사어이다.

왜 답이 아니지? ② ㉯의 '새로운'은 '새롭다'가 활용한 형태로, 품사는 형용사이고 문장 성분은 관형어이다.

④ ㉱의 '빠르게'는 '빠르다'가 활용한 형태로, 품사는 형용사이고 문장 성분은 부사어이다.

⑤ ㉯의 '새로운'과 ㉱의 '빠르게'는 문장 성분은 관형어와 부사어로 다르지만, 품사는 형용사로 같다.

15 답 ③

이게 정답! '먹기'의 '-기'는 '먹다'라는 용언이 문장에서 명사와 같은 역할을 할 수 있도록 바꿔 주는 명사형 전성 어미이다.

왜 답이 아니지? ①, ⑤ '먹자'의 '-자', '먹어'의 '-어'는 문장을 끝맺는 역할을 하는 종결 어미이다.

②, ④ '먹고'의 '-고', '먹어'의 '-어'는 앞말과 뒷말을 이어 주는 역할을 하는 연결 어미이다.

16 답 ⑤

이게 정답! '첫발을 떼다'와 의미가 가장 가까운 관용 표현으로는, '새로운 과정을 출발하거나 일을 시작하다.'라는 뜻의 '첫 단추를 끼우다'가 가장 적절하다.

왜 답이 아니지? ① '운을 떼다'는 '어떤 이야기를 하기 위하여 말을 하기 시작하다.'라는 뜻의 관용 표현이다.

② '학을 떼다'는 '괴롭거나 어려운 상황을 벗어나느라고 진땀을 빼거나, 그것에 거의 질려 버리다.'라는 뜻의 관용 표현으로, 여기서 '학'은 말라리아 감염병을 의미한다.

③ '한 손을 떼다'는 '하던 일에서 좀 물러앉다. 또는 소홀히 하다.'라는 뜻의 관용 표현이다.

④ '첫술에 배부르랴'는 '어떤 일이든지 단번에 만족할 수는 없다는 말'을 뜻하는 속담이다.

17

이게 정답! '침을 삼키다'와 의미가 가까운 관용 표현으로는 '침을 흘리다'가 있다. '침을 흘리다' 역시 음식 따위를 몹시 먹고 싶어 하거나 어떤 것을 자기 소유로 하고자 몹시 탐낸다는 의미이다.

왜 답이 아니지? '침이 마르다'는 '다른 사람이나 물건에 대하여 거듭해서 말하다.'라는 뜻의 관용 표현이며, '침 발라 놓다'는 '자기 소유임을 표시하다.'라는 뜻의 관용 표현이다.

18 답 ④

이게 정답! 철수가 친구들 몰래 긁고 있었다고 하였으므로 '엉덩이가 근질근질해서'는, 한군데 가만히 앉아 있지 못하고 자꾸 일어나 움직이고 싶어 한다는 의미의 관용 표현으로 쓰인 것이 아니라, 실제로 가려운 느낌이 있는 것으로 볼 수 있다.

왜 답이 아니지? ① '침을 삼키며'는 고구마를 몹시 먹고 싶어 한다는 의미로 쓰인 관용 표현이다.

② '파김치가 되어서'는 체육대회가 끝나고 몹시 지쳐서 나른하게 되었다는 의미로 쓰인 관용 표현이다.

③ '첫발을 뗄'은 사회생활을 처음으로 시작하게 된다는 의미로 쓰인 관용 표현이다.

⑤ '치가 떨린다'는 억울하게 오해를 받았던 상황이 몹시 분하거나 지긋지긋하여 화가 난다는 의미로 쓰인 관용 표현이다.

Believe in yourself!

Remember your dream!

공부하느라 힘드시죠?
으라차차^^ 소리 한번 지르세요.
언제나 여러분의 성공을 기원할게요 *^^*

- 공부책 잘 만드는 쏠티북스가 -